Geld im Krankenhaus

Anja Dieterich · Bernard Braun ·
Thomas Gerlinger · Michael Simon
(Hrsg.)

Geld im Krankenhaus

Eine kritische Bestandsaufnahme des
DRG-Systems

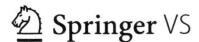

Hrsg.
Anja Dieterich
Berlin, Deutschland

Bernard Braun
Bremen, Deutschland

Thomas Gerlinger
Bielefeld, Deutschland

Michael Simon
Hannover, Deutschland

ISBN 978-3-658-24806-2   ISBN 978-3-658-24807-9 (eBook)
https://doi.org/10.1007/978-3-658-24807-9

Die Deutsche Nationalbibliothek verzeichnet diese Publikation in der Deutschen Nationalbibliografie; detaillierte bibliografische Daten sind im Internet über http://dnb.d-nb.de abrufbar.

Springer VS
© Springer Fachmedien Wiesbaden GmbH, ein Teil von Springer Nature 2019
Das Werk einschließlich aller seiner Teile ist urheberrechtlich geschützt. Jede Verwertung, die nicht ausdrücklich vom Urheberrechtsgesetz zugelassen ist, bedarf der vorherigen Zustimmung des Verlags. Das gilt insbesondere für Vervielfältigungen, Bearbeitungen, Übersetzungen, Mikroverfilmungen und die Einspeicherung und Verarbeitung in elektronischen Systemen.
Die Wiedergabe von allgemein beschreibenden Bezeichnungen, Marken, Unternehmensnamen etc. in diesem Werk bedeutet nicht, dass diese frei durch jedermann benutzt werden dürfen. Die Berechtigung zur Benutzung unterliegt, auch ohne gesonderten Hinweis hierzu, den Regeln des Markenrechts. Die Rechte des jeweiligen Zeicheninhabers sind zu beachten.
Der Verlag, die Autoren und die Herausgeber gehen davon aus, dass die Angaben und Informationen in diesem Werk zum Zeitpunkt der Veröffentlichung vollständig und korrekt sind. Weder der Verlag, noch die Autoren oder die Herausgeber übernehmen, ausdrücklich oder implizit, Gewähr für den Inhalt des Werkes, etwaige Fehler oder Äußerungen. Der Verlag bleibt im Hinblick auf geografische Zuordnungen und Gebietsbezeichnungen in veröffentlichten Karten und Institutionsadressen neutral.

Springer VS ist ein Imprint der eingetragenen Gesellschaft Springer Fachmedien Wiesbaden GmbH und ist ein Teil von Springer Nature
Die Anschrift der Gesellschaft ist: Abraham-Lincoln-Str. 46, 65189 Wiesbaden, Germany

Vorwort

Vor mittlerweile fast fünfzehn Jahren wurde in Deutschland die Krankenhausfinanzierung auf ein umfassendes Fallpauschalensystem umgestellt, das auf sogenannten ‚Diagnosis Related Groups' DRG) basiert. Die Grundsatzentscheidung für ein international bereits eingeführtes DRG-System fiel im Rahmen des Gesundheitsreformgesetzes 2000. Die konkrete Ausgestaltung eines an deutsche Verhältnisse angepassten DRG-Systems erfolgte durch das Fallpauschalengesetz 2002. Die Einführung des DRG-Systems fand in mehreren Schritten statt. Zunächst war die Entscheidung über die Anwendung der DRG-Fallpauschalen bei der Abrechnung im Rahmen eines sogenannten ‚Optionsmodells' den Krankenhäusern überlassen. Die Phase der freiwilligen Anwendung endete 2003, seit 2004 sind die in einem bundesweit geltenden DRG-Katalog vorgegebenen Fallpauschalen verpflichtend anzuwenden. Die Abrechnung der Fallpauschalen erfolgte zu Beginn ‚budgetneutral' und ohne dass daraus Gewinne oder Defizite entstehen konnten. Zum 1.01.2005 wurde das System ‚scharfgeschaltet'. Seitdem resultieren aus der Anwendung von Fallpauschalen und pauschalierten Zusatzentgelten je nach Kosten des einzelnen Krankenhauses Überschüsse oder Verluste.

Die Auswirkungen des DRG-Systems werden in Wissenschaft, Politik und Praxis sehr unterschiedlich beurteilt. In der gesundheitspolitischen Debatte dominiert eine positive Einschätzung, die aber auch nicht unwidersprochen bleibt. In weiten Teilen der Politik, aufseiten des Bundesministeriums für Gesundheit und der Spitzenverbände der gemeinsamen Selbstverwaltung gilt das DRG-System als ‚Erfolgsgeschichte'. Jahrelang schien es so, dass viele Verbände sich mit dem Vergütungssystem arrangiert hatten, zumindest wurden die DRGs öffentlich nicht infrage gestellt. Zum Zeitpunkt der Konzeption des vorliegenden Bandes überwog in Politik und Selbstverwaltung eine systemimmanente, eher fachlich-technische Diskussion über die Weiterentwicklung des DRG-Systems als ‚lernendes System', unter der Vorstellung, dass Mängel des Systems durch fortwährende Anpassungen behoben werden könnten.

Das neue Vergütungssystem war, wie jedes prospektive Vergütungsinstrument, von Anfang an mit einer Reihe von Risiken verbunden, insbesondere dem, dass Krankenhäuser Kosten zulasten der Versorgungsqualität senken oder aufgrund des Kostendruckes die Arbeitsbedingungen verschlechtern. Zum Zeitpunkt der DRG-Einführung waren kritische bzw. warnende Stimmen allerdings eher schwach und wenig einflussreich. Insbesondere gab es vonseiten der medizinisch und pflegerisch Tätigen keine geschlossene Positionsbildung, nicht zuletzt auch, weil sich ein Teil der Akteure Vorteile von der Umstellung versprach. Denn das DRG-System war als Vergütungssystem angekündigt worden, in dem es unter den Krankenhäusern nicht nur Verlierer, sondern auch Gewinner geben werde.

In den letzten Jahren sind die kritischen öffentlichen Äußerungen allerdings häufiger und stärker geworden. Innerhalb der Krankenhäuser gibt es erhebliche Unzufriedenheit mit den Arbeitsbedingungen. Gewerkschaften, Berufsverbände, Arbeitnehmer*innen- und Patient*innenvertretungen, Wissenschaft und medizinische Fachgesellschaften haben sich inzwischen vielfach ablehnend zu den DRGs positioniert. Dennoch fehlt es bisher weitgehend an einer öffentlich wahrnehmbaren und organisierten Opposition gegen das DRG-System und für eine grundlegende Reform der Krankenhausfinanzierung.

Ein wesentlicher Grund dafür dürfte sein, dass das System der Krankenhausfinanzierung, mit dem DRG-System im Mittelpunkt, in den letzten 10–15 Jahren zunehmend komplizierter und damit für Nicht-Expert*innen zunehmend schwerer durchschaubar geworden ist. Die immer weiter steigende Komplexität hat zu einer weitgehenden Intransparenz des DRG-Systems geführt, die – als eine Art ‚Nebenwirkung' – auch eine grundlegende und umfassende Kritik erschwert. Für eine wirkungsvolle Kritik ist zudem nicht nur ein gewisses Maß an Sachkenntnis über die Funktionsweise des Systems erforderlich, sondern auch die Einbeziehung und Zusammenführung verschiedener Wissensbestände wie bspw. aus dem Bereich des Krankenhausrechts, der Medizin, Ethik, Soziologie, Krankenhauspolitik, Gesundheitsökonomie etc. Zudem sind diese Wissensbestände mit den Erfahrungen der beruflichen Praxis im Krankenhaus, insbesondere im ärztlichen und pflegerischen Dienst, im Medizincontrolling oder in der Krankenhausleitung in Verbindung zu bringen. Befunde, die empirisch und analytisch darlegen, mit welchen Risiken, Fehlanreizen und Verwerfungen das neue Vergütungssystem einhergeht, liegen gegenwärtig nur versprengt und unverbunden vor.

Anliegen des vorliegenden Bandes ist es deshalb, kritische wissenschaftliche, politische und praktische Sichtweisen auf das DRG-Fallpauschalensystem zusammenzufassen und damit Wissensbestände bereitzustellen, die einer systematischer als bisher zu führenden kritischen Debatte nützlich sein können. Der Band wendet sich sowohl an Expert*innen aus Politik, Wissenschaft und Verbänden als auch allgemein an Personen, die sich mit der Gestaltung des Gesundheitswesens und der Krankenhausversorgung befassen.

Der Band beansprucht keineswegs, eine abschließende und geschlossene kritische Position anzubieten. Es sind stattdessen verschiedene, teils auch widersprüchliche Positionen und Perspektiven versammelt. Und es verbleiben Lücken durch zusätzlich relevante Themen, die aus verschiedenen Gründen nicht erörtert werden, nicht zuletzt auch weil der Band einen gewissen Umfang nicht überschreiten sollte.

Bei der eindeutig kritischen Grundausrichtung des Buches ist es eine naheliegende Frage, ob – und wenn, welche – Alternativmodelle zum DRG-System entwickelt werden können. Diese Frage wird zwar in einzelnen Beiträgen andiskutiert, jedoch keineswegs umfassend und vor allem nicht einheitlich beantwortet. Sofern in den Beiträgen des Buches Vorschläge unterbreitet werden, reichen sie von einer prinzipiellen Abwendung vom Anreizparadigma bis zur pragmatischen Beibehaltung der DRG-Fallpauschalen als Bedarfsplanungsinstrument. Damit spiegelt auch das Buch die Heterogenität der gegenwärtigen kritischen Diskussion wider. Noch zeichnet sich kein mehrheitsfähiges, in sich stimmiges und aus fachlicher Sicht funktionsfähiges Alternativmodell zum DRG-System ab. Das bedeutet jedoch keineswegs, das DRG-System sei ‚alternativlos'. Die Suche nach einer Alternative hat bereits begonnen, wie beispielsweise an der Reform des Psychiatrieentgeltsystems sehr deutlich wurde.

Vor dem Hintergrund der bislang noch recht heterogenen kritischen Diskussion über das DRG-System hoffen die Herausgeber*innen, dass dieser Band einen Impuls für eine zukünftig erstarkende, wissenschaftlich, politisch und in der Praxis geführte Debatte gibt, die sich mit der Frage befasst, wie eine Finanzierung von Krankenhäusern aussehen kann, die eine bedarfsgerechte Behandlung und gute Arbeitsbedingungen ermöglicht.

Auch die Herausgeber*innen vertreten nicht in allen Fragen eine einheitliche Position. Basis des Buchprojekts ist gleichwohl die Übereinstimmung in dem Ziel einer am Gemeinwohl und nicht an Gewinnmaximierung orientierten Organisation der Krankenhäuser. Krankenhäuser sind als Orte der Patient*innenversorgung aber auch der Beschäftigung zu verstehen, deren Planung und Finanzierung in eine populationsbezogene und demokratisch legitimierte, an Patient*inneninteressen ausgerichtete Bedarfsplanung des Gesundheitssystems eingebettet sein sollte.

Zusätzlich sind sich die Herausgeber*innen darin einig, dass eine auf das DRG-System fokussierte Kritik notwendig und berechtigt ist, auch wenn weitere Einflussfaktoren, wie die dauerhaft unzureichende Investitionskostenfinanzierung durch die Länder ebenfalls Einfluss auf die Entwicklung und wirtschaftliche Lage der Krankenhäuser haben. Der historische Blick zeigt, dass Prozesse, die oftmals als ‚Ökonomisierung' bezeichnet werden, bereits vor Einführung des DRG-Systems einsetzten. Die DRGs taugen, das eint die Autor*innen dieses Bandes, dennoch als Kristallisationspunkt für eine Debatte um die Effekte von Vergütungsformen im Krankenhaus. Es wird darauf ankommen, eine Kritik zu entwickeln, die die spezifisch vom DRG-System versursachten Probleme herausarbeitet.

Das Buch gliedert sich in drei Teile. Im ersten Teil werden Vorkenntnisse und Grundlagen für die nachfolgenden Beiträge zur Verfügung gestellt und das Anliegen des Sammelbandes erläutert, die Entwicklungen des Krankenhausbereichs primär aus einer sozialwissenschaftlichen zu beleuchten. *Michael Simon* leitet diesen Teil mit Basisinformationen über die Vorgeschichte, Einführung und Entwicklung des DRG-Systems ein. *Thomas Gerlinger* analysiert die Implikationen der Wahl verschiedener Steuerungsmodi in der Gesundheitspolitik und ordnet das DRG-System in einen größeren gesundheitspolitischen Rahmen ein. Für ihn ist es ein Beispiel für die in den letzten Jahrzehnten zunehmend dominanter gewordene Vorstellung in der Gesundheitspolitik, man könne die Entwicklung des Gesundheitssystems insgesamt und insbesondere des Krankenhausbereichs durch Recht und Geld ‚steuern'. *Ingo Bode* ergänzt diesen politikwissenschaftlichen Blick um die soziologische Perspektive und setzt sich mit dem Verhältnis von Ökonomisierung und Wettbewerb auf der einen und fachlichem Handeln auf der anderen Seite auseinander. Er weist auf die auf Auswirkungen von Vermarktlichungsdynamiken und ‚wettbewerbspolitischer' Steuerung auf die Beschäftigten im Krankenhaus hin.

Der zweite Teil befasst sich mit den Auswirkungen des DRG-Systems auf die Arbeitsbedingungen im ärztlichen Dienst und Pflegedienst sowie auf die Qualität der Patientenversorgung. Die Beiträge beschränken sich auf die beiden wichtigsten, unmittelbar in der Patient*innenversorgung tätigen Berufsgruppen. Von den Auswirkungen des DRG-Systems betroffen sind allerdings alle Berufsgruppen im Krankenhaus. Es war aufgrund der Beschränkungen dieses Sammelbandes jedoch nicht möglich, das gesamte Spektrum mit eigenen Beiträgen zu berücksichtigen.

Da das Krankenhaus eine primär von der ärztlichen Profession geprägte Organisation ist, eröffnen den zweiten Teil mehrere Beiträge zu den Auswirkungen des DRG-Systems auf die Ärzteschaft. *Bernard Braun* setzt sich kritisch mit verbreiteten eindimensionalen Analysen des komplexen Innenlebens von Krankenhäusern und daraus abgeleiteten Strategien es zu verbessern auseinander und stellt exemplarisch eine Reihe von für ein wirklichkeitsnahes Verständnis des Innenlebens zusätzlich notwendigen Aspekte dar. *Johann Böhmann* wirft vor dem Hintergrund seiner vierzigjährigen Berufserfahrung als leitender Arzt einen subjektiven und kritischen Blick auf den Alltag einer Kinderklinik unter DRG-Bedingungen und macht zahlreiche Fehlentwicklungen deutlich. *Arved Weimann* und *Hans-Joachim Meyer* weisen auf den vom DRG-System ausgehenden Anreiz zur Leistungserbringung hin, der mit dem Anspruch einer ‚humanen' Medizin kollidieren kann, insbesondere wenn die Indikationsstellung für Operationen durch ökonomische Motive ‚überformt' wird. *Maximiliane Wilkesmann* und *Jonathan Falkenberg* analysieren die alltagspraktischen Handlungsweisen und Umgangsstrategien von Krankenhausärzt*innen unter DRG-Bedingungen bzw. die Auswirkungen auf deren Professionsverständnis. *Margrit Fässler* und *Nikola Biller-Andorno* erörtern die Diskussion um Bonusregelungen in Chefarztverträgen im Ländervergleich Deutschland – Schweiz. Es folgen zwei medizinethisch orientierte Beiträge mit unterschiedlichen Positionen zu beobachtbaren Verschärfungen ethischer Konflikte durch das DRG-System, die insbesondere im ärztlichen Dienst erkennbar sind und dort auch am Weitestgehenden bereits diskutiert werden. *Giovanni Maio* stellt die Diagnose, dass das DRG-System die Medizin im Krankenhaus in Richtung einer ‚Kapitalisierung der ärztlichen Tätigkeit' drängt. Der durch die ökonomische Vorteilslogik beeinflusste Blick der ärztlichen Profession auf die eigene Tätigkeit führe zu einer Entfremdung vom sozialen Gehalt der Medizin. *Georg Marckmann* plädiert dafür, Ökonomie und Ethik nicht als Antipoden gegeneinander zu stellen, sondern ethische Vorgaben zum integralen Bestandteil des Krankenhausmanagements zu machen.

Michael Simon befasst sich in seinem Beitrag mit den Auswirkungen des DRG-Systems auf den Pflegedienst und analysiert den Zusammenhang zwischen DRG-System und Unterbesetzung in der Pflege.

Geleitet von der Vorstellung, dass die Versorgungsqualität vor allem Ergebnis der Tätigkeit des Fachpersonals ist, bilden zwei Beiträge zu den Auswirkungen auf die Patient*innenversorgung den Abschluss dieses Teils. *Max Geraedts* analysiert die Entwicklung der Qualitätssicherung unter DRG-Bedingungen, die eine starke Fokussierung auf medizinische Prozesse und Kurzzeitergebnisse erkennen lässt, während Hinweise auf strategische Indikationsausweitungen oder auch Langzeitergebnisse, Schnittstellenprobleme und von Patient*innen selber berichtete Ergebnisse von der Qualitätssicherung bisher nicht erfasst werden. *Christoph Kranich* stellt praktische Erfahrungen aus Patient*innensicht und gegenwärtige zivilgesellschaftliche Initiativen und Modellprojekte für eine alternative Krankenhausversorgung vor.

Der dritte und letzte Teil des Bandes lenkt den Blick auf neue Impulse für grundsätzlichere Überlegungen zur Vergütung im Krankenhaus. *Michael Simon* befasst sich mit zentralen Argumentationen, die zur Legitimation und Verteidigung des DRG-Systems dienen. Dass das DRG-System trotz der in diesem Sammelband vorgestellten und diskutierten Fehlentwicklungen und Probleme nach mittlerweile ca. 15 Jahren immer noch nicht grundsätzlich infrage gestellt wird, resultiert sehr wesentlich daraus, dass eine Reihe von ‚Mythen' über die Erfolge des DRG-Systems seit mehr als anderthalb Jahrzehnten die gesundheitspolitische Diskussion beherrschen. *Anja Dieterich* vergleicht die DRG-Einführung mit der zeitlich nachfolgenden Einführung des pauschalierten Vergütungssystems in der stationären Psychiatrie, die im Unterschied zum DRG-Bereich von einer beispiellosen Allianz von Akteuren und einer breiten Fachöffentlichkeit kritisch begleitet wird. Die Autorin diskutiert die ermöglichenden Faktoren für diese Allianz in der Psychiatrie sowie Möglichkeiten und Grenzen des Transfers zum DRG-Bereich.

Abschließend bleibt anzumerken, dass zum Zeitpunkt der Fertigstellung des Buches durch die Vorlage des Pflegepersonal-Stärkungs-Gesetzes (PpSG) möglicherweise eine neue Dynamik in die Diskussion über das DRG-System kommt. Bereits Anfang Februar 2018 war im Koalitionsvertrag der neuen Großen Koalition angekündigt worden, dass die Personalkosten des Pflegedienstes aus den DRG-Fallpauschalen ausgegliedert und über eine gesonderte „Pflegepersonalkostenvergütung" finanziert werden sollen. In einem Ende Mai veröffentlichten Eckpunktepapier für ein „Sofortprogramm Kranken- und Altenpflege" wurde dieses Vorhaben dahin gehend konkretisiert, dass die Vergütung der Pflegepersonalkosten auf Grundlage des krankenhausindividuellen Personalbedarfs und der krankenhausindividuellen Selbstkosten erfolgen soll. Dem im August vorgelegten Gesetzentwurf für ein PpSG zufolge sollen ab 2020 die Pflegepersonalkosten tatsächlich auf Grundlage des Selbstkostendeckungsprinzips krankenhausindividuell kalkuliert und vereinbart werden. Im Herbst 2018 war allerdings noch nicht absehbar, ob dieses Vorhaben tatsächlich auch Gesetz wird. Wenn dies so geschehen würde, wäre es nicht nur die Herausnahme der Pflegepersonalkosten aus den DRG-Fallpauschalen, es wäre zumindest für diesen Teil der Krankenhauskosten ein grundlegender Wandel: Von pauschalierten bundesweit einheitlichen Entgelten hin zu krankenhausindividuell kalkulierten und vereinbarten Vergütungen. Sollte dies so beschlossen werden, könnte es möglicherweise ein erster Schritt in Richtung eines Ausstiegs aus dem DRG-System werden.

Ein solcher Ausstieg sieht sich jedoch einem erheblichem Widerstand insbesondere der Krankenkassen gegenüber. Und da bisher keine politischen Mehrheiten für einen Abschied vom DRG-System absehbar sind, bleibt abzuwarten, was am Ende des Gesetzgebungsprozesses als Gesetzesbeschluss stehen wird. Eines haben die Ankündigung im Koalitionsvertrag, das Eckpunktepapier und der Gesetzentwurf allerdings bereits bewirkt: In der gesundheitspolitischen Arena wird erstmals seit Einführung des DRG-Systems auch über andere Vergütungsmodelle als das DRG-System diskutiert.

Berlin
Oktober 2018

Anja Dieterich
Bernard Braun
Thomas Gerlinger
Michael Simon

Inhaltsverzeichnis

Teil I Einführende Beiträge

**Das deutsche DRG-System: Vorgeschichte und
Entwicklung seit seiner Einführung** 3
Michael Simon

**Steuerungsmedien und -instrumente in der
Versorgung mit Krankenhausleistungen** 29
Thomas Gerlinger

**DRG oder Markt? Zum Ambivalenzdruck im
deutschen Krankenhauswesen** 47
Ingo Bode

Teil II Auswirkungen des DRG-Systems auf
den ärztlichen Dienst, den Pflegedienst und
die Qualität der Patientenversorgung

**Das Innenleben des Krankenhauses – zwischen
Bedarfsorientierung, Überversorgung, Personalmangel,
professionellen Logiken und Strukturdefiziten** 69
Bernard Braun

**Veränderungen im Alltag einer Versorgungsklinik in
15 Jahren DRG – 40 Jahre Erfahrungen in der
Kinderheilkunde** 107
Johann Böhmann

Ethische Aspekte im DRG-System aus chirurgischer Sicht 127
Arved Weimann und Hans-Joachim Meyer

Vom Blindflug zur Punktlandung – Zur Arbeit von Krankenhausärztinnen und Krankenhausärzten unter DRG-Bedingungen 139
Maximiliane Wilkesmann und Jonathan Falkenberg

Die Diskussion um Chefarzt-Boni in Deutschland und der Schweiz 161
Margrit Fäßler und Nikola Biller-Andorno

Von der Umwertung der Werte durch die Ökonomisierung der Medizin 187
Giovanni Maio

Ethik als Führungsaufgabe: Perspektiven für einen ethisch vertretbaren Umgang mit dem zunehmenden Kostendruck in den deutschen Krankenhäusern 201
Georg Marckmann

Die Bedeutung des DRG-Systems für Stellenabbau und Unterbesetzung im Pflegedienst der Krankenhäuser 219
Michael Simon

Qualität trotz oder wegen der DRG? 253
Max Geraedts

Das Elend der Fallpauschalen und Modelle zu ihrer Überwindung 273
Christoph Kranich

Teil III   Die Beharrungskraft des DRG-Systems und mögliche Auswege

Das deutsche DRG-System: Weder Erfolgsgeschichte noch leistungsgerecht 295
Michael Simon

Die Einführung des pauschalierenden Entgeltsystems für die Psychiatrie und Psychosomatik – Impulse für den DRG-Bereich 325
Anja Dieterich

Glossar DRG-System 355

Herausgeber- und Autorenverzeichnis

Über die Herausgeber

Dr. med. Anja Dieterich, MPH, Ärztin und Gesundheitswissenschaftlerin. Referentin für Grundsatzfragen der gesundheitlichen Versorgung im sozialpolitischen Zentrum Gesundheit, Rehabilitation und Pflege der Diakonie Deutschland. Arbeitsschwerpunkte: Gesundheitssystementwicklung und Gesundheitspolitik, Sektorenübergreifende Versorgung, Versorgung alter Menschen, Migration und Gesundheit.

Dr. rer. pol. Bernard Braun, Sozial- und Gesundheitswissenschaftler. Assoziiertes Mitglied des SOCIUM (früher Zentrum für Sozialpolitik) der Universität Bremen. Arbeitsschwerpunkte: Gesundheitssystemregulierung, Gesundheitspolitikvergleich USA und Deutschland, Auswirkungen der Einführung von DRG, patientenorientierte Versorgungsforschung z. B. über Kieferorthopädie.

Prof. Dr. phil. Dr. rer. med. Thomas Gerlinger, Diplom-Politologe, Politik- und Gesundheitswissenschaftler. Professur und Leiter der Arbeitsgruppe „Gesundheitspolitik, Gesundheitssystem, und Gesundheitssoziologie" an der Fakultät für Gesundheitswissenschaften der Universität Bielefeld. Arbeitsschwerpunkte: Gesundheitspolitik und Gesundheitssystementwicklung in Deutschland und im internationalen Vergleich.

Prof. Dr. phil. Michael Simon, Hochschullehrer im Ruhestand, bis Anfang 2016 tätig an der Hochschule Hannover, Fakultät V Diakonie, Gesundheit und Soziales. Arbeitsschwerpunkte: Gesundheitssystem, Gesundheitspolitik.

Autorenverzeichnis

Prof. Dr. med. Dr. phil. Nikola Biller-Andorno, Medizinethikerin. Professorin und Direktorin des Instituts für Biomedizinische Ethik und Medizingeschichte der Universität Zürich. Arbeitsschwerpunkte: Ethische Fragen an der Schnittstelle von Versorgung, Management und Gesundheitsökonomie, Patientennarrative.

Prof. Dr. Ingo Bode, Soziologe. Professur für Sozialpolitik, Organisation und Gesellschaft am Institut für Sozialwesen der Universität Kassel (Fachbereich Humanwissenschaften). Arbeitsschwerpunkte: Struktur und Wandel von Organisationen insbesondere des Sozial- und Gesundheitswesens; politische Soziologie des Wohlfahrtsstaats, auch im internationalen Vergleich.

Dr. med. Johann Böhmann, Arzt für Kinderheilkunde und Jugendmedizin, ehem. Chefarzt Klinik für Kinderheilkunde und Jugendmedizin Klinikum Delmenhorst, Direktor und Gründer Delmenhorster Institut für Gesundheitsförderung (DIG), Moderator Gesundheitsregion Delmenhorst, Beauftragter des Vorstandes des Berufsverbandes der Kinder- und Jugendärzte Deutschlands (BVKJ). Vorstandsmitglied European Safe Community Network (ESCON). Arbeitsschwerpunkte: Netzwerke kommunaler Gesundheitsförderung und Prävention, Frühe Hilfen, Unfall- und Gewaltprävention.

Dr. med. Margrit Fäßler, Medizinethikerin am Institut für Biomedizinische Ethik und Medizingeschichte der Universität Zürich, Schweiz. Arbeitsschwerpunkte: Ärztliche Ethik, Forschungsethik, Placebointerventionen.

Jonathan Falkenberg, M.Sc., Arbeitssoziologe. Wissenschaftlicher Mitarbeiter an der Sozialforschungsstelle der TU Dortmund, Forschungsgebiet Industrie- und Arbeitsforschung. Arbeitsschwerpunkte: Kontrolle und Steuerung von Arbeit, Digitalisierung industrieller Einfacharbeit.

Prof. Dr. med. Max Geraedts, M. San., Arzt und Gesundheitswissenschaftler. Professor und Leiter des Instituts für Versorgungsforschung und Klinische Epidemiologie am Fachbereich Medizin der Universität Marburg. Arbeitsschwerpunkte: Qualitäts-bezogene Gesundheitsversorgungsforschung, Evaluation gesundheitspolitischer Maßnahmen.

Christoph Kranich, Dipl. Päd., Gesundheitsmanager, Krankenpfleger. Leiter der Abteilung Gesundheit und Patientenschutz der Verbraucherzentrale Hamburg e. V., Sprecher des Hamburger Bündnis für mehr Personal im Krankenhaus, bis 2018 Koordinator des Forum Patientenvertretung in Hamburg (nach § 140f SGB V), Lehrbeauftragter an verschiedenen Hochschulen zu Patientenorientierung und Beschwerdemanagement.

Prof. Dr. med. Giovanni Maio, M.A. phil., Philosoph und Internist. Inhaber des Lehrstuhls für Medizinethik an der Albert-Ludwigs-Universität Freiburg und Direktor des Instituts für Ethik und Geschichte der Medizin. Arbeitsschwerpunkte: Grundfragen der Medizin.

Prof. Dr. med. Georg Marckmann, MPH, Arzt, Philosoph und Gesundheitswissenschaftler, Universitätsprofessor für Ethik, Geschichte und Theorie der Medizin und Vorstand des gleichnamigen Instituts an der Ludwig-Maximilians-Universität München. Arbeitsschwerpunkte: u. a. Gerechtigkeit im Gesundheitswesen, Public Health Ethik, Klinische Ethikberatung, ethische Entscheidungen am Lebensende.

Prof. Dr. med. Dr. h. c. Hans-Joachim Meyer, Generalsekretär der Deutschen Gesellschaft für Chirurgie e. V. (DGCH) und Präsident des Berufsverbands der Deutschen Chirurgen e. V. (BDC).

Prof. Dr. med. Arved Weimann, M.A. Medizinethik, Chefarzt der Klinik für Allgemein-, Viszeral- und Onkologische Chirurgie des Klinikum St. Georg gGmbH Leipzig.

apl. Prof. Dr. rer. soc. Maximiliane Wilkesmann, Sozialwissenschaftlerin. Außerplanmäßige Professorin an der Fakultät für Erziehungswissenschaft, Psychologie und Soziologie der Technischen Universität Dortmund. Arbeitsschwerpunkte: Organisationen und Akteure des Gesundheitswesens, Industrielle Beziehungen.

Teil I
Einführende Beiträge

Das deutsche DRG-System: Vorgeschichte und Entwicklung seit seiner Einführung

Michael Simon

> **Zusammenfassung**
>
> Der Beitrag beschreibt die Vorgeschichte und die Entwicklung des DRG-Systems. Ausgehend von den 1950er Jahren wird die Entwicklung der Krankenhausfinanzierung in der alten Bundesrepublik und im vereinten Deutschland in groben Zügen nachgezeichnet. Der Schwerpunkt des Beitrages liegt auf der Darstellung der Einführung des DRG-Systems, beginnend ab dem Jahr 2000, und dem sogenannten ,Regelbetrieb' ab dem Jahr 2010.

1 Einleitung

Der nachfolgende Beitrag bietet einen Überblick über die Vorgeschichte des deutschen DRG-Systems und dessen Entwicklung seit seiner Einführung. Zunächst wird die historische Entwicklung der Krankenhausfinanzierung in der Bundesrepublik kurz vorgestellt, auch um aufzuzeigen, dass die Umstellung auf ein vollständiges Fallpauschalensystem einen langen Vorlauf hatte und in mehreren Schritten erfolgte. Erste Schritte wurden bereits Mitte der 1980er Jahre unternommen, und spätestens ab Ende der 1980er Jahre verfolgte das zuständige Bundesministerium dabei eine langfristige Strategie, die über mehrere Zwischenschritte schließlich zum Grundsatzbeschluss für die Einführung eines international bereits eingesetzten

---

M. Simon (✉)
Hannover, Deutschland
E-Mail: michael.simon@hs-hannover.de

DRG-Systems im Rahmen der GKV-Gesundheitsreform 2000 führte. Nach der Darstellung der Vorgeschichte folgt ein Überblick über die Phase der Vorbereitung des DRG-Systems in den Jahren 2000 bis 2003, die Einführung und schrittweise Umstellung in den Jahren 2004 bis 2009 und den Regelbetrieb seit 2010.

2 Die Vorgeschichte des deutschen DRG-Systems

2.1 Das Krankenhausfinanzierungsgesetz 1972

Die Grundlegung des Systems staatlicher Regulierung der Krankenhausversorgung in der Bundesrepublik Deutschland erfolgte durch das Krankenhausfinanzierungsgesetz (KHG) 1972. Es wurde in den vergangenen Jahrzehnten zwar mehrfach geändert, ist jedoch weiterhin in Kraft und von zentraler Bedeutung für die staatliche Krankenhauspolitik.

Mit dem KHG 1972 wurden die Ziele staatlicher Krankenhauspolitik und die Grundstrukturen sowohl für die staatliche Krankenhausplanung als auch die Krankenhausfinanzierung festgelegt. Insofern kann es als das zentrale Bundesgesetz für die Krankenhausversorgung gelten, auch wenn ein Großteil der Regelungen zur Krankenhausfinanzierung mittlerweile aus dem KHG herausgenommen und in andere Gesetze verlagert wurden, wie das Krankenhausentgeltgesetz (KHEntgG) oder das PsychVVG.[1]

Dem KHG 1972 vorausgegangen waren mehr als Jahrzehnte, in denen es keine gesetzliche Regulierung der Krankenhausfinanzierung gab und die Krankenhäuser chronisch unterfinanziert waren. Eine bundesgesetzliche Regulierung war jedoch nicht möglich, da der Bund nicht über die dafür erforderliche Gesetzgebungskompetenz zur Regelung Krankenhausfinanzierung verfügte. In Ermangelung einer solchen Gesetzgebungskompetenz regelte der Bund die Krankenhausfinanzierung 1952 auf dem Umweg über das in seinen Kompetenzbereich fallende allgemeine Wirtschaftsrecht und eine spezifisch für Krankenhäuser geltende Preisrechtsverordnung (zur Entwicklung des Krankenhausfinanzierungsrechts seit 1945 vgl. Simon 2000). Mit dieser Verordnung verfolgte die Bundesregierung vor allem das Ziel, die Krankenkassen vor starken Pflegesatzerhöhungen zu schützen. Die Folge war eine chronische Unterfinanzierung, die zur Überalterung der baulichen Strukturen und

---

[1]Gesetz zur Weiterentwicklung der Versorgung und der Vergütung für psychiatrische und psychosomatische Leistungen (PsychVVG) vom 19.12.2016 (BGBl. I, S. 2986).

apparativen Ausstattung führte, sowie ein chronischer Personalmangel. Zwar bestand in den 1950er und 1960er Jahren weitgehend Übereinstimmung darüber, dass die wirtschaftliche Lage der Krankenhäuser dringend verbesserungsbedürftig war, Dissens bestand jedoch bei der Frage, wer für die Kosten einer ausreichenden Krankenhausfinanzierung aufkommen soll. Die Länder forderten eine Beteiligung des Bundes, die alle Bundesregierungen unter Führung der CDU/CSU bis 1966 jedoch ablehnten. Ohne eine Beteiligung des Bundes waren die Länder nicht zu einer grundlegenden Reform bereit.

Erst nach einer Grundgesetzänderung durch die erste, 1966 gebildete Große Koalition im Jahr 1969 konnte sich die kurz darauf gebildete sozialliberale SPD/FDP-Bundesregierung auf eine Beteiligung des Bundes verständigen und den Entwurf eines KHG vorlegen. Das KHG wurde 1971 von Bundestag und Bundesrat beschlossen und war Grundlage für eine erste Bundespflegesatzverordnung (BPflV), in der die Einzelheiten der Pflegesatzberechnung und Budgetverhandlungen geregelt wurden.

Mit dem KHG 1972 wurde ein System geschaffen, dessen zentrale Bestandteile weitgehend noch heute gelten. Die Länder wurden verpflichtet, eine staatliche Krankenhausplanung durchzuführen und regelmäßig zu aktualisieren, in die alle Krankenhäuser aufzunehmen sind, die für eine bedarfsgerechte und flächendeckende Versorgung der Bevölkerung mit Krankenhausleistungen erforderlich sind. Den Krankenhäusern wurde ein Anspruch auf Deckung ihrer Selbstkosten gewährt, allerdings nur in dem Maße, wie sie den Kosten eines sparsam wirtschaftenden Krankenhauses entsprachen (das sogenannte ‚Selbstkostendeckungsprinzip'). Es wurde eine „duale Finanzierung" eingeführt, bei der die Investitionskosten durch eine staatliche Investitionsförderung und die laufenden Betriebskosten durch die Entgelte der Benutzer beziehungsweise ihre Kostenträger (Krankenkassen, PKV) finanziert werden. Dem lag die Auffassung zugrunde, dass die Vorhaltung von Krankenhäusern eine staatliche Aufgabe und insofern aus Steuermitteln zu finanzieren ist. Die Krankenkassen sollten nur mit den Kosten der unmittelbaren Patientenversorgung belastet werden. Die Finanzierung der laufenden Betriebskosten erfolgte durch tagesgleiche Pflegesätze, die lediglich als Abschlagszahlung auf das vereinbarte Budget dienten und für alle Patienten und anfänglich auch für alle Abteilungen in gleicher Höhe festzusetzen waren.

Das System des KHG 1972 war getragen von einer Reihe essenzieller Grundüberzeugungen, über die bereits seit Anfang der 1950er Jahre in der krankenhauspolitischen Diskussion ein hohes Maß an Übereinstimmung herrschte. Die Sicherstellung einer ausreichenden Krankenhausversorgung wurde als originäre Aufgabe des Staates angesehen, und die Krankenhäuser sollten ausreichend wirtschaftlich gesichert werden, damit sie ihre Aufgabe einer bedarfsgerechten Versorgung erfüllen können. In dieser Vorstellungswelt war kein Platz für gewinnorientierte Krankenhäuser, und dementsprechend bot das KHG 1972 denn auch keine Möglichkeit der Entstehung von Überschüssen. Krankenhäuser mussten den Krankenkassen für die Budgetverhandlungen einen Kosten- und Leistungsnachweis vorlegen, der detailliert Auskunft über ihre wirtschaftliche Situation gab. War ein Überschuss entstanden, so sah das KHG vor, dass er über die Absenkung der Pflegesätze eines zukünftigen Zeitraums ausgeglichen wird. Das Selbstkostendeckungsprinzip sah also nicht nur Kostendeckung vor, sondern auch die Verhinderung von Gewinnen.

Im Gefolge des KHG 1972 stiegen die GKV-Ausgaben für Krankenhausbehandlung zwar zunächst stark an, der Anstieg endete jedoch 1975, als der aufgestaute Modernisierungsbedarf gedeckt und die seit Jahren notwendige Aufstockung des Personalbestandes erfolgt war. Ab 1975 verblieben die Gesamtausgaben für Krankenhäuser gemessen am Bruttoinlandsprodukt (BIP) bis zum Ende der alten BRD auf einem konstanten Niveau von ca. 3 % des BIP. Dennoch entwickelte sich Ende der 1970er Jahre eine zunehmend schärfer geführte Kritik an einer „Kostenexplosion" im Krankenhausbereich, die zur Legitimation für die Einleitung einer grundlegenden Reform der Krankenhausfinanzierung genutzt wurde.[2]

2.2 Erste Schritte zu einer grundlegenden Reform in den 1980er Jahren

Nach dem 1982 erfolgten Wechsel der Regierungskoalition von der SPD/FDP-Koalition zu einer Koalition aus CDU/CSU und FDP wurde eine grundlegende Reform der Krankenhausfinanzierung in Angriff genommen. Ziel der Reform war ein marktwirtschaftlich orientierter Umbau des Krankenhausbereichs. Die konzeptionellen Grundlagen hierzu lieferte insbesondere eine Anfang der 1980er Jahre von der Robert Bosch Stiftung einberufene ‚Kommission Krankenhausfinanzierung', die in starkem Maße von den Vorstellungen marktliberaler Gesundheitsökonomen beeinflusst war. Die Kommission plädierte für die Abschaffung der staatlichen Krankenhausplanung, die Aufhebung des Selbstkostendeckungsprinzips, damit Gewinne und Verluste entstehen können, und die Umstellung auf ein Fallpauschalensystem (Kommission Krankenhausfinanzierung 1987, S. 175–190).

---

[2]So wurde der erste Schritt in Richtung auf eine grundlegende Reform der Krankenhausfinanzierung durch das Krankenhaus-Neuordnungsgesetz 1984 mit der Behauptung begründet, es gebe eine „Kostenexplosion im Krankenhausbereich" (BT-Drs. 10/2095: 13), der mit dem Gesetz entgegengetreten werde.

Die Kommission hatte bereits 1983 einen Zwischenbericht vorgelegt. Die darin enthaltenen Vorschläge wurden von den Beamten des damals für die Gesundheitspolitik zuständigen Bundesministeriums für Arbeit und Sozialordnung (BMA) direkt aufgegriffen und bildeten die Grundlage für einen ersten Schritt in Richtung einer grundlegenden Krankenhausreform. Das Krankenhaus-Neuordnungsgesetz (KHNG) 1984 sah eine Einschränkung des Selbstkostendeckungsprinzips und den Einstieg in pauschalierte Entgelte vor. Eine neu gefasste BPflV gab ab 1986 insgesamt 16 sogenannte ‚Sonderentgelte' vor, die von Krankenhäusern abgerechnet werden konnten (nicht mussten). Sie waren als verweildauerunabhängige Pauschalen auf Grundlage der jeweiligen krankenhausspezifischen Kosten zu vereinbaren und sollten – anders als Fallpauschalen – nur einen Teil der Kosten decken, in der Regel die OP-Kosten. Fallpauschalen wurden im KHNG 1984 noch nicht verpflichtend eingeführt, sie konnten auf freiwilliger Basis zwischen dem einzelnen Krankenhaus und den Krankenkassen vereinbart werden. Von der Möglichkeit pauschalierter Entgelte wurde in der Folgezeit jedoch so gut wie nicht Gebrauch gemacht. In seinem Erfahrungsbericht zur Umsetzung des KHNG stellte das zuständige BMA fest, dass bis 1987 nur 1,2 % der gesamten Krankenhausausgaben über Sonderentgelte abgerechnet wurden (BMA 1989, S. 17). Die Abrechnung in Form von Fallpauschalen wird im Erfahrungsbericht überhaupt nicht erwähnt.

Nach Vorlage des Abschlussberichts der Kommission Krankenhausfinanzierung legte das BMA im Rahmen seines Erfahrungsberichtes zur Umsetzung des KHNG 1984 seine langfristigen Pläne für die Weiterentwicklung der Krankenhausfinanzierung vor (BMA 1989). Der ‚Erfahrungsbericht' kann als das zentrale programmatische Dokument für die Krankenhauspolitik des Bundes der folgenden Jahrzehnte gelten. Ziel der langfristigen Planung war ein marktwirtschaftlicher Umbau der Krankenhausversorgung.

> Der Bundesminister für Arbeit und Sozialordnung stimmt in der Grundtendenz mit der in zahlreichen Stellungnahmen erhobenen Forderung nach an marktwirtschaftlichen Abläufen orientierten Steuerungsanreizen im Krankenhaus überein (BMA 1989, S. 37).

Ziel des BMA sei eine „Weiterentwicklung des geltenden Pflegesatzrechts in Richtung auf ein differenziertes Preissystem" (BMA 1989, II). Die staatliche Krankenhausplanung solle durch eine „Steuerung des Leistungsgeschehens über den Preis" (BMA 1989, III) ersetzt werden, bei der Fallpauschalen die Funktion von Marktpreisen erfüllen. Das Selbstkostendeckungsprinzip solle „zugunsten von freien Preisverhandlungen" beseitigt (BMA 1989, S. 43) und die Entstehung von Gewinnen und Verlusten ermöglicht werden. Allerdings wurde ebenfalls klargestellt, dass auch im neuen Finanzierungssystem der Grundsatz der Beitragssatzstabilität gelten müsse, um eine „gesamtwirtschaftlich notwendige Stabilisierung der Lohnnebenkosten" (BMA 1989, S. 35) zu erreichen.

Nach Einschätzung der für den Bereich Krankenhausfinanzierung zuständigen Beamten war eine so grundlegende Reform nicht mit einem Schritt und einem einzigen Gesetz durchsetzbar. Der geplante Umbau könne nur im Rahmen einer langfristig angelegten Strategie und über ein schrittweises Vorgehen erreicht werden (Luithlen und Tuschen 1989).

2.3 Die 1990er Jahre: Budgetdeckelung und Neues Entgeltsystem

Der erste Schritt zur Umsetzung der Pläne von 1989 erfolgte mit dem Gesundheitsstrukturgesetz (GSG) 1992. Es enthielt für den Krankenhausbereich vor allem zwei Maßnahmen. Zum einen wurde eine Begrenzung der jährlichen Budgeterhöhungen (Budgetdeckelung) eingeführt, die das Selbstkostendeckungsprinzip weitgehend aushebelte. Ab dem 1. Januar 1993 hatten die Krankenhäuser keinen Anspruch mehr auf kostendeckende Pflegesätze. Die ‚Budgetdeckelung' begrenzte die jährlichen Budgeterhöhungen auf die Veränderungsrate der beitragspflichtigen Einnahmen der GKV-Mitglieder. Diese Rate lag deutlich unter den bisherigen Budgetsteigerungen und reichte absehbar nicht aus, die zu erwartenden Kostensteigerungen insbesondere aufgrund der Tariferhöhungen zu decken. Die Budgetdeckelung war in den Plänen von 1989 nicht vorgesehen, sie ging auf Vorschläge aus den Reihen der Gesundheitspolitiker der Regierungskoalition zurück.

Die zweite, für den Krankenhausbereich wichtige Entscheidung war der Grundsatzbeschluss für die Umstellung der Krankenhausfinanzierung auf ein Fallpauschalensystem. Dieser Beschluss ging auf Vorschläge des BMG zurück und folgte eindeutig dem Plan von 1989.[3] Als erster Schritt sollte 1996 ein neues Entgeltsystem eingeführt werden, das schrittweise zu einem vollständigen Fallpauschalensystem auszubauen war. Das GSG legte lediglich die Eckpunkte dieses Systems fest, die konkrete Ausgestaltung sollte in einer neu gefassten Bundespflegesatzverordnung (BPflV) erfolgen.

---

[3]Mit der Einrichtung eines Bundesministeriums für Gesundheit (BMG) im Jahr 1991 war die Zuständigkeit für Fragen der Krankenhausfinanzierung vom BMA auf das BMG übergegangen. Die dafür zuständigen Beamten wechselten vom BMA zum BMG.

Die neu gefasste Bundespflegesatzverordnung trat zum 1. Januar 1996 in Kraft und brachte eine vollständige Neustrukturierung des Vergütungssystems (zur ausführlichen Beschreibung vgl. Tuschen und Quaas 1998). Das neue Entgeltsystem sah einen für das gesamte Krankenhaus geltenden Basispflegesatz für die Leistungen der Unterkunft und Verpflegung vor, unterschiedliche Abteilungspflegesätze für die medizinisch-pflegerischen Leistungen jeder einzelnen Fachabteilung sowie pauschale Sonderentgelte und Fallpauschalen. Während die Pflegesätze weiterhin auf Grundlage der krankenhausindividuellen Kosten vereinbart wurden, war für Fallpauschalen und Sonderentgelte ein bundesweit geltender Katalog mit Bewertungsrelationen vorgegeben, die für die Abrechnung anzuwenden waren. Die Bewertungsrelationen gaben keinen Geldbetrag an, sondern nur das Verhältnis, in dem die betreffende Fallpauschale oder das Sonderentgelt niedriger oder höher als eine mit der Bewertungsrelation 1,0 bewertete Leistung zu vergüten war. Der Zahlbetrag ergab sich durch die Multiplikation der jeweiligen Bewertungsrelation mit einem auf Landesebene zwischen der Landeskrankenhausgesellschaft und den Krankenkassen zu vereinbarenden ‚Punktwert'.

Das neue Entgeltsystem startete zunächst nur mit 73 Fallpauschalen und 147 Sonderentgelten, wobei es zahlreiche Leistungen gab, für die sowohl eine Fallpauschale als auch ein Sonderentgelt festgelegt war (Tuschen 2009, S. 2). Insofern war die tatsächliche Zahl der Leistungen, für die ein pauschaliertes Entgelt vorgegeben war, deutlich niedriger. Der Anteil der pauschalierten Entgelte sollte innerhalb weniger Jahre auf 100 % ausgebaut werden. Die Krankenkassen gingen 1994 davon aus, dass dies bis spätestens 1999 zu erreichen sei (GKV 1994).

Das neue Entgeltsystem bewirkte aufgrund seiner Komplexität gegenüber dem bisherigen System einen erheblich höheren Aufwand für das betriebliche Rechnungswesen und die Budgetverhandlungen. Da die Budgets weiterhin der Deckelung unterlagen und zudem ein zunehmend größer werdender Teil des Budgets über pauschalierte, von den krankenhausindividuellen Kosten unabhängige Entgelte vergütet wurde, stieg die Notwendigkeit einer Kontrolle und Steuerung nicht nur der Kosten, sondern vor allem auch der Leistungsentwicklung. Die Entwicklung der medizinischen, vor allem der ärztlichen Leistungen war insofern von erheblich höherer Bedeutung als zuvor, als nicht nur die Kosten durch ärztliche Entscheidungen und ärztliches Handeln beeinflusst wurden, sondern vor allem auch die zu erzielenden Einnahmen. Einer der zentralen Begriffe der damaligen Managementliteratur war dementsprechend der Begriff der ‚medizinischen Leistungssteuerung' (Simon 1997). Damit war insbesondere auch gemeint, dass die kaufmännische Leitung über verschiedene Maßnahmen versuchte, die Chefärzte in die ökonomische Verantwortung einzubinden und zur Einhaltung von Abteilungsbudgets und zur Erbringung gut vergüteter Fallpauschalen oder Sonderentgelte zu motivieren.

In qualitativen Interviews, die in den Jahren 1997 bis 1999 mit Krankenhausleitungen und Chefärzten geführt wurden, zeigten sich bereits kurze Zeit nach Einführung der ersten Fallpauschalen deutliche Veränderungen im Denken und Handeln der Führungskräfte und vor allem auch die Bereitschaft, Entscheidungen über die Aufnahme, Behandlung und Entlassung oder Verlegung von Patienten an ökonomischen Zielen auszurichten (Simon 2001; Kühn und Simon 2001). So wurde unter dem Schutz der Anonymität sowohl über die Unterlassung medizinisch angezeigter Leistungen aus Kostengründen als auch über die ökonomisch motivierte Durchführung medizinisch nicht notwendiger Behandlungen berichtet.

Auf Verlangen der Bundesländer war in die BPflV 1995 die Verpflichtung zur Durchführung einer Begleitforschung aufgenommen worden, insbesondere auch weil die zuständigen Länderressorts negative Auswirkungen der Einführung von Fallpauschalen auf die Qualität der Patientenversorgung befürchteten. Es wurde daraufhin zwar ein entsprechender Forschungsauftrag vergeben, das BMG verhinderte in dem dafür gebildeten Beirat jedoch, dass der Auftrag auch die Auswirkungen auf die Patientenversorgung einschloss (DKI 1999, S. 15). Die Begleitforschung wurde auf Verlangen des BMG weitgehend auf betriebswirtschaftliche Fragen reduziert, und zudem beendete das BMG das Forschungsprojekt vorzeitig.

Die schrittweise Umstellung auf ein vollständiges Fallpauschalensystem im Rahmen des neuen Entgeltsystems erwies sich als schwierig und langwierig, insbesondere weil der Ausbau des Fallpauschalenkataloges nur sehr langsam vorankam. Die Einstiegsversion des Fallpauschalen- und Sonderentgeltkataloges war noch unter Leitung des BMG von beauftragten Wirtschaftsberatungsunternehmen entwickelt worden. Danach hatte die Bundesregierung dem GKV-Spitzenverbänden und der DKG diese Aufgabe übertragen, die jedoch aufgrund der zwischen ihnen herrschenden Interessengegensätze und inhaltlicher Differenzen kaum vorankamen.

Daraufhin wechselte das BMG 1999 seine Strategie. Ende Juni 1999 wurde der Entwurf eines GKV-Gesundheitsreformgesetzes (GKV-GRG) 2000 vorgelegt, der unter anderem die Beauftragung der GKV-Spitzenverbände und der DKG enthielt, die Krankenhausfinanzierung zum 01.01.2002 auf ein vollständiges Fallpauschalensystem umzustellen. Im Verlauf des Gesetzgebungsprozesses wurde dieser Auftrag noch dahin gehend modifiziert, dass das neue Fallpauschalensystem auf Grundlage eines international bereits eingesetzten DRG-Systems eingeführt werden sollte. Damit war der entscheidende Schritt vollzogen und es konnten die unmittelbaren Vorarbeiten für die Umstellung auf ein vollständiges Fallpauschalensystem beginnen.

3 Einführung und Entwicklung des DRG-Systems

Im Folgenden wird die Entwicklung des DRG-Systems von seiner Einführung bis in die Gegenwart in groben Zügen nachgezeichnet. Der Zeitraum wird in drei Phasen unterteilt:

- *Vorbereitung der Einführung:* Die Phase erstreckte sich über den Zeitraum 2000 bis 2003.
- *Einführung:* Die Phase erstreckte sich über die Jahre 2004 bis 2009.
- *Regelbetrieb:* Seit 2010 befindet sich das deutsche DRG-System in einem Modus, der als ‚Regelbetrieb' bezeichnet werden kann. Womit allerdings nicht gemeint ist, dass 2010 so etwas wie ‚regulatorische Ruhe' einkehrte. Ganz im Gegenteil, wie die nachfolgende Rekonstruktion zeigen wird.

3.1 Vorbereitung und Einführung des DRG-Systems

Die beiden ersten Phasen waren zunächst erheblich kürzer geplant und mussten mehrfach verlängert werden. Die Phase der Vorbereitung der Einführung sollte laut erstem Entwurf des GKV-GRG 2000 nur zwei Jahre dauern, 2000 und 2001. Ab dem 1. Januar 2002 sollten alle Krankenhäuser mit Fallpauschalen abrechnen. Im ersten Jahr sollte die Abrechnung parallel zu den bisherigen Pflegesätzen erfolgen, zum 1. Januar 2003 sollte das neue Fallpauschalensystem die bisherigen Pflegesätze vollständig ablösen.

Dieser Zeitplan war jedoch unrealistisch kurz, und es war von vornherein absehbar, dass er nicht einzuhalten sein würde. Es musste nicht nur ein international bereits eingesetztes DRG-System ausgewählt, sondern dessen Fallgruppenkatalog auch weitgehend überarbeitet und an die deutschen Verhältnisse angepasst werden. Zudem mussten die Bewertungsrelationen auf Grundlage der Kosten deutscher Krankenhäuser vollkommen neu berechnet werden. Darüber hinaus waren zahlreiche sonstige Regelungen zu entwickeln, zu vereinbaren oder durch Gesetz festzulegen.

Den Krankenhäusern ließ der ursprüngliche Zeitplan nur ein Jahr Zeit, um sich auf das vollkommen neue Vergütungssystem vorzubereiten, und die Umstellung sollte von einem Tag auf den nächsten erfolgen. Dies war insofern von erheblicher Bedeutung für Krankenhäuser, als die Bewertungsrelationen auf Grundlage der durchschnittlichen Ist-Kosten der Krankenhäuser kalkuliert und festgesetzt werden sollten (GKV et al. 2000). Somit war absehbar, dass die Anwendung des neuen Fallpauschalensystems bei Krankenhäusern mit überdurchschnittlichen Kosten zu einer Budgetabsenkung führen würde, und Krankenhäuser mit unterdurchschnittlichen Kosten eine Budgetanhebung zu erwarten hatten.

Eine deutliche Verlängerung des Zeitplans war unumgänglich. Im Rahmen des Gesetzgebungsprozesses zum GKV-GRG 2000 wurde er allerdings nur um ein Jahr verlängert, was sich relativ schnell als zu kurz herausstellte. Innerhalb der vorgegebenen Frist war es nicht möglich, den Fallgruppenkatalog des ausgewählten australischen DRG-Systems an deutsche Verhältnisse anzupassen und Bewertungsrelationen auf Grundlage der Ist-Kosten deutscher Krankenhäuser zu berechnen. Der für den 01.01.2003 vorgesehene Start musste darum mit dem australischen Fallgruppenkatalog und australischen Bewertungsrelationen erfolgen. Damit konnte das System aber nicht ‚scharfgeschaltet' werden, sodass aus der Abrechnung von Fallpauschalen Überschüsse und Verluste entstehen. Es war offensichtlich, dass der Übergang eine längere Vorbereitung und auch eine längere Übergangsphase brauchte.

Die notwendige Anpassung der Zeitplanung erfolgte im Rahmen des Fallpauschalengesetzes (FPG) 2002. Die Vorlage des FPG war bereits bei der Verabschiedung des GKV-GRG 2000 absehbar gewesen, weil das GKV-GRG nur die Grundsatzentscheidung für die Umstellung auf ein DRG-System und wenige zentrale Eckpunkte für das zu schaffende deutsche DRG-System enthielt. Es musste folglich relativ zeitnah ein weiteres Gesetz folgen, mit dem die Struktur und Funktionsweise eines an deutsche Verhältnisse angepassten DRG-Systems festgelegt werden. Dies geschah mit dem FPG. Das Fallpauschalengesetz war ein sogenanntes ‚Artikelgesetz' und bestand zu einem wesentlichen Teil aus Änderungen bestehender Rechtsvorschriften, wie beispielsweise des KHG oder der BPflV. Der zentrale und wichtigste Bestandteil war jedoch ein vollkommen neues Gesetz, das „Krankenhausentgeltgesetz" (KHEntgG). Es regelt seitdem das DRG-System in seiner Gesamtheit und ist damit so etwas wie das ‚DRG-Gesetz'. Die 2003 mit dem KHEntgG geschaffene Grundkonstruktion gilt im Wesentlichen noch heute und gibt die nachfolgend vorgestellten Grundelemente des Vergütungssystems vor.[4]

Die Vertragsparteien auf Bundesebene (GKV, PKV, DKG) vereinbaren jedes Jahr einen aktualisierten *Fallpauschalenkatalog*,[5] in dem festgelegt ist, für welche

---

[4]Die Darstellung beschränkt sich auf die zentralen Grundsätze und lässt die zahlreichen Abweichungen, Sonderfälle, Zu- und Abschläge etc. zum Zweck einer stark vereinfachten Beschreibung unberücksichtigt. Für genauere Informationen sei hier auf Beschreibungen des DRG-Systems in der einschlägigen Fachliteratur verwiesen (InEK 2005, S. 33).

[5]Der aktuell geltende Fallpauschalenkatalog sowie zahlreiche weitere Dokumente und Informationen sind auf der Internetseite des Instituts für das Entgeltsystem im Krankenhaus (InEK) veröffentlicht (https://www.g-drg.de).

Fallgruppe (DRG)[6] welche Fallpauschale abzurechnen ist. Der Katalog enthält zusätzlich zur Definition der Fallgruppen für jede Fallgruppe eine eigene *Bewertungsrelation*, die die ökonomische Bewertung der betreffenden Fallgruppe im Verhältnis zu einer Bezugsgröße angibt, die mit dem Wert 1,0 gesetzt ist.[7] Der Fallpauschalenkatalog enthält insofern keine Euro-Beträge, sondern nur Punktzahlen, die das relative ‚Kostengewicht' angeben. Die Bewertungsrelationen werden auf Grundlage der Ist-Kosten einer Stichprobe von ca. 250 Krankenhäusern (Kalkulationskrankenhäuser) jährlich neu ermittelt und von den Vertragsparteien auf Bundesebene festgelegt. Zusätzlich zu den Bewertungsrelationen enthält der Fallpauschalenkatalog Angaben zu der bei der Kalkulation festgestellten durchschnittlichen Verweildauer sowie die Festlegung einer unteren und oberen Grenzverweildauer (GVD) für jede DRG. Werden die definierten Verweildauergrenzen bei der Versorgung eines Patienten unter- oder überschritten, ist für jeden Tag der Abweichung ein im Katalog ausgewiesener tagesbezogener Abschlag oder Zuschlag auf die Fallpauschale vorzunehmen. Darüber hinaus enthält der Katalog auch Angaben zur Vergütung bei externen Verlegungen und Wiederaufnahme von Patienten.

Die Höhe der zu zahlenden Fallpauschale ergibt sich in der Regel aus der Multiplikation der im Katalog für die betreffende DRG ausgewiesenen Bewertungsrelation mit dem jeweils geltenden Basisfallwert. Der *Basisfallwert* ist die monetäre Bewertung der Bewertungsrelation 1,0. In den ersten Jahren nach Einführung des DRG-Systems wurde ein krankenhausindividuell errechneter Basisfallwert zugrunde gelegt, der schrittweise an einen Landesbasisfallwert angeglichen und somit abgesenkt oder angehoben wurde. Seit 2010 ist der auf Landesebene zwischen der Landeskrankenhausgesellschaft und der GKV und PKV vereinbarte Landesbasisfallwert zu verwenden. Die Landesbasisfallwerte sollen jedoch nur eine Übergangslösung sein und vollständig durch einen Bundesbasisfallwert abgelöst werden. Die Anpassung der Landesbasisfallwerte an einen Bundesbasisfallwert erfolgt in Jahresschritten. Sie hat 2010 begonnen und wurde zwischenzeitlich mehrfach verlängert. Nach jetzigem Gesetzesstand soll sie 2020 abgeschlossen sein. Ab dem 1. Januar 2021 soll für alle Krankenhäuser in Deutschland ein einheitlicher Bundesbasisfallwert gelten.

Neben den Fallpauschalen enthält das DRG-System zahlreiche *sonstige Entgelte*. Dazu zählen insbesondere auf Bundesebene vereinbarte pauschalierte Zusatzentgelte,

---

[6]DRG: Diagnosis Related Group.

[7]In die Berechnung werden nur sogenannte ‚Inlier' oder ‚Normallieger' der Hauptabteilungen einbezogen. Damit sind Patienten gemeint, deren Verweildauer innerhalb der definierten unteren und oberen Grenzverweildauer liegt.

ergänzende tagesbezogene Entgelte bei Überschreitung der oberen Grenzverweildauer, Entgelte für noch nicht im Fallpauschalenkatalog erfasste neue Untersuchungs- und Behandlungsmethoden, gesonderte Vergütungen für sogenannte ‚Besondere Einrichtungen' (z. B. für Schwerbrandverletzte), Zu- oder Abschläge für die Teilnahme oder Nichtteilnahme an der externen Qualitätssicherung, krankenhausindividuell vereinbarte Entgelte für nicht über eine Fallpauschale vergütete Leistungen, Vergütungen für und nachstationäre, teilstationäre oder ambulante Behandlungen etc. Für das Jahr 2018 listete der AOK-Bundesverband insgesamt 32 Zu- und Abschläge auf (AOK-Bundesverband 2018). Die finanzielle Bedeutung der Zu- und Abschläge ist allerdings relativ gering. Der weit überwiegende Teil der Krankenhausbudgets wird über Fallpauschalen finanziert, in der Regel machen sie einen Anteil von ca. 90 % des jeweiligen Krankenhausbudgets aus (Heimig 2014, S. 169). Wie an den sonstigen Entgelten und den zahlreichen Zu- und Abschlägen zu erkennen, ist das deutsche DRG-System kein reines Fallpauschalensystem, sondern letztlich immer noch ein Mischsystem, das auch krankenhausindividuelle Vergütungen vorsieht.

Mit dem Fallpauschalengesetz 2002 wurde zugleich auch eine Verlängerung der Einführungsphase beschlossen. Da – wie bereits erwähnt – zum 1. Januar 2003 weder ein deutscher Fallgruppenkatalog noch deutsche Bewertungsrelationen verfügbar waren, konnte die geplante verpflichtende Anwendung eines deutschen DRG-Systems zum 1. Januar 2003 nicht beibehalten werden. Als eine Art Kompromiss wurde zwar der Termin 1. Januar 2003 aufrechterhalten, aber keine verpflichtende Anwendung von Fallpauschalen vorgeschrieben. Das Jahr 2003 wurde vielmehr zu einem ‚Übungsjahr' für Krankenhäuser, die freiwillig bereits mit Fallpauschalen abrechnen wollten, allerdings auf Grundlage australischer Fallgruppen und Bewertungsrelationen.

Die verpflichtende Anwendung von Fallpauschalen wurde ab dem 1. Januar 2004 vorgegeben, allerdings – wie zuvor bereits für 2003 eingeplant – unter budgetneutralen Bedingungen. Die sogenannte ‚Scharfschaltung' wurde für den 1. Januar 2005 festgesetzt. In der Fachdiskussion wurde dieser Termin als ‚Scharfschaltung' des Systems bezeichnet, weil seit diesem Datum dem einzelnen Krankenhaus aus der Anwendung von DRG-Fallpauschalen Überschüsse oder Verluste entstehen.

Überschüsse oder Verluste sollten jedoch nicht, wie noch im GKV-GRG 2000 vorgesehen, in voller Höhe von einem Tag auf den nächsten anfallen. Der Entwurf des Fallpauschalengesetzes sah vielmehr vor, dass die Absenkung oder Anhebung der Vergütungen und Budgets schrittweise im Rahmen einer Übergangsphase erfolgen sollte, die in der Fachdiskussion als ‚Konvergenzphase' bezeichnet wurde. Ausgehend vom Budget des Jahres 2004 sollte der krankenhausindividuelle Basisfallwert in Jahren 2005, 2006 und 2007 schrittweise an den Landesdurchschnitt angeglichen werden. Dazu wurden bereits für die Jahre ab 2005 parallel auch Landesbasisfallwerte vereinbart, die die ‚Zielgröße' für die Absenkung oder Anhebung der krankenhausindividuellen Basisfallwerte anzeigten. Die Landesbasisfallwerte orientierten sich am Durchschnitt der krankenhausindividuellen Basisfallwerte. Mit der erstmaligen Vereinbarung des Landesbasisfallwertes war somit für jedes Krankenhaus erkennbar, ob des zu den ‚Verlierern' oder ‚Gewinnern' der Umstellung gehören wird.

Nachfolgend wird die Einführungsphase chronologisch und auch entsprechend der zum jeweiligen Zeitpunkt geltenden Vorschriften dargestellt. Dadurch soll verdeutlicht werden, dass der ursprüngliche Zeitplan der DRG-Einführung für viele Kliniken in kurzer Zeit zu einer massiven Bedrohung ihrer wirtschaftlichen Situation geführt hätte. Es bedurfte mehrerer politischer Interventionen, insbesondere auch vonseiten der Bundesländer, um diesen ökonomischen Druck durch Verlängerung der Übergangsphase und insbesondere auch die Einführung einer Obergrenze (Kappungsgrenze) für Budgetkürzungen etwas abzumildern. Auf diese Entwicklungen einzugehen ist auch insbesondere für das Verständnis der unmittelbar vor Einführung und in den ersten Jahren nach Einführung des DRG-Systems hilfreich. So setzte beispielsweise bereits in den Jahren 2003 und 2004 ein erheblicher Stellenabbau im Pflegedienst der Krankenhäuser ein, denn das KHEntgG sah zum damaligen Zeitpunkt nur eine sehr kurze Einführungsphase und unbegrenzte Budgetabsenkungen ab 2005 vor. Diese Bedrohung vor Augen ergriffen Krankenhausleitungen, deren Kliniken mit ihren Kosten über den zu erwartenden Fallpauschalen lagen, bereits vor der ‚Scharfschaltung' zum 1. Januar 2005 Maßnahmen zur Kostensenkung.

Laut Fallpauschalengesetz 2002 sollten alle Krankenhäuser ab dem 1. Januar 2008 nur noch auf Grundlage des jeweiligen Landesbasisfallwertes abrechnen dürfen. Krankenhäuser mit überdurchschnittlichen Kosten mussten somit ab dem 1. Januar 2005 mit einer Budgetabsenkung rechnen, wenn auch nicht – wie noch im GKV-GRG vorgesehen – von einem Tag auf den nächsten in voller Höhe, sondern nur in Höhe eines Drittels der Differenz zwischen ihren Kosten und dem Landesdurchschnitt.

Zwar bedeutete die Einführung einer Konvergenzphase eine gewisse ‚Entschärfung' für Krankenhäuser mit überdurchschnittlichen Kosten, die Bedrohung ihrer wirtschaftlichen Existenz blieb aber dennoch bestehen. Da die DRG-Fallpauschalen auf Grundlage der durchschnittlichen Ist-Kosten aller Krankenhäuser kalkuliert werden sollten, musste ca. die Hälfte der Kliniken mit einer Budgetabsenkung rechnen. Ein erheblicher Teil musste sogar mit Budgetkürzungen von bis zu 20–30 % rechnen.[8] Kostensenkungen in einer solchen Höhe sind für eine Organisation, deren Kosten zu ca. zwei Dritteln aus Personalkosten für festangestelltes Personal bestehen, nicht oder nur unter Vornahme massiver Einschnitte innerhalb weniger Jahre zu erreichen.

Entsprechend groß war die Verunsicherung im Krankenhausmanagement und letztlich auch unter den Krankenhausbeschäftigten, die spätestens dann von der Bedrohung der wirtschaftlichen Existenz ihrer Klinik erfuhren, wenn die Leitung die Kürzung außertariflicher Leistungen, Stellenabbau, den Ausstieg aus dem geltenden Tarifvertragssystem und Abschluss eines Notlagentarifs, die Ausgründung und Privatisierung ganzer Krankenhausbereiche etc. bekannt gab. Und da eine verantwortungsvoll agierende Krankenhausleitung nicht warten durfte, bis die Budgetkürzung wirksam wurde, setzten die entsprechenden Kostensenkungsmaßnahmen bereits vor dem 01.01.2005 ein, überwiegend in den Jahren 2003 und 2004.

Um existenzgefährdende Defizite des Krankenhauses zu verhindern, mussten vor allem Personalkosten gesenkt werden. Davon wiederum waren in erster Linie zwei Bereiche betroffen, das Personal der hauswirtschaftlichen und technischen Dienste und der Pflegedienst. Der erstgenannte Bereich war vor allem Gegenstand der ‚Ausgründung' ganzer Abteilungen in neu gegründete Unternehmen, die nicht mehr dem jeweiligen im Krankenhausbereich geltenden Tarifvertrag unterlagen, sondern den niedrigeren der Gebäudereinigung etc. Im Pflegedienst wurden die Personalkosten vor allem durch Stellenabbau und Flexibilisierung des Personaleinsatzes, durch Befristung bei Neueinstellungen sowie Umwandlung von Vollzeitstellen in Teilzeitstellen gesenkt.

Wie stark die Verunsicherung und empfundene Gefährdung in den Jahren der Umstellung auf das DRG-System war, lässt sich insbesondere am Stellenabbau im Pflegedienst erkennen. Eine erste Welle des Stellenabbaus hatte es ab 1997 gegeben, als eine durch das GSG eingeführte Regelung zur Personalbedarfsermittlung[9] aufgehoben wurde und eine pauschale Budgetkürzung um 1 % in Kraft trat. Danach begann sich die Personalzahl wieder zu stabilisieren. Als der Zeitplan für die DRG-Einführung bekannt wurde, setzte 2003 ein Stellenabbau ein, der weit über das Ausmaß der Jahre 1997 bis 1999 hinausging. In den vier

---

[8]Dies war in dieser Höhe auch politisch gewollt. So stellten die für den Krankenhausbereich zuständigen Beamten des BMG in einem Zeitschriftenbeitrag bereits im Jahr 2000 fest: Das DRG-System werde zu „Budgetkorrekturen führen, die im Einzelfall Größenordnungen von 10, 20 oder mehr Prozent erreichen können" (vgl. u. a. Günster et al. 2004; Tuschen und Trefz 2004; Simon 2017, S. 242–255).

[9]Die sogenannte „Pflege-Personalregelung" (PPR).

Jahren von 2002 bis 2005 wurden insgesamt mehr als 28.000 Vollkräfte (Vollzeitäquivalente) im Pflegedienst (ohne Psychiatrie) abgebaut, davon allein mehr als 10.000 im Jahr 2004, dem letzten Jahr vor Scharfschaltung des DRG-Systems (Simon 2008, 2009).

Vor diesem Hintergrund intervenierten die Bundesländer und verlangten eine deutliche ‚Entschärfung' der Einführungsphase. Sie verweigerten 2004 einem vom Bund vorgelegten zustimmungsbedürftigen Zweiten Fallpauschalenänderungsgesetz (2. FPÄndG) ihre Zustimmung und setzten über die Anrufung des Vermittlungsausschusses eine Reihe von Entschärfungen durch. So wurde die Konvergenzphase um ein Jahr bis Ende 2008 verlängert und es wurde eine relativ niedrige Obergrenze für die maximal zulässigen jährlichen Budgetkürzungen gesetzt, die sogenannte ‚Kappungsgrenze'. Vor allem die relativ niedrige Kappungsgrenze bewirkte eine deutliche ‚Entspannung' für Kliniken mit überdurchschnittlichen Kosten. Am Ziel einer Angleichung der krankenhausindividuellen Vergütungen an landesweit einheitliche Fallpauschalen wurde jedoch festgehalten.

Da absehbar war, dass auch noch Ende 2008 ein Kostenüberhang in einem relevanten Teil der Krankenhäuser bestand und diese Kliniken nach dem Auslaufen der Konvergenzphase mit einer deutlichen Budgetabsenkung zu rechnen hatten, wurde die Konvergenzphase im Rahmen des KHRG 2009 noch einmal um ein Jahr bis Ende 2009 verlängert. Dies war dann allerdings die letzte Verlängerung der Konvergenzphase.

3.2 Das deutsche DRG-System im Regelbetrieb

Ab dem 01.01.2010 ging das DRG-System in den „Regelbetrieb" über (Tuschen 2011, S. 12). Der Begriff des Regelbetriebes wird hier zwar aus der Fachdiskussion übernommen, damit soll jedoch nicht den Eindruck vermittelt werden, seit 2010 sei Ruhe in den Krankenhausbereich eingekehrt und die Krankenhäuser könnten unter verlässlichen und gleichbleibenden rechtlichen Rahmenbedingungen ihrem eigentlichen Auftrag nachgehen und sich auf eine möglichst gute Patientenversorgung konzentrieren. Weit gefehlt. Vielmehr gehört die ständige Veränderung der ökonomischen Rahmenbedingungen zu den Wesensmerkmalen des deutschen DRG-Systems und somit auch zu seinem ‚Regelbetrieb'.

Diese ständigen Veränderungen können in zwei große Gruppen eingeteilt werden: 1) in ‚reguläre' jährliche Veränderungen, die immanenter Bestandteil des DRG-Systems sind und überwiegend von der sogenannten ‚gemeinsamen Selbstverwaltung' aus GKV, PKV und DKG beschlossen werden, und 2) von Außen durch politische Interventionen vorgenommene Veränderungen. Die politischen Interventionen können wiederum unterteilt werden in solche, mit denen längerfristig geplante Änderungen vollzogen werden und solche, mit denen auf Entwicklungen reagiert wird, bei denen es sich nach Auffassung der jeweiligen Regierungskoalition um Fehlentwicklungen handelt, die verhindert oder korrigiert werden sollen. Im Folgenden werden zunächst die wichtigsten regulären jährlichen Veränderungen vorgestellt, daran anschließend die nicht zum regulären DRG-System gehörenden politischen Interventionen.

Die Konstruktion des DRG-Systems sieht eine Vielzahl *regulärer jährlicher Veränderungen* vor. So werden jedes Jahr erneut die Ist-Kosten in einer Krankenhausstichprobe erhoben und die Bewertungsrelationen auf dieser Grundlage neu berechnet und festgesetzt. Auch der DRG-Fallpauschalenkatalog wird jedes Jahr verändert. Es werden neue Fallgruppen oder Subgruppen gebildet, bestehende aufgespalten, einzelne Behandlungen anderen DRGs zugeordnet, einzelne DRGs anderen Haupt-DRGs zugeordnet usw. usf. Einen Überblick über die jährlichen Änderungen und Neuerungen gibt das DRG-Institut in einem jedes Jahr erscheinenden gesonderten Bericht (für das Jahr 2018 vgl. InEK 2017).

Sobald die neue DRG-Version für das kommende Jahr veröffentlicht wurde, ist es eine der vorrangigen Aufgaben der Mitarbeiter des Medizin-Controlling und der Krankenhausleitung, sich mit dem neuen DRG-Katalog zu befassen und die Bedeutung der Änderungen für das eigene Haus zu identifizieren und gegebenenfalls notwendige Anpassungen einzuleiten. Die jährlichen Änderungen des DRG-Systems beschränken sich keineswegs auf den Fallpauschalenkatalog und die Bewertungsrelationen. Das DRG-System besteht aus einer Vielzahl weiterer Bestimmungen, die vor allem in vertraglichen Vereinbarungen festgelegt sind. Insofern sind jedes Jahr routinemäßig mehrere vertragliche Vereinbarungen zwischen GKV, PKV und DKG zu aktualisieren und neu zu abzuschließen. Da diese Änderungen Auswirkungen auf die Erlössituation des einzelnen Krankenhauses haben, sind auch sie von der Krankenhausleitung oder den zuständigen Verwaltungsmitarbeitern genau zu analysieren, um herauszufinden, wo welche krankenhausinternen Veränderungen vorzunehmen sind und welche Bedeutung die Änderungen für die nächsten Verhandlungen mit den Krankenkassen haben könnten.[10]

---

[10]Für 2018 wurden mindestens fünf Vereinbarungen auf Bundesebene neu abgeschlossen, darunter eine neue Fallpauschalenvereinbarung, deren wichtigste Bestandteile der neue DRG-Katalog und ggf. geänderte Abrechnungsbestimmungen sind, die Vereinbarung des sogenannten ‚Veränderungswertes' als Obergrenze für die Vereinbarung der Landesbasisfallwerte, des Bundesbasisfallwertes als Orientierungsgröße für die jährliche Anpassung der Landesbasisfallwerte, des neuen DRG-Systemzuschlags. Für das Jahr 2017 waren zusätzlich zu den routinemäßigen jährlichen Vereinbarungen noch eine durch Gesetz geforderte Vereinbarung für einen neuen sogenannten ‚Fixkostendegressionsabschlag' sowie eine Vereinbarung über die Finanzierung von Mehrkosten durch Qualitätsanforderungen des Gemeinsamen Bundesausschusses (G-BA) zu schließen.

Die Auswirkungen der jährlichen Veränderungen des Fallpauschalenkataloges, des Zusatzentgeltekataloges etc. auf die Einnahmesituation der Krankenhäuser haben auch einen eigenen Namen und werden als sogenannte ‚Katalogeffekte' bezeichnet (eine gute Beschreibung dieser Effekte bieten Roeder et al. 2010). Katalogeffekte führen dazu, dass vollkommen identische Fälle in zwei unterschiedlichen DRG-Versionen durch Änderungen der Fallgruppensystematik unterschiedlichen DRGs zugeordnet werden. Da damit zugleich auch Änderungen der Bewertungsrelationen verbunden sind, führt dies dazu, dass eine vollkommen identische Behandlung nur aufgrund der Katalogänderungen unterschiedlich vergütet wird. Auch wenn die Katalogeffekte im Saldo nur wenige Prozente des gesamten Vergütungsvolumens ausmachen, so sind sie für die Krankenhäuser doch von erheblicher Bedeutung. Bei einem DRG-Erlösbudget von 100 Mio. EUR entspricht jeder Prozentpunkt Katalogeffekt 1 Mio. EUR Mehr- oder Mindereinnahmen.

Die zweite Gruppe der Änderungen ökonomischer Rahmenbedingungen resultieren aus den seit Einführung des DRG-Systems immer wieder vorgenommenen politischen Interventionen. Sie können in a) längerfristig geplante Gesetze und b) kurzfristig auf die Agenda gesetzte ad-hoc-Interventionen unterteilt werden.

a) Zu den *langfristig geplanten Gesetzen* gehörte vor allem das Krankenhausfinanzierungsreformgesetz (KHRG) 2009. Bereits bei Einführung des DRG-Systems war angekündigt worden, dass vor Ablauf der Konvergenzphase ein Gesetz vorgelegt werden soll, mit dem der ‚ordnungspolitische Rahmen' für den Regelbetrieb nach Abschluss der Einführungsphase festgelegt wird. Zu den geplanten Gesetzen ist auch das 2011 vorgelegte und 2012 beschlossene Psychiatrie-Entgeltgesetz (PsychEntgG) und die darin enthaltene Einführung eines pauschalierten Entgeltsystems für die stationäre Psychiatrie zu zählen. Auch wenn diese Gesetze längerfristig geplant waren, so änderte dies nichts daran, dass jedes von ihnen erneute Veränderungen der ökonomischen Rahmenbedingungen für Krankenhäuser bewirkte und eine intensive Beschäftigung mit Neuregelungen erforderte, um deren Bedeutung für die jeweilige eigene Klinik herauszufinden und möglicherweise notwendige Anpassungen oder strategische Umorientierungen vorzunehmen. Jede dieser Reformen sorgte erneut für Verunsicherungen im Krankenhausbereich.

b) Neben diesen geplanten gesetzgeberischen Interventionen gab es eine mittlerweile kaum noch zu überschauende Vielzahl weiterer, kurzfristig auf die Agenda gesetzter politischer *ad-hoc-Interventionen*. Sie folgten keiner langfristigen und gleichbleibenden Strategie. Mit ihnen wurden vielmehr sehr unterschiedliche und teilweise auch widersprüchliche Ziele verfolgt. So diente ein Teil der Interventionen dazu, eine kurzfristige Entlastung der GKV bei den

Krankenhausausgaben zu erreichen, ein anderer Teil sollte die Krankenhäuser entlasten, indem ihnen zusätzliche Mittel zur Verfügung gestellt wurden, um als notwendig anerkannte Mehrkosten zu finanzieren oder insgesamt den auf dem Krankenhausbereich lastenden wirtschaftlichen Druck etwas zu reduzieren. Nachfolgend werden nur einige der wichtigsten ad-hoc-Interventionen kurz vorgestellt.

Als im Rahmen einer Reform der Ärzteausbildung 2004 die Phase des Arztes im Praktikum (AiP) abgeschafft wurde und die Krankenhäuser die bisherigen mit relativ geringen Personalkosten verbundenen AiP-Stellen in deutlich höher zu vergütende Assistenzarztstellen umwandeln mussten, ließ die DRG-Systematik keine Berücksichtigung der daraus resultierenden Mehrkosten zu. Im Fall der Abschaffung des AiP erkannte die Politik den finanziellen Mehrbedarf auf der Ebene der einzelnen Krankenhäuser an und gewährte im Rahmen des GKV-Modernisierungsgesetzes (GMG) 2003 den an der Arztausbildung beteiligten Kliniken einen Anspruch auf Berechnung eines Zuschlags zu allen Fallpauschalen und Zusatzentgelten für die Refinanzierung der zusätzlichen Assistenzarztstellen.

Ein weiteres Beispiel war die Änderung des deutschen Arbeitszeitrechts. Nachdem mit mehrjähriger Verzögerung endlich das Arbeitszeitrecht der EU in deutsches Recht übernommen und der bisherige Bereitschaftsdienst der Ärzte zur Arbeitszeit wurde und entsprechend höher zu vergüten war, bot das DRG-System auch hierfür keine Möglichkeit der Berücksichtigung in den Vergütungen. Im Rahmen des GMG wurde 2003 darum auch für die Finanzierung dieser Mehrkosten ein entsprechender Zuschlag auf Fallpauschalen und Zusatzentgelte beschlossen.

Die Unfähigkeit des DRG-Systems, diese kurzfristig eintretenden und für die Krankenhäuser unabwendbaren Mehrkosten in den Fallpauschalen zu berücksichtigen, resultiert vor allem aus zwei Konstruktionsmerkmalen. Zum einen können auftretende Mehrkosten erst frühestens zwei Jahre nachdem sie in den Kalkulationskrankenhäusern gemessen wurden, in die Bewertungsrelationen einkalkuliert werden. Dementsprechend wurden und werden sie bei neu auftretenden Mehrkosten in der Regel zunächst und begrenzt für einen kurzen Zeitraum über krankenhausindividuelle Zuschläge auf die Fallpauschalen finanziert. Zum anderen ist das DRG-System darauf ausgelegt, gemessene Mehrkosten – auch wenn sie nur in einem Teil der Kliniken entstanden sind – so einzukalkulieren, dass sie in einen Durchschnittswert für alle Krankenhäuser umgerechnet und dann auch an alle Krankenhäuser pauschal gezahlt werden. Das wiederum führt dazu, dass die zuvor über Zuschläge nur einzelnen Krankenhäusern gezahlten Kostenerstattungen ab der Einbeziehung in die Fallpauschalen an alle Krankenhäuser gezahlt werden und folglich auch an solche, denen die betreffenden Mehrkosten überhaupt nicht entstanden sind. Derselbe Mechanismus bewirkte beispielsweise auch, dass der größte Teil der Mittel für das erste Pflegestellen-Förderprogramm (ca. 660 Mio. EUR pro Jahr) nach Auslaufen der Zuschlagsphase durch eine Erhöhung der Landesbasisfallwerte an alle DRG-Krankenhäuser verteilt wurde, folglich auch solche, die nicht nur keine zusätzlichen Pflegestellen geschaffen hatten, sondern auch an solche, die weiter Pflegestellen abgebaut hatten. Solche Absurditäten sind unvermeidbar, wenn man an einem System festhalten will, in dem allen Krankenhäusern pauschalierte, an den Durchschnittskosten orientierte Vergütungen gezahlt werden.

Nachdem den Krankenhäusern zuvor mehr Geld zur Verfügung gestellt worden war, erfolgte mit dem GKV-Wettbewerbsstärkungsgesetz (GKV-WSG) 2007 eine Kehrwende. Um die GKV-Finanzen zu entlasten, wurde beschlossen, dass ab 2007 als sogenannter ‚Sanierungsbeitrag' der Krankenhäuser für die ‚Sanierung' der GKV von allen Krankenhausrechnungen ein Abschlag in Höhe von 0,5 % vorzunehmen ist.

Zwei Jahre später erfolgte, nicht zuletzt auch aufgrund einer verstärkten Berichterstattung über die schlechte wirtschaftliche Lage vieler Krankenhäuser, eine erneute Kehrtwende. Mit dem KHRG 2009 wurden mehrere Maßnahmen beschlossen, die zu einer Verbesserung der ökonomischen Situation der Krankenhäuser beitragen sollten. So erhielten die Krankenhäuser einen Anspruch auf hälftige Refinanzierung der Tariferhöhungen, wurde ein Sonderprogramm zur Finanzierung zusätzlicher Stellen im Pflegedienst im Umfang von bis zu 660 Mio. EUR pro Jahr beschlossen und erfolgte die Ankündigung einer teilweisen Ablösung der Anbindung der Landesbasisfallwerte an die niedrige Entwicklungsrate der beitragspflichtigen Einnahmen der GKV-Mitglieder.[11] Zukünftig sollte sich die zulässige Veränderungsrate der Landesbasisfallwerte auch nach einem sogenannten ‚Orientierungswert' richten, der die Kostenentwicklung im Krankenhausbereich abbildet. Da die im Gesetz gesetzte Frist für die erforderlichen Vorarbeiten des Statistischen Bundesamtes zu kurz bemessen war, musste sie verlängert werden und stand der erste Orientierungswert erst für 2013 zur Verfügung.

Zwei Jahre nach dem KHRG 2009 wurde mit dem GKV-Finanzierungsgesetz 2011 wieder eine Kehrtwende vollzogen. Um die GKV zu entlasten, wurde

---

[11]Die durch das GSG zum 01.01.1993 eingeführte ‚Deckelung' durch die Begrenzung der jährlichen Budgetsteigerungen auf die Veränderungsrate der beitragspflichtigen Einnahmen der GKV-Mitglieder galt auch für das DRG-System weiter, allerdings nicht mehr für das einzelne Krankenhausbudgets, sondern als Obergrenze für Vereinbarung der Landesbasisfallwerte.

beschlossen, dass die Krankenhäuser 2011 und 2012 noch nicht einmal eine Erhöhung im Umfang der ohnehin niedrigen Grundlohnrate der GKV erhalten, sondern nur eine deutlich verminderte Rate.

Wieder zwei Jahre später wurde im Rahmen des Beitragsschuldengesetzes 2013 den Krankenhäusern zur finanziellen Entlastung bis Ende 2016 ein sogenannter ‚Versorgungszuschlag' in Höhe von insgesamt 500 Mio. EUR pro Jahr gewährt.

In der nächsten Reform der Krankenhausfinanzierung, dem KHSG 2015, wurde der Versorgungszuschlag ab 2017 in einen ‚Pflegezuschlag' umgewandelt, der unbefristet weiter gezahlt werden sollte. Darüber hinaus wurde für die Jahre 2016, 2017 und 2018 ein zweites Pflegeförderprogramm zur Finanzierung zusätzlicher Stellen beschlossen, diesmal mit einem Volumen von bis zu 330 Mio. EUR pro Jahr.

Anfang 2018 wurde schließlich eine nächste Kehrtwende angekündigt. In ihrem Koalitionsvertrag einigte sich die neue Große Koalition darauf, die Personalkosten des Pflegedienstes aus den DRG-Fallpauschalen auszugliedern und über eine gesonderte ‚Pflegepersonalkostenvergütung' zu finanzieren (CDU/CSU/SPD 2018, S. 99). Sollte diese Entscheidung tatsächlich umgesetzt werden, würde ca. ein Viertel der Gesamtkosten der Krankenhäuser aus den DRG-Fallpauschalen herausgenommen und über krankenhausindividuell zu vereinbarende Vergütungen auf Grundlage der Selbstkosten des Krankenhauses erstattet. Zum Zeitpunkt der Fertigstellung dieses Beitrags war jedoch noch nicht absehbar, ob die angekündigte Änderung tatsächlich und in der angekündigten Form beschlossen wird und welche Auswirkungen eine solche Änderung auf die Zukunft des DRG-Systems haben wird.

4 Diskussion

Der vorliegende Beitrag zeichnete die Vorgeschichte und bisherige Entwicklung des deutschen DRG-Systems nach. Dabei wurde deutlich, dass es sich bei der Einführung eines vollständigen Fallpauschalensystems um ein langfristig geplantes politisches Projekt handelte, dessen Vorbereitung bis in die 1980er Jahre zurückverfolgt werden kann. Die Rekonstruktion des Einführungsprozesses zeigte, dass die Einführung des DRG-Systems zu einer erheblichen Verunsicherung des Krankenausbereichs führte, weil das System erklärtermaßen ein Instrument zur Umverteilung von Finanzierungsmittel sein sollte. Ausgehend von der Grundsatzentscheidung, dass die DRG-Fallpauschalen auf Grundlage der durchschnittlichen Ist-Kosten der Krankenhäuser kalkuliert und festgesetzt werden sollen, führte die DRG-Einführung zu einem Prozess der Umverteilung von Geld in einem bis dahin nicht gekannten Ausmaß. Nimmt man an, dass insgesamt ca. 10–15 % der Gesamtausgaben für die Krankenhausbehandlung auf Grundlage der DRG-Fallpauschalen neu verteilt wurden, so handelte es sich bei einem Volumen von ca. 60 Mrd. EUR für Krankenhäuser insgesamt um ein Programm zur Neuverteilung von ca. 6–9 Mrd. EUR. Angesichts dieser Summe wird es nachvollziehbar, dass die Ankündigung der Einführung des DRG-Systems eine Art ‚Goldgräberstimmung' und ‚Kaufrausch' bei privaten Klinikketten und Investoren auslöste (zur Privatisierungswelle Anfang der 2000er Jahre vgl. DZ Bank 2006).

Die Verlierer der Umverteilung hingegen, vor allem öffentliche und freigemeinnützige Krankenhäuser mit überdurchschnittlichen Kosten, wurden zu umfangreichen Kostenreduzierungen gezwungen, wenn sie in dem neuen System wirtschaftlich überleben wollten. Da es sich bei Krankenhäusern um personalintensive Organisationen handelt, trafen diese Kostensenkungsprogramme vor allem die Beschäftigten und führten zu teilweise erheblichen Verschlechterungen ihrer Arbeitsbedingungen, sei es durch Ausgliederung in schlechter entlohnte Tarifbereiche, Gehaltskürzungen durch Notlagentarife, Tarifflucht, Stellenabbau etc. Dieser erheblich gestiegene wirtschaftliche Druck und die seit Jahren in vielen Kliniken zum Alltag gehörende Befürchtung, Verluste zu machen und aufgrund dessen die eigene Stelle zu verlieren oder von einer Privatisierung betroffen zu sein, ist zentraler Auslöser zahlreicher Fehlentwicklungen seit Einführung des DRG-Systems. Zu diesen Fehlentwicklungen gehört nicht nur die Verschlechterung von Arbeitsbedingungen, sondern insbesondere auch die Beeinflussung ärztlicher Entscheidungen durch ökonomische Kalküle, die dazu führt, dass patientenbezogene Entscheidungen in zunehmendem Maße nicht mehr primär an Patienteninteressen und Standards der ärztlichen Berufsethik ausgerichtet werden, sondern an vorgegebenen wirtschaftlichen Zielen des Krankenhauses. Dabei ist keineswegs, wie dies leider vielfach in der medialen Berichterstattung behauptet wird, in der Regel ein Profitinteresse, sondern vielfach und vermutlich in der Mehrzahl der Kliniken der ökonomische Überlebensdruck ausschlaggebend. Wenn die Krankenhausfinanzierung auf ein Fallpauschalensystem umgestellt wird, dann ist es für eine Klinik überlebenswichtig, dass sie die der Budgetplanung zugrunde gelegte und mit den Kassen vereinbarte Fallzahl und Fallstruktur erreicht.

Es bleibt noch auf etwas hinzuweisen, das bislang zu wenig beachtet wird. Vergegenwärtig man sich, dass das DRG-System vor allem ein System zur Umverteilung von Geld im Krankenausbereich sein sollte und ist, dann bedeutet dies letztlich, dass ein Teil der Krankenhäuser und Beschäftigten zu Verlierern gemacht wurden und jedes Jahr erneut gemacht werden, damit ein anderer Teil der Krankenhäuser – und darunter vor allem private – zu Gewinnern werden.

Auch für das DRG-System gilt: Was an der einen Stelle gegeben wird, muss an anderer Stelle weggenommen werden. Nur wenn die Vergütungen auf dem Niveau der Durchschnittskosten festgelegt werden, können unterdurchschnittliche Kosten zu Gewinnen der Krankenhauseigner werden. Besonders deutlich wurde dies in der Konvergenzphase 2005 bis 2009. Damit die Budgets der ‚Gewinner-Krankenhäuser' angehoben werden konnten, mussten die der ‚Verlierer-Krankenhäuser' abgesenkt werden. Aber auch im Regelbetrieb funktioniert das DRG-System weiter als Umverteilungssystem. Und dies nicht nur wegen der seit 2010 stattfindenden Bundeskonvergenz, die bei einem Teil der Länder zu einer schrittweisen Absenkung der Landesbasisfallwerte, bei einem anderen Teil zu einer Anhebung führt. Auch die jährliche Änderung des DRG-Kataloges ist nichts anderes als eine jährliche Entscheidung über eine teilweise Neuverteilung von Geld. Denn über allem steht seit der DRG-Version 2006 der Grundsatz, dass bei jeder jährlichen Überarbeitung des Kataloges die Summe der bundesweit abrechenbaren Bewertungsrelationen konstant gehalten wird. Eine Anhebung an der einen Stelle muss folglich zu einer Absenkung an der anderen führen.

Der Versuch einer Legitimierung dieser Umverteilung durch die Behauptung, das DRG-System sei ‚leistungsgerecht' und darum seien diese Umverteilungen Ausdruck von ‚Leistungsgerechtigkeit' kann nicht überzeugen. Der arithmetische Mittelwert der Kosten ist nichts weiter als eine statistische Kennzahl. Aus einem statistischen Verteilungsmaß kann keinerlei Schlussfolgerung auf die Angemessenheit der berechneten Werte abgeleitet werden. Am Mittelwert der Ist-Kosten bundesweit ist darum auch nicht zu erkennen, ob es sich dabei um die Kosten einer wirtschaftlichen Betriebsführung handelt. Um die Wirtschaftlichkeit beurteilen zu können, bedarf es externer Bewertungsmaßstäbe für das, was als wirtschaftliche Betriebsführung zu gelten hat. Ein solcher Maßstab findet sich im DRG-System an keiner Stelle.

Die Frage der Wirtschaftlichkeit ist zudem auch nicht allein auf Grundlage der Kosten zu beantworten. Die Antwort bedarf vor allem eines eindeutigen Bezuges zur Qualität der Leistungen, deren Kosten gemessen werden. Und das meint weit mehr als die Festlegung von Diagnosen nach ICD und Prozeduren nach OPS. Es meint alle drei zum Qualitätsbegriff gehörenden Dimensionen: die Struktur-, die Prozess- und die Ergebnisqualität. Das DRG-System berücksichtigt keine dieser drei Dimensionen bei der Festsetzung von Bewertungsrelationen und der Zahlung von Fallpauschalen. Im Gegenteil: Wie im vorliegenden Beitrag aufgezeigt, zwingt es durch die Orientierung an den bundesweiten Durchschnittskosten zum Personalabbau. Eine sowohl hinsichtlich der Anzahl als auch der Qualifikation bedarfsgerechte Personalbesetzung ist aber zentraler Bestandteil der Strukturqualität. Das DRG-System ‚bestraft' jedoch eine überdurchschnittlich gute

Personalbesetzung mit Kostenunterdeckungen und ‚belohnt' personelle Unterbesetzung mit Gewinnen. Ein Vergütungssystem, das bei der Festsetzung der Höhe der Vergütung in keiner Weise die Qualität der Leistungen berücksichtigt, kann allein bereits aus diesem Grund auf keinen Fall als ‚leistungsgerecht' oder ‚leistungsorientiert' gelten.

So bleibt vom DRG-System letztlich nichts Anderes übrig, als dass es Instrument zur Umverteilung sein soll, und zwar einer Umverteilung die auf Grundlage des arithmetischen Mittelwertes der gemessenen Ist-Kosten und damit letztlich rein willkürlich und ohne jegliche fachlich-inhaltliche Begründung erfolgt.

Literatur

AOK-Bundesverband. (2018). Übersicht zu den Zu- und Abschlägen im Rahmen der Krankenhausabrechnung 2018 nach KHEntgG. Stand: 02.01.2018. http://www.aok-gesundheitspartner.de/imperia/md/gpp/bund/krankenhaus/abrechnung/zuschlaege/zu-abschlaege_drg_020118.pdf. Zugegriffen: 2. Juli 2018.

BMA, Bundesministerium für Arbeit und Sozialordnung. (1989). *Erfahrungsbericht über die Auswirkungen der Krankenhaus-Neuordnung 1984*. Bonn: BMA.

CDU/CSU/SPD. (2018). Ein neuer Aufbruch für Europa. Eine neue Dynamik für Deutschland. Ein neuer Zusammenhalt für unser Land. Koalitionsvertrag zwischen CDU, CSU und SPD. https://www.spd.de/fileadmin/Dokumente/Koalitionsvertrag/Koalitionsvertrag_2018.pdf. Zugegriffen: 7. Febr. 2018.

DKI, Deutsches Krankenhausinstitut. (1999). *Begleitforschung zur Bundespflegesatzverordnung 1995. Abschlußbericht*. Untersuchung im Auftrag des Bundesministeriums für Gesundheit. Düsseldorf: Deutsches Krankenhausinstitut.

DZ Bank. (2006). *Kliniken-Privatisierungswelle. Branchenstudie*. Frankfurt a. M.: DZ Bank.

GKV, Arbeitsgemeinschaft der Spitzenverbände der gesetzlichen Krankenkassen. (1994). Stellungnahme zum Referentenentwurf der Bundespflegesatzverordnung 1995 vom 04.02.1994. Bonn: GKV.

GKV, Spitzenverbände der gesetzlichen Krankenversicherung, Verband der privaten Krankenversicherung PKV, & Deutsche Krankenhausgesellschaft DKG. (2000). Vereinbarung über die Einführung eines pauschalierenden Entgeltsystems nach § 17 b KHG vom 27.06.2000. https://www.g-drg.de/Das_Institut/Grundsatzvereinbarungen_der_Selbstverwaltung/Einfuehrung_eines_pauschalierenden_Entgeltsystems_nach_17b_KHG. Zugegriffen: 20. März 2018.

Günster, C., Mansky, T., & Repschläger, U. (2004). Das deutsche DRG-Entgeltsystem. In J. Klauber, B.-P. Robra, & H. Schellschmidt (Hrsg.), *Krankenhaus-Report 2003: Schwerpunkt: G-DRGs im Jahre 1* (S. 43–67). Stuttgart: Schattauer.

Heimig, F. (2014). Das Wichtigste ist Verschwiegenheit. Interview mit Frank Heimig, Geschäftsführer des Instituts für das Entgeltsystem im Krankenhaus (InEK). *führen und wirtschaften im Krankenhaus 31*(2), 166–169.

InEK, Institut für das Entgeltsystem im Krankenhaus. (2005). Abschlussbericht. Weiterentwickung des G-DRG-Systems für das Jahr 2006. Klassifikation, Katalog, und Bewertungsrelationen. Teil I: Projektbericht. http://www.g-drg.de/cms/index.php/inek_site_de/Archiv/Systemjahr_2006_bzw._Datenjahr_2004-sm7. Zugegriffen: 5. Aug. 2009.

InEK, Institut für das Entgeltsystem im Krankenhaus. (2017). Abschlussbericht. Weiterentwicklung des G-DRG-Systems für das Jahr 2018. Klassifikation, Katalog und Bewertungsrelationen. Teil I: Projektbericht Siegburg, den 19. Dezember 2017. http://www.g-drg.de/G-DRG-System_2018/Abschlussbericht_zur_Weiterentwicklung_des_G-DRG-Systems_und_Report_Browser/Abschlussbericht_zur_Weiterentwicklung_des_G-DRG-Systems_fuer_2018. Zugegriffen: 10. Apr. 2018.

Kommission Krankenhausfinanzierung. (1987). Krankenhausfinanzierung in Selbstverwaltung – Kommissionsbericht. Vorschläge zu einer Neuordnung der Organisation und Finanzierung der Krankenhausversorgung. Teil I. Bericht der Kommission Krankenhausfinanzierung der Robert Bosch Stiftung. Robert-Bosch-Stiftung. Beiträge zur Gesundheitsökonomie, Bd. 20. Gerlingen: Bleicher.

Kühn, H., & Simon, M. (2001). Anpassungsprozesse der Krankenhäuser an die prospektive Finanzierung (Budgets, Fallpauschalen) und ihre Auswirkungen auf die Patientenorientierung. Abschlussbericht. http://forum-gesundheitspolitik.de/dossier/PDF/kh-projekt_abschlussbericht_dlr_2.pdf. Zugegriffen: 29. Mai 2018.

Luithlen, E., & Tuschen, K.-H. (1989). Weiterentwicklung des Entgeltsystems der Krankenhäuser. *Das Krankenhaus, 81*(4), 151–156.

Roeder, N., Fiori, W., & Bunzemeier, H. (2010). Bewertung von Katalogeffekten und Beschreibung ihrer Einflussfaktoren im G-DRG-System. Expertise im Auftrag des Zentralinstituts für die kassenärztliche Versorgung in der Bundesrepublik Deutschland. https://www.zi.de/fileadmin/images/content/PDFs_alle/Expertise_G-DRG-Katalogeffekt.pdf. Zugegriffen: 20. März 2018.

Simon, M. (1997). *Das Krankenhaus im Umbruch. Neuere Entwicklungen in der stationären Krankenversorgung im Gefolge von sektoraler Budgetierung und neuem Entgeltsystem.* Diskussionspapier der Arbeitsgruppe Public Health im Wissenschaftszentrum Berlin für Sozialforschung, P97-204. Berlin: Wissenschaftszentrum Berlin für Sozialforschung.

Simon, M. (2000). *Krankenhauspolitik in der Bundesrepublik Deutschland. Historische Entwicklung und Probleme der politischen Steuerung stationärer Krankenversorgung.* Wiesbaden: Springer VS.

Simon, M. (2001). Die Ökonomisierung des Krankenhauses. Der wachsende Einfluss ökonomischer Ziele auf patientenbezogene Entscheidungen. Veröffentlichungsreihe der Arbeitsgruppe Public Health, P01-205. http://bibliothek.wzb.eu/pdf/2001/p01-205.pdf. Zugegriffen: 27. März 2018.

Simon, M. (2008). *Personalabbau im Pflegedienst der Krankenhäuser. Hintergründe – Ursachen – Auswirkungen.* Bern: Huber.

Simon, M. (2009). Personalabbau im Pflegedienst der Krankenhäuser: Hintergründe, Ursachen, Perspektiven. *Pflege & Gesellschaft, 14*(2), 101–123.

Simon, M. (2017). *Das Gesundheitssystem in Deutschland. Eine Einführung in Struktur und Funktionsweise* (6., vollständig aktualisierte u. überarbeitete Aufl.). Bern: Hogrefe.

Tuschen, K. H. (2009). Entstehung, Darstellung und Bewertung des DRG-Systems sowie Perspektiven der Weiterentwicklung aus bundesweiter Sicht. In N. Roeder & H. Bunzemeier (Hrsg.), *Kompendium zum G-DRG-System 2009* (S. 1–17). Düsseldorf: Deutsche Krankenhaus Verlagsgesellschaft mbH.

Tuschen, K. H. (2011). Entstehung, Darstellung und Bewertung des DRG-Systems sowie Perspektiven der Weiterentwicklung aus bundesweiter Sicht. In N. Roeder & H. Bunzemeier (Hrsg.), *Kompendium zm DRG-System 2011. News und Trends* (S. 1–24). Düsseldorf: Deutsche Krankenhaus Verlagsgesellschaft.

Tuschen, K. H., & Trefz, U. (2004). *Krankenhausentgeltgesetz. Kommentar mit einer umfassenden Einführung in die Vergütung stationärer Krankenhausleistungen.* Stuttgart: Kohlhammer.

Tuschen, K.-H., & Quaas, M. (1998). *Bundespflegesatzverordnung. Kommentar mit einer umfassenden Einführung in das Recht der Krankenhausfinanzierung* (4., überarbeitete u. erweiterte Aufl.). Stuttgart: Kohlhammer.

Steuerungsmedien und -instrumente in der Versorgung mit Krankenhausleistungen

Thomas Gerlinger

Zusammenfassung

Die in der Krankenversorgung existierende Informationsasymmetrie verschafft Ärztinnen und Ärzten Gelegenheiten zur Verfolgung von Partikularinteressen und setzt der Kontrolle der ärztlichen Leistungserbringung Grenzen. Dies birgt Gefahren für Qualität und Ausgaben in der gesetzlichen Krankenversicherung und ist Anlass für die Regulierung ärztlicher Leistungserbringung. Die Leistungserbringung im Krankenhaus kann Gegenstand unterschiedlicher Steuerungsinstrumente sein, unter denen finanzielle Anreize, rechtsverbindliche Pflichten und die Kontrolle ihrer Einhaltung sowie die intrinsische Motivation und ethische Verpflichtung von Ärztinnen und Ärzten zur Orientierung am Patientenwohl von besonderer Bedeutung sind. In der Wirklichkeit der Krankenhausversorgung in Deutschland werden diese und andere Steuerungsmechanismen miteinander kombiniert. Dabei haben finanzielle Anreize in Form von Pauschalen und Budgets besonders seit den 1990er Jahren stark an Bedeutung gewonnen. Ihr Einsatz verfolgt primär das Ziel, die Leistungserbringung am Ziel der Kostendämpfung auszurichten. Auf diese Weise will der Gesetzgeber eine Kompatibilität zwischen den Interessen und Handlungsrationalitäten einzelner Leistungserbringer und dem Globalziel der Kostendämpfung herstellen.

T. Gerlinger (✉)
Bielefeld, Deutschland
E-Mail: thomas.gerlinger@uni-bielefeld.de

1 Einleitung

Qualität und Kosten der Krankenversorgung sind maßgeblich abhängig von Art und Umfang der ärztlichen Leistungserbringung. Ärztinnen und Ärzte verfügen sowohl gegenüber den Patienten als auch gegenüber den Kostenträgern im Allgemeinen über einen Informationsvorsprung im Hinblick auf diagnostisch und therapeutisch relevante Aspekte von Krankheiten und können diese Informationsasymmetrie zur Verfolgung von Partikularinteressen nutzen. Daher beansprucht der Staat, auf die Bedingungen der medizinischen Leistungserbringung Einfluss zu nehmen. Dafür stehen ihm unterschiedliche Steuerungsmedien und -instrumente zur Verfügung, unter denen – im Hinblick auf die Steuerung von Krankenhausleistungen – die Diagnosis Related Groups (DRGs) von besonderer Bedeutung sind. Dieser Beitrag gibt einen Überblick über wichtige Steuerungsmedien in der Krankenversorgung und ihre Wirkungen. Dabei nimmt er Bezug auf das Konzept der Prinzipal-Agenten-Beziehung, das in der Informationsasymmetrie und den daraus erwachsenden Optionen zur Verfolgung von Partikularinteressen ein übergreifendes Steuerungsproblem sieht. Zunächst geht der Beitrag auf die Bedeutung dieses Konzepts für die Krankenversorgung ein. In den nachfolgenden Abschnitten werden wichtige Instrumente und Medien der Steuerung von Krankenhausleistungen betrachtet, nämlich finanzielle Anreize, Vorschrift und Kontrolle sowie die intrinsische Motivation zu patientenbezogenem Handeln. Der Beitrag endet mit einer kurzen Schlussbetrachtung.

2 Informationsasymmetrie, professionelle Autonomie und Partikularinteresse: Das Prinzipal-Agenten-Problem in der Krankenversorgung

Der Staat – wie auch die Krankenkassen und die Patienten – steht in der Krankenversorgung vor jenem Problem, dass in der Institutionenökonomik und in den Sozialwissenschaften als Prinzipal-Agenten-Problem bezeichnet wird (Jensen und Meckling 1976): Der Arzt wird vom Patienten beauftragt, als Experte für Krankheitserkennung und Krankenbehandlung in seinem, des Patienten, Interesse tätig zu werden, und kann den mit seinem Expertenstatus im Allgemeinen verbundenen Wissensvorsprung zu seinem eigenen, zumeist ökonomischen Vorteil ausnutzen. Dass Ärztinnen und Ärzte ausschließlich als Agent ihrer Mandanten tätig werden und sich nicht an ihren Partikularinteressen oder an anderen Belangen, wie z. B.

der Begrenzung gemeinschaftlich getragener Kosten, orientieren, ist gerade auf dem Gebiet der Krankenversorgung aus unmittelbar einsichtigen Gründen in eminentem Interesse der Patientinnen und Patienten und insofern auch im Interesse der Öffentlichkeit. Das Prinzipal-Agenten-Problem zählt zu den grundsätzlichen Steuerungsproblemen gerade in modernen, technisierten Gesellschaften, berührt aber in kaum einem Bereich so stark das Leben und die Lebensqualität der Menschen wie in der Krankenversorgung.

In welcher Weise sich diese Informationsasymmetrie auf die Behandlung auswirkt, kann von den Merkmalen des Vergütungssystems beeinflusst werden. Es kann sowohl Anreize beinhalten, nicht notwendige Untersuchungen und Behandlungen durchzuführen oder dem Patienten nahezulegen, als auch Anreize, ihm notwendige Leistungen vorzuenthalten. Eine externe Kontrolle ärztlichen Handelns, z. B. durch die Kostenträger, stößt an enge Grenzen. So lässt sich der Behandlungsbedarf auch bei identischen Diagnosen häufig nicht ohne Weiteres standardisieren, sondern ist stark von weiteren Krankheits- oder Personenmerkmalen des Patienten abhängig. Diese individuellen Besonderheiten lassen sich kaum mit einem vertretbaren Aufwand erfassen, erst recht, wenn man die riesige Zahl der Behandlungsfälle berücksichtigt – aktuell etwa 19,5 Mio. Krankenhausfälle im Jahr 2016 (Statistisches Bundesamt 2018, S. 8) und rund 560 Mio. Behandlungsfälle allein in der vertragsärztlichen – ohne die private ambulante – Versorgung im Jahr 2015 (eigene Berechnungen auf der Grundlage von: Kassenärztliche Bundesvereinigung 2018). Der Patient wird als Laie im Allgemeinen nicht in der Lage sein, die Notwendigkeit ärztlicher Empfehlungen zu beurteilen. Zwar ist darauf hinzuweisen, dass eine gewachsene Zahl von Patientinnen und Patienten sich über Ursachen von Symptomen und über Behandlungsmöglichkeiten informiert, allerdings ist die betreffende Bereitschaft und Fähigkeit stark von ihrem Bildungs- und sozialökonomischen Status abhängig (Ewert 2013). Im Übrigen sind Mitwirkungschancen der Patienten in der stationären Versorgung zumeist schwächer ausgeprägt als in der ambulanten, insbesondere in der hausärztlichen Versorgung, weil im Krankenhaus in einem größeren Teil der Fälle schnelles Handeln nach standardisiertem Vorgehen angezeigt ist. Darüber hinaus bleibt auch dort, wo Patienten sich als Laien ein Fachwissen angeeignet haben, im Allgemeinen eine Informationsasymmetrie zugunsten des Arztes bestehen. Zudem existiert im Rahmen einer sozialen Krankenversicherung kein persönliches finanzielles Interesse der Patienten an einer kostengünstigen Versorgung, weil die Zahlung durch Dritte, nämlich die Krankenkassen als Kostenträger, erfolgt – ein Sachverhalt, auf den besonders Gesundheitsökonomen häufig mit kritischem Impetus gern verweisen (Breyer et al. 2013), der aber aus sozialpolitischen Gründen wünschenswert und unabdingbar ist. Angesichts der Vielzahl der Behandlungsfälle und ihrer individuellen Problemlagen sind auch die Potenziale der Krankenkassen, das Leistungsgeschehen im Hinblick auf seine Notwendigkeit zu überprüfen, begrenzt, auch wenn sie ihre medizinische Expertise seit den 1990er Jahren – im Zuge ihres Wandels vom „payer" zum „player" im Rahmen eines regulierten Wettbewerbs (Gerlinger 2013) – enorm ausgeweitet haben und in diesem Zusammenhang mittlerweile auch eine erhebliche Zahl von Abrechnungen kontrollieren und beanstanden. Zahlreiche Rechtsvorschriften und vertragliche Bestimmungen zwischen Leistungsanbietern und Kostenträgern lassen sich als Versuch interpretieren, das Prinzipal-Agenten-Problem in der Krankenversorgung zu beseitigen oder zumindest zu mildern.

3 Finanzielle Anreize

Finanzielle Anreize sind in der Gesundheitspolitik allgegenwärtig. Gemeinsam ist ihnen, dass sich Gesundheitspolitik mit ihnen – ob sie nun auf Patienten, Kostenträger oder eben auch auf Leistungserbringer zielen – an die Steuerungsadressaten als ökonomisch rational handelnde Akteure wendet (Gerlinger und Stegmüller 2009). In der Öffentlichkeit am bekanntesten sind jene Anreize, die sich auf die Kostenbeteiligung der Patienten in Form von Zu- und Aufzahlungen richten (Rice 2004; Reiners 2006; Holst 2010). Weit weniger bekannt, aber für die Krankenversorgung sicherlich nicht weniger wirkungsmächtig, sind finanzielle Anreize für Leistungserbringer. Mit der Entscheidung für ein bestimmtes Vergütungssystem gehen spezifische Anreize für die Leistungserbringer einher (Thiemeyer 1970; Abholz 1992). DRGs zählen zum Typus einer prospektiven, pauschalierten Vergütung. Das DRG-System als Ganzes beinhaltet allerdings noch weitere Komponenten, denn in die Berechnung der Pauschale finden neben den krankheits- und personenbezogenen Merkmalen auch Leistungen nach dem Operationen- und Prozedurenschlüssel Eingang. Zudem wird die Höhe der Pauschale durch eine untere und eine obere Grenzverweildauer modifiziert und die DRG-Finanzierung um krankenhausindividuell vereinbarte und mit Abstaffelungsregelungen versehen Budgets ergänzt. Jedoch stehen die Pauschalvergütung und die damit verbundenen Anreize im Zentrum des DRG-Systems. Grundsätzlich zielen sie darauf, die Kosten für den einzelnen Behandlungsfall so gering wie möglich zu halten, denn der Überschuss eines Krankenhauses sinkt mit steigenden Kosten je Behandlungsfall (bis hin zum Verlust) und steigt mit sinkenden Kosten.

Daneben gewannen auch Budgets als Steuerungsinstrument an Bedeutung. Budgets definieren im Unterschied zu Pauschalen eine Ausgabenobergrenze (je Arzt bzw. je Krankenhaus) für die von den Kassen finanzierte Leistungsmenge und begrenzen daher den Trend zur Mengenexpansion. Der finanzielle Anreiz zur Minimierung (d. h. zur Vorenthaltung oder zeitlichen bzw. institutionellen Verschiebung) von Leistungen entsteht hier erst dann, wenn die Budgetgrenze erreicht ist oder aus Sicht des Leistungserbringers überschritten zu werden droht. Begleitet wurde diese Entwicklung von einer weiteren Stärkung der Finanzierungsträger, deren vertragspolitische Handlungsspielräume gegenüber den Leistungserbringern vor allem im ambulanten Sektor, aber auch im stationären Sektor, später auch im Arzneimittelsektor (z. B. Rabattverträge) und im Hilfsmittelsektor (z. B. Ausschreibungen) ausgeweitet wurden.

Da die DRGs als *Fall*pauschale Krankenhausleistungen nach der Zahl der Behandlungsfälle vergüten, rufen sie neben den Anreiz zur Reduzierung der Kosten je Behandlungsfall auch den Anreiz zur Erhöhung der Behandlungsfallzahlen hervor. Das Ziel der Kostensenkung können Krankenhäuser auf unterschiedlichen Wegen verfolgen, nämlich durch die Selektion von Patienten mit voraussichtlich geringem Behandlungsaufwand, durch die vorzeitige Entlassung von Patienten und durch die Unterlassung von notwendigen oder sinnvollen Leistungen, sofern damit Einsparungen erzielt werden können. Allerdings ist dies keine zwangsläufige Reaktion. Denn auf der anderen Seite schafft eine Pauschalvergütung auch den Anreiz, die internen Abläufe beim Behandlungsprozess zu verbessern und auf diese Weise Kosten zu sparen. Freilich stellen diese Optionen keine Alternativen dar, sondern können auch miteinander verknüpft werden. Das Ziel der Erhöhung der Behandlungsfallzahlen kann ebenfalls auf unterschiedlichen Wegen verfolgt werden. Dazu zählen z. B. die medizinisch zumindest problematische Ausweitung von Indikationen, insbesondere bei solchen Eingriffen, die eine hohe Gewinnspanne versprechen, oder die Verbesserung der Wettbewerbsposition, etwa durch die Gründung von Medizinischen Versorgungszentren, um die Zahl der Einweisungen zu erhöhen. Hier kann eine Überversorgung durch die medizinisch unnötige Ausweitung von Indikationen entstehen, die auch das Ziel der Kostendämpfung konterkariert. Aber auch bei solchen Behandlungsfällen richtet sich das Interesse des einzelnen Leistungserbringers darauf, die Kosten je Behandlungsfall so gering wie möglich zu halten.

Im Unterschied dazu laden andere Vergütungsformen zur Mengenexpansion ein. Ganz offenkundig und besonders stark ausgeprägt ist dieser Anreiz bei der Einzelleistungsvergütung (Abholz 1992). Auch der krankenhausindividuelle tagesgleiche Pflegesatz, der im Rahmen des Selbstkostendeckungsprinzips Anwendung fand, beinhaltete Anreize zu einer medizinisch nicht begründeten Ausweitung von Leistungen, hier nämlich der Verlängerung der Verweildauer, und ist genau deshalb in der gesundheitspolitischen Debatte auch verpönt. Hier wird allerdings auch übersehen, dass der tagesgleiche Pflegesatz – wenn man einmal von den mit der Verlängerung der Verweildauer verbundenen Pflegekosten absieht – zugleich einen

Anreiz zur Kostenreduktion je Behandlungsfall beinhaltete. Ein weit verbreitetes Instrument sind darüber hinaus Budgets. Sie definieren Ausgabenobergrenzen, die den unerwünschten Wirkungen der jeweiligen Vergütungsformen Grenzen setzen sollen (Abholz 1992). Auch eine Vergütung nach Einzelleistungen beinhaltet eine ökonomische Steuerung des Leistungsgeschehens, die aber das finanzielle Interesse auf eine Ausweitung von Leistungen lenkt.

Pauschalvergütungen haben seit dem Inkrafttreten des Gesundheitsstrukturgesetzes in Deutschland an Bedeutung gewonnen (siehe den Beitrag von Simon zur Geschichte der Krankenhausvergütung in diesem Band). In der ersten Hälfte der 1990er Jahre kam es zu einer Kumulation von Problemen sowohl in der politisch-gesellschaftlichen Umwelt des Gesundheitssystems als auch im GKV-System selbst, angesichts derer die zuvor verfolgten Problemlösungen zunehmend als unzulänglich wahrgenommen wurden. Der Bedeutungszuwachs von Pauschalvergütungen stehen in engem Zusammenhang mit dem nun verfolgten Umbau des Gesundheitssystems in Richtung auf einen regulierten Wettbewerb (Gerlinger 2002; siehe zu den allgemeinen Mechanismen wettbewerblicher Steuerung: Lindblom 1982). Sie betrafen nicht nur den stationären, sondern auch die ambulante Versorgung, wurden aber im Krankenhaus mit der Einführung der DRGs mit einer viel größeren Rigorosität angewendet.

Gemeinsam ist diesen Steuerungsinstrumenten, dass sie für Individualakteure einen Anreiz schaffen, sich am Ziel der Ausgaben- und Mengenbegrenzung zu orientieren. Auf diese Weise soll eine Kohärenz zwischen gesundheitspolitischem Globalziel und individuellen Handlungsrationalitäten hergestellt werden (Gerlinger 2002). Damit verbunden ist eine neue Dimension der ökonomischen Überformung therapeutischer Entscheidungen.

Der Einsatz von Vergütungsformen als gesundheitspolitischen Steuerungsinstrumenten beruht auf der Prämisse, dass sich das diagnostische und therapeutische Verhalten von Ärzten nicht (allein) von medizinischen, sondern (auch) von ökonomischen Überlegungen leiten lässt. Wenn man dies nicht erwarten würde, wäre der Einsatz entsprechender Steuerungsinstrumente von vornherein sinnlos (Kühn 1996). Mit der Entscheidung für bestimmte Vergütungsformen oder für bestimmte Kombinationen aus Vergütungsformen sollen die Ärzte bzw. Krankenhäuser dazu veranlasst werden, Art und Umfang ihrer Leistungen an den gesundheitspolitisch gesetzten Zielen auszurichten. Neben (kurzfristigen) finanziellen Interessen der Leistungsanbieter können in diesem Zusammenhang allerdings auch andere Gesichtspunkte als Triebfeder für entsprechendes Handeln wirken, so etwa das Interesse, ein mit finanziellen Verlusten der eigenen Fachabteilung einhergehendes „blaming and shaming" durch Kollegen, Vorgesetzte und die weitere Öffentlichkeit zu vermeiden oder die mittelfristigen Aussichten auf einen Aufstieg in der Krankenhaushierarchie zu verbessern.

Dies bedeutet nicht, dass Ärztinnen und Ärzte den finanziellen Anreizen auch in jedem Fall folgen oder folgen müssen (Schimank und Volkmann 2017). Individuelle Handlungsorientierungen gehen nicht unbedingt in der Verfolgung egoistisch-rationaler Interessen auf. Interessen sind im Allgemeinen multidimensional. Neben der Verfügung über materielle Ressourcen können z. B. das Streben nach Handlungsautonomie oder nach Macht, die Aufrechterhaltung der Identität oder die Verfolgung der Belange Dritter bedeutsam sein. „Die zuschreibbaren Standardinteressen sind […] nicht eindeutig hierarchisch geordnet; der einzelne Akteur kann sich mit ihnen selektiv identifizieren und sie für sich in eine Rangordnung bringen. In Form stabiler Präferenzen werden sie damit zu Elementen einer situationsübergreifenden akteursspezifischen Handlungsorientierung […]" (Mayntz und Scharpf 1995, S. 55). Erst vor diesem Hintergrund werden Interessen, sofern sie von den Akteuren als solche wahrgenommen werden, handlungsleitend.

Dabei ist überdies zu berücksichtigen, dass Krankenhausärzte – im Unterschied etwa zu niedergelassenen Ärzten – in eine organisationale Hierarchie eingebunden sind, die ihre Behandlungsentscheidungen beeinflussen und ihn unter Druck setzen kann, den finanziellen Anreizen – bis hin zu Rationierungsentscheidungen – zu folgen. Selbst dort, wo sie – formal – in seiner professionellen Autonomie durch das System Krankenhaus nicht eingeschränkt werden, liegt es nahe, dass sie die durch den Einsatz digitaler Technik möglich gewordene betriebswirtschaftliche Durchleuchtung ihres Handelns und daraus potenziell erwachsende Konsequenzen (s. o.) bedenken (siehe den Beitrag von Braun in diesem Band). Die finanziellen Anreize wenden sich zunächst an das Krankenhaus als Institution. Die Binnenwirkung finanzieller Anreize im Krankenhaus hängen also maßgeblich davon ab, wie die jeweiligen Krankenhausleitungen den von ihnen ausgehenden Druck nach unten prozessieren (Fölsch et al. 2014). In der Position des Krankenhausarztes verknüpfen sich daher die Wirkungen von Anreizsystemen und hierarchischer Steuerung.

Prinzipiell erzeugen finanzielle Anreize Handlungsdruck auf *alle* Krankenhäuser unabhängig von der Trägerart, allerdings ist es plausibel anzunehmen, dass private Träger ihnen einen größeren Stellenwert einräumen als frei-gemeinnützige oder öffentliche Träger, denn private Träger betreiben Krankenhäuser mit dem Ziel der Gewinnmaximierung, während insbesondere öffentliche Träger einen Versorgungsauftrag zu erfüllen haben, dem sie nicht ausweichen können.

Natürlich reagieren auch öffentliche und freigemeinnützige Krankenhausträger auf finanzielle Anreize, aber bei ihnen geht es unter finanziellen Gesichtspunkten im Allgemeinen eher um Verlustvermeidung und Verlustreduzierung als um Gewinnmaximierung.

Was, bezogen auf die Institution Krankenhaus, zunächst als bloßer Anreiz daherkommt, kann sich für den einzelnen Arzt unter den Bedingungen der hierarchischen Organisation Krankenhaus schnell in einen manifesten Handlungsdruck verwandeln. Allerdings verfügen Krankenhausärzte auch über Handlungsspielräume, die sich vor allem aus ihrem Expertenwissen und der Kenntnis des einzelnen Behandlungsfalls speisen. Bereits Lipsky hat an seinem Beispiel der „street-level bureaucrats" gezeigt, dass Individuen in öffentlichen Organisationen durchaus auf unterschiedliche Weise mit Organisationsanforderungen, die im Widerspruch zu ihren persönlichen oder beruflichen Wertorientierungen stehen, umgehen können (Lipsky 1980, S. 140 ff.). Dies gilt auch für Krankenhausärzte, für die unterschiedliche Typen der Handhabung ökonomischer Anforderungen an medizinisches Handeln herausgearbeitet wurden (Stüber 2013; Vogd 2004). Mögliche Reaktionen auf widersprüchliche Anforderungen sind demzufolge der innere Rückzug, das Festhalten an professionellen Standards oder auch die Anpassung an organisationale Anforderungen.[1] Krankenhausärzte können sich in ihren Behandlungsentscheidungen am Patientenwohl orientieren und insofern ökonomische Anreize ignorieren bzw. umgehen, aber auch ökonomischen Anreizen folgen. Der stellvertretende Vorsitzende der Landesärztekammer charakterisierte deren Wirkung folgendermaßen: „Aber die äußeren Umstände bewegen die behandelnden Ärzte gelegentlich doch dazu, ihren Spielraum so auszulegen, dass es ihrem Arbeitgeber in wirtschaftlicher Hinsicht nutzt […] Als Beispiele seien genannt: einen medizinisch vertretbaren Eingriff vornehmen oder abwarten. Oder aber eine Diagnostik vornehmen, die nicht zur Einweisungsdiagnose passt, oder sie auf einen späteren Zeitpunkt verschieben, dann vielleicht auch im ambulanten Setting" (zit. n. Osterloh 2018, S. A-1532). Es sei

---

[1]In der medizinischen Versorgung existiert eine Vielzahl von Grauzonen, die unterschiedliche Versorgungsoptionen in Diagnostik und Therapie ermöglichen. Diese Möglichkeiten sind im Allgemeinen in der ambulanten Versorgung stärker als in der stationären, nicht zuletzt, weil der Anteil von diffusen Beschwerden ohne eindeutige Diagnose in der ambulanten Versorgung deutlich höher und der Anteil von Behandlungsfällen mit durch Leitlinien oder Richtlinien mehr oder weniger stark vorgegebenen Behandlungsschritten deutlich geringer ist als im Krankenhaus.

an dieser Stelle dahingestellt, ob sich die Auswirkungen des DRG-Systems auf ärztliche Behandlungsentscheidungen tatsächlich auf die Auslegung von – medizinisch noch vertretbaren – Handlungsspielräumen beschränken oder nicht doch auch die Substanz der Versorgung betreffen, wie andere Untersuchungen nahelegen (Wehkamp und Naegler 2017). Jedenfalls ist offenkundig, dass finanzielle Anreize eine erhebliche Steuerungswirkung auf Leistungserbringer haben. Die Erwartung an Krankenhausleitungen und Krankenhausärzte, sie zu ignorieren und sich ausschließlich am Patientenwohl zu orientieren, formuliert eine Handlungsanforderung, deren Beherzigung vor außerordentlich hohen Hürden steht.

4 Vorschrift und Kontrolle

Neben finanziellen Anreizen findet eine Reihe jener Instrumente Anwendung, die sich unter dem Begriff „hierarchische Steuerung" subsumieren lassen, also die Formulierung von Pflichten, deren Einhaltung unter Androhung von Sanktionen für den Fall der Nichteinhaltung kontrolliert wird (Scharpf 2000). Dies geschieht auf dem Gebiet der Krankenversorgung auf unterschiedlichen Wegen. Hier erlegt der Gesetzgeber, vor allem im Rahmen des Fünften Sozialgesetzbuchs (SGB V), in Form gesetzlicher Rahmenvorschriften den Leistungserbringern Pflichten auf, in erster Linie zu den an die Leistungen zu richtenden Qualitätsanforderungen (Gerlinger 2002). Diese Rahmenvorschriften werden durch die gemeinsame Selbstverwaltung in Form konkretisierender Regelsetzung durch Entscheidungen und Richtlinien zuständiger Institutionen, vor allem des Gemeinsamen Bundesausschusses (G-BA), und durch kollektivvertragliche Vereinbarungen auf Bundes- oder Landesebene konretisiert (Gerlinger 2017). Diese Pflichten erstrecken sich auch auf Berichtspflichten sowie auf Kontrollrechte von Einrichtungen der Selbstverwaltung. Die Kontrolle obliegt in der stationären Krankenversorgung vor allem den Krankenkassen und dem Medizinischen Dienst der Krankenversicherung (MDK). Beides – Berichtspflichten der Krankenhäuser und Kontrollrechte der Krankenkassen und des MDK – sind mit der Einführung des DRG-Systems beträchtlich erweitert worden, wobei es hier weniger um das Aufdecken von Unterversorgung als um die Ermittlung von Über- und Fehlversorgung sowie von Ungereimtheiten, Fehlern oder gar Betrug bei der Codierung und bei der Leistungsabrechnung geht. Begleitet werden derartige Regelungen von Pflichten zur Etablierung eines internen und externen Qualitätsmanagements.

Die Regulierungsdichte hat sich damit in den zurückliegenden Jahren deutlich erhöht. Der Bedeutungszuwachs derartiger Regelungen steht zum einen in engem Zusammenhang mit den in den zurückliegenden Jahren identifizierten Versorgungsmängeln (z. B. Sachverständigenrat 2002, 2014) und mit dem gewachsenen politischen Druck auf die GKV, die im Zeichen der Kostendämpfungspolitik begrenzten Finanzressourcen möglichst effizient einzusetzen. Qualitätssicherung avancierte vor diesem Hintergrund zu einem eigenständigen Handlungsfeld in der Gesundheitspolitik. Zum anderen ist der Zuwachs an gesetzlichen und untergesetzlichen Vorschriften zur Leistungserbringung aber auch eine direkte Folge ebenjener Verbreitung von Pauschalvergütungen und Budgets, die das Finanzierungsrisiko der Versorgung den Leistungserbringern aufbürden. Das offenkundige Spannungsverhältnis zwischen den finanziellen Anreizen für die Krankenhäuser und der Orientierung der Leistungserbringung am Patientenwohl sowie die in diesem Zusammenhang ans Licht gekommenen Strategien von Krankenhäusern zur Verfolgung von finanzieller Eigeninteressen (z. B. die Zahlung von Einweisungsprämien, Up-Coding, medizinisch nicht erklärbare Fallzahlsteigerungen bei bestimmten Eingriffen, frühzeitige Entlassungen) haben den Gesetzgeber in den zurückliegenden Jahren veranlasst, nach und nach ein engmaschiges gesetzliches und untergesetzliches Vorschriftenwerk und diverse Maßnahmen zur Kontrolle der ärztlichen Leistungserbringung auf den Weg zu bringen. Wahrgenommene oder antizipierte Fehlanreize des DRG-Systems sollen damit vermieden oder zumindest begrenzt werden. Die Ausweitung finanzieller Anreize hat so zu einer begleitenden Re-Regulierung der Leistungserbringung geführt (Gerlinger 2013). Ein aktuelles Beispiel für diesen Trend ist das 2015 verabschiedete Krankenhausstrukturgesetz (BGBl. I, S. 2229), das u. a. den Patienten das Recht auf eine Zweitmeinung bei mengenanfälligen Krankenhausleistungen einräumt und die Einführung einer qualitätsorientierten Vergütung vorsieht.

Parallel dazu haben medizinische Fachgesellschaften auf nationaler und internationaler Ebene in den vergangenen zwei Jahrzehnten eine kaum noch überschaubare Zahl von Leitlinien für die medizinische Versorgung entwickelt (Kopp et al. 2002). Diese Leitlinien haben im Unterschied zu Richtlinien zwar nur Empfehlungscharakter, sie schränken aber insofern den ärztlichen Handlungsspielraum ein, als eine Abweichung von einer Leitlinie begründungsbedürftig ist und daher auch beanstandet werden kann. Daneben – und durchaus unabhängig von diesen Prozessen – hat auch die zu einem erheblichen Teil richterrechtliche Fortschreibung von Patientenrechten spiegelbildlich nach und nach die Leistungspflichten von Ärzten präzisiert. Dieser Prozess mündete 2013 in die Verabschiedung des Patientenrechtegesetzes (BGBl. I, S. 277), bei dem es sich in weiten Teilen um eine Kodifizierung von zuvor verstreuten Bestimmungen über Patientenrechte sowie des Richterrechts handelt.

5 Intrinsische Motivation zur Orientierung am Patientenwohl

Denkbar ist aber auch, dass der Staat sich bei der Verfolgung seiner Versorgungs- und Ausgabenziele (ganz) auf die Selbststeuerung der Ärzte bzw. der Krankenhäuser verlässt.[2] In diesem Fall würde er davon ausgehen, dass die ethischen Handlungsmotive oder die Überzeugungen dieser Akteure so stark sind, dass sie sich gegen etwaige konkurrierende Ziele oder Partikularinteressen ohne externe Anreize oder Kontrolle behaupten können und damit ein solches Vertrauen rechtfertigen. Wo Vertrauen herrscht, verliert der Einsatz korrigierender Steuerungsinstrumente oder die Kontrolle an Bedeutung oder wird gar überflüssig.[3]

Ärztliche Organisationen sehen ihre Mitglieder gern in dieser Rolle und betonen deren ethische Verpflichtung gegenüber den Patientinnen und Patienten. Eingriffe in die berufliche Autonomie von Ärztinnen und Ärzten begegnen sie zumeist mit Ablehnung, zumindest aber mit großer Skepsis. Dies betrifft nicht nur die unmittelbare Kontrolle – im Sinne einer Vermeidung nicht notwendiger – ärztlicher Leistungen, sondern auch deren indirekte Steuerung über finanzielle Anreize, sofern sie darauf zielen, (unerwünschte) Leistungen zu begrenzen. Diese Haltung erklärt auch die lang währende strikte Ablehnung pauschaler Vergütungsformen und – in der vertragsärztlichen Versorgung – das Festhalten an der Einzelleistungsvergütung, wenn es nach den ärztlichen Interessenorganisationen gegangen wäre, sogar ohne Honorardeckel. Warum hätten sich Ärzteorganisationen auch gegen diese Vergütungsformen wenden sollen, wenn Ärzte – wie ihre Standesorganisationen gerne betonen – sich doch unbedingt am Wohl ihrer Patienten orientierten und daher auch keine medizinisch

---

[2]Es wird hier der Einfachheit halber unterstellt, dass der Staat an einer guten und dabei effizienten Versorgung für die gesamte Bevölkerung interessiert ist. Freilich wird man nicht immer davon ausgehen, dass dies auch tatsächlich der Fall ist. Ziele und Präferenzen des Gesetzgebers können gerade in Abhängigkeit von der parteipolitischen Zusammensetzung der Regierung oder von den ökonomischen Rahmenbedingungen erheblich variieren.

[3]Die Gegenposition soll dem Vernehmen nach Lenin eingenommen haben, dem ja das mittlerweile geflügelte Wort „Vertrauen ist gut, Kontrolle ist besser" zugeschrieben wird. Allerdings lässt sich dieser Satz in seinen Werken nicht finden. Es ist aber überliefert, dass er gerne ein russisches Sprichwort verwendet habe, das sinngemäß bedeutet: „Vertraue, aber prüfe nach!" (Drösser 2000). So findet sich in seiner Schrift „Über Abenteurertum" der Satz: „Nicht aufs Wort glauben, aufs strengste prüfen – das ist die Losung der marxistischen Arbeiter." (Lenin 1971, S. 358). Vermutlich handelt es sich bei der populären, vermeintlich Leninschen Losung also um einen um Zuspitzung bemühten Übersetzungsfehler.

unbegründete Mengenausweitung herbeiführten? Daher ließ sich auch die These von einer durch Einzelleistungsvergütung und Selbstkostendeckungsprinzip angetriebenen Überversorgung mit Vehemenz zurückweisen. Erst vor dem Hintergrund einschlägiger Reformversuche und Reformen, die sowohl in der ambulanten als auch in der stationären Versorgung in den 1990er Jahren einsetzten, als neben die Einzelleistungsvergütung und das Selbstkostendeckungsprinzip andere Vergütungskomponenten traten, begann sich diese strikte Ablehnung zu lockern (Gerlinger 1997; Simon 2000). Dieser Orientierungswandel vollzog sich nach langjährigem, zeitweise erbittertem Widerstand. Hintergrund dürfte die Einschätzung gewesen sein, dass die strikte Ablehnung den Trend zu pauschalen Vergütungsformen nicht hat stoppen können und man mit einer inhaltlichen Umorientierung die honorarpolitische Handlungsfähigkeit verbessern und eher an Einfluss auf die Vergütungspolitik gewinnen könne.

Es fällt nicht schwer zu erkennen, dass die erwähnte Perspektive ärztlicher Standesorganisationen interessengeleitet ist. Wohl kein Gesetzgeber wird sich in einem öffentlich finanzierten Gesundheitswesen (allein) auf die ärztlich bekundete Verpflichtung gegenüber dem Patientenwohl verlassen, sondern weitere Mechanismen zur Kontrolle von Qualität und Kosten ärztlicher Leistungen ergreifen. Dennoch sollte man die Existenz und die Bedeutung ethischer Handlungsmotive in der Gesundheitsversorgung nicht unterschätzen. Man wird den Angehörigen der Gesundheitsberufe, und darin eingeschlossen eben auch Ärztinnen und Ärzten, im Allgemeinen ein starkes ethisches Motiv für ihre Berufswahl zubilligen können. Vielleicht ließe sich sogar sagen, dass die drastische Verstärkung ökonomischer Anreize in der Krankenversorgung, wie sie in der DRG-Anwendung zum Ausdruck kommt, überhaupt erst vor dem Hintergrund der Tatsache möglich geworden ist, dass ärztliches Handeln eben nicht allein ökonomischen, sondern eben auch anderen Steuerungsmechanismen unterliegt (Stüber 2013; Vogd 2011). Möglicherweise ist es gerade diese multiple Einbindung ärztlichen Handelns, die es politischen Akteuren erlaubt, ökonomischen Anreize eine derart große Bedeutung einzuräumen, weil eben sie es ist, die ein direktes Durchschlagen finanzieller Anreize auf die Patientenversorgung abfedert (Slotala 2011; Slotala und Bauer 2009).

Auch wenn man die Verbreitung berufsethischer Motive nicht zuverlässig messen kann, so ist es doch offenkundig, dass sich viele Ärzte von ihnen leiten lassen. Man braucht zu diesem Zweck nicht auf die für solche Organisationen tätigen Ärzte verweisen, die sich die Verbesserung der medizinischen Versorgung in Krisenregionen oder in armen Teilen der Welt engagieren. Auch in der alltäglichen Versorgung lassen sich, folgt man anekdotenhaften Berichten, zahllose

Ärztinnen und Ärzte finden, für die eine gute Versorgung ihrer Patientinnen und Patienten im Mittelpunkt steht und die sich vom Versorgungsbedarf ihrer Patienten leiten lassen. Zugleich arbeiten zahlreiche empirische Untersuchungen über die Auswirkungen von DRGs und Budgets auf die Krankenversorgung heraus, dass Ärzte – wie auch Pflegekräfte – eine moralische Dissonanz empfinden, weil sie sich widerstreitenden Anforderungen gegenübersehen (Kühn 1996; Simon 2001; Strech et al. 2009; Braun et al. 2010; Vogd 2011; Bode 2013; Stüber 2013; Strech 2014; Bode und Vogd 2016; Hien 2017; Wehkamp und Naegler 2017; Vogd et al. 2018): Patienten und ihre Angehörigen erwarten, dass sie das Beste für sie tun, während Vorgesetzte und Krankenhausleitungen auf die Beachtung wirtschaftlicher Aspekte drängen. Auch diese moralische Dissonanz kann man als einen Indikator für die Bedeutung interpretieren, die das ärztliche Berufsethos für die Identität von Ärztinnen und Ärzten einnimmt.

Freilich ist darauf hin zu weisen, dass eine Orientierung am ärztlichen Berufsethos keineswegs eine gleichsam freiwillige Angelegenheit des einzelnen Arztes ist. Dabei ist weniger relevant, dass das ärztliche Berufsrecht und die mit ihm einhergehende professionelle Selbstkontrolle Sanktionsdrohungen bereithalten. Weit wichtiger ist der Umstand, dass bedeutende Normen des ärztlichen Berufsrechts, vor allem die universalistische Wertorientierung und der Altruismus, durch die vom SGB V vorgeschriebenen Qualitätsanforderungen und durch die Vorgaben des Bürgerlichen Gesetzbuchs (BGB) zu Patientenrechten und ärztlichen Leistungspflichten rechtsverbindlich fixiert sind. Insofern ist die Unterscheidung von ärztlicher, auf dem Berufsethos beruhender Selbstregulierung und hierarchischer Regulierung ärztlichen Handelns zumindest zum Teil nicht mehr zutreffend. Immerhin aber trägt die intrinsische Motivation von Ärztinnen und Ärzte zur Orientierung am Patientenwohl dazu bei, dass Patienteninteressen auch dann berücksichtigt werden, wenn andere Steuerungsmedien und -instrumente dies erschweren oder dafür ungeeignet sind.

Allerdings sind ethische Orientierungen der ärztlichen Profession auch kein starres Konstrukt. So gibt es Hinweise darauf, dass es unter Ärzten unter dem Eindruck fortgesetzter Leistungsbeschränkungen auch eine rückläufige Zustimmung zum Primat des medizinischen Notwendigen gibt (Braun et al. 2010; siehe hierzu auch Stüber 2013). Möglicherweise wirkt hier eine normative Kraft des Faktischen, die auch dazu dient, die mit den Rollenkonflikten zwischen Medizin und Ökonomie verbundene moralische Dissonanz zu verringern und eine kognitive Konsistenz zwischen Norm und Wirklichkeit herzustellen (Festinger 2012). Jedenfalls sind offenkundig Wechselwirkungen zwischen finanziellen Anreizen und ärztlicher Berufsethik anzutreffen: Berufsethische Orientierungen können nicht nur die Wirkung finanzieller Anreize auf die Krankenversorgung abfedern, sie können sich unter dem Eindruck dieser Anreize selbst auch wandeln. Dass darin auch eine Gefahr für die Autonomie der Profession selbst liegt, ist im Zuge der Ökonomisierung ärztlichen Handelns in den letzten Jahren auch in der Ärzteschaft stärker reflektiert worden. Insofern, als die ärztliche Berufsethik auch als ein Instrument zur Legitimation ärztlicher Privilegien dient (Freidson 1979), ist der Ökonomisierungstrend auch für die Ärzteschaft durchaus prekär.

6 Schluss

Die Krankenversorgung ist durch eine Informationsasymmetrie gekennzeichnet, die Ärztinnen und Ärzten Gelegenheiten zur Verfolgung von Partikularinteressen gibt. Ärztliche Leistungen sind Gegenstand vielfältiger Steuerungsbemühungen, da Qualität und Kosten der Krankenversorgung maßgeblich von Art und Umfang ärztlicher Leistungen – nicht zuletzt im Krankenhaus – beeinflusst werden. Unter den eingesetzten Steuerungsinstrumenten sind finanzielle Anreize, rechtsverbindliche Pflichten für Leistungserbringer und die Kontrolle ihrer Einhaltung sowie die intrinsische Verpflichtung von Ärztinnen und Ärzten auf das Patientenwohl von besonderer Bedeutung. Finanzielle Anreize sind dabei – in Gestalt des DRG-Systems – in den zurückliegenden Jahren deutlich aufgewertet worden. Sie sollen die Handlungsrationalitäten der Leistungserbringer am Globalziel der Kostendämpfung ausrichten. Finanzielle Anreize kommen zwar als bloße Anreize für die Institution Krankenhaus daher, können sich aber in der Organisationshierarchie des Krankenhauses rasch in Handlungszwänge für Ärztinnen und Ärzte verwandeln. Nicht zuletzt die durch sie hervorgerufenen unerwünschten Wirkungen haben den Gesetzgeber veranlasst, nach und nach eine Reihe von flankierenden Instrumenten hierarchischer Steuerung einzuführen. Daneben spielen ärztliches Berufsethos und die intrinsische Motivation von Ärztinnen und Ärzten zu einer guten Patientenversorgung eine bedeutende Rolle. Ärztliches Berufsethos kann die Wirkung finanzieller Anreize auf die Krankenversorgung abfedern, sich unter dem Eindruck dieser Anreize allerdings auch selbst wandeln. Das nötige Expertenwissen, die extrem hohe Zahl der Behandlungsfälle und deren vielfältige Besonderheiten setzen den Bemühungen zur zielgenauen Steuerung ärztlichen Handelns enge Grenzen.

Literatur

Abholz, H.-H. (1992). Wie soll man das bezahlen? Ein Vergleich ärztlicher Honorierungssysteme. *Arbeit und Sozialpolitik, 46,* 18–25.
Bode, I. (2013). Processing institutional change in public service provision. The case of the German hospital sector. *Public Organization Review, 13,* 323–339.
Bode, I., & Vogd, W. (Hrsg.). (2016). *Mutationen des Krankenhauses. Soziologische Diagnosen in organisations- und gesellschaftstheoretischer Perspektive.* Wiesbaden: Springer VS.
Braun, B., Buhr, P., Klinke, S., Müller, R., & Rosenbrock, R. (2010). *Pauschalpatienten, Kurzlieger und Draufzahler – Auswirkungen der DRGs auf Versorgungsqualität und Arbeitsbedingungen im Krankenhaus.* Bern: Huber.
Breyer, F., Zweifel, P., & Kifmann, M. (2013). *Gesundheitsökonomik* (6., vollst. erw. u. überarb. Aufl.). Berlin: Springer Gabler.
Drösser, C. (2000). Stimmt's/Stimmt's?: Vertraute Prüfung. https://www.zeit.de/stimmts/2000/200012_stimmts_lenin. Zugegriffen: 26. Sept. 2018.
Ewert, B. (2013). *Vom Patienten zum Konsumenten? Nutzerbeteiligung und Nutzeridentitäten im Gesundheitswesen.* Wiesbaden: Springer VS.
Festinger, L. (2012). *Theorie der Kognitiven Dissonanz.* Bern: Huber.
Fölsch, U. R., Märker-Hermann, E., Schumm-Draeger, P. M., Frey, N., Müller-Quernheim, J., Stüber, E., Weber, M., Broglie, M., & Kapitza, T. (2014). DGIM-Studie „Ärzte – Manager 2013": Konfliktpotenzial im Krankenhaus – Die Zusammenarbeit zwischen ärztlicher und kaufmännisch-wirtschaftlicher Leitung. *Deutsche Medizinische Wochenschrift, 139,* 726–734.
Freidson, E. (1979). *Der Ärztestand. Berufs- und wissenschaftssoziologische Durchleuchtung einer Profession.* Stuttgart: Enke.
Gerlinger, T. (1997). *Wettbewerbsordnung und Honorarpolitik. Die Neugestaltung der kassenärztlichen Vergütung zwischen Gesundheitsstrukturgesetz und „dritter Stufe" der Gesundheitsreform.* Frankfurt a. M.: Mabuse.
Gerlinger, T. (2002). Gemeinwohlorientierungen und politische Steuerung im Wandel – Das Beispiel der Gesundheitspolitik. In G. F. Schuppert & F. Neidhardt (Hrsg.), *Gemeinwohl – Auf der Suche nach Substanz* (S. 421–444). Berlin: Edition Sigma.
Gerlinger, T. (2013). Gesundheitspolitik in Zeiten der Krise: Auf inkrementellem Weg zur Systemtransformation? *Zeitschrift für Sozialreform, 59,* 337–364.
Gerlinger, T. (2017). Der Gemeinsame Bundesausschuss als Governance-Struktur. In H. Pfaff, E. Neugebauer, G. Glaeske, & M. Schrappe (Hrsg.), *Lehrbuch Versorgungsforschung* (2., überarb. Aufl., S. 295–300). Stuttgart: Schattauer.
Gerlinger, T., & Stegmüller, K. (2009). Ökonomisch-rationales Handeln als normatives Leitbild der Gesundheitspolitik. In U. H. Bittlingmayer, D. Sahrai, & P. E. Schnabel (Hrsg.), *Normativität und Public Health: Vergessene Dimensionen gesundheitlicher Ungleichheit* (S. 135–161). Wiesbaden: VS Verlag.
Hien, W. (2017). „Man geht mit einem schlechten Gewisse nach Hause." Krankenhausarbeit unter Ökonomisierungsdruck. *Widersprüche, 145,* 71–81.

Holst, J. (2010). *Patient cost sharing: Reforms without evidence. Theoretical considerations and empirical findings from industrialized countries.* WZB Discussion Paper, No. SP I 2010-303, Wissenschaftszentrum Berlin für Sozialforschung (WZB). Berlin: Berlin Social Science Center.

Jensen, M., & Meckling, W. (1976). Theory of the firm. Managerial behavior, agency costs, and ownership structure. *Journal of Financial Economics, 3,* 305–360.

Kassenärztliche Bundesvereinigung. (2018). Gesundheitsdaten. Zahlen, Trends und Analysen. http://www.kbv.de/html/gesundheitsdaten.php. Zugegriffen: 25. Sept. 2018.

Kopp, I. Encke, A., & Lorenz, W. (2002). Leitlinien als Instrument der Qualitätssicherung in der Medizin Das Leitlinienprogramm der Arbeitsgemeinschaft Wissenschaftlicher Medizinischer Fachgesellschaften (AWMF). *Bundesarbeitsblatt – Gesundheitsforschung – Gesundheitsschutz, 45,* 223–233.

Kühn, H. (1996). *Ethische Probleme einer ökonomisch rationierten Medizin.* Wissenschaftszentrum Berlin für Sozialforschung, Arbeitsgruppe Public Health, Discussion Paper P96-207. Berlin: WZB.

Lenin, W. I. (1971). Über Abenteurertum. In W. I. Lenin (Hrsg.), *Werke* (Bd. 20, S. 358–361). Berlin: Dietz.

Lindblom, C. E. (1982). The market as prison. *The Journal of Politics, 44,* 324–336.

Lipsky, M. (1980). *Street-level bureaucracy. Dilemmas of the individual in public services.* New York: Russel Sage.

Mayntz, R., & Scharpf, F. W. (1995). Der Ansatz des akteurzentrierten Institutionalismus. In R. Mayntz & F. W. Scharpf (Hrsg.), *Gesellschaftliche Selbstregelung und politische Steuerung* (S. 39–72). Frankfurt a. M.: Campus.

Osterloh, F. (2018). Stationäre Versorgung (II): Zeitdruck und Digitalisierung. *Deutsches Ärzteblatt, 115,* A-1532–A-1534.

Reiners, H. (2006). *Der Homo oeconomicus im Gesundheitswesen.* Wissenschaftszentrum Berlin für Sozialforschung, Forschungsschwerpunkt Bildung, Arbeit und Lebenschancen, Forschungsgruppe Public Health, Discussion Paper 2006-305. Berlin: WZB.

Rice, T. (2004). *Stichwort: Gesundheitsökonomie. Eine kritische Auseinandersetzung.* Bonn: KomPart Verlagsgesellschaft.

Sachverständigenrat für die Konzertierte Aktion im Gesundheitswesen. (2002). *Gutachten 2000/2001: Bedarfsgerechtigkeit und Wirtschaftlichkeit* (Bd. 3). Baden-Baden: Nomos.

Sachverständigenrat zur Begutachtung der Entwicklung im Gesundheitswesen. (2014). *Jahresgutachten: Bedarfsgerechte Versorgung – Perspektiven für ländliche Regionen und ausgewählte Leistungsbereiche.* Berlin: Sachverständigenrat.

Scharpf, F. W. (2000). *Interaktionsformen – Akteurszentrierter Institutionalismus in der Politikforschung.* Opladen: Leske + Budrich.

Schimank, U., & Volkmann, U. (2017). *Das Regime der Konkurrenz: Gesellschaftliche Ökonomisierungsdynamiken heute.* Weinheim: Beltz Juventa.

Simon, M. (2000). *Krankenhauspolitik in der Bundesrepublik Deutschland. Historische Entwicklung und Probleme der politischen Steuerung stationärer Krankenversorgung.* Opladen: Westdeutscher Verlag.

Simon, M. (2001). *Die Ökonomisierung des Krankenhauses. Der wachsende Einfluss ökonomischer Ziele auf patientenbezogene Entscheidungen.* Wissenschaftszentrum Berlin für Sozialforschung, Arbeitsgruppe Public Health, Discussion Paper P01-205. Berlin: WZB.

Slotala, L. (2011). *Ökonomisierung in der ambulanten Pflege. Eine Analyse der wirtschaftlichen Bedingungen und deren Folgen für die Versorgungspraxis ambulanter Pflegedienste.* Wiesbaden: VS Verlag.

Slotala, L., & Bauer, U. (2009). „Das sind bloß manchmal die fünf Minuten, die fehlen". Pflege zwischen Kostendruck, Gewinninteressen und Qualitätsstandards. *Pflege & Gesellschaft, 14,* 54–66.

Statistisches Bundesamt. (2018). *Gesundheit. Grunddaten der Krankenhäuser 2016. Fachserie 12, Reihe 6.1.1.* Wiesbaden: Statistisches Bundesamt.

Strech, D. (2014). Rationalisierung und Rationierung am Krankenbett. Normativ-empirische Analyse zum Status quo. *Medizinische Klinik, Intensivmedizin und Notfallmedizin, 109,* 27–33.

Strech, D., Danis, M., Löb, M., & Marckmann, G. (2009). Ausmaß und Auswirkungen von Rationierung in deutschen Krankenhäusern. Ärztliche Einschätzungen aus einer repräsentativen Umfrage. *Deutsche Medizinische Wochenschrift, 134,* 1261–1266.

Stüber, C. (2013). *Berufsethos im Krankenhaus. Zu den Auswirkungen der Ökonomisierung auf die berufsethischen Orientierungen des medizinischen Personals im Krankenhaus.* Stuttgart: ibidem.

Thiemeyer, T. (1970). Sozialpolitische und ökonomische Probleme ärztlicher Honorargestaltung. *Sozialer Fortschritt, 19,* 101–108.

Vogd, W. (2004). Ärztliche Entscheidungsfindung im Krankenhaus. Komplexe Fallproblematiken im Spannungsfeld von Patienteninteressen und administrativ-organisatorischen Bedingungen. *Zeitschrift für Soziologie, 33,* 26–47.

Vogd, W. (2011). *Zur Soziologie der organisierten Krankenbehandlung.* Weilerswist: Velbrück Wissenschaft.

Vogd, W., Feißt, M., Molzberger, K., Ostermann, A., & Slotta, J. (2018). *Entscheidungsfindung im Krankenhausmanagement. Zwischen gesellschaftlichem Anspruch, ökonomischen Kalkülen und professionellen Rationalitäten.* Wiesbaden: Springer VS.

Wehkamp, K.-H., & Naegler, H. (2017). Ökonomisierung patientenbezogener Entscheidungen im Krankenhaus. Eine qualitative Studie zu den Wahrnehmungen von Ärzten und Geschäftsführern. *Deutsches Ärzteblatt, 114,* 797–804.

DRG oder Markt? Zum Ambivalenzdruck im deutschen Krankenhauswesen

Ingo Bode

Zusammenfassung

Der Beitrag diskutiert Entwicklungen im deutschen Krankenhauswesen mit Blick auf die dort auftretenden Vermarktlichungsdynamiken. Er beschreibt, wo Marktanreize zum Tragen kommen und wie diese auf den Energiehaushalt der Einrichtungen und ihres Personals einwirken. Eine zentrale Beobachtung ist die einer permanenten Ambivalenz im Arbeitskörper der Kliniken und ihrem Umfeld. Die Quintessenz lautet, dass dies die Mentalitäten im Krankenhaussektor nach und nach verändert. Bezüglich der gemeinhin mit der Einführung der DRGs in Verbindung gebrachten Pathologien wird dafür plädiert, bei der Problemanalyse stärker auf die ‚wettbewerbspolitische' Steuerung des Sektors abzustellen – weil ansonsten ein *Burnout* ganzer Arbeitsorganisationen droht.

1   Einleitung

Manche Wendungen in der Geschichte des deutschen Gesundheitswesens verlaufen eher unauffällig. Als die rot-grüne Regierung Anfang der 2000er Jahre die endgültige, (weitgehend) flächendeckende Umstellung des Finanzierungsmodells im Bereich der stationären Krankenversorgung beschloss, war nur wenigen klar, welch fundamentale ordnungspolitische Entscheidung damit getroffen war: Innerhalb eines Sektors mit pluraler Leistungserbringung und dezentralisierten

---

I. Bode (✉)
Kassel, Deutschland
E-Mail: ibode@uni-kassel.de

Budgetverhandlungen sollten von nun an, mittels eines standardisierten Refinanzierungsverfahrens, schlicht fallbezogene Leistungen vergütet und alles andere dem Wirtschaften der Betreiber überlassen werden – und zwar in einem Kontext freier Klinikwahl und zunehmend unverbindlicher Angebotsplanung (vgl. Gerlinger und Reiter 2017, S. 245 ff.). Mit Antritt der schwarz-roten Regierungskoalition wiederum scheint es nun so, als machte die Gesundheitspolitik einen teilweisen Rückzieher, um so ein „Rezept gegen den Sparzwang" (Der Tagesspiegel, 09.02.2018) zu finden: Jedenfalls heißt es in der im Frühjahr 2018 niedergelegten Koalitionsvereinbarung, die Vergütungen für Pflegeleistungen – ein durchaus beträchtlicher Ausgabeposten – sollten sich zukünftig wieder an den Selbstkosten der Kliniken orientieren, wobei zugleich verbindlichere Personalbesetzungsvorgaben angestrebt werden.

Diese Entscheidung werteten so manche Beobachter als „Meteoriteneinschlag" (*Operation Gesundheitswesen* 09/2018), aber letztlich war sie eine Krisenreaktion. Eine Momentaufnahme der Medienberichterstattung im Vorfeld spricht Bände: „Kranke Häuser" (Der Tagesspiegel, 02.02.2018), „Kliniken in den Miesen" (Ärztezeitung 14.02.2018), „Notstand auf Station" (ebd., 10.01.2018) oder „Wahnsinn" im Pflegealltag (Spiegel *online* 15.02.2018) – die Pathologie, unter der das deutsche Krankenhauswesen seit geraumer Zeit leidet, ist längst ins öffentliche Bewusstsein eingedrungen (vgl. dazu auch die NDR-Dokumentation: „Die Macht der Krankenhäuser" vom 26.02.2018). Nun soll es offenbar (wieder) weniger ums Geld und mehr um die Bedürfnisse der Patienten gehen – man könnte auch sagen: Von den beiden Herzen, die heute in der Brust des Krankenhaussektors schlagen, soll eines gestärkt werden, während man das andere gewissermaßen beruhigen will.

Gewiss ist keinesfalls ausgemacht, ob damit das in den 1990er Jahren nach internationalen Vorbildern vorbereitete und später flächendeckend umgesetzte Großexperiment einer nur *unter Umständen* kostendeckenden Finanzierung stationärer Behandlungsleistungen seinem Ende entgegensieht. Aber der Reformplan reagiert auf eine langjährige Malaise (vgl. Bode 2010), deren Symptome unübersehbar geworden sind: Die dünne Personaldecke bei der pflegerischen Versorgung einer immer unterstützungsbedürftigeren Patientenklientel, der vielerorts mit bloßem Auge erkennbare Dauerstress der Ärzteschaft, die Degradierung der Sozialdienste zum Turbo-Entlassmanagement sowie die immer wieder neu auftretenden Bilanzdefizite und darauf hektisch reagierenden gesundheitspolitischen Sonderprogramme – all das hat zu einer allgemeinen Verunsicherung über die Leistungsfähigkeit des Krankenhauswesens geführt, die heute die Politik unter Zugzwang setzt.

Um der Pathologie mit der richtigen Therapie zu begegnen, ist es allerdings unabdingbar, den Krankheitsherd genauer unter die Lupe zu nehmen. Dies ist beileibe kein leichtes Unterfangen – denn bezüglich der Problemdiagnose gibt es harte Kontroversen. Viele argumentieren, die Umstellung im Finanzierungssystem auf das *DRG-Regime* sei der entscheidende Faktor für die beobachtbare Malaise. Dieses System erlaube oft keine volle Begleichung des Gesamtaufwands für die Krankenversorgung und führe so zu chronischer Unterfinanzierung – auch weil seine Zahlungen nicht dazu reichten, die aufgrund fehlender Zuwendungen (der Bundesländer) ungedeckten Investitionskosten zu tragen. Andere dagegen betonen, *jede* Form der administrativen Steuerung setze der Bedarfsorientierung bei der Krankenbehandlung Grenzen und ein System fester Preise sei die beste Grundlage für ein zeitgemäßes Management stationärer Versorgungsprozesse. Die Probleme der Häuser lägen nicht im geltenden Finanzierungsmodus begründet; im Übrigen hätten die Budgetdeckel vergangener Tage Fehlanreize gesetzt, wie überhaupt in einem Verfahren mit Selbst- bzw. Realkostenfinanzierung Mittel verschwendet würden, die an anderer Stelle fehlten.

In diesem Beitrag wird argumentiert, dass beide Deutungen einen wichtigen Faktor unterschätzen: Die Rolle von *Marktanreizen* im Krankenhauswesen. Denn das DRG-Regime entfaltet seine Wirkungen im Kontext einer staatlichen „Wettbewerbspolitik" (Kiffman 2017), und dadurch wird aus Knappheitsverwaltung ein Mentalitätswandel mit weitreichenden Folgen. Wesentlich erscheint, wie die Rahmenordnung des Sektors auf die Einrichtungen bzw. deren Personal wirkt und wie sich das wiederum zu jenen Erwartungen verhält, die im Umfeld der Kliniken weiterhin vorherrschend sind. Aus soziologischer Hinsicht ist dabei relevant, dass das Wirtschaften im Gesundheitsbereich eine ganz eigene Rationalität aufweist und Ansätze, das Wettbewerbsdenken der ‚freien Wirtschaft' auf die Krankenversorgung zu übertragen, dessen Gemeinwohlpflichtigkeit strapazieren – und zwar v. a. dadurch, dass chronischer Ambivalenzdruck bei denen entsteht, die die Krankenbehandlung alltäglich (zu) organisieren (haben). Wird dies erkannt, kann zielführender über Therapien der bestehenden Malaise nachgedacht werden.

Die Struktur des Beitrags gestaltet sich wie folgt: Im ersten Abschnitt wird diskutiert, inwiefern die ‚Wirtschaftsordnung' des heutigen Krankenhauswesens marktfixierte Unternehmenspolitiken befördert. Der zweite Abschnitt beschreibt die Implikationen solcher Politiken für den Energiehaushalt der Einrichtungen, wobei hier kursorisch auf vorliegende empirische Befunde eingegangen wird, welche auf verschiedene Formen von Ambivalenzdruck im gegenwärtigen Krankenhauswesen verweisen. Am Schluss wird resümierend erörtert, was aus der Analyse im Hinblick auf Regulierungsbedarfe der Zukunft gewonnen werden kann.

2 Das Krankenwesen als Markt

Wenn es um die Entwicklung des Gesundheitswesens in den letzten zwei, drei Jahrzehnten geht, fällt schnell der Begriff der *Ökonomisierung* (für viele: Manzei und Schmiede 2014). Um den Begriff rankt sich mittlerweile eine differenzierte Debatte, doch im Allgemeinen wird mit ihm eine Entwicklung apostrophiert, bei der wirtschaftliche Fragen im Leistungsgeschehen größeres Gewicht erhalten und andere demgegenüber weniger (vgl. allgemein: Schimank und Volkmann 2017). Diese Vorstellung sorgt angesichts der in entwickelten Wohlfahrtsstaaten vorherrschenden Erwartung, die Versorgung von Kranken dürfe nicht von finanziellen Aspekten abhängig gemacht werden, durchaus für Unruhe. Auf die Ökonomisierungsdiagnose wird nun allerdings vonseiten verschiedener ExpertInnen in Politik und Wissenschaft mit drei Reflexen reagiert: Der erste betont, dass alle bestehenden Vorgaben weiterhin zum Grundsatz hätten, medizinisch Gebotenes umzusetzen, und zwar nach den Regeln der Kunst und für alle BürgerInnen gleichermaßen. Die zweite Gegenrede stellt darauf ab, dass es noch nie eine Gesundheitsversorgung *ohne* Bezug zur Ökonomie gegeben habe und dies auch zukünftig unmöglich sei, da grundsätzlich Ressourcenknappheit bestehe und man den Zwang zur Bewirtschaftung des Verfügbaren niemals werde umgehen können. Wenn Maßnahmen ergriffen würden, diese Bewirtschaftung zu optimieren, etwa durch Einpreisung von Leistungen, ginge es alleine um die Vermeidung von Ressourcenverschwendung. Drittens wird argumentiert, dass die Krankenversorgung eine hochgradig staatsnah organisierte Veranstaltung und das ‚normale' Wirtschaftssystem sowie dessen Regulative hier außen vor blieben; insofern könne von Ökonomisierung im Sinne einer Durchdringung des Gesundheitswesens mit Referenzen der Erwerbswirtschaft nicht die Rede sein.

All diese Entgegnungen liefern indes nur die ‚halbe Wahrheit' – *faktisch* erweisen sie sich als Ablenkungsmanöver, die den Blick auf Wesentliches verstellen. An dieser Stelle kann und soll keine heterodoxe gesundheitsökonomische Grundsatzdiskussion angestrengt werden, zumal das Wesentliche längst kompetent verhandelt worden ist (s. etwa Kühn 1995, oder andere Beiträge in diesem Band). Will man jedoch die innere Chemie des deutschen Krankenhaussektors und seiner Rahmenordnung angemessen erfassen, so sind einige basale Überlegungen zu dem, *wie* und *unter welchen Vorzeichen* dieser Sektor heute wirtschaftet, unabdingbar. Dabei muss vorausgeschickt werden, dass Wirtschaften *per se* auch in diesem Sektor *immer* stattfindet und stattgefunden hat – anders als vielfach insinuiert, gibt es Betriebswirtschaft im Gesundheitswesen nicht erst seit der Phase, wo diese mit den Usancen der privaten Erwerbsökonomie gleichgesetzt wird. *So gesehen* macht die These von der Ökonomisierung (als Prozess) in der Tat wenig Sinn – zumal dann, wenn auch mit *veränderten* Formen des Wirtschaftens *das Gleiche* geleistet wird.

Versteht man unter Ökonomisierung jedoch die Tendenz zur Verbreitung von *Marktanreizen* als Triebkraft einer Erwerbswirtschaft, in der Erlösziele von Sachzielen entkoppelt sind und ihrerseits handfeste Handlungsimpulse aussenden, hat der Begriff einiges für sich – und zwar mit Blick auf sämtliche der o. g. Gegenreden. *Erstens* ist offensichtlich, dass es im Alltag des zeitgenössischen Krankenhauswesens mitnichten nur um die Abarbeitung staatlicher Vorgaben geht. Vielmehr gibt es hier in mehrerlei Hinsicht aktives Markthandeln. Zwar findet sich immer wieder die These, in Deutschland könne von einem veritablen Krankenhausmarkt nicht die Rede sein (vgl. etwa Dittmann 2017; ähnlich: Schönbach 2015): Es existiere das o. g. System fester Preise, zudem gebe es gesteuerte Kapazitätsentwicklung und kein freies Spiel von Angebot und Nachfrage; insbesondere fehle ein Leistungswettbewerb, bei dem systematisch qualitativ unterschiedliche Leistungen angeboten würden und die wirtschaftliche Existenz von Anbietern davon abhänge, ob sie mit ihren jeweiligen Qualitäten am Markt reüssieren oder nicht. Und schließlich stehe ja die *Politik* immer wieder in der Verantwortung, auftretende Ungleichgewichte zu kompensieren: auf der Ebene von Kommunen, die Defizite ihrer Kliniken übernähmen; bei den Bundesländern, die stets versuchten, wettbewerbsbedingte Marktaustritte zu verhindern; und mit Maßnahmen auf nationaler Ebene, die Budgetlücken bei den Kliniken schlössen.

Man könnte ergänzen, dass gerade das quasi institutionalisierte Versprechen gleichwertiger Leistungen für gleiche Bedarfsfälle auf gewöhnlichen Märkten selten anzutreffen ist. Zudem sind die Produkte bzw. Leistungen des Krankenhaussektors häufig intransparent und Patientenpräferenzen irrational, während Dritte (Einweiser) ohne eigene wirtschaftliche Interessen den Zugang zum Versorgungsangebot und damit die Ressourcenallokation innerhalb des Sektors maßgeblich beeinflussen. Die Möglichkeiten, durch strategische Maßnahmen wirtschaftlichen Zwängen längerfristig zu entgehen, scheinen begrenzt, denn der staatlich verordnete Spardruck kehrt durch das atmende DRG-Regime wie ein Bumerang immer wieder zurück. Manche würden auch betonen, dass sich maßgebliche Akteure selbst unter wirtschaftlichem Druck an Professionsnormen gebunden fühlen oder ‚Dienst nach Vorschrift' verrichten.

Tatsächlich verweisen all diese Beobachtungen auf Mechanismen, die das freie Spiel der Marktkräfte eingrenzen bzw. einbetten. Aber: Soziologisch gedacht ist Markt da, wo wirtschaftliche Konkurrenz herrscht und davon auch materiell etwas abhängt – selbst wenn bestimmte Beschränkungen greifen. Zu bedenken ist, dass es in zeitgenössischen westlichen Volkswirtschaften fast *nirgendwo* einen Markt in Reinkultur gibt (allgemein: Funder 2011). Einerseits finden sich auf Märkten permanent Dynamiken der ‚Vermachtung' sowie der Oligopolbildung – und damit der (partiellen) Wettbewerbsbeschränkung. Andererseits entfalten markt*externe* (normative) Einflüsse selbst auf gewöhnlichen Konsumentenmärkten mitunter große Wirkungen: Man kann (auch) dort nicht *alles* mit *beliebigen* Mitteln produzieren und verkaufen. Und selbst in Konstellationen, bei denen Angebotskonkurrenz lediglich imaginiert wird – etwa, um innerhalb einer Unternehmung den Druck auf das Personal hochzuhalten – werden Marktanreize praxisrelevant.

Die Marktagenda im heutigen Krankenhaussektor manifestiert sich nirgendwo deutlicher als in der ‚Liturgie' derer, die dort betriebswirtschaftliche ‚Konzeptarbeit' leisten (vgl. etwa Hartweg et al. 2018; Ingerfurth et al. 2018; Keßel 2015). Der Diskurs von Unternehmensberatungen, die Normalisierung kommerzieller Leistungserbringung oder die Werbeaktivitäten von Klinikbetreibern – all dies zeigt, wie sehr das Marktdenken den Sektor gegenwärtig durchdringt. Ebenso offensichtlich ist, dass Kostenträger – konkret: Organe der gesetzlichen Krankenkassen – versuchen, systematisch Marktzwänge zu erzeugen: beispielsweise, indem sie darauf drängen, den Wettbewerb z. B. mit Hilfe von *‚pay-for-performance'*-Programmen oder selektiven Verträgen zu intensivieren, oder durch ihre Anstrengungen, im DRG-Alltag die Margen der Anbieter (u. a. durch Abrechnungskontrollen) zu drücken, damit erlösschwache Leistungsanbieter aufgeben und für ‚Marktbereinigung' gesorgt wird.

Kurzum: Markt und Wettbewerb sind heute stets mit *im Spiel,* wenn es um stationäre Krankenbehandlung geht – und dies macht durchaus einen Unterschied. Entsprechend führt der der Ökonomisierungsthese entgegen gehaltene Verweis auf ‚natürliche' Ressourcenknappheit und den Zwang zu ihrer Bewirtschaftung in die Irre. Es ist nämlich für den Energiehaushalt der Krankenhäuser keinesfalls nebensächlich, *wie* diese im betrieblichen Alltag an Ressourcen kommen und *was* getan wird, um deren Zufluss zu sichern, auch im Hinblick auf die Ausgestaltung eigener Leistungen. Offen zutage tritt dies immer dann, wenn Krankenhäusern ein Aufwand entsteht, dem keine hinlänglichen Einnahmen gegenüberstehen: also etwa Fixkosten bei leeren Betten, überdurchschnittliche Aufwendungen zur Versorgung ‚schwieriger' Fälle oder Gehaltszahlungen ohne eingeplante Gegenwerte, z. B. bei überlastungsbedingten Krankenständen. Zwar ist das Repertoire für ‚erwerbswirtschaftstypische' Gegenmaßnahmen eingeschränkt: Auf die Höhe der ca. 1200 Pauschalen haben die Anbieter keinen Einfluss, Preisanhebungen sind ebenfalls unmöglich, schließlich ist auch die Auswahl der ‚Kundschaft' schwierig, können doch Patienten mit Erkrankungen, die eine Klinik von ihren

Kompetenzen her behandeln kann, kaum abgewiesen werden (obwohl es immer wieder anekdotische Evidenzen für entsprechende Versuche gegeben hat). Aber das Nebeneinander von Pauschalpreisen und vollem betriebswirtschaftlichen Risiko auf Trägerseite führt dazu, dass selbst Betreiber ohne Gewinnabsichten dazu gedrängt werden, über Änderungen an ihrem Leistungsangebot nachzudenken oder gezielt die Nachfrage zu bearbeiten. Beides sind durchaus übliche Reaktionen auf ökonomischen Wettbewerb, und die geltende Rahmenordnung schafft spezifische Handlungsspielräume zu ihrer Umsetzung.

Dies führt zu einem weiteren der oben referierten Einwände gegen die Ökonomisierungsthese, i. e. der Beobachtung, Operationen *jenseits* von Sachzielen, so wie sie für die kommerzielle Privatwirtschaft an der Tagesordnung sind, seien im Krankenhaussektor weiterhin tabu. Gewiss: Im Unterschied zu anderen Bereichen des Wirtschaftslebens kann in diesem Sektor *bestimmten* Anreizen zur Engführung eigener Angebote zur Steigerung von Kosteneffizienz – also etwa: eine schnellere, aber fehlerträchtigere Wundversorgung – nicht ohne Weiteres Folge geleistet werden. Im Umfeld (Bevölkerung; Medien; Politik) gibt es bezogen auf die Versorgung angemeldeter bzw. evidenter Bedürfnisse große und eher noch wachsende Erwartungen an *optimale* Leistungen *überall*. Die ‚Nachfrager' wollen und können auf letztere nicht verzichten. Selbst wenn ihre diesbezüglichen Erwartungen oft diffus bleiben, wird jede *offensichtliche* Vernachlässigung von Bedarfen für die Anbieter zum Skandalfall.

Aber wenn es um den Betrieb einer Klinik geht, muss nichtsdestotrotz – zumindest irgendwann – die ‚schwarze Null' stehen, im Falle kommerzieller Anbieter sogar noch eine attraktive Rendite für Anteilseigner. Gefordert ist also eine passende „Erlösbasis" (Hartweg et al. 2018). Die Frage ist hier, an *welchen* Stellschrauben gedreht werden kann, um diese zu realisieren. Nun gab es in der jüngeren Geschichte des deutschen Gesundheitswesens Phasen, in denen für den Fall, dass Aufwendungen der Versorger ungenügende Einnahmen gegenüberstanden, gleichsam kollektiv Ressourcennachschub organisiert wurde. Das erfolgte in dem Maße, wie in der Gesellschaft (bzw. bei den in ihr tonangebenden sozialen Kräften) die Bereitschaft bestand, einem wie auch immer konsensfähigen Bedarf die zu seiner Befriedigung als erforderlich betrachteten Mittel folgen zu lassen; wuchsen Bedarfe stärker als das Volkseinkommen, dann kam es zu Verschiebungen in der Struktur der gesamtgesellschaftlichen Ressourcenverwendung – das Gemeinwesen investierte dann gegebenenfalls *mehr* in Gesundheit und *weniger* in die Versorgung mit Anderem bzw. das Wirtschaftswachstum wurde *relativ stärker* für das Gesundheitswesen verwendet. Vor allem über diesen Mechanismus kam es in den genannten Phasen zu weit überdurchschnittlich wachsenden gesamtgesellschaftlichen Aufwendungen für die organisierte

Krankenversorgung. Über solche Verschiebungen bzw. die Anwendung des beschriebenen Mechanismus könnte ein nationales Gemeinwesen – theoretisch betrachtet – auch heute frei entscheiden, gilt doch die Gesundheitsversorgung nach wie vor als öffentliche Angelegenheit: Politische Mehrheiten können den Staat bzw. das von ihm moderierte Institutionengefüge entsprechend instruieren, etwa weil sie den Wert gehobener Konsumgüter oder von Aufwendungen für das Militär als weniger hoch einschätzen als den einer universell zugänglichen Gesundheitsversorgung auf dem Niveau des medizinisch Machbaren und des im Hinblick auf die Begleitung von Kranken Erwünschten.

Genau dieser Regulierungsmechanismus sollte nun aber durch die Krankenhausreformen der letzten Jahrzehnte aus- oder zumindest abgebremst werden, das Geld also nicht mehr *auf die gewohnte Weise* der Leistung folgen. Die Hoffnung, auf die sich die herrschende Gesundheitspolitik und -ökonomie stützte, bestand darin, dass permanenter Erlösdruck bei den Einrichtungen eine kostengünstigere Leistungserstellung ohne Qualitätsverluste nach sich zieht. *Faktisch* wurde dabei auf die Logik der Erwerbsökonomie gesetzt, in der Sachziele nicht das Entscheidende sind: Stimmt hier das Verhältnis von Einnahmen und Ausgaben nicht, und bekommen Anbieter wie Beschäftigte die Folgen negativer Betriebsbilanzen zu spüren, dann wird erwartet, dass sich alle Beteiligten nicht mehr nur um die reine Leistungserbringung kümmern, sondern *zusätzlich* etwas unternehmen, um die Erlössituation zu verbessern und/oder Kosten zu senken – wobei der Anlass zur Priorisierung solcher Formalziele dann am stärksten wird, wenn *andere* Organisationen aus der gleichen Branche (wirtschaftlich) erfolgreicher sind und Marktanteile verloren zu gehen drohen.

Aber was geschieht, wenn sich das Gleiche *nicht* kostengünstiger organisieren lässt oder aber mit den erzielbaren Erlösen eine Leistung nur *unter Umständen* kostendeckend erbringbar ist? Tatsächlich wird für viele deutschen Kliniken heute jeder komplizierte Patient zum ‚Störfall'. Gewiss arbeiten die Einrichtungen in der Realität mit Mischkalkulationen, aber dies ist stets mit Risiken behaftet – und deshalb steht permanent auf der Tagesordnung, solche Risiken zu minimieren. Zwar erwarten BürgerInnen und Staat verlässliche Behandlungen auf ‚Einheitsniveau'. Jedem Lehrbuch der Gesundheitsökonomie kann man indes entnehmen, dass die Konsumentensouveränität im Bereich der Krankenbehandlung stark begrenzt ist. Es gibt erhebliche Informationsasymmetrien und wenigstens partiell unschlüssige Ursache-Wirkungs-Ketten, sodass auch extern veranlasste Qualitätskontrollen nur sehr begrenzt erfassen können, wie Versorgungsprozesse tatsächlich ablaufen.

Insofern macht die bestehende Rahmenordnung den Einrichtungen bei Eintreten der in der o. g. Frage beschriebenen Konstellationen Angebote, die diese nur schwer ausschlagen können. Tatsächlich gab es mit der Scharfschaltung der DRGs im Krankenhaussektor *weniger* Planung und *mehr* freie Kapazitätsentwicklung – folglich werden die Häuser motiviert, aus wirtschaftlichen Gründen ihr Angebot zu verändern bzw. ein diesbezüglich kreatives ‚entrepreneurship' (Ingerfurth et al. 2018) zu entwickeln. Dabei provozieren die Pauschalvergütungen des DRG-Regimes mikroökonomische Kosten-Nutzenrechnungen bis in die Poren der Krankenhausorganisation hinein; sie motivieren die Kliniken, interne Prozesse nach Maßgabe solcher Kalkulationen durchzurationalisieren. Wenn die Zahlen nicht stimmen – so wie dies seit Jahren bei einem größeren Teil der deutschen Krankenhäuser Träger immer wieder der Fall war und ist –, kommt alles auf den Prüfstand.

Nach innen gerichtete Maßnahmen sind dabei oft die erste Wahl. Zwar hat die DRG-Begleitforschung immer wieder Entwarnung gegeben und belegen wollen, dass es in Folge der Neuordnung des Krankenhaussektors für niemanden Leistungseinschränkungen gegeben habe (so etwa Rau et al. 2009; Sens et al. 2010). Dennoch ist unwahrscheinlich, dass die in zahlreichen Feldstudien (s. u.) dokumentierten Rationalisierungsprogramme zur Erhöhung der Kosteneffizienz – allen voran die Arbeitsverdichtung beim medizinischen Personal, der Pflegestellenabbau sowie die Fragmentierung von Unterstützungs- und Begleitfunktionen im Versorgungsprozess – folgenlos bleiben. Über entsprechende, meist latente Qualitätseinschränkungen wird seit einiger Zeit breit debattiert, so etwa die verfrühte Überleitung von PatientInnen in das Reha- und Pflegesystem oder die systematische Vernachlässigung der psychosomatischen Seite der Salutogenese (so schon Braun et al. 2010). Ähnlich wie auf gewöhnlichen (kommerziell organisierten) Märkten implizieren starke Informationsasymmetrie und hoher Erlösdruck, dass Nachfrager dort, wo es nicht sofort spürbar wird, übervorteilt werden – wobei erfahrungsgemäß Patienten mit überdurchschnittlichem sozialem und kulturellem Kapital dadurch weniger beeinträchtigt werden als der Rest der Bevölkerung. Die *Versuchung,* bestimmte Fälle zurückhaltend(er) zu bedienen, ist jedenfalls stets präsent.

Fatalerweise führt die beschriebene Dynamik leicht zu *noch höherem* Erlösdruck. Denn oberflächlich steigt im gesamten Sektor die Produktivität durch die eingesetzten Rationalisierungsinstrumente. Deren betriebswirtschaftlicher Erfolg spricht sich schnell herum – nicht zuletzt unter Hinzutun umtriebiger Unternehmensberatungen. Also entstehen sektorweit Imitationsbewegungen. Das DRG-Regime tut ein Übriges: Das, was auf ‚normalen' Märkten Preiskämpfe bewirken, leistet die in diesem Regime die automatische Preisspirale nach unten. In Folge der quasi-amtlich erhobenen Produktivitätsfortschritte bei Modellkrankenhäusern sinken die Pauschalen im ganzen Sektor; das Ergebnis sind neue Rationalisierungsrunden, bei denen immer wieder von Neuem Anlässe geschaffen werden, bestimmte Leistungen knapp zu halten bzw. Prozesse in Gang zu setzen, die latenten Qualitätsabfall provozieren – und sei es nur durch die ‚Ausblutung' des Arbeitskörpers.

Eine weitere Stellschraube für Krankenhäuser unter Erlösdruck ist die Versorgung von mehr oder ‚lukrativeren' (i. e. relativ aufwandsarmen oder privat liquidierten) Behandlungsfällen. Hier greift dann – in einem Kontext freier Anbieterwahl – *eine nach außen gerichtete* Marktstrategie. Die Anwerbung ‚günstiger' Fälle und dadurch induzierte positive Skaleneffekte vermögen den Kliniken wenigstens vorübergehend Luft zu verschaffen, wenn fall- oder gruppenbezogen der *break even* früher erreicht wird. Patientenströme lassen sich u. a. dadurch generieren, dass Versorger auf Vorstufen angesprochen werden: Die vor einiger Zeit viel diskutierten Einweiserprämien sind hier nur die Spitze des Eisbergs; die regelmäßige Ansprache von einweisenden ÄrztInnen oder auch potenziellen PatientInnen u. a. über eigene Versorgungsangebote bewerbende Informationsveranstaltungen dient dem gleichen Zweck.

Man sieht: Die Logik von Markt und Wettbewerb kann im gegenwärtigen Krankenhauswesen sehr wohl handfeste Wirkungen entfalten. Sie manifestiert sich dann in einer von Sachzielen abstrahierenden Erlösfixierung und reizt Formen des Wirtschaftens an, welche nicht *primär* an der Effektivität der Versorgung orientiert sind. Müssen in einer Klinik mehr Erlöse erzielt werden, damit sie lebens- oder zukunftsfähig ist, greifen potenziell die für die Erwerbsökonomie typischen Mechanismen – sowohl im Hinblick auf interne Rationalisierungsprozesse als auch bezüglich der externen Ressourcengenerierung. Das DRG-Regime befördert diese Dynamik, weil es nicht verhindert (hat), dass immer wieder Defizite auftreten (s. zuletzt: Augursky et al. 2017). Aber erst die Marktlogik, die sich im Geleitzug des Regimes ausgebreitet hat und – was hier nicht unerwähnt bleiben sollte – maßgeblich durch Unternehmenspolitiken kommerzieller Klinikbetreiber ins Rollen gebracht wurde, verändert nach und nach die Mentalitäten in den Einrichtungen und in ihrem Umfeld.

3 Ambivalenz ohne Ende

Zur Veränderung des Organisationsalltags im deutschen Krankenhauswesen liegen mittlerweile eine ganze Reihe von – meist qualitativen – sozialwissenschaftlichen Untersuchungen vor (Maars 2008; Braun et al. 2010; Bär 2011; Crojethovic et al. 2014; Fölsch et al. 2014; Iseringhausen 2016; Bode et al. 2017; Hien 2017; Hardering 2018; Vogd et al. 2018). Ihre übergeordnete Botschaft ist zunächst die, dass die mit dem DRG-Regime markant(er) werdende Akzentuierung des Wirtschaftlichen im Arbeitskörper der Kliniken Spuren hinterlassen hat. Zwar gibt es im Schrifttum Kontroversen bezüglich der Frage, wie weit es tatsächlich „*Markt*druck" (Marrs 2008) ist, der hier zur Geltung kommt, und ob nicht andere Orientierungen eine Fixierung auf erwerbsökonomische Kategorien ausschließen; dabei wird mitunter argumentiert, diese anderen Orientierungen seien *in sich* spannungsgeladen (etwa dort, wo man sich unter Gesundheitsprofessionen um Bedarfsdefinitionen streitet), sodass die situative und strukturelle Komplexität im Krankenhaus nicht auf die Spannung zwischen Erlös und Bedarf reduziert werden dürfe (so etwa Vogd et al. 2018, S. 13).

Implizit plausibilisieren die vorliegenden Studien aber, dass sich Bedarfe, wie auch immer sie definiert werden, an durchaus kritischen Stellen des Versorgungsbetriebs Vorgaben gegenübersehen, wie sie für Organisationen der Erwerbswirtschaft grundlegend sind. Man könnte auch sagen: Die Beteiligten erfahren, dass die Marktlogik stets mit im Spiel ist und nicht *ohne Weiteres* umgangen werden kann, wenngleich gerade dort immer *auch* andere Kräfte wirken. Das manifestiert sich in ganz unterschiedlichen Symptomen:

- eine organisationsinterne Aufwertung der Geschäftsführung sowie deren (stärkere) Ausrichtung auf ein Prozessmanagement nach Maßgabe von Erlöszielen;
- die regelmäßige Konfrontation der Belegschaften mit ihre (medizinische) Praxis abbildenden betriebswirtschaftlichen Kennziffern, im Rekurs auf umfassende Controlling-Apparate;
- erfolgs- bzw. mengenabhängige Vergütungen im Management und in der Chefärzteschaft sowie die Ausrichtung von Gehaltsbestandteilen (v. a. der Sonderzahlungen) an der Erlössituation einer Einrichtung;
- die systematische Taylorisierung und Zersplitterung von Zuarbeits- und Verwaltungsfunktionen, z. B. durch Aufgaben- und Lohndifferenzierung qua Outsourcing sowie (mehr) Leih- bzw. Teilzeitarbeit;
- den Einsatz von ÄrztInnen im ‚Marketing' sowie die strategische Mobilisierung ihrer Fachexpertise zur gezielten Distinktion einer Klinik im regionalen Umfeld;
- Reorganisationsprozesse, durch die *von außen sichtbare* und damit potenziell umsatzgenerierende Leistungspotenziale (die Anzahl von ÄrztInnen; das Vorhandensein von Zentren, etc.) ausgebaut und andere Versorgungskapazitäten eng(er) geführt werden, z. B. durch Senkung des faktischen Personalschlüssels für die Pflege oder das ‚Kurzhalten' von wenig einträglichen Versorgungsbereichen etwa in der Gynäkologie oder Kinderheilkunde;
- die Ausrichtung auch der Assistenzfunktionen an erlösbezogenen, betriebswirtschaftlichen Zielen etwa dahin gehend, dass die Pflege oder auch die Sozialdienste ihren eigenen Beitrag zur Erreichung *dieser* Ziele akzentuieren und sich mit der Managementagenda identifizieren, auch um sich dadurch im Reputationsgefüge des Krankenhauses aufzuwerten (Märker und Turba 2016; Vogd et al. 2018, S. 159).

Zugleich liefern die o. g. Studien allerdings zahlreiche Hinweise darauf, dass andere, der Marktlogik *entgegen* stehende Bezüge bei wesentlichen Akteuren präsent bleiben und ebenfalls als imperativ gedeutet werden. V. a. das Personal am Bett bekennt sich zu ethischen Standards und gesellschaftlichen Erwartungen, die *best*mögliche, bedarfsbezogene Leistungen *überall* verlangen. Was hier sichtbar wird, ist ein Zustand systematisch organisierter und zu organisierender Ambivalenz (Bode et al. 2017): Er ist systematisch organisiert, weil im staatlich regulierten ‚Krankenhausmarkt' Erlösziele und Bedarfszwecke parallel zu bedienen sind. Mit dieser Doppelanforderung muss organisie*rend* umgegangen werden, denn um handfeste Entscheidungen und etwaige *Trade-offs* zwischen kommt man meist nicht herum. Es besteht also struktureller *Ambivalenzdruck*.

Einige Untersuchungen zeigen anschaulich, wie auf diesen Druck reagiert wird. Als qualitative Studien beleuchten sie zuvorderst *Mentalitäten*. ÄrztInnen beschreiben, wie sie sich zumindest latent von betriebswirtschaftlichen Leistungserwartungen bedrängt fühlen und diesen *partiell* nachgeben, indem sie z. B. in Graubereichen ‚schadensarme' Kompromisse zwischen Patientenbelangen und Betriebsinteressen suchen (Wehhamp und Naegler 2017; Hardering 2018; Iseringhausen 2016; Vogd et al. 2018, S. 60 ff.). Für Care-Funktionen zuständige Leitungskräfte beobachten die restriktivere Definition entsprechender Berufsrollen als Folge der Konfrontation mit Erlöszielen (Maars 2008; Reifferscheid et al. 2016). Beide Funktionskreise berichten davon, dass fehlende Ressourcen in Arbeitsverdichtung und Dauerstress münden. Generell scheint das Personal ‚am Bett' sich vermehrt auf die informelle Handhabung formaler Vorgaben einzulassen (Crojethovic et al. 2014). Improvisieren und Selbstausbeutung scheinen im Organisationsalltag allgegenwärtig. All dies mag zunächst dazu beitragen, sichtbare Schäden zu vermeiden – aber es liegt nahe, dass der Arbeitskörper der Einrichtungen in dieser Situation auf ein inkrementelles *Burn-out* zusteuert.

Nun scheinen – rein betriebswirtschaftlich betrachtet – manche Klinikbetreiber mit den Zwängen besser zurechtzukommen als andere. V. a. kommerzielle Träger gelten in der öffentlichen Meinung oft als Beispiel dafür, dass die Herausforderungen durch die wettbewerbliche(re) Rahmenordnung grundsätzlich zu bewältigen sind. Ihr Siegeszug seit den 1990er Jahren basierte nicht zuletzt auf komparativen Erlösvorteilen, die v. a. aus kapitalkräftigen Investitionen in Versorgungskapazitäten bzw. strategischer Klinikvernetzung resultierten (Bähr 2008) und dann auch dazu führten, dass trotz der Restriktionen des DRG-Regimes über längere Zeit hohe Betriebsüberschüsse realisiert werden konnten. Allerdings gingen gerade hier die genannten Unternehmensstrategien auf Kosten der nicht-medizinischer Assistenz- bzw. Begleitfunktionen. Zudem spricht vieles dafür, dass die privaten Betreiber ihre Erfolge nicht zuletzt qua selektiver Konkurrenzverdrängung realisieren, z. B. indem sie die o. g. ‚Störfälle' Anderen, konkret: nicht-kommerziellen Maximalversorgern überlassen.

Mehr noch: Patientenwanderungen hin solchen ‚Gewinnerkliniken' hinterlassen *anderswo* Lücken und verschärfen so den Erlösdruck bei Konkurrenten, die ihr defizitträchtiges Angebot nicht oder nur langsam reduzieren können. Da weniger gut nachgefragten Häusern Leerstände und negative Skaleneffekte drohen, diese aber dennoch auflaufende Fälle adäquat zu versorgen haben, muss dort mit *weniger* Produktivität *mehr* geleistet werden. Hier wird die Ambivalenzerfahrung also umso eklatanter: Formal müssen die betroffenen Kliniken den PatientInnen, die ihnen anvertraut sind, das Gleiche bieten wie anderswo auch; aber sie verfügen über *geringere* Mittel dazu, was dann die Anreize zu latenten Leistungseinschränkungen der o. g. Art besonders scharf stellt – gerade dann, wenn um Ressourcen zur Realisierung der durch die Wettbewerbsgewinner vorgelebten Umbaukonzepte freigesetzt werden sollen.

Dessen ungeachtet konnten die Strategien der Privaten in der Vergangenheit Spielräume zur erfolgreich(er)en Erfüllung *bewerbbarer* Qualitätsziele erschließen, z. B. bei den im „Netzwerk Qualitätskliniken" zusammengeschlossenen Trägern. Damit wird die o. g. Hoffnung der ‚Wettbewerbspolitik' für das Krankenhauswesen scheinbar erfüllt. Tatsächlich geht es heute in dem, was gemeinhin als Qualitätswettbewerb apostrophiert wird (Bode et al. 2013), immer mehr um Profilbildung, um damit Patientenzuströme zu sichern oder zu generieren. Hier wird dann nach außen und innen kommuniziert, man sei besser als andere bzw. könne deshalb im Wettbewerb bestehen. Ein solches Ansinnen inspiriert oft auch die Ausgestaltung der (gesetzlich vorgeschriebenen) Qualitätsberichte (vgl. Messer und Reilley 2015). Von Bedeutung ist hier nicht zuletzt die Verfolgung von Projekten, die – teilweise in Kooperation mit Partnerkliniken – auf fachliche Spezialisierung bzw. die Besetzung von Feldern der Exzellenzmedizin setzen. Grundlegend sind meist Strategieallianzen zwischen Geschäftsführungen und (Teilen) der Chefärzteschaft, die nicht selten auf Kosten der Restbelegschaft gehen. Während v. a. kommunale Häuser der Maximalversorgung – mangels Emphase oder mangels Ressourcen – gegenüber solchen Profilierungs- bzw. Expansionsstrategien oft Zurückhaltung geübt haben, wurde viele Häuser so zu ‚Gewinnerkliniken', die den Wettbewerbsverlierern jetzt als Vorbilder dienen sollen.

Insofern mit solchen Unternehmenspolitiken Marktanteilsgewinne bzw. positive Skaleneffekte realisiert werden können, entstehen Organisationsreserven, mit denen sich die Spannung zwischen Erlös und Bedarf potenziell reduzieren lässt. Aber abgesehen davon, dass dies eben nicht überall gelingen kann, hat die ‚Qualitätsstrategie' ihre Tücken – wodurch der Ambivalenzdruck im Spiel bleibt. Denn ein mit Erlöszielen verquickter Qualitätswettbewerb provoziert die Ausnutzung der oben schon erwähnten Informationsasymmetrien. So ist die Versuchung, PatientInnen bestimmte Bedarfe *einzureden,* in der jüngeren Vergangenheit wiederholt Gegenstand öffentlicher Diskussionen gewesen, z. B. mit Blick auf Kaiserschnitte, endoprothetische Leistungen oder die Versorgung von Privatversicherten. In dem Maße aber, wie solche ‚perversen' Effekte im Arbeitskörper der Kliniken erfahrbar oder erahnbar werden, sind auch Wettbewerbs*erfolge* hochgradig ambivalenzträchtig. Gleiches gilt für die Nachfrageseite. Werbung und Marketing haben hier den Nebeneffekt eines wachsenden Misstrauens gegenüber dem Leistungsangebot *als Ganzem:* Denn wenn Träger öffentlich behaupten, sie unterschieden sich von Konkurrenten durch bessere Leistungen, kann sich beim Publikum schnell das Gefühl einstellen, dass in vielen Bereichen des Versorgungssystems eben *nicht* korrekt versorgt wird.

Angesichts solcher ‚perverser Dynamiken' waren und sind vonseiten relevanter Berufsorganisationen bzw. Interessenverbände des Sektors sowie auch bei einzelnen Landesregierungen immer wieder kritische Stimmen zu vernehmen. Vor dem Hintergrund des hohen Organisationsgrads der Verbände sowie der korporatistischen Tradition im deutschen Gesundheitswesen gelang es in der jüngeren Vergangenheit wiederholt, diesen Unmut in schlagkräftige – die bestehenden Konkurrenzverhältnisse gleichsam ausblendenden – Aktionsbündnisse umzuleiten, die sich mit durchaus imposanten Demonstrationen gegenüber öffentlichen Medien bzw. bei der Berliner Politik Gehör verschaffen und so u. a. Finanzspritzen für spezifische Versorgungsbedarfe (z. B. Pflegepersonalprogramme) erwirken konnten. Hier zeigt sich ein Ventil, durch das ein Teil des Drucks auf die Häuser periodisch entweichen kann (Bode 2013). Gleichzeitig wird in diesem Kontext die Ambivalenz der etablierten Rahmenordnung öffentlich ‚politisiert'.

Allerdings gehen alle Beteiligten im Anschluss an solche Aktivitäten wieder zur Tagesordnung über. Insofern unterschätzt die These einer „(Re-)Korporatisierung" des Krankenhaussektors (s. etwa Gerlinger und Reiter 2017, S. 247) die Durchschlagskraft der Marktlogik im Energiehaushalt des Sektors; zumindest ändern die Interventionen von Staat und (gemeinsamer) Selbstverwaltung wenig an der „rekursiven Ambivalenz" im Alltagsbetrieb der Kliniken (Bode 2016). Nicht unwesentlich ist dabei, dass sich die politische Infrastruktur des Sektors intern als stark fragmentiert erweist. So kann sich die Deutsche Krankenhausgesellschaft als Vertreterin der Anbieterseite meist nur auf Minimalkonsense einigen. Den Ambivalenzdruck mäßigende Initiativen aus den Reihen der organisierten Arbeitnehmerschaft haben es ebenfalls nicht leicht: Die ÄrztInnen konzentrieren sich vermehrt auf den Marktwert ihres Berufsstands (vgl. Greef 2015), und die von GewerkschaftsvertreterInnen (mit) kontrollierten Instanzen der Kostenträger (Krankenkassen) sorgen regelmäßig dafür, dass die Marktagenda weiter vorangetrieben wird, z. B. durch die Propagierung von ‚*pay-for-performance*'-Vertragsmodellen und eine vorbehaltlose Unterstützung des DRG-Regimes, zuletzt etwa in Reaktion auf die eingangs erwähnten Pläne, den Pflegeaufwand aus diesem Regime herauszunehmen (vgl. etwa Senf 2018, S. 23).

Aus der Vogelperspektive betrachtet erscheint die Gemengelage relativ eindeutig: Im deutschen Krankenhauswesen gibt es gegenwärtig *Ambivalenz ‚ohne Ende'*, eben weil sich die Marktlogik immer wieder von neuem aufdrängt und die Bedarfsorientierung, wie sie von den Kernakteuren des Krankenhaussektors stets *mit*vertreten wird, permanent strapaziert. Das Ergebnis ist ein schleichender Mentalitätswandel in weiten Teilen des Sektors. Man kann hier eben in vielen Situationen immer weniger *eindeutig* sagen, was Priorität hat: Betriebswirtschaftliche Optimierung gilt nunmehr als legitimes Ziel *neben* dem Versorgungszweck des Krankenhauses; die strategische Profilierung nach außen erscheint unabdingbar, obwohl sie für Teile der eigenen Organisation sowie für Dritte zur Belastung wird. Kurzum: Beim Versuch, zweigleisig zu fahren, gibt es Stoppsignale für die Bedarfsorientierung und Rückenwind für Marktanreize – und es wird zunehmend anstrengend, die Signale zu ignorieren und sich nicht vom Konkurrenzdenken treiben zu lassen.

4 Was nun?

Damit keine Missverständnisse aufkommen: Das deutsche Krankenhauswesen liegt nicht am Boden, es erfüllt seine Funktionen auf gehobenem Niveau und trägt mit dazu bei, dass die Lebenserwartung der Menschen unaufhörlich steigt und zunehmend komplexe Versorgungsbedarfe *im Wesentlichen* befriedigt werden. Es spricht freilich einiges dafür, dass dies nicht wegen, sondern *trotz* der vorherrschenden Rahmenordnung geschieht: Mit der in Öffentlichkeit und Arbeitskörper tief verwurzelten Bedarfsorientierung des Sektors konkurrieren heute in den Häusern Formalziele, die vom Versorgungsauftrag ablenken und die Behauptung am Markt bzw. das ‚Abhängen' der Konkurrenz fokussieren. Dieses Nebeneinander befördert verbreitet eine Mentalität des ‚Durchwurstelns' oder Durchhaltens, wobei – teilweise unter großen Opfern aufseiten der Beschäftigten – Qualitätsabfall auf Latentes begrenzt oder in die Zukunft verschoben wird.

Natürlich ist die wirtschaftliche Seite der Krankenversorgung nicht belanglos: Die Vermeidung von Verschwendung dient dem eigentlichen Sachzweck, die qualitätsneutrale Optimierung von Organisationsprozessen ist immer erstrebenswert. Doch schon in der gewöhnlichen Erwerbswirtschaft ist letzteres kein Selbstläufer – und Markt*versagen* hat bei der Gesundheitsversorgung besonders gravierende Folgen. Die Übertragung von Koordinationsmechanismen der Erwerbsökonomie auf diesen Bereich der Daseinsvorsorge passt schlicht nicht zur ‚Normalerwartung' einer überall gleichwertigen bzw. gleich effektiven Patientenversorgung. Soll dieser Erwartung entsprochen werden, dann lässt sich das

Leistungsangebot nicht *durchgängig* auf die Nachfrage abstimmen; Verwerfungen sind unvermeidlich, wenn bei hohen Fixkosten und Vorhaltungszwängen das Geld der Einzelleistung folgt. Somit erscheinen auch die durch die Reformen der 2000er Jahre in Aussicht gestellten, sektorweiten Effizienzgewinne fraglich – die diesbezüglichen Kalkulationen berücksichtigen eben vieles *nicht:* die langfristigen Kosten des *Burnout* im Arbeitskörper, die Ressourcenvergeudung im Zuge von Marktverdrängungsprozessen, oder auch die durch asymmetrische Informationsverteilung provozierte (im Einzelfall oft intransparente) Über- bzw. Unterversorgung.

Dieser Beitrag hat argumentiert, dass es die *Kombination* von DRG-Regime und Vermarktlichung ist, die für permanenten Ambivalenzdruck in den Kliniken und in deren Umfeld sorgt. Es sensibilisiert dafür, dass die heute überall spürbare Ambivalenz zwischen dem Markt-Imperativ und dem, was Bedarfsorientierung ausmacht, dem Krankenhaussektor auf Dauer nicht guttun kann – auch dann nicht, wenn die Bundesländer ihren Investitions(finanzierungs)pflichten umfassender nachkämen, es höhere Fallpauschalen gäbe oder das DRG-Regime durch (scheinbar) ‚leistungsorientierte' Selektivverträge abgelöst würde. Der Verweis auf die Potenziale von Managementinnovationen ist ebenfalls müßig: Zwar können bestimmte Unternehmensstrategien die beschriebenen Ambivalenzen eingrenzen – was möglicherweise *ein* Grund dafür ist, dass sich im deutschen Krankenhauswesen der kollektive Protest gegen seine permanente Überstrapazierung bislang in Grenzen gehalten hat. Dies gelingt allerdings zwangsläufig nur einem *Teil* der Einrichtungen bzw. der in ihnen tätigen Berufsgruppen, während andere *umso mehr* das Nachsehen haben – eben so, wie dies auf vielen Märkten üblich ist.

Radikale Marktbeschränkungen stellen deshalb das *‚sine qua non'* für eine bedarfsorientierte Ausrichtung des Krankenhauswesens dar. Erst in einem *konkurrenzarmen Ordnungsrahmen* und – so sollte man an dieser Stelle hinzufügen – mit für alle Beteiligten gesünderen Arbeitsbedingungen kann sinnvoll an Modellen für Qualitätsverbesserungen gearbeitet werden. Natürlich hat es auch in der weniger stark marktlich regulierten Versorgungslandschaft vor Einführung der DRGs Probleme gegeben. Allerdings dient der Verweis auf defizitäre Zustände in der Vergangenheit allzu oft als (falsches) Totschlagargument: Viele Umstände – z. B. eine zunehmend kritische Öffentlichkeit, das erhöhte Mitwirkungsinteresse von PatientInnen oder eine (auch digitalisierungsbedingt) höhere Transparenz im Versorgungsgeschehen – sind heute anders als früher, sodass die Besinnung auf einzelne Ordnungsprinzipien aus früheren Zeiten (z. B. öffentliche Krankenhausplanung; monistische Selbstkostendeckung; professionelle Autonomie im Kollektiv) das Rad der Geschichte nicht zurückdrehen würde.

Es wäre schon viel damit gewonnen, wenn in den Denkfabriken von Gesundheitspolitik und -verwaltung wenigstens ein Teil jener Energien, die in die unermüdliche Arbeit an wettbewerbsfixierten Steuerungstechnologien (und der Bändigung ihrer Dysfunktionen durch immer neue Evaluations-, Kontroll- und Sanktionsverfahren) fließen, darauf verwendet würde, Ordnungsmodelle zu entwickeln, die mit *weniger* Konkurrenzdenken, Fragmentierung und dann auch Ambivalenz auskommen – und so den Herausforderungen an eine nachhaltige, soziale wie medizinische Bedarfe bedienende Gesundheitsversorgung integrativ(er) begegnen.

Die Beharrungskräfte des *Status quo* sind allerdings nicht zu unterschätzen (vgl. auch Bode 2016): Es bestehen nach wie vor starke (erwerbs)wirtschaftliche Interessen an staatlich alimentierten Märkten der Daseinsvorsorge, bei denen Gewinnausschüttungen und Konkurrenzverdrängungsprozesse zugelassen sind. Nicht zu vernachlässigen ist zudem, dass die (im doppeltem Sinne) ‚entscheidenden' Gruppen auch im Bereich der Daseinsvorsorge nach wie vor an die Segnungen von Markt und Wettbewerb glauben: Wirtschaftliche Eliten, aber auch Teile der akademisch gebildeten Mittelschichten setzen auf ‚Konsumentensouveränität' und Abstimmungsprozesse ‚mit den Füßen', während sie professionellen Selbststeuerungen und öffentlichen Lenkungsinstrumenten in diesem Bereich Institutionen misstrauen. Der allgemeine *‚Spill-over'* des erwerbswirtschaftlichen Denkens auf viele nicht-erwerbswirtschaftliche Sektoren findet nicht zuletzt *hier* seine Quelle. Erst die Überwindung dieses Denkens jedoch macht den Weg frei für Ordnungsmodelle, die die Malaise im gegenwärtigen Krankenhauswesen nachhaltig therapieren. Das neue gesellschaftliche Bewusstsein für den Wert der organisierten Pflege deutet an, dass sich hier durchaus etwas bewegen lässt: Mit den eingangs erwähnten Koalitionsplänen in Bezug auf die Reform des DRG-Regimes ist jedenfalls ein erster Schritt getan, weitere könnten folgen.

Literatur

Augurzky, B., Krolop, S., Pily, A., Schmidt, C. M., & Wuckel, C. (2017). *Krankenhaus Rating Report 2017*. Essen: RWI.
Bähr, C. (2008). Privatisierungswelle deutscher Kliniken. In O. Everling (Hrsg.), *Rating im Health-Care-Sektor: Schlüssel zur Finanzierung von Krankenhäusern, Kliniken, Reha-Einrichtungen* (S. 10–21). Wiesbaden: Gabler.
Bär, S. (2011). *Das Krankenhaus zwischen ökonomischer und medizinischer Vernunft. Krankenhausmanager und ihre Konzepte*. Wiesbaden: VS Verlag.
Bode, I. (2010). Die Malaise der Krankenhäuser. *Leviathan, 38*, 189–211.

Bode, I. (2013). Processing institutional change in public service provision. The case of the German hospital sector. *Public Organization Review, 13,* 323–339.

Bode, I. (2016). Stress durch rekursive Ambivalenz, oder: Warum und wie das Krankenhauswesen mutiert. In I. Bode & W. Vogd (Hrsg.), *Mutationen des Krankenhauses. Soziologische Diagnosen in organisations- und gesellschaftstheoretischer Perspektive* (S. 253–279). Wiesbaden: Springer VS.

Bode, I., Lange, J., & Märker, M. (2013). Qualitätsagenda im Krankenhauswesen. Eine diffuse Agenda und reichlich Ambivalenz. *Sozialer Fortschritt, 62,* 293–299.

Bode, I., Lange, J., & Märker, M. (2017). Caught in organized ambivalence – Institutional complexity and its implications in the German hospital sector. *Public Management Review, 19,* 501–517.

Braun, B., Buhr, P., Klinke, S., Müller, R., & Rosenbrock, R. (2010). *Pauschalpatienten, Kurzlieger und Draufzahler – Auswirkungen der DRGs auf Versorgungsqualität und Arbeitsbedingungen im Krankenhaus.* Bern: Huber.

Crojethovic, M., Gütschow, S., Krüger, C., Stender, T., & Elkeles, T. (2014). *Veränderungspotenziale in Krankenhausorganisationen. Formalität und Informalität in nordostdeutschen Krankenhäusern.* Gießen: Psychosozial-Verlag.

Dittmann, H. (2017). Das Wettbewerbsziel der deutschen Krankenhauspolitik – Eine ordnungsökonomische Einordnung. *Perspektiven der Wirtschaftspolitik, 18,* 159–173.

Fölsch, U., Märker-Hermann, R., Schumm-Draeger, E., Frey, P. M., Müller-Quernheim, N., Stüber, J., Weber, E., Broglie, M., & Kapitza, T. (2014). Medizin zwischen Patientenwohl und Ökonomisierung. Konfliktpotenzial im Krankenhaus – Die Zusammenarbeit zwischen ärztlicher und kaufmännisch-wirtschaftlicher Leitung. *Deutsche Medizinische Wochenschrift, 139,* 726–734.

Funder, M. (2011). *Soziologie der Wirtschaft. Eine Einführung.* München: Oldenbourg.

Gerlinger, T., & Reiter, M. (2017). Gesundheitspolitik. In R. Reiter (Hrsg.), *Sozialpolitik aus politikfeldtheoretischer Perspektive* (S. 228–274). Wiesbaden: Springer VS.

Greef, S. (2015). *Die Transformation des Marburger Bundes. Vom Berufsverband zur Berufsgewerkschaft.* Wiesbaden: Springer VS.

Hardering, F. (2018). Sinnvolle Arbeit unter Druck? Markterfordernisse, Widerständigkeit und die Verteidigung von Handlungsautonomie im Gesundheitssektor. In U. Bohmann, S. Börner, D. Lindner, J. Oberthür, & A. Stiegler (Hrsg.), *Praktiken der Selbstbestimmung. Zwischen subjektivem Anspruch und institutionellem Funktionserfordernis* (S. 3–24). Wiesbaden: Springer VS.

Hartweg, H.-R., Proff, M., Elsner, C., Kaestner, R., Agor, K., & Beivers, A. (Hrsg.). (2018). *Aktuelle Managementstrategien zur Erweiterung der Erlösbasis von Krankenhäusern. Mit innovativen Versorgungsansätzen zur Erlösoptimierung.* Wiesbaden: Springer Gabler.

Hien, W. (2017). „Man geht mit einem schlechten Gewisse nach Hause." Krankenhausarbeit unter Ökonomisierungsdruck. *Widersprüche, 145,* 71–81.

Ingerfurth, S., Andersson, F. O., & Willems, J. (2018). Entrepreneurship im Krankenhaussektor. In M. A. Pfannstiel, P. Ca-Cruz, & C. Rasche (Hrsg.), *Entrepreneurship im Gesundheitswesen. Unternehmensgründung – Geschäftsideen – Wertschöpfung* (S. 53–67). Wiesbaden: Springer Gabler.

Iseringhausen, O. (2016). Dekompensation der Klinik? Beobachtungen von Prozessen zwischen Medizin und Management. In I. Bode & W. Vogd (Hrsg.), *Mutationen des Krankenhauses. Soziologische Diagnosen in organisations- und gesellschaftstheoretischer Perspektive* (S. 103–142). Wiesbaden: Springer VS.

Keßel, S. (2015). *Loyalitätswettbewerb in der Patientenversorgung. Wahrgenommene Dienstleistungsqualität als Determinante der Patientenloyalität*. Wiesbaden: Springer Gabler.

Kiffman, M. (2017). Competition policy for health care provision in Germany. *Health Policy, 121*, 119–125.

Kühn, H. (1995). Gesundheitspolitik ohne Ziel: Zum sozialen Gehalt der Wettbewerbskonzepte in der Reformdebatte. In H.-U. Deppe, H. Friedrich, & R. Müller (Hrsg.), *Qualität und Qualifikation im Gesundheitswesen* (S. 11–35). Frankfurt a. M.: Campus.

Manzei, A., & Schmiede, R. (Hrsg.). (2014). *20 Jahre Wettbewerb im Gesundheitswesen Theoretische und empirische Analysen zur Ökonomisierung von Medizin und Pflege*. Wiesbaden: Springer VS.

Märker, M., & Turba, H. (2016). „Pyrrhussieg" einer Grenzstellenprofession? Sozialarbeit im Krankenhaus unter Wettbewerbsbedingungen. In I. Bode & W. Vogd (Hrsg.), *Mutationen des Krankenhauses. Soziologische Diagnosen in organisations- und gesellschaftstheoretischer Perspektive* (S. 185–206). Wiesbaden: Springer VS.

Marrs, K. (2008). *Arbeit unter Marktdruck. Die Logik der ökonomischen Steuerung in der Dienstleistungsarbeit*. Berlin: Sigma.

Messer, M., & Reilley, J. T. (2015). Qualitätsberichte als Vermittlungsinstanz im Wettbewerb zwischen Krankenhäusern. Patienten als rationale Akteure. *Berliner Journal für Soziologie, 25*, 61–81.

Rau, F., Roeder, N., & Hensen, P. (Hrsg.). (2009). *Auswirkungen der DRG-Einführung in Deutschland. Standortbestimmung und Perspektiven*. Stuttgart: Kohlhammer.

Reifferscheid, A., Pomorin, N., & Wasem, J. (2016). Pflegerische Versorgungsdefizite in deutschen Krankenhäusern. Ergebnisse einer bundesweiten Befragung von Krankenhaus-Leitungspersonen. *Das Gesundheitswesen, 78*, 97–102.

Schimank, U., & Volkmann, U. (2017). *Das Regime der Konkurrenz: Gesellschaftliche Ökonomisierungsdynamiken heute*. Weinheim: Beltz Juventa.

Schönbach, K.-H. (2015). Wettbewerb in einem korporatistischen System. *Gesundheit & Gesellschaft Wissenschaft, 15*(3), 24–30.

Senf, K. (2018). Wie Schwarz-Rot punkten will. *Gesundheit & Gesellschaft, 21*(3), 20–25.

Sens, B., Wenzlaff, P., Pommer, G., & van der Hardt, H. (2010). DRG-induzierte Veränderungen und ihre Auswirkungen. *Medizinische Versorgungsforschung, 3*, 27–32.

Vogd, W., Feißt, M., Molzberger, K., Ostermann, A., & Slotta, J. (2018). *Entscheidungsfindung im Krankenhausmanagement. Zwischen gesellschaftlichem Anspruch, ökonomischen Kalkülen und professionellen Rationalitäten*. Wiesbaden: Springer VS.

Wehkamp, K.-H., & Naegler, H. (2017). Ökonomisierung patientenbezogener Entscheidungen im Krankenhaus. Eine qualitative Studie zu den Wahrnehmungen von Ärzten und Geschäftsführern. *Deutsches Ärzteblatt, 114*, 797–804.

Teil II
Auswirkungen des DRG-Systems auf den ärztlichen Dienst, den Pflegedienst und die Qualität der Patientenversorgung

Das Innenleben des Krankenhauses – zwischen Bedarfsorientierung, Überversorgung, Personalmangel, professionellen Logiken und Strukturdefiziten

Bernard Braun

> **Zusammenfassung**
>
> Der Aufsatz untersucht an den Beispielen des Personalmangels und der Ökonomisierung ärztlichen Handelns, dass und wie die Debatte über das Innenleben der Krankenhäuser seine Komplexität unterschätzt und so stark reduziert, dass es zu Fehlverständnissen kommt und die auf dieser Basis entwickelten Reformmaßnahmen nicht den erwünschten Effekt haben, unerwünschte Strukturen und Vorgänge zementieren und die Suche nach wirksameren Aktivitäten ver- oder behindern.

1 Einleitung

Viele der aktuellen Darstellungen des Innenlebens in deutschen Krankenhäusern und in der Folge auch viele der Lösungen zur Bewältigung von Versorgungsmängeln, reduzieren die Komplexität des sozialen Systems Krankenhaus auf relativ wenige Aspekte, blenden dabei zusätzlich wichtige, für das Verständnis und den regulatorischen Umgang mit den reduzierten Aspekten wichtige Zusammenhänge und Interaktionen aus und erwecken falsche Eindrücke darüber wie es zu

---

B. Braun (✉)
Bremen, Deutschland
E-Mail: bernard.jm.braun@googlemail.com

den aktuellen Problemen gekommen ist. Last, but not at least dominiert in den Darstellungen und Bewertungen des Innenlebens häufig die Sicht und das Erleben der Beschäftigten und fehlt seine Wahrnehmung durch und Wirkung auf die PatientInnen (Geraedts 2018, S. 69 ff.).

Ohne selber den Anspruch zu erheben ein vollständiges Bild des Innenlebens der Krankenhäuser vorzustellen, stehen im Mittelpunkt dieses Aufsatzes zwei seiner bedeutenden und viel diskutierten Facetten: die personelle Ausstattung der Krankenhäuser bzw. der Personalmangel und die Dominanz vor allem des ärztlichen Handelns durch von der Verwaltung oder Geschäftsführung gesetzte ökonomische Ziele. Ergänzt wird dies noch durch eine kurze Darstellung von ebenfalls das Innenleben prägenden Faktoren wie den strukturellen Besonderheiten des deutschen Krankenhaussystems und einem Bündel aus handlungssteuernden Anforderungen des Qualitätsmanagements und Abrechnungskontrollen durch den Medizinischen Dienst der Krankenkassen (MDK).

Ähnlich wie I. Bode in seinem Beitrag darauf hinweist, dass die Situation in den Krankenhäusern nicht durch einen Faktor bestimmt wird, sondern durch die Doppelanforderung oder Wechselwirkungen von Erlöszielen und Bedarfsbefriedigung und den dadurch entstehenden „Ambivalenzdruck" geprägt ist, halten wir die ausgewählten Facetten des Innenlebens für das Resultat eines oftmals auch gleichzeitigen Neben- oder auch Gegeneinanders unterschiedlicher Faktoren und Bedingungen. So darf beispielsweise die Darstellung und Debatte des zweifelsohne existierenden Personalmangels und seine Beseitigung nicht nur auf die absolute Anzahl der Beschäftigten und deren Erhöhung reduziert werden. Für sein Verständnis und realistische wie wirksame Lösungsstrategien müssen weitere Innenleben-Faktoren wie die Teilzeitarbeit, die Überversorgung, die durch Schwächen der ambulanten Versorgung induzierte Nachfrage nach Leistungen und dafür notwendigem Personal und schlechte Arbeitsbedingungen mit berücksichtigt werden. Geschieht dies nicht, besteht das Risiko, dass die dann ebenfalls reduzierten Lösungsversuche entweder keinen, zu langsamen oder einen zu geringen Erfolg haben und außerdem unerwünschte Aspekte des Status quo wie die Überversorgung als wirklicher Bedarf oder Nachfrage fehlinterpretiert werden und mit einer Zunahme von Sach- und Personalressourcen zementiert werden.

Auch wenn dies an manchen Stellen anders klingen mag, geht es in diesem Beitrag nicht darum den wegen ihres spezifisch reduktiven Ansatzes kritisierten Darstellungen des Krankenhaus-Innenlebens abzuerkennen, dass sie auf wichtige und richtige Aspekte hinweisen. Worum es geht ist vielmehr unbedingt zu beachtende weitere Aspekte etc. aufzuzeigen, die zu beachten sind, wenn man verstehen will warum das Innenleben so ist wie es ist und an wie vielen Stellen und Einflussfaktoren man ansetzen muss, um es zu beeinflussen.

2 Art und methodische Qualität der Kenntnisse über das Innenleben von Krankenhäusern

Die Basis der Kenntnisse über das Innenleben in deutschen Krankenhäusern ist gemessen daran, dass der Krankenhaussektor 2017 allein die Gesetzliche Krankenversicherung 74,9 Mrd. EUR gleich 34,4 % ihrer Gesamtausgaben gekostet hat und damit in 1942 Krankenhäuser rund 19 Mio. PatientInnen von 1,24 Mio. ärztlichen und nichtärztlichen Beschäftigten stationär behandelt wurden, quantitativ und qualitativ relativ schmal und lückenhaft und seine Untersuchung auch methodisch schwach. Dies führt zu Erkenntnislücken und zu Fehlschlüssen.

Zu den Hauptmängeln gehört zum einen das Fehlen von Längsschnittbefragungen und -untersuchungen, die für die Analyse zeitlicher Veränderungen des Innenlebens unverzichtbar sind und nicht durch retrospektive Befragungen, mit ihren bekannten Verzerrungen ersetzt werden dürfen.

Zwar existieren zu den Wahrnehmungen des und Erfahrungen mit dem Innenleben der Krankenhäuser eine Reihe von mündlichen und vor allem auch schriftlich standardisierten Befragungen der verschiedenen Akteure, doch dominieren dabei die Sichtweisen und Bewertungen von ÄrztInnen, Geschäftsführern und Pflegekräften oder auch nur den jeweiligen Leitungspersonen. Gemeinsam ist den meisten Untersuchungen, dass sie überwiegend einmalige und nur in Ausnahmefällen mehrmalige Querschnittsanalysen mit derselben Fragestellung sind.

Trotz der großen Schnittmenge der Erfahrungsräume und -situationen aller im Krankenhaus tätigen Berufsgruppen und der großen Bedeutung von interprofessioneller Zusammenarbeit bei personalen Dienstleistungen wie der Behandlung von PatientInnen existieren nur wenige inhaltlich identische und auf einheitliche Fragen und Situationen fokussierte Befragungen aller zusammenarbeitenden Personen. Hinzu kommt, dass gewonnene Ergebnisse oft nur für einen Teil der Krankenhäuser gelten, die unter Wettbewerbsbedingungen den Zugang zu ihren Beschäftigten gewähren. Diesen verwehren oft die immer zahlreicher werdenden Krankenhäuser in privater Trägerschaft (2017 waren dies 37,1 % aller Krankenhäuser), und selbst dann, wenn einige dieser Kliniken Befragungen zulassen, können die Ergebnisse wegen der kleinen Anzahl von beteiligten Kliniken nicht genutzt werden[1].

---

[1]Ein Beispiel ist die im Auftrag des hessischen Sozialministeriums mit dem Ziel repräsentativer Ergebnisse in Auftrag gegebene Analyse der Arbeitsbedingungen von Pflegekräften in 26 Krankenhäusern aller Trägerarten. Da sich bis auf zwei private Krankenhäuser alle anderen für eine repräsentative Analyse ausgewählten privaten Kliniken nicht beteiligten, konnten die Befragungsergebnissen aus den noch teilnehmenden privaten Kliniken (ein kleines und ein großes Klinikum) zum Schutze dieser Kliniken nicht genutzt werden (siehe Braun et al. 2014).

3 Innenleben und die personelle Ausstattung der Krankenhäuser

Zu den geläufigsten und auch am wirkungsvollsten öffentlich debattierten Aspekten des Innenlebens von Krankenhäusern und seiner Einflussfaktoren gehört der Mangel an Personal und die dadurch mitbedingte Verschlechterung der Arbeitsbedingungen und Behandlungsqualität[2]. Hinzu kommen qualitative Defizite bei dem bedarfsgerechten Mix traditionell dreijährig examinierten Pflegekräften, PflegehelferInnen und akademisch qualifizierten Pflegekräften. In der Folge stehen Forderungen und auch politische Initiativen die Anzahl der Beschäftigten im Krankenhaus und darunter besonders die der Pflegekräfte u. a. durch die Festlegung von Personalmindestgrenzen, eine Erhöhung der Attraktivität von Pflegeberufen und ihre bessere Bezahlung erheblich zu erhöhen.

Die aktuellste Schätzung des Mangels an Pflegepersonen kommt beim Vergleich mit der Pflegepersonalausstattung im Jahr 1993[3] zum Ergebnis, dass bei einer „bedarfsgerechten Personalbesetzung" 2016 zwischen 108.000 und 143.000 Vollkräfte im Pflegedienst fehlten (Simon 2018, S. 29).

Ein Blick auf die langjährige Entwicklung von PatientInnen- wie Krankenhauspersonalzahlen an deutschen Krankenhäusern (Tab. 1) und der Vergleich mit der Personalausstattung in vergleichbaren Ländern (Tab. 2) zeigt ein differenziertes Geschehen.

Der zwischen 1991 und 2017 kontinuierlichen Zunahme der im Krankenhaus stationär behandelten PatientInnen um 34,1 % steht die ebenfalls kontinuierliche und kräftige Zunahme der Vollkräfte im ärztlichen Dienst um 69,3 % und

---

[2]Auf die Fülle von empirischen Nachweisen auf eine Vielzahl von Zusammenhängen zwischen Anzahl und Art von ÄrztInnen und Pflegekräfte auf der einen Seite und den Mortalitätsrisiken, Infektionsrisiken, Behandlungsfehlern und Häufigkeiten von Rehospitalisierung in internationalen und wenigen deutschen Studien soll hier nicht näher eingegangen werden. Überblicke zur Forschungslage in den Jahren 2007 (Kane et al. 2007) und 2009 (Simon 2009, S. 116 f., Cook et al. 2010), die in den Folgejahren weitgehend bestätigt wurden, weisen für zahlreiche Erkrankungen und verschiedene Mortalitätsindikatoren nach, dass „eine unzureichende Personalbesetzung im Pflegedienst eines Krankenhauses für Patienten das Risiko … erhöht". Gleichzeitig lassen sich aber für andere Ereignisse keine signifikanten Zusammenhänge mit der Personalbesetzung nachweisen. Auch wenn manche Ergebnisse aus internationalen Studien nicht oder nur unvollständig auf Deutschland übertragen werden können, kann von der Existenz vergleichbarer Zusammenhänge ausgegangen werden, was entsprechende Interventionen bei der Personalausstattung rechtfertigt.

[3]Auch im Referenzjahr gab es aber gemessen am Bedarf laut Simon (2018) bereits rund 65.000 Pflegekräfte zu wenig.

Tab. 1 Entwicklung ausgewählter Merkmale der Personalausstattung in deutschen Krankenhäusern 1991 bis 2017. (Quelle: Destatis/Statistisches Bundesamt 2018a, c, S. 11, 12; Simon 2008, S. 44)

	1991	2017	Veränderung in Prozent (%)
Fallzahl Patienten	14.576.613	19.442.810	+33,4
Anzahl Berechnungs-/Belegungstage	204.204.000	141.152.000	−30,9
Verweildauer	14,0	7,3	−47,9
Anzahl Betten	665.565	497.182	−25,3
Betten pro 100.000 Einwohner	832	606 (2016)	−27,2
Bettenauslastung	84,1 %	77,8 %	−7,5
Beschäftigte im ärztlichen Dienst am 31.12.	109.072	186.021	+70,5
Vollkräfte im ärztlichen Dienst (Jahresdurchschnitt)	95.208	161.208	+69,3
Beschäftigte im nicht-ärztlichen Dienst am 31.12.	1.002.553	1.051.625	+4,9
Vollkräfte im nicht-ärztlichen Dienst (Jahresdurchschnitt)	780.608	733.193	−6,1
Vollkräfte im Pflegedienst (Fachkräfte und HelferInnen)	326.072	328.327	+0,7
Personalstruktur Anteil Vollkräfte ärztlicher Dienst an allen Vollkräften (Summe ärztlicher und nichtärztlicher Dienst)	10,9 %	18 %	+65,1
Personalstruktur Anteil Vollkräfte ärztlicher Dienst an allen Vollkräften (Summe ärztlicher und Pflegedienst)	22,6 %	32,9 %	+45,1

die lediglich geringe Zunahme der Vollkräfte im Pflegedienst von 0,7 % gegenüber. Bei den Beschäftigtenangaben für Pflegekräfte muss allerdings beachtet werden, dass ihre Anzahl insbesondere in den Nuller Jahren beträchtlich reduziert worden ist und erst wieder durch einige spezielle Beschäftigungsprogramme in den letzten Jahren wenigstens der Stand von 1991 erreicht wurde.[4] Die völlig

---

[4] Der Tiefpunkt war für die Anzahl aller Beschäftigten im nichtärztlichen Dienst 2005 erreicht bei einer Abnahme um −7,2 % gegenüber 1991. 2007 lag dann die Anzahl der Vollkräfte im nichtärztlichen Dienst 14,6 % unter dem Wert von 1991.

Tab. 2 Personalausstattung im Pflegedienst der Krankenhäuser in 12 europäischen Staaten und den USA. (Zit. nach Simon und Mehmecke 2017, S. 116)

	Patienten pro Registered Nurse oder vergleichbar qualifizierte Pflegefachkraft	Patienten pro Pflegekraft (Pflegefachkräfte und Pflegehilfskräfte insgesamt)
Belgien	10,7	7,9
Deutschland	**13**	**10,5**
England	8,6	4,8
Finnland	8,3	5,3
Griechenland	10,2	6,2
Irland	6,9	5
Niederlande	7	5
Norwegen	5,4	3,3
Polen	10,5	7,1
Schweden	7,7	4,2
Schweiz	7,9	5
Spanien	12,6	6,8
USA	5,3	3,6

unterschiedliche Entwicklung der Anzahl von ÄrztInnen und Pflegekräfte hat u. a. dazu geführt, dass sich die Personalstruktur in den Krankenhäusern im Untersuchungszeitraum kräftig zugunsten der ÄrztInnen verändert hat. Ihr Anteil an allen Vollkräften im ärztlichen und nichtärztlichen Dienst stieg zwischen 1991 und 2017 von 10,9 % auf 18 % und damit um 65,1 %. Betrug der Anteil der ÄrztInnen an allen Vollkräften des ärztlichen und Pflegedienstes 1991 22,6 % erhöhte er sich bis 2017 auf 32,9 %, d. h. um 45,1 %. Auch wenn ein Teil dieser Verschiebung zwischen ärztlichem und pflegerischem Dienst durch den medizinischen Fortschritt bedingt und gerechtfertigt sein dürfte, steht dem gegenüber, dass ein wachsender Anteil der KrankenhauspatientInnen älter, multimorbide und chronisch krank ist, also keine Heilung im traditionell ärztlichem Sinn mehr möglich ist, sondern nur noch Linderung und edukative Vorbereitung auf ein Leben mit der Erkrankung. In einer noch ausstehenden Untersuchung der sich wandelnden Bedarfe in der stationären Behandlung sollte daher auch darüber nachgedacht werden, ob und inwieweit die derzeitige Personalstruktur und ihre bisherige Dynamik dem derzeitigen und künftigen Bedarf entspricht oder nicht z. B. zugunsten der Pflegekräfte und anderer Berufsgruppen (z. B. Sozialarbeiter, Physiotherapeuten) modifiziert werden müsste.

Dass für das eben skizzierte Mengenverhältnis von ÄrztInnen und NichtärztInnen nicht unbedingt der medizinische Fortschritt oder die Relevanz ärztlicher Leistungen für den Behandlungserfolg verantwortlich ist, zeigt der internationale Vergleich der Zusammensetzung des Krankenhauspersonals (Albrecht et al. 2017, S. 49). 2012 war der Anteil von Vollzeit-ÄrztInnen an allen Beschäftigten nur in der Slowakischen Republik, Ungarn und Israel höher als die 15,9 % in Deutschland. Für die Länder in denen der Anteil geringer und dafür der anderer Berufsgruppen (z. B. Pflegekräfte und andere Gesundheitsberufe) höher war, also z. B. in den Niederlanden mit 9,7 %, Frankreich mit 9,8 % oder Japan mit 10,4 % führte dies nicht zu erkennbar schlechteren Behandlungsergebnissen.

Eine der Folgen dieser unterschiedlichen Entwicklungen bei ärztlichen und pflegerischen Vollkraft-Beschäftigten sind die deutlich unterschiedlichen Personalbelastungsverhältnisse. Während die Anzahl der Fälle pro Arzt in allgemeinen Krankenhäusern zwischen 2003 und 2015 von 154,3 Fällen auf 126,4 Fälle abnahm, hatte eine Vollkraft-Pflegekraft 2003 noch 57,3 Fälle und 2015 deutlich mehr, nämlich 64 Fälle zu betreuen (Albrecht et al. 2017, S. 38 ff.). Auch wenn es Anzeichen gibt, dass die Belastung nicht weiter zunimmt oder sogar zurückgeht (2017: 59,5 Fälle), existiert der deutliche Unterschied bei der Personalbelastung zwischen Vollkraft-ÄrztInnen und -Pflegekräften weiter. Nimmt man einen anderen möglichen Indikator für die Personalbelastung, also z. B. die Anzahl der arbeitstäglich versorgten Betten, bestätigt sich der Belastungsunterschied zwischen den beiden Berufsgruppen, sinkt aber auch die so angezeigte Belastung der Pflegekräfte in den letzten Jahren. Zwischen 2003 und 2015 sank die Anzahl der Betten bei den Pflegekräften um 9,4 % und bei den ÄrztInnen um 33,5 % (Albrecht et al. 2017, S. 43).

Trotz der grundsätzlichen Berechtigung und Notwendigkeit der Debatte über die Personalausstattung führt die fast ausschließliche Fokussierung auf die absolute Anzahl von Personal, eine einzige dafür verantwortliche Ursache (z. B. „die DRGs") oder einen einzigen Akteur („die Politik") zu einer beträchtlichen Unterschätzung der Ursachen und Verantwortlichen. Dies gilt auch für die fast ausschließlich oder vorrangig darauf basierenden Lösungsvorschläge mit denen das Risiko verbunden ist das Problem nur teilweise oder verzögert zu lösen und sachlich gebotene und mögliche zusätzliche Lösungen zu vernachlässigen.

Die Debatte und die Maßnahmen zur Verbesserung der personellen Ausstattung im Krankenhaus und damit des Innenlebens müssen mindestens die folgenden Aspekte und Ko-Faktoren beinhalten und parallel zu einem gewissen Personalaufbau mit Schwerpunkt im Pflegebereich zu verändern suchen.

3.1 Personalausstattung und interprofessionelle Verteilungsprozesse

Nicht nur zur Vergangenheitsbewältigung, sondern auch in der Gegenwart und für die Zukunft ist zu beachten, dass ein Teil des Personalmangels Resultat der innerinstitutionellen oder interprofessionellen Machtverhältnisse oder einer gelungenen Ressourcenumverteilung zwischen Pflegekräften und ÄrztInnen ist. Die geläufige Erklärung es handle sich vorrangig um externe Einflussfaktoren wie die gesetzliche oder vertragliche Deckelung von Budgets oder die Einführung der DRGs ist daher nur zum Teil zutreffend. So lässt sich zumindest der zwischen Anfang 1996 und Ende 2006 erfolgte Abbau von ca. 46.000 Vollzeitstellen im Pflegedienst der Allgemeinkrankenhäuser (Simon 2008, S. 114) nur zu einem kleineren Teil, nämlich ca. 36 % durch die von außen erzwungene Budgetentwicklung erklären. Und weiter: „Die verbleibenden 64 % oder ca. 25.000 Vollkraftstellen wurden offenbar für Zwecke der internen Umverteilung von Finanzmitteln gestrichen. Hauptzweck dieser Umverteilung war offenbar die Finanzierung zusätzlicher Arztstellen." (Simon 2008, S. 114).

3.2 Personalausstattung und Teilzeitarbeit im Krankenhaus

Ein quantitativ und auch qualitativ bedeutsamer Aspekt des personalbezogenen Innenlebens ist der Anteil von Teilzeitbeschäftigten unter den Pflegekräften aber auch in jüngster Zeit unter den ÄrztInnen. Wer die Unterausstattung mit qualifiziertem Personal thematisiert und sie nur dadurch zu lösen versucht, dass junge Menschen in der Ausbildungswahlzeit mit attraktiven und einfallsreichen Darstellungen der Tätigkeit im Krankenhaus dafür gewonnen[5], jahrelang qualifiziert und dann noch besser als heute bezahlt werden, wird, wenn überhaupt, erst in

---

[5]Dass dies in Kenntnis der gleichzeitigen berechtigten Klagen über Arbeitsverdichtung etc. nicht einfach ist bzw. eher abschreckend wirkt, könnte die Wirkung dieses Lösungswegs erheblich einschränken. Untersuchungen über die Entscheidungskalküle für die Wahl einer Pflegekraftausbildung (Bomball et al. 2010) zeigen außerdem, dass es dabei auch fantasievoller und differenzierter Darstellungen bedarf. Männliche Pflegekräfte gewinnt man z. B. nicht allein durch noch so gelungene Darstellung des Empathieanteils der Pflegetätigkeit, sondern eher durch die Darstellung der Möglichkeiten mit modernen Techniken umgehen zu können.

mehreren Jahren oder gar Jahrzehnten (nicht jeder Schulabgängerjahrgang wird komplett eine Pflegeausbildung beginnen wollen) grundsätzliche Verbesserungen erreichen. Umso wichtiger wird, dass in deutschen Krankenhäusern Hunderttausende komplett ausgebildete und berufserfahrene Pflegekräfte und Angehörige anderer Berufsgruppen existieren, die durch geeignete und bekannte Maßnahmen in der Arbeits- und Arbeitszeitorganisation „von heute auf morgen" einen Teil der Unterausstattung und einen Teil der dem Personalmangel geschuldeten belastenden Arbeitsbedingungen und damit einen zirkelartigen Grund für die Teilzeitoption vieler Beschäftigten aufheben könnten.

Wie viele Personen dies maximal betrifft, zeigt die Tab. 3. Die Zahl der teilzeit- oder geringfügig Beschäftigten[6] bewegte sich 2016 zwischen 167.210 examinierten Pflegekräften und 38.889 ÄrztInnen. Die Bedeutung der Teilzeitarbeit wird auch dadurch unterstrichen, dass die Teilzeitquoten zwischen 1996 und 2016 mehr oder weniger beträchtlich zugenommen haben und wahrscheinlich auch ceteris paribus weiter wachsen werden (z. B. durch die sogenannte Feminisierung der Medizin – vgl. dazu u.a. Köhler et al. 2004): Bei examinierten Pflegekräften von 30,5 % auf 48,3 %, bei Kinderpflegekräften von 37,3 % auf 58,3 % und bei ÄrztInnen sogar von 5,5 % auf 22,3 %. Auch wenn die Anzahl und die Entwicklung von Teilzeitbeschäftigten ohne Zweifel Folgen schlechter Arbeitsbedingungen sind, zeigen Befragungen von Teilzeitbeschäftigten in anderen Branchen, dass mindestens rund ein Viertel von ihnen in Vollzeit arbeiten wollten, wenn sie solche Stellen fänden, die Arbeitsbedingungen erträglich sind und insbesondere das Verhältnis von privatem Leben und Berufstätigkeit oder die sogenannte Work-Life-Balance flexibler wäre als heute. Selbst wenn man wegen der fehlenden genauen Angaben über das Volumen der Teilzeit z. B. nicht exakt sagen kann wie viele zusätzliche Vollbeschäftigte aus den rund 47.000 noch in Teilzeit beschäftigten aber geschätzt an Vollzeitbeschäftigung interessierten und bereits ausgebildeten und berufserfahrenen Gesundheits-/KrankenpflegerInnen und Gesundheits-/KinderkrankenpflegerInnen gewonnen werden können, könnte es sich um eine fünfstellige Anzahl handeln. Ein Teil der Lösung des personalbezogenen Teils des Innenlebens von Krankenhäusern sollte daher die Entwicklung und zügige Umsetzung flexibler Arbeitszeitmodelle für Vollzeitbeschäftigte oder für jedenfalls mit höherer Stundenanzahl als bisher Beschäftigte umfassen.

---

[6]Bezeichnend für das bisherige Desinteresse an einer Lösung des Personalmangels durch die Reduktion von Nicht-Vollzeitarbeit zeigt sich u. a. auch daran, dass es immer noch keine verlässliche und kontinuierliche Statistik über das Volumen der Teilzeitarbeit zwischen 35 oder 5 h gibt.

Tab. 3 Personalausstattung und Teilzeitquoten im Krankenhaus 1996 und 2016. (Quellen: Klauber et al. 2009, S. 261, 2018, S. 363; Statistisches Bundesamt 2018b)

	Nichtärztliches Personal insgesamt (2016)	Gesundheits-/Krankenpfleger-Innen (2016)	Pflegehelfer-Innen (2016)	Kinderpfleger-Innen (2016)	Ärzte, hauptamtlich (2016)	Funktionsdienst (inkl. PK) (2016)	Verwaltungsdienst (2016)
Beschäftigte	952.659	346.243	18.011	37.746	180.372	136.531	79.229
Teilzeit/geringfügig beschäftigt (2016)	455.008	167.210	9439	22.021	42.696	63.972	31.373
Teilzeitquote 2016	47,8	48,3	52,4	58,3	23,7	46,9	39,6
Teilzeitquote 1996	31,1	30,5	33,2	37,3	5,5	27,2	26,7

Was damit aber noch nicht berücksichtigt wird, sind die potenziellen Auswirkungen hoher Anteile von Teilzeitbeschäftigten auf die Qualität der vollkontinuierlichen Behandlung. Die Weiter- oder Übergabe von Informationen ist für sie eine wichtige Voraussetzung. Damit ist nicht nur die mit der Anzahl der immer kürzer behandelten PatientInnen steigende Anzahl von Übergaben gemeint, d. h. der Weitergabe einer Vielzahl von für die bedarfs- und situationsgerechte wie sichere Behandlung der PatientInnen und die professionelle Zufriedenheit notwendigen Behandlungsinformationen. Mehr Übergaben entstehen auch durch die zunehmende Zahl der an einem Tag oder einer Woche mit der Patientenbehandlung befassten Pflegekräfte und ÄrztInnen. Das für die PatientInnen und letztlich auch für die Beschäftigten unerwünschte Risiko von Übergaben ist der sogenannte „Stille-Post"-Effekt, der zwar auch zwischen komplett Vollzeitbeschäftigten auftreten kann, aber mit der Anzahl der Übergaben pro PatientIn ansteigt.

Wenige und meist nichrepräsentative Studien im Aus- und Inland haben gezeigt, dass dieser Effekt existiert. Eine inhaltsanalytische Analyse von 16 Dienstübergaben patientenrelevanter Informationen zwischen Pflegekräften in Krankenhäusern im Rahmen einer Dissertation an der Universität Witten-Herdecke (Lauterbach 2008), kam zu folgendem Ergebnis:

> Die unhinterfragte These, dass die Informationen zwar fragmentiert, aber homogen und sich puzzleartig ergänzend sind, ist falsch: Die Informationslandschaft ist brüchig, weist Gräben und Verwerfungen auf und ist in Teilen eine terra incognita. Pflegerische Entscheidungen werden in Situationen informationeller Unsicherheit ausgehandelt. Die hohe Arbeitsbelastung wandelt die Funktion der Übergabe: Sie wird zunehmend zum Refugium das der Kompensation der eigenen Arbeitsbelastung dient und einen Rahmen zur Rechtfertigung des eigenen pflegerischen (Nicht-) Handelns bietet. Sie ist mehr als ein ‚pflegerisches Relikt' (Zegelin-Abt): Sie ist Beispiel für die Reformationsresistenz einer (Semi-) Profession, die ihre Fachsprache noch nicht gefunden hat.

Die Hoffnung, dass es sich hier um Einzelfälle handelt oder das Wissen um Defizite im Rahmen von gezielter Weiterbildung zu deutlichen Verbesserungen gegenüber der Vergangenheit geführt hat, erweist sich im Lichte der Ergebnisse einer in den Jahren 2012 und 2013 durchgeführten quantitativen Analyse aus den internistischen Abteilungen zweier großer kanadischen Kliniken (Devlin et al. 2014) als verfrüht. Untersucht wurde die morgendliche Weitergabe („morning handover") von wichtigen patientenbezogenen Informationen und klinischer Verantwortung zwischen dem für die ärztlich-medizinischen Behandlung in der Nacht zuständigen Fachpersonal (dies waren zum Teil Medizinstudenten im dritten Jahr ihres Studiums oder Assistenzärzte im ersten oder zweiten Jahr ihrer Berufstätigkeit).

An den 26 beobachteten Tagen sah das Übergabegeschehen folgendermaßen aus:

- Insgesamt gab es 141 klinisch wichtige und damit unbedingt zu kommunizierende nächtliche Ereignisse.
- Die Angehörigen der Nachtschicht informierten die Angehörigen des Tagteams über 40,4 % dieser Ereignisse und die für sie wichtigen Informationen in den morgendlichen Übergabegesprächen nicht.
- Wer vielleicht hofft, dass die notwendigen Informationen zumindest schriftlich in der Patientenakte o. ä. dokumentiert worden sind, wird leider nicht fündig: Zu 85,4 % der 141 wichtigen Ereignisse fand sich keinerlei schriftlicher Hinweis.
- Univariate Analysen zeigten, dass das schematische Abarbeiten der Patientenliste („patient-by-patient") und Gespräche in einer speziellen Räumlichkeit den Umfang und die Qualität der weitergegebenen Informationen verbesserten, während ein störungsreiches Umfeld dies verschlechterte. In einer multivariaten Analyse blieb als einziger unabhängiger Prädiktor für eine gute Informationsübergabe die „patient-by-patient"-Besprechung übrig. Die Wahrscheinlichkeit bzw. Chance für sie erhöhte sich unter dieser Bedingung um das 3,8-Fache.
- Ob das beobachtete Geschehen zu nachweisbaren gesundheitlichen Nachteilen für die PatientInnen führte, wurde in der Studie zwar nicht untersucht, erscheint den Forschern aber zum Teil als wahrscheinlich.

Die kanadischen Forscher weisen für die weitere Praxis zum einen auf die Notwendigkeit spezieller Trainingsprogramme für Übergabegespräche hin. Zum anderen müssten für solche Gespräche aber auch Arbeitsabläufe verändert werden, mehr Zeit zur Verfügung stehen und eine möglichst störungsfreie Umgebung geschaffen werden.

Da der „Stille-Post"-Effekt gesundheitlich unerwünschte Auswirkungen haben und damit ein iatrogener aber vermeidbarer Bedarf an Krankenhausressourcen entstehen könnte, muss ein personalbezogener Lösungskatalog noch durch geeignete Maßnahmen ergänzt werden, welche die durch Teilzeitbeschäftigung erhöhte Anzahl von Übergaben verringern.

3.3 Personalausstattung und Arbeitsbedingungen

Eine ausschließliche oder überwiegende Konzentration auf den Mangel an Pflegekräften und möglicherweise von Angehörigen anderer Berufsgruppen und das Ziel die absolute Anzahl dieser Beschäftigten zu erhöhen, vernachlässigt nicht nur die Bedeutung anderer Defizite und deren Beseitigung, sondern auch, dass es einen engen Wirkungszusammenhang zwischen dem quantitativen Problem des Personalmangels und seinen nachweisbaren gesundheitlichen Folgen für PatientInnen und einer Reihe von Arbeitsbedingungen als wichtige qualitative Merkmale des Innenlebens gibt, die auch nur sehr wenig mit dem aktuellen Finanzierungsregime zu tun haben. Eine wachsende Anzahl von Studien liefert für diese Zusammenhänge empirische Belege.

Eine Studie (Aiken et al. 2011) zeigt bereits vor Jahren, dass dieser Zusammenhang so eng und wirkungsvoll ist, dass der erwartete positive Effekt von mehr Krankenpflegepersonal auf die Ergebnisqualität der stationären Behandlung durch die Qualität der Arbeitsbedingungen verhindert oder gehemmt wird.

Untersucht wurde das 30-Tage-Sterberisiko sowie das Risiko des Todes durch unvorhergesehene aber vermeidbare Vorfälle („failure-to-rescue") bei 1.262.120 allgemeinmedizinisch, orthopädisch und chirurgisch behandelten PatientInnen aus 665 Krankenhäusern in 4 großen Bundesstaaten der USA und eine Zufallsstichprobe von 39.038 Pflegekräften.

Zu den wesentlichen Ergebnissen ihrer Untersuchung gehören: Die Verringerung der Arbeitslast (workload) durch die Abnahme von einem Patienten pro Pflegekraft

- senkt in Krankenhäusern mit besten Arbeitsbedingungen die Wahrscheinlichkeit der beiden Risiken um 9 % bzw. 10 %.
- In Krankenhäusern mit durchschnittlichen Arbeitsbedingungen sinkt die Wahrscheinlichkeit des Auftretens beider Risiken um 4 %.
- In Krankenhäusern mit schlechten Arbeitsbedingungen führt dagegen die Personalaufstockung zu keiner Verbesserung bei den beiden Risiken.
- Egal ob die Arbeitsbedingungen gut oder schlecht waren, senkte eine Zunahme hoch qualifizierter Pflegekräfte („Bachelors of Science in Nursing Degree nurses") um 10 % beide Risiken um rund 4 %.

Die dabei maßgeblichen Arbeitsbedingungen nach dem validierten „Practice Environment Scale of the Nursing Work Index-Revised (PES-NWI)" waren die Beteiligung von Pflegekräften bei der Regelung von Krankenhausangelegenheiten, die Beziehungen zwischen Pflegekräften und ÄrztInnen, die Managementfähigkeit der Pflegekräfte sowie ihre Führung und Unterstützung und die Existenz eines hohen Pflegestandards.

Diese Zusammenhänge wurden durch zahlreiche weitere internationale Studien (z. B. Lasater und McHugh 2016; McHugh et al. 2016) bestätigt. In Deutschland wies selbst der Gesetzgeber in der Begründung des Fallpauschalengesetzes von 2002 ausdrücklich auf die Bedeutung von Arbeitsbedingungen für die Struktur- und Ergebnisqualität hin[7]. Mehrere deutsche AutorInnen verweisen in eigenen Studien auf das für ein gutes Innenleben für Beschäftigte wie PatientInnen notwendige Miteinander und die Gleichzeitigkeit von besserer quantitativer und qualitativer Personalausstattung und eines Bündels qualitativer Arbeitsbedingungen. Für Zander et al. „empfiehlt es sich" aufgrund ihrer Daten zur Entwicklung impliziter Rationierung „in eine produktive, gute Arbeitsumgebung zu investieren – zusätzlich zu Personalaufstockungen bzw. im Vorfeld dazu" oder gar „als ersten Schritt stärker in eine gute und effiziente Organisations- und Arbeitskultur zu investieren, um abschätzen zu können, wie viel zusätzliches Personal effektiv benötigt wird." (Zander et al. 2014, S. 733).

Und die Geschäftsführerin des Picker Instituts Deutschland kommentierte als Ergebnis einer eigenen Studie die Grundkonzeption des Pflegestellen-Förderprogramms folgendermaßen: „Der (erneute) Versuch der Politik, mit einem Pflegestellen-Förderprogramm für Entlastung zu sorgen, ist so falsch wie hilflos. Die Forschung der letzten Jahre hat klar gezeigt, dass die rein quantitative Aufstockung des Personals – die teuerste Variante zur Verbesserung der Versorgung – verpufft, wenn sich nicht mindestens gleichzeitig auch die Arbeitsbedingungen verbessern." (Picker Institut 2015a, vgl. weiter Picker Institut 2013, 2015b und 2016).

Wichtig an dem Zusammenwirken von quantitativer Verbesserung der Personalausstattung und qualitativ veränderter Arbeitsbedingungen ist, dass dies nicht zwingend gleichzeitig erfolgen muss – obwohl dies natürlich anzustreben wäre – sondern eine Verbesserung der Arbeitsbedingungen auch ohne mehr Personal für

---

[7]„Durch die Ergänzung des Doppelbuchstaben aa wird klargestellt, dass die Vertragspartner Mindestvoraussetzungen für die Leistungserbringung festlegen sollen. Hinsichtlich der Strukturqualität sind vor allem sächliche oder personelle Voraussetzungen (Art und Anzahl des Personals sowie dessen Qualifikation) von Bedeutung. Insbesondere bei bestimmten Fallpauschalen muss sichergestellt werden, dass die Leistungserbringer z. B. nicht aus ökonomischen Gründen diese Leistungen mit unzureichender technischer oder personeller Ausstattung zulasten der Qualität erbringen. Dazu gehört auch, dass den arbeitsschutzrechtlichen Bestimmungen durch ein geeignetes Personalmanagement sowie flexible Arbeitszeitmodelle Rechnung getragen wird. Unzumutbare Arbeitsbedingungen und -zeiten sind auch unter Qualitätsgesichtspunkten nicht akzeptabel" (BT-Drs. 14/6893, S. 30 f.).

eine gewisse Zeit zu positiven Effekten bei der Arbeitszufriedenheit und gesundheitlichem Befinden führen können. So kommt eine Interventionsstudie in drei deutschen Kliniken der Maximalversorgung aus dem Jahr 2008 (Bartholomeyczik et al. 2008) zu folgendem Ergebnis:

> Im Interventionszeitraum hatten sich die Arbeitsabläufe auf Station und die Kommunikation zwischen ärztlichem und pflegerischem Personal teilweise deutlich verbessert. Zugleich wurden die Rahmenbedingungen der Arbeit (z. B. Patientenzahl, Dokumentationsaufwand) dazu HiMSS Europe 2015 als gleich bleibend schlecht bzw. sogar schlechter empfunden. In der Datenanalyse zeigte sich darüber hinaus, dass die bessere Organisation von Arbeitsabläufen signifikanten Einfluss auf die Arbeitssituation besonders von Pflegenden zu haben scheint: Pflegende, die die Projektauswirkungen positiv beurteilten, gaben weniger häufig an, die Arbeitsstelle oder sogar den Beruf verlassen zu wollen. In ähnlicher Weise nahmen Burn-out und erlebte Arbeitsplatzunsicherheit ab. Im ärztlichen Bereich ging die positive Projektbeurteilung mit einer höheren Vorhersehbarkeit bei der Arbeit, aber auch mit geringeren Entscheidungsmöglichkeiten einher. Die Ergebnisse des Forschungsprojekts machen deutlich, dass durch gemeinsames Erarbeiten von Lösungsmöglichkeiten für den täglichen Stationsablauf Verbesserungen der wahrgenommenen Arbeitsbedingungen erreicht werden können und so, besonders bei Pflegenden, eine Reduktion der psychosozialen Belastung bei der Arbeit resultieren kann (Bartholomeyczik et al. 2008, S. 5).

3.4 Das Nebeneinander von Über-, Unter-, Fehlversorgung und eingeschränkter Patientensicherheit

Der bei der Beschäftigung mit dem Innenleben der Krankenhäuser und mit der Personalausstattung und der Notwendigkeit ihrer Verbesserung oft vergessene oder vernachlässigte Faktor ist das zu beobachtende Nebeneinander und die Gleichzeitigkeit von guter Versorgung, impliziter Rationierung oder Unterversorgung, Überversorgung und fehlerhafter oder für die Patienten riskanten Versorgung. Dies wirken sich in zweierlei Weise auf das Innenleben aus:

- Für Beschäftigte, die personale Dienstleistungen oder „uno-actu"-Leistungen[8] erbringen, also auch für ÄrztInnen und Pflegekräfte im Krankenhaus, hat anders

---

[8] Ein großer Teil der personalen Dienstleistungen besteht aus sogenannten uno-actu-Leistungen bei denen die Produktion und Konsumtion zusammenfallen. „Produkte" oder Leistungen entstehen letztlich erst im Kontakt mit den potenziellen Konsumenten, also PatientInnen von deren Input die Möglichkeit wirksame Leistungen zu erbringen erheblich abhängt.

als z. B. für die ProduzentInnen von Gütern der Gebrauchswert ihrer Tätigkeit und die direkte Erfahrbarkeit seines Wertes durch die Effekte bei PatientInnen einen besonderen hohen Stellenwert für ihre Arbeitszufriedenheit, ihre Selbstwirksamkeitsüberzeugung, ihr berufliches Selbstverständnis und damit auch ihre Wirksamkeit. Dies schlägt sich auch in den hohen ethischen und fachlichen Normen und Ziele der Berufsordnungen für das Gesundheitspersonal nieder. Sofern die Erwartungen der Beschäftigten an den Gebrauchswert ihrer Tätigkeit über längere Zeit und erheblich von der Wirklichkeit ihrer Berufsausübung abweichen und dies auch durch Rückmeldungen von PatientInnen bestätigt wird, treten so genannte „moralische Dissonanzen" (H. Kühn) auf. Die damit häufig verbundenen und kaum dauerhaft zu ertragenden beträchtlichen gesundheitlichen Beanspruchungen (z. B. Burn-out) führen letztlich entweder zum Verlassen des Berufs oder zu einer dauerhaften und kaum reversiblen Anpassung des beruflichen Selbstverständnisses und Handelns an die Wirklichkeit bzw. zur Vergleichgültigung gegenüber dem Gebrauchswert ihrer Tätigkeit.

- Wenn der Status quo der verschiedenen Formen von Über- und Fehlversorgung als Nachfrage oder Bedarf bewertet werden und nicht als gesundheitlich nicht notwendige, angebotsinduzierte und vermeidbare Nachfrage und der Personalbedarf sich hiernach ausrichtet, gibt es zwei unerwünschte Effekte. Zum einen wird der „Berg" an zusätzlichem Personal unnötigerweise und unberechtigt so erhöht, dass das Erreichen des Ziels unrealistisch erscheint und gar nicht versucht wird, es zu erreichen. Zum anderen vermindert oder -hindert die mögliche Entlastung durch mehr Personal die Beseitigung der für Beschäftigte und PatientInnen nachteiligen Über- und Fehlversorgung und von sektoralen Versorgungsmängel und zementiert damit unerwünschte Versorgungsverhältnisse.

In der jüngsten Veröffentlichung zur **Patientensicherheit** (Schrappe 2018) werden die seit geraumer Zeit unveränderten epidemiologischen Ergebnisse zu den wichtigsten unerwünschten Ereignissen so zusammengefasst: Auf der Basis einer Vielzahl von internationalen Studien, für die es „keinen Grund (gibt), die Übertragbarkeit auf Deutschland…anzuzweifeln" (Schrappe 2018, S. 12), liegt der Anteil von PatientInnen mit unerwünschten Ereignissen (z. B. nosokomiale Infektionen, Stürze) zwischen 5 % und 10 %, was bei derzeit rund 19 Mio. PatientInnen in deutschen Krankenhäusern zwischen 950.000 und 1,9 Mio. Personen betrifft und zu negativen Erfahrungen bei zigtausenden wenn nicht sogar bei mehr ÄrztInnen und Pflegekräften führt. Zwischen 2 % und 4 % der unerwünschten Ereignisse wären bei entsprechenden Maßnahmen vermeidbar, also für 380.000 bis 760.000 Personen. Der Anteil der PatientInnen mit Behandlungsfehlern liegt bei 1 %, also bei 190.000 Personen. Die vermeidbare Mortalität von 0,1 % bedeutet, dass jährlich der Tod von 19.000 KrankenhauspatientInnen vermieden werden könnte (alle Angaben nach Schrappe 2018, S. 12).

Durch welche Maßnahmen u. U. die Sicherheit von PatientInnen vor Sterblichkeit verbessert werden könnte, zeigt das Beispiel der Mindestmengen. Die bisher geringe Anzahl von Leistungen, die von einer Klinik mindestens erbracht werden muss, um sie regelmäßig durchführen zu dürfen, die im internationalen Vergleich zu geringen Mindestmengen und ihre schleppende Einführung (vgl. Mansky 2017a) führt zu einem wahrscheinlich vermeidbaren höheren Mortalitätsrisiko für die PatientInnen in deutschen Krankenhäusern.

So kann das Sterblichkeitsrisiko in der Pankreaschirurgie durch eine z. B. in Großbritannien oder den Niederlanden vorgeschriebene Mindestmenge dieser Operationen, die über 30 Fällen liegt, gegenüber einer Praxis mit weniger als 30 Operationen um 25 % gesenkt werden. Der durch den Gemeinsamen Bundesausschuss derzeit für deutsche Krankenhäuser gültige Mindestwert liegt bei 10 dieser Operationen, führt also ceteris paribus zu einem höheren, aber vermeidbaren höheren Sterblichkeitsrisiko. Das Sterblichkeitsrisiko bei der Ösophaguschirurgie konnte in den beiden europäischen Vergleichsländern durch eine Mindestmenge von über 20 Operationen ebenfalls um 25 % gesenkt werden. Die an deutschen Krankenhäusern geltende Mindestmenge von 10 Operationen dürfte also auch bei PatientInnen mit einer derartigen Operation höher und vermeidbar sein (Nimptsch und Mansky 2017; Mansky 2017b).

Für die verbreitete Existenz, die Arten und das Volumen von **Überversorgung** im gesamten stationären Behandlungsgeschehen gibt es aus den letzten Jahren eine Reihe von Belegen. Da eine Operation oder auch nur ein längerer Aufenthalt im Krankenhaus auch gesundheitliche Risiken in sich birgt, stellt Überversorgung mit eigentlich gesundheitlich nicht notwendigen Leistungen oft auch eine Gefährdung der Patientensicherheit oder Fehlversorgung dar. Diese unerwünschten Wirkungen eines Krankenhausaufenthalts und natürlich besonders eines zum Teil nicht notwendigen Aufenthalts wird seit einigen Jahren als „post-hospital syndrom" und Grund für eine erneute Krankenhaus-Inanspruchnahme diskutiert und folgendermaßen beschrieben:

> Patients who were recently hospitalized are not only recovering from their acute illness, but they also experience a transient period of generalized risk for a wide range of adverse health events. Thus, their condition may be better characterized as a post-hospital syndrome, an acquired condition of vulnerability. This theory of illness would suggest that the risks in the critical 30-day period after discharge might derive as much, or more, from the allostatic stress that patients experience in the hospital as they do from the lingering effects of the acute illness that precipitated

the hospitalization. At the time of discharge, the physiological systems are impaired, physiological reserves are depleted, and the body cannot effectively avoid or mitigate health threats (Krumholz 2013, S. 100).

In einer aktuellen qualitativen Studie mit 20 leitenden Krankenhausärzten und -Geschäftsführern (Wehkamp und Naegler 2018), bejahen 16 von 20 Ärzten und 3 von 21 Geschäftsführern, Patienten würden nicht aus medizinischen, sondern aus wirtschaftlichen Gründen stationär aufgenommen. Hinzu käme, dass Abteilungen und Verfahren, die der Klinik viel Geld bringen, bevorzugt ausgebaut werden, was 19 von 20 Ärzten und 8 von 21 Geschäftsführern bejahen. Schließlich würden Patienten mehrfach aufgenommen, auch wenn „aus medizinischer Sicht vor der DRG-Ära" nur ein Klinikaufenthalt üblich war. Dies bejahen 12 von 20 Ärzten und 9 von 21 Geschäftsführern.

Ohne erkennbare gesundheitliche oder demografische[9] Gründe nahm die Anzahl bestimmter Operationen an deutschen Krankenhäusern, vermutlich wegen ihres hohen wirtschaftlichen Ertrags, seit der Einführung von DRGs enorm zu. So erhöhte sich zwischen 2004 und 2009, also der Einführungsphase der DRGs, die Zahl der Bandscheibenoperationen um 43 %, der Interventionen am Rückenmark um 46 % und der diagnostizierten Versteifungen der Wirbel um 220 % (zit. nach Bundesministerium für Finanzen 2018, S. 14).

Laut eines international vergleichenden OECD-Berichts von 2013 war Deutschland erneut ohne zwingende gesundheitliche Gründe bei stationär erbrachten Eingriffen in vier von 15 Bereichen Spitzenreiter und auch sonst fast immer in der Spitzengruppe. Perkutane Koronarinterventionen wurden an deutschen Krankenhäusern bei 624 von 100.000 Einwohnern erbracht, bei einem OECD-Durchschnitt von 177. Künstliche Hüften erhielten in Deutschland 295 von 100.000 Einwohnern, im OECD-Durchschnitt 154. Wegen Leistenbrüchen wurden in Deutschland 223 und im OECD-Durchschnitt 110 von 100.000

---

[9]Das Zu dem oft geäußerte Argument, die höhere Zahl von Leistungen beruhe auf der Altersstruktur in Deutschland, entkräftet der Sachverständigenrat Gesundheit in seinem jüngsten Gutachten am Beispiel der weit überdurchschnittlich angestiegenen Fallzahlen der Krankenhausbehandlung so: Dass die Fallzahlen auch zwischen 2006 und 2015 in Deutschland „auf einem bereits hohen Niveau weiter anstiegen" sind hinge „wenig mit der demografischen Entwicklung zusammen (…) Deutschland und Italien haben eine sehr ähnliche Altersstruktur. Während in Italien die Fallzahlen seit Jahren sinken, steigen sie in Deutschland im gleichen Zeitraum. Mögliche Gründe (…) mangelnde Nutzung von Ambulantisierungspotenzialen (…) sowie ein Vergütungssystem mit ausgeprägten Mengenanreizen" (SVR 2018, S. 326).

Einwohnern operiert und brusterhaltende Operationen wurden in Deutschland bei 232 und im OECD-Durchschnitt bei 108 von 100.000 Personen durchgeführt (Angaben zit. nach Bundesministerium für Finanzen 2018, S. 12). Der mehrheitlich mit Ökonomen besetzte wissenschaftliche Beirat des Bundesministeriums für Finanzen bewertet die hier zitierten und weitere Versorgungsdaten als „angebotsinduzierte Mehrnachfrage", die „dort zu einer Ausweitung der Nachfrage führt, wo in den Fallpauschalen ein hoher Anteil zur Deckung der Fixkosten enthalten ist. In diesen Fällen kann das Krankenhausmanagement durch Schwerpunktsetzung und bei der Personalauswahl Einfluss darauf nehmen, welche medizinischen Therapien verstärkt verordnet werden und damit die im Krankenhaus verfügbaren Ressourcen besser auslasten und den Deckungsbeitrag erhöhen. Darüber hinaus wird ein Krankenhaus von einem angestellten Arzt verständlicherweise auch erwarten, dass er die Notwendigkeit der Kostendeckung in seinem Handeln berücksichtigt." (Bundesministerium für Finanzen 2018, S. 23).

An zwei weiteren Beispielen für stationäre Überversorgung kann nachvollzogen werden, dass es sich bei ihr auch häufig um Fehlversorgung und Versorgung handelt, die für einen Teil der versorgten PatientInnen gesundheitliche Risiken in sich bergen kann. Es geht um Geburten und die end-of-life-Behandlung bzw. das Sterben im Krankenhaus.

Obwohl es alternative nichtstationäre Möglichkeiten für **Geburten** gibt (z. B. hebammengeleitete Hausgeburt oder Geburtshäuser) und es für mehrere Jahre gesicherte Erkenntnisse gibt, dass außerklinische Geburten nach einer komplikationslosen Schwangerschaft für Mutter und Kind sicher sind (vgl. dazu die jährlichen Qualitätsberichte der Gesellschaft für Qualität in der außerklinischen Geburtshilfe e. V. [QUAG] – zuletzt Loytved C. 2017; außerdem die Cochrane Reviews von Hodnett et al. (2005)[10] und Hodnett et al. (2012)[11]), wurden in Deutschland 2017 96,9 % der insgesamt 785.252 geborenen Kinder in 672 der 1942 existierenden Krankenhäusern geboren – ein Wert, der in den Jahren davor

---

[10]Die Schlussfolgerung der AutorInnen für vollkommen außerklinische Geburtsorte lautet: „When compared to conventional institutional settings, home-like settings for childbirth are associated with modest benefits, including reduced medical interventions and increased maternal satisfaction." (Hodnett et al. 2005).

[11]Die an Krankenhäuser angegliederten, aber ohne standardmäßig angebotene medizinische Interventionen, Geburtszentren beurteilen die AutorInnen so: „Hospital birth centres are associated with lower rates of medical interventions during labour and birth and higher levels of satisfaction, without increasing risk to mothers or babies." (Hodnett et al. 2012).

nur geringfügig kleiner oder größer war. Welchen Stellenwert Geburten für die Sach- und Personalkapazitäten der Krankenhäuser haben, zeigt sich daran, dass 2016 (Destatis 2017 – neuere Zahlen liegen noch nicht vor) auf Platz 1 und 3 der 50 häufigsten mit Fallpauschalen abgerechneten Leistungen geburtenbezogene Leistungen standen. 3,4 % aller 18.961.650 abgerechneten Fallpauschalen (n = 639.861) entfielen auf die DRG „Neugeborener Einling…ohne schweres Problem, ohne anderes Problem" und 2 % auf die DRG „Vaginale Entbindung ohne komplizierende Diagnose" (n = 383.024). Diesen für problemlose Geburten abgerechneten DRGs standen auf Platz 39 der Liste 92.972 Fälle oder 0,5 % aller DRGs mit „vaginaler Entbindung mit schwerer oder mäßig komplizierender Diagnose oder bis 33. Schwangerschaftswoche" gegenüber. Und 2017 (Destatis 2018d) waren 933.364 oder 10,6 % aller 8.786.537 an Krankenhäuser durchgeführten Operationen geburtshilfliche Operationen.

Würde man sich bei Geburten, denen eine komplikationsfreie Schwangerschaft vorausgegangen ist, für einen der sicheren oder sogar für Mutter und Kind besseren Geburtsorte entscheiden, zeigt das Beispiel der Niederlande, wie viele Geburten dann ohne gesundheitliche Nachteile nicht mehr in Kliniken stattfinden müssen und entsprechende Ressourcen erfordern. 2010 fanden in den Niederlanden 16,3 % aller Geburten zu Hause statt (2004 waren es sogar über 30 %). Weitere 11,4 % der Geburten fanden im selben Jahr unter Leitung von Hebammen in Geburtszentren („home-like setting") statt, die fast alle zwar technisch-administrativ aber nicht inhaltlich an Kliniken angesiedelt waren (EUROPERISTAT 2013, S. 94). Dass in anderen europäischen Ländern der Anteil von in Kliniken stattfindenden Geburten ähnlich hoch ist wie in Deutschland, ist kein Grund, den vorhandenen Personalmangel in Kliniken nicht auch durch den möglichen Abbau von dieser Art von rund 30 % Überversorgung zu lösen.

Hinzu kommt, dass mit dem Abbau von geburtshilflicher Überversorgung auch eine gesundheitlich für Mutter und Kind unmittelbar riskante und mit möglichen Nachteilen für Folgegeburten verbundene Fehlversorgung abgebaut werden kann. Gemeint ist die hohe und gesundheitlich nicht begründbare Häufigkeit von Kaiserschnittentbindungen. 2017 wurden an deutschen Kliniken 232.505 von insgesamt 762.343 Kindern, d. h. 30,5 % aller geborenen Kinder per Kaiserschnitt entbunden (Destatis 2018c). Dieser Wert liegt seit Jahren und auch in anderen Ländern deutlich über dem von der WHO für gesundheitlich bedingten Wert von 10 % bis 15 %. Wie die ausländischen Beispiele zeigen, könnte sowohl die Nachfrage nach stationären geburtshilflichen Leistungen, die damit verbundene Nachfrage nach personellen und sachlichen Ressourcen und gut die Hälfte der gesundheitlich nicht notwendigen Kaiserschnitte durch diverse außerklinische Angebote gesenkt werden.

Ein Teil der in Krankenhäusern liegenden und behandelten PatientInnen für die dort Sachmittel und Personal vorgehalten werden muss, sind die sogenannten **„end-of-life"-PatientInnen bzw. Sterbende.** Obwohl in verschiedenen Befragungen rund 75 % der Befragten erklärten, sie wollten daheim sterben, ist das Krankenhaus auch 2017 für 46,1 % (n = 429.763) aller Verstorbenen (n = 932.538) der Sterbeort (Destatis 2018c).

Auch wenn ein Teil der Verstorbenen wegen eines akuten Unfalls o. ä. im Krankenhaus gestorben sind, liegen jährlich mehrere Hunderttausend Personen nur zum Sterben in Krankenhäusern und werden damit sowohl fehl- als auch überversorgt. Auf eine der für diese PatientInnengruppe ausschließlich wegen der Umsatzrendite und nicht wegen möglicher gesundheitlicher Vorteile erbrachte Leistung, nämlich die Chemotherapie in den letzten 14 Lebenstagen wies der unabhängige Vorsitzende des Gemeinsamen Bundesausschusses, J. Hecken, gestützt auf noch unvollendete Studienergebnisse in einem Vortrag hin (nach Ärzte Zeitung Online vom 23.10.2018). Hinzu kommt, dass unvermeidbar Sterbende das ärztliche wie pflegerische Personal erheblich psychisch belasten oder sie an sich sinnlose diagnostische und therapeutische Leistungen erbringen lässt. Gäbe es mehr „end-of-life"-spezifische ambulante Angebote (z. B. Hospize, ambulante Palliativversorgung) könnten wesentlich mehr Menschen dort sterben wo sie es wollen, wäre u. U. sogar die Überlebenszeit länger und das Wohlbefinden von Sterbenden und ihren Angehörigen besser (siehe dazu eine kanadische Studie: Hamano et al. 2016) und würde auch der Bedarf an Krankenhauskapazitäten gesenkt werden können bzw. nicht ausgebaut werden müssen (vgl. Näheres zum Thema bei Zich und Sydow 2015).

Allein durch machbare und sogar patientenorientiertere außerklinische Angebote in der Geburtshilfe und in der „end-of-life"-Versorgung könnten also mehrere Hunderttausend Krankenhausfälle vermieden werden, mit einem entsprechend geringeren Bedarf an Krankenhausbetten und -personal. Nimmt man weitere Beispiele für nicht notwendige und ohne gesundheitliche Folgen vermeidbare Krankenhausbehandlung (z. B. ambulant-sensitive Hospitalisierungen von PflegeheimbewohnerInnen oder viele der NutzerInnen von Notfallambulanzen – siehe dazu weiter unten) hinzu, überschreitet die vermeidbare Nachfrage nach Krankenhausbehandlung deutlich die Millionenmarke.

Wenn die meisten Prognosen und Forderungen nach einer besseren Personalausstattung dagegen den Status quo der Zahl und Art der Krankenhausfälle und -patientInnen als definitiven Bedarf und die vorhandene Sach- und Personalausstattung als definitives Angebot betrachten und darauf bezogen die notwendige Sach- und Personalausstattung berechnen, zementieren sie die bestehenden und zum Teil nicht notwendigen oder gar für die PatientInnen nachteiligen Versorgungsverhältnisse oder erschweren den Aufbau wirklich bedarfsgerechter Strukturen.

Für die gleichzeitige Existenz von **Unter- oder auch Fehlversorgung** an deutschen Krankenhäusern gibt es ebenfalls mehrere Belege. Da es anders als für andere Versorgungsdefizite für die sogenannte implizite Rationierung von wichtigen Pflegeleistungen sowohl Daten aus mehreren Jahren, unterschiedlichen Behandlungsbereichen und im internationalen Vergleich gibt, soll auf sie im Folgenden exemplarisch eingegangen werden. Unter impliziter Rationierung versteht man die Vernachlässigung von gesundheitlich notwendigen Leistungen z. B. aus Zeitmangel. Wie viele Pflegekräfte in mehreren Jahren, in Deutschland und international und sowohl in den somatischen wie psychiatrischen Abteilungen von Krankenhäusern inhaltlich identische Leistungen nicht erbracht oder vernachlässigt hatten, zeigt die Abb. 1.

Für die Häufigkeit von Unterversorgung durch implizite Rationierung durch Pflegekräfte in Akutkrankenhäusern zeigt sich zweierlei: Erstens vernachlässigen im internationalen Vergleich erheblich mehr deutsche Pflegekräfte aktiv wie

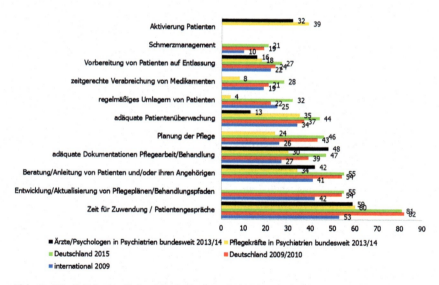

Abb. 1 Häufigkeit impliziter Rationierung bei Pflegekräften in internationalen und bundesweiten Akutkrankenhäusern sowie für Pflegekräfte und Ärzte/Psychologen 8 stationären psychiatrischen Kliniken 2009, 2009/2010, 2015 und 2013/2014. (Zander et al. 2017; Braun et al. 2017)

passiv notwendige Pflegetätigkeit als ihre KollegInnen in ausländischen Krankenhäusern. Zweitens nimmt der Anteil, der mit impliziter Rationierung zu tun hat unter den deutschen Pflegekräfte zwischen 2008/2009 und 2015 fast durchweg mehr oder weniger stark zu.

Vergleicht man die Häufigkeit von impliziter Rationierung als Indikator für Unterversorgung zwischen den 2015 in überwiegend in den somatischen Bereichen von Akutkrankenhäusern oder 2013/2014 in der Psychiatrie tätigen Pflegekräften geben für vergleichbare Leistungen deutlich weniger in der psychiatrischen Versorgung tätige Pflegekräfte an diese zu rationieren. Je nach Leistung haben aber trotzdem zwischen einem Drittel und 60 % der Pflegekräfte in der Psychiatrie regelmäßig mit Unterversorgung zu tun. Dies entkräftet das Argument, Unterversorgung sei hauptsächlich eine Folge der Einführung von DRGs erheblich, da die stationäre psychiatrische Behandlung komplett von der Finanzierung durch DRGs oder vergleichbare Honorierungsformen ausgenommen war und ist. Der Vergleich der Häufigkeit von impliziter Rationierung bei Pflegekräften und ÄrztInnen/PsychologInnen in der Psychiatrie zeigt schließlich, dass alle drei Berufsgruppen davon betroffen sind und ÄrztInnen/PsychologInnen zum Teil sogar häufiger. Ob dies bei somatisch tätigen ÄrztInnen auch so ist, ist mangels vergleichbarer Untersuchungen unbekannt, aber wahrscheinlich.

In einer Befragung von knapp 5000 Chefärzten, Geschäftsführern und Pflegedirektoren (Reifferscheid et al. 2015) gaben 46 % dieser Führungskräfte an, aus ökonomischen Gründen gesundheitlich nützliche Maßnahmen nicht erbracht zu haben oder durch weniger effektive, aber kostengünstigere Alternativen ersetzt zu haben. Dies ist insofern interessant, weil dieselben Befragten in der gleichen Befragung auch angaben, Überversorgung erbracht zu haben.

3.5 Durch Verlagerung ambulanter Versorgungsprobleme ins Krankenhaus induzierter Personalmangel

Wie die laufende Debatte über die wachsende Inanspruchnahme der ambulanten Notfallstationen von Krankenhäusern, deren Ursachen und die Debatte über versorgungsstrukturelle Regulierungsansätze u. a. zeigt, wird das Innenleben von Krankenhäusern quantitativ wie qualitativ in erheblichem Umfang durch die Folgen des für das deutsche Gesundheitsversorgungssystem charakteristische und weltweit einmalige Neben- und manchmal auch Gegeneinander von ambulanter und stationärer Versorgung, durch Organisations- und Informationsdefizite im ambulanten Bereich (z. B. geringe Bekanntheit der Telefonnummer für den ambulanten Notdienst) und durch das Verschieben von im ambulanten Bereich ungern behandelten Personen/ Patienten in Krankenhäuser geprägt.

Den Umfang der Auswirkungen dieser Art von Strukturdefiziten zeigen die Beispiele der Verschiebung von ambulant-sensitiv behandlungsbedürftigen Pflegeheimbewohnern in die stationäre Versorgung und die Inanspruchnahme der stationären Notfallversorgung.

3.5.1 Ambulant-sensitive Hospitalisierungen von Pflegeheimbewohnern

> Unter ambulant-sensitiven Hospitalisierungen werden jene Krankenhauseinweisungen gefasst, die … ‚durch Vorsorge oder rechtzeitige Intervention im ambulanten Sektor' (Sundmacher und Schüttig 2015) nicht erforderlich wären (Schwinger et al. 2018, S. 102).

Auf der Basis einer Stichprobe aus 5622 vollstationären Pflegeheimen und 232.451 AOK-Versicherten, die 50,4 % aller deutschen Pflegeheime und 31,4 % aller bundesweit stationär Pflegebedürftigen ab 60 Jahre abdeckt, ergibt sich für das Jahr 2015, dass pro Quartal 8 % der Pflegeheimbewohner aufgrund einer ambulant-sensitiven Indikation, also vermeidbar, in ein Krankenhaus eingewiesen wurden. Für das gesamte Jahr 2015 bedeutet dies, dass auf die 229.881 Pflegeheimbewohner der Stichprobe 74.542 ASK-Fälle entfallen, also 32,4 Fälle pro 100 Bewohner. (Schwinger et al. 2018, S. 113). Unter der Annahme, dass die Häufigkeit von ambulant-sensitiven Hospitalisierungen in der Gesamtheit der rund 780.000 Menschen in deutschen Pflegeheimen der in der AOK-Stichprobe entspricht, gab es 2015 insgesamt 252.720 Krankenhausfälle mit Pflegeheimbewohnern, die vermeidbar gewesen wären. Von den 19,2 Mio. Patienten, die laut Statistischem Bundesamt (https://www.destatis.de/DE/PresseService/Presse/Pressemitteilungen/2016/08/PD16_283_231.html – Zugriff am 28. August 2018) 2015 in einem Krankenhaus behandelt wurden, hätten also mindestens 1,3 % bei funktionierender ambulanter Versorgung nicht stationär behandelt werden müssen.

Dass es sich bei der Anzahl ambulant-sensitiver Krankenhausfälle um ein spezielles Phänomen im deutschen Gesundheitssystem handelt, zeigt ein internationaler Vergleich der „durch ein effektives primärärztliches Management anhand der verfügbaren evidenzbasierten Leitlinien im ambulanten Bereich gut" (SVR 2018, S. 346) behandelbaren und vermeidbaren Krankenhausfälle. Pro 100.000 Einwohner betraf dies in fünf Indikationsbereichen im OECD-21-Durchschnitt 690, in Deutschland dagegen 1167 Fälle. Der SVR meint dazu, „eine mögliche, angebotsinduzierte Ursache … könnte die hohe Krankenhausbettendichte sein" (SVR 2018, S. 346) und nennt als erprobte Lösungsmöglichkeiten ein strukturiertes Entlassmanagement (vgl. dazu auch Braun 2018), den Einsatz von Heart Failure Nurse für Selbstmanagement und Patienteninformationen zum Selbstmanagement etc. (ebd.).

3.5.2 Versorgung von NotfallpatientInnen

Der trotz jahrelanger Debatten über die Verbesserung des ambulanten ärztlichen Notfalldienstes durch die Kassenärztlichen Vereinigungen (KV) und einigen technischen Verbesserungen (z. B. die allerdings immer noch vielen Menschen unbekannte einheitliche Notrufnummer 116117) wächst die Anzahl von PatientInnen, die mit mehr oder weniger akut behandlungsbedürftigen gesundheitlichen Beschwerden zu jeder Tageszeit die Notfallambulanzen der Krankenhäuser aufsuchen und dort sowohl ambulant als auch stationär[12] versorgt werden. Wie hoch der Anteil der Inanspruchnahme ist, die genauso gut auch ambulant behandelt werden könnte und durch ambulante Versorgungsmängel verursacht wird, schätzt die Studie „Quality and Costs of Primary Care in Europe" so: In Deutschland sind zwischen 2011 und 2013 29 % (OECD-Durchschnitt 27,1 %) „der Patienten aufgrund eines fehlenden Primärversorgungsangebots auf Notfallambulanzen ausgewichen" (SVR 2018, S. 339, 340). Trotz der immer noch insgesamt schlechten Datenlage für die Anzahl von Notfallpatienten und der aus gesundheitlicher Sicht nicht im Krankenhaus behandlungsbedürftigen Personen, unterscheiden sich die wenigen doch genannten Zahlen nicht wesentlich von der zitierten internationalen Studie. So nennt ein AQUA-Gutachten z. B. „für das Jahr 2009 etwa 25 Mio. Fälle, die in den Notaufnahmen behandelt wurden. 10,7 Mio. dieser Fälle (etwa 43 %) hätten im ärztlichen Notdienst behandelt werden können" (AQUA 2016, S. 15, vgl. auch Haas et al. 2015).

Auch hier ist also zu beachten, dass ein gewisser Teil der Anforderungen an die Personalressourcen der Krankenhäuser und die damit verbundene Belastungen ihres Innenlebens durch Strukturveränderungen im ambulanten Bereich verändert werden kann und muss. Diese Art von Nachfragen durch die Erhöhung der Personalausstattung bewältigen zu wollen würde dagegen unbeabsichtigt dazu führen den sowohl aus Sicht der Wirtschaftlichkeit wie des Wohlergehens von PatientInnen unerwünschten Status quo zu zementieren und Verbesserungen zugunsten der Krankenhäuser und der PatientInnen zu verhindern oder zu erschweren.

---

[12]Es wird geschätzt, dass „etwa 40 % der stationär behandelten Patienten die Krankenhäuser als ‚Notfall ohne Einweisung' aufgesucht hatten" (AQUA 2016, S. 15).

4 Innenleben des Krankenhauses und Ökonomisierung ärztlichen Handelns

Ein für das Innenleben des Krankenhauses und die Folgen für MitarbeiterInnen und PatientInnen bedeutender und auch aktuell intensiv thematisierter Aspekt (Wehkamp und Naegler 2018) ist die zunehmende Bedeutung ökonomischer oder betriebswirtschaftlicher Ziele und Kalküle für das Handeln von Ärzten und anderen Berufsgruppen – zusammengefasst unter dem Begriff Ökonomisierung oder einer Ziel-Mittel-Umkehr, die das vorher als Mittel zum Erreichen von Behandlungszielen dienende Geld zum Ziel der Behandlung von PatientInnen werden lässt (vgl. dazu u. a. Kühn 2004).

Unbestreitbar ist, dass nicht nur in explizit und unter den gesellschaftspolitischen Rahmenbedingungen legitim renditeorientierten privatwirtschaftlichen sondern auch in weiten Teilen der als GmbH oder gGmbH betriebenen öffentlichen oder freigemeinnützigen Krankenhäuser wirtschaftlich ertragreiches Handeln aus unterschiedlichsten Gründen einen hohen und wachsenden Stellenwert hat. Zu den Gründen zählen so verschiedenartige wie die Gewinnerwartungen von privaten Anlegern, der Zwang, die Mittel für notwendige Investitionen zu erwirtschaften, die trotz der gesetzlichen Verpflichtung der Bundesländer sie zur Verfügung zu stellen zum Teil seit vielen Jahren nicht oder nur unzureichend gezahlt werden oder die Finanzierung der Fixkosten von abschaffungsresistenten Strukturen und Kapazitäten (vgl. zum Volumen weiter unten).

Die Debatte über Ökonomisierung reduziert dort die Wirklichkeit des Innenlebens folgenreich und zieht falsche oder unrealistische Schlussfolgerungen für seine Veränderung, wo explizit oder implizit der Eindruck erweckt wird, bei der Bedeutung ökonomischer Handlungsziele insbesondere für das ärztliche Handeln handle es sich um eine prinzipielle Veränderung gegenüber früheren scheinbar ökonomiefreien Zeiten und nicht um zwar beträchtliche aber trotzdem nur graduelle Veränderungen deren Ursachen nicht oder nur zusätzlich die aktuellen normativen und finanziellen Rahmenbedingungen sind.

Diese Art der reduktiven Darstellung konkretisiert sich beispielsweise folgendermaßen: „Die Aussagen der Ärzte legen nahe, dass die **aktuellen** (Hervorhebung durch den Verfasser) wirtschaftlichen Rahmenbedingungen und das betriebswirtschaftliche Management die Medizin zulasten der Patienten und Ärzte (aber auch der Pflegenden) beeinflussen. Wichtig ist das Eingeständnis, dass der wirtschaftliche Druck auf die Krankenhäuser die Unabhängigkeit medizinischer Entscheidungen untergraben kann. Die Dilemmata von Ärzten und Geschäftsführern sollten enttabuisiert werden." (Wehkamp und Naegler 2017, S. 797).

> Ein kranker Mensch wird sich in seiner oft existenziell bedrohlichen Krankheitssituation nur dann einem Arzt anvertrauen, wenn er darauf vertrauen kann, dass dieser seine eigenen Interessen hintanstellt und alles in seiner Macht Stehende unternimmt, um ihm bei seinen gesundheitlichen Problemen zu helfen. Dieses unverzichtbare ‚antizipatorische Systemvertrauen' (Schluchter) ist in höchstem Maße gefährdet, wenn sich ärztliche Entscheidungen **nicht mehr allein** (Hervorhebung durch den Verfasser) am Wohlergehen und Willen des Patienten orientieren, sondern durch andere, patientenferne Einflüsse bestimmt werden (Vorwort zum Buch von Wehkamp und Naegler: Marckmann 2018, S. V).

Und noch idyllischer: „Vor der Einführung des G-DRG-Systems und zu Zeiten des Selbstkostendeckungsprinzips hat der Arzt im Regelfall zunächst nur danach gefragt, welche diagnostischen und therapeutischen Leistungen notwendig sind, um einem erkrankten Patienten helfen zu können. Wenn die erfolgversprechenden Maßnahmen identifiziert waren, wurde überlegt, wie diese mit dem geringstmöglichen Mitteleinsatz realisiert werden können. Das Sachziel des Krankenhauses rangierte vor dem Formalziel. Gegenwärtig wird diese Rangfolge immer häufiger umgekehrt." (Wehkamp und Naegler 2018, S. 112).

Das Umsetzen ihrer ihrer zahlreichen auch durchaus bedenkenswerten Empfehlungen würde „dazu führen, dass das Wohl des Patienten als Leitprinzip der Krankenhausmedizin **wieder mehr** (Hervorhebung durch den Verfasser) an Bedeutung erhält." (Wehkamp und Naegler 2018, S. 286).

Dieses Bild von einem grundsätzlichen Wandel von guter, allein dem Wohle des Patienten dienenden ärztlichen Behandlung zum bilanzorientierten ärztlichen Handeln oder Handelnmüssens wird noch dadurch vertieft, dass von ÄrztInnen und in arztzentrierten Untersuchungen in ihrer Variante des „Schwarze-Peter-Spiels" oft „die Geschäftsführung" allein oder überwiegend dafür verantwortlich gemacht wird und sich daher auch allein grundsätzlich verändern sollte.

Dies findet seinen Niederschlag z. B. in dem Appell „es wäre selbstverständlich die Aufgabe der Geschäftsführer sich darum zu kümmern, welche Auswirkungen bestimmte betriebswirtschaftliche Vorgaben auf die Qualität der Patientenversorgung haben, für die sie eine zentrale Organisationsverantwortung tragen" (Marckmann 2018, S. V) oder sie „müssen erkennen, dass sich eine hohe Versorgungsqualität im Krankenhaus kaum über den Wettbewerb einstellen dürfte" (Marckmann 2018, S. VI). Richtig stellt Marckmann aber fest, dass alle Akteure dieses „Spiel" spielen und dies mit dem Ziel betreiben, „sich selbst der Verantwortung zu entziehen" (Marckmann 2018, S. VI).

Das Grundproblem dieser Darstellung einer erst in der jüngeren Vergangenheit oder durch das „DRG-System" bedingten und dominierenden Ökonomisierung des ärztlichen Handelns ist ihre ahistorische Ignoranz der auch in der Vergangenheit vorhandenen beträchtlichen Anreize und Zwänge für an ökonomischen

Zielen orientiertem Behandlungshandeln und eine damit betriebene Idyllisierung einer Art ökonomiefreier und nur am Patientenwohl orientierten Vergangenheit. Ignoriert wird damit die Tatsache, dass auch unter den Bedingungen des Selbstkostendeckungsprinzips und der tagesgleichen Pflegesätze unter aktiv oder passiv rechtfertigender Beteiligung von ÄrztInnen Millionen von KrankenhauspatientInnen ohne gesundheitliche Notwendigkeit und u. U. sogar zu ihrem gesundheitlichen Nachteil (z. B. durch das Risiko nosokomialer Infektionen oder die Folgen zu später Aktivierung) Millionen von Tagen zulange ohne Behandlung und überwiegend zum wirtschaftlichen Nutzen des Krankenhaus in Krankenhäusern lagen. Dies alles trug in den 1980 bis 1990er Jahren zu einer durch keinerlei medizinische oder pflegerische Evidenz und höchstens teilweise durch das Fehlen nachstationärer Behandlungsstrukturen[13] und ambulante Pflegedienste (Schölkopf 1999) begründeten weltweit führenden Liegezeitdauer in deutschen Krankenhäusern bei. So betrug die durchschnittliche Liegedauer 1990, also vor der ersten begrenzten Einführung von Fallpauschalen im Jahr 1996, in Deutschland 12,6 Tage und war lediglich in der Schweiz mit 13,4 Tagen höher und war auch 1999, also vor der Einführung der DRGs mit 9,4 Tagen die viertlängste weltweit (hinter Japan, Luxemburg und der Schweiz (zit. nach Schölkopf und Stapf-Finé 2003, S. 115)).

Dass es sich bei der heute herrschenden Form von Ökonomisierung keineswegs um ein plötzlich über die ÄrztInnen hereinbrechendes ethisches Dilemma handelt, zeigt sich im Übrigen wenn die heutigen Kritiker die Darstellungen ärztlicher Handlungsbedingungen in früheren ebenfalls qualitativen Befragungen von KrankenhausärztInnen, Krankenhausgeschäftsführer und Krankenhauspflegekräften (vor allem Simon 2001; Braun et al. 2010) wahrgenommen und reflektiert hätten. Sowohl in der zweiten Hälfte der 1990er Jahre und in der Mitte der Nuller Jahre äußerten sich die Interviewten unter den graduell unterschiedlichen Rahmenbedingungen (kurz nach der 1996 erfolgten Einführung von Fallpauschalen für 25 % der Behandlungsfälle und in der ersten Lernjahren des DRG-Systems) zum Teil fast wortgleich in ähnlicher Weise wie die aktuell Interviewten. Trotz des

---

[13]Damals wie heute ist aber die ambulante Versorgung in Deutschland insbesondere was die fachärztliche (Weiter-)Behandlung angelangt durch die weltweit nahezu einmalige Doppelexistenz fast aller Fachärzte im ambulanten Bereich (sogenannte „doppelte Facharztschiene") besser als in anderen Gesundheitssystemen mit der Konzentration von FachärztInnen im Krankenhaus. Schlecht dürfte es mit der nachstationären Versorgung dagegen mit Pflegeleistungen mit Sicherheit vor Inkrafttreten der gesetzlichen Pflegeversicherung gestanden haben, und graduell wahrscheinlich auch heute noch.

Fehlens vergleichbarer Befragungen ist es hochwahrscheinlich, dass methodisch vergleichbare Interviews auch in den 1980er Jahren ähnliche Feststellungen zum Handlungsalltag der ÄrztInnen zutage gefördert hätten.

Hält man durch die ahistorische oder querschnittlich verkürzte Darstellung daran fest, dass ÄrztInnen erst heute gezwungen sind, die Art und den Umfang ihres Handelns wirtschaftlichen Zielen unterordnen zu müssen oder auch in Chefarztverträgen proaktiv unterzuordnen, verhindert man, dass darüber nachgedacht wird und Antworten gefunden werden, warum ÄrztInnen und andere Berufsgruppen in der gesundheitlichen Versorgung auch bereits unter graduell oder grundsätzlich anderen Rahmenbedingungen in unterschiedlichen Formen und mit unterschiedlichen (Selbst-)Rechtfertigungen mit Ökonomisierung konfrontiert waren und entsprechend gehandelt haben. Verhindert wird dadurch auch über wirksamere Gegenstrategien nachzudenken als Appelle oder isolierte Weiterbildungsprogramme.

4.1 Zur Rolle „der Geschäftsführung" bei der Ökonomisierung

Sowohl wenn es im Rahmen des „Schwarze-Peter-Spiels" um die Verantwortung für die Dominanz wirtschaftlicher Ziele im Krankenhaus geht als auch wenn es um Lösungen geht, steht „die Verwaltung" oder „die Geschäftsführung" häufig im Mittelpunkt kritischer Äußerungen oder Klagen der Angehörigen der patientennahen Professionen.

So berechtigt dies zunächst erscheinen mag, so wird dabei oft vernachlässigt, dass auch die Angehörigen der Verwaltung nicht autonom handeln, sondern bestimmten und auch sehr rigiden Handlungsbedingungen unterliegen.

Dies liegt vor allem daran, dass zusätzlich zu einer kontinuierlichen Umwandlung öffentlicher und freigemeinnütziger Krankenhäuser in privatwirtschaftliche Krankenhäuser[14] und damit unter den gegebenen gesellschaftspolitischen Rahmenbedingungen in renditeorientierte Unternehmen eine zunehmende Anzahl von nicht-privaten Krankenhäusern in GmbHs oder gGmbHs umgewandelt wurde. Zwischen 2002 und 2017 stieg der Anteil der öffentlichen Krankenhäuser mit privatrechtlicher Form (vor allem GmbHs) von 28,3 % auf 59,8 %. Der Anteil der rechtlich unselbstständigen Krankenhäuser (z. B. Eigenbetriebe, Regiebetriebe) sank im

---

[14]Deren Anteil an allen Krankenhäusern betrug 2017 37,1 % (Destatis 2018c).

selben Zeitraum von 56,9 % auf 15 %. 31 % waren 2017 rechtlich selbstständig (Destatis 2018c). Fasst man für 2017 den Anteil der privatwirtschaftlich getragenen und orientierten Krankenhäuser mit dem Anteil der öffentlichen Krankenhäuser (Gesamtanteil an allen Krankenhäusern 2017 = 28,8 %) in privatrechtlicher Form (59,8 % von 28,8 % = 17,2 % aller Krankenhäuser) zusammen, herrschen in mindestens 54,3 % aller Krankenhäuser mehr oder weniger spürbar die Regeln privatwirtschaftlichen Handelns.

Die Umwandlung von öffentlichen Krankenhäusern in GmbHs oder gGmbHs erfolgt in der Regel mit dem Ziel, wirtschaftlich instabile oder inflexible Kliniken in die Lage zu versetzen, ihre Situation durch eine erwünschte Erweiterung ihrer wirtschaftlichen Handlungsmöglichkeiten zu restabilisieren. Dies ist aber nicht nur ein Etikettenwechsel, sondern verändert unter den geltenden Rechtsvorschriften, auch wer mit welchen Zielen die Organisation, die Art und Menge der erbrachten Versorgungsleistungen bestimmt. Da nach geltendem Recht für GmbHs[15] der Geschäftsführer im Rahmen des Gesellschaftsvertrags[16] grundsätzlich alleine und eigenverantwortlich entscheidet und auch persönlich für mögliche wirtschaftliche Folgen von Fehlentwicklungen haftet, ist er rechtlich und bei Beachtung seiner eigenen wirtschaftlichen Existenz nicht einer unter vielen Verantwortlichen und die Prozesse im Krankenhaus bestimmender Akteur, sondern kann oder muss auch auf die Art und die Menge des Handelns von ärztlichen oder pflegerischen Akteuren einwirken. Er ist Organ der Gesellschaft und hat bei der Erfüllung seiner Pflichten die „Sorgfalt eines ordentlichen Geschäftsmannes anzuwenden" (§ 43 Abs. 1 des GmbHG). Verletzt er diese Pflichten haftet er gegenüber der Gesellschaft (§ 43 Abs. 2 GmbHG).

„Für die Stellung und Verantwortlichkeit als faktischer Geschäftsführer einer GmbH ist es erforderlich, dass der Betreffende nach dem Gesamterscheinungsbild seines Auftretens die Geschicke der Gesellschaft […] über die interne Einwirkung auf die satzungsmäßige Geschäftsführung hinaus […] durch eigenes Handeln im Außenverhältnis, das die Tätigkeit des rechtlichen Geschäftsführungsorgans nachhaltig prägt, maßgeblich in die Hand genommen hat"

---

[15]So schwer dies auch für Nichtökonomen nachzuvollziehen ist, handelt es sich bei einer GmbH um eine „eigene Rechtspersönlichkeit" (www.iyotta.de/gmbh/wesen-und-funktion) auf die Gesellschafter wie Geschäftsführer zu achten haben.

[16]Dieser kann Vorgaben für die Geschäftsführung machen, enthält aber meistens keine Vorgaben für die täglichen Geschäfte. Dennoch sind die Gesellschafter, also z. B. eine Kommune, möglicherweise die geeigneteren Ansprechpartner für Klagen über das Handeln oder Vorgaben der Geschäftsführung.

(Bundesgerichtshof, Urteil vom 11. Juli 2005, AZ.: II ZR 235/03 – zit. nach Wikipedia-Artikel Geschäftsführung – https://de.wikipedia.org/wiki/GmbH-Gesch%C3%A4ftsf%C3%BChrer-Haftung – letzter Zugriff 29. Oktober 2018). Zu seinen Kernaufgaben gehört u. a. die Bestimmung der Unternehmenspolitik, Einstellung von Mitarbeitern oder die Unternehmensorganisation.

Noch so berechtigte Appelle an „die Geschäftsführung", sich doch stärker an den ärztlichen Vorstellungen zum Behandlungsgeschehen zu orientieren und sich in die ärztlich-medizinische Denk- und Handlungsweise oder das Wohl des Patienten hineinzuversetzen, sind gut gemeint, aber stark voluntaristisch oder idealistisch bzw. appellieren u. U. an die Bereitschaft des Geschäftsführers seine eigene wirtschaftliche Existenz zu gefährden.

Dies bedeutet natürlich nicht, auf Versuche zu verzichten gemeinsam patientenorientierte Zielen und Maßnahmen von Geschäftsführung, ÄrztInnen und Pflegenden zu entwickeln, weist aber auf deren mögliche Grenzen hin.

Bei der kritischen Auseinandersetzung mit der Geschäftsführung und ihren wirtschaftlichen Zielen ist noch zweierlei zu beachten: Für die z. B. mit Chefarztverträgen verbundenen Anreize möglichst viele profitable aber gesundheitlich nicht notwendige Leistungen zu erbringen, müssen solche Verträge freiwillig von den Zielpersonen abgeschlossen werden. Insbesondere für den nicht kleinen Anteil der Chefärzte, die sich kritisch zu dieser Art der Steuerung ihrer Arbeit äußern (siehe dazu den Beitrag von Fäßler und Biller-Andorno in diesem Band), stellt sich die Frage nach der Mitverantwortung dieser unter den Personalbedingungen im Krankenhaus relativ mächtigen Profession.

Zum Zweiten geben Geschäftsführungen oftmals wirtschaftliche Ziele relativ allgemein vor und erwarten die Operationalisierung und Präzisierung durch die ÄrztInnen und Pflegenden. Letztere haben also oft mehr Freiheitsgrade als im „Schwarze-Peter-Spiel" eingeräumt wird.

5   Was auch noch für das Innenleben wichtig ist

Zu den Facetten des Innenlebens, die zusätzlich zum Personalmangel und der Ökonomisierung des ärztlichen Handelns zu beachten sind und deren kritischen Effekte fördern aber bei Veränderungen auch hemmen können, gehören eine Reihe von strukturellen Besonderheiten des deutschen Gesundheitssystems. Dies sind z. B. die im internationalen Vergleich sehr gute Ausstattung mit ÄrztInnen und die wesentliche schlechtere Ausstattung mit Pflegekräften, die hohe

Anzahl von stationär Behandelten[17], die trotz jahrelangem Bettenabbaus immer noch hohe Zahl an Betten mit damit zu finanzierenden Fixkosten[18], die 2017 auf 77,8 % (Statistisches Bundesamt 2018c, S. 11) gesunkene Bettenauslastung und die 2015 trotz beträchtlicher Reduzierung im internationalen Vergleich (SVR 2018, S. 325) immer noch überdurchschnittliche Verweildauer von 7,6 Tagen (OECD-32: 6,4 Tage) (Statistisches Bundesamt 2018c, S. 11). 2017 sank die Verweildauer in Deutschland auf 7,3. Und nicht zuletzt ist es die trotz mehrjähriger Abnahme noch große Zahl von 1942 Krankenhäusern im Jahr 2017, durch deren am Beispiel Dänemarks orientierten drastischen Abbau auf 330 die Nationale Akademie der Wissenschaften, Leopoldina (2016) glaubte, einen Teil des Personalmangels nicht allein durch die Erhöhung der Anzahl von Pflegekräften und ÄrztInnen beheben zu können[19].

Schließlich bestimmen die Handlungsspielräume von ÄrztInnen und Pflegenden als einem wichtigen Aspekt des Innenlebens eine wachsende Menge von internen und externen Strukturen, Akteuren, Regeln, Anreizen, Sanktionen und Kontrollen. Diese überlassen „die ärztlichen und pflegerischen Entscheidungen … tendenziell immer weniger der Autonomie der unmittelbar Handelnden" (Kühn 2018, S. 172), sondern einer Vielzahl von „zwischengeschalteten Instanzen" (Costa 2014), Akteuren und handlungssteuernden Maßnahmen. Dazu gehören u. a. interne Medizincontroller und Kodierfachkräfte (vgl. zu ihrer Bedeutung Burger et al. 2017), externe PrüferInnen des MdK (vgl. u. a. o. V. 2018a, b, Thieme o. J.), private Ersteller und Kontrolleure von Zertifikaten, interne und externe Audits, die externe stationäre Qualitätssicherung des G-BA (G-BA 2016 und 2018), das Beschwerde-, Risiko- und Fehlermanagement und künftig auch die Vorgaben des „Instituts für Qualität und Transparenz im Gesundheitswesen (IQTIG)".

---

[17]Während der OECD-Durchschnitt 2015 151 Fälle/1000 Einwohner betrug, lag Deutschland mit 235 Fällen/1000 Einwohner hinter Österreich mit 238 Fälle/1000 Einwohner auf dem zweiten Platz. Der Sachverständigenrat Gesundheit bietet im Zusammenhang mit diesen Daten als Erklärung der Fallhäufigkeit an, sie stünde „im Einklang mit der hohen Bettendichte in diesen Ländern" (SVR 2018, S. 324).

[18]Mit 8,1 Betten pro 1000 Einwohner deutlich mehr als im OECD-Durchschnitt mit 5,0 Betten/1000 Einwohner (SVR 2018, S. 323).

[19]„Eine entsprechende Reduktion der Krankenhäuser, vor allem in Ballungsräumen, und die Aufstockung des medizinischen Personals in den verbleibenden Häusern würden zu adäquateren Patienten-Pflegepersonal-Zahlen führen und damit sowohl die Versorgungsqualität deutlich erhöhen als auch Überlastungen beim medizinischen Personal reduzieren" (Leopoldina 2016, S. 14).

6 Zusammenfassung

Wie die vorangehenden Ausführungen gezeigt haben, wird das Innenleben der Krankenhäuser durch wesentlich mehr als die je nach Berufsgruppe, Institution oder Status oft stark reduzierten Facetten geprägt und wird durch eine Vielzahl gleichzeitig wirkender Faktoren bestimmt. Wenn dies nicht beachtet wird, werden weite Teile des Innenleben nicht oder falsch verstanden, drohen Initiativen zu scheitern, Mängel und Dysfunktionalitäten zu mindern oder zu beseitigen, gibt es wesentlich geringere Erfolge als erwartet und unterbleibt die Suche nach möglicherweise erfolgreicheren Maßnahmen.

Literatur

Aiken, L., et al. (2011). The effects of nurse staffing and nurse education on patient deaths in hospitals with different nurse work environments. *Medical Care, 49*(12), 1047–1053.

Albrecht, M., Loos, S., Möllenkamp, M., Sander, M., Schiffhorst, G., Braeseke, G., & Stengel, V. (2017). *Faktencheck Pflegepersonal im Krankenhaus Internationale Empirie und Status quo in Deutschland*. Gütersloh: Bertelsmann Stiftung.

AQUA (Institut für angewandte Qualitätsförderung und Forschung im Gesundheitswesen). (2016). Ambulante Notfallversorgung. Analyse und Handlungsempfehlungen. Gutachten im Auftrag des VdEK. https://www.vdek.com/content/vdeksite/presse/pressemitteilungen/2016/notfallversorgung/_jcr_content/par/download_0/file.res/Aqua-Gutachten-Notfallversorgung.pdf. Zugegriffen: 21. Okt. 2018.

Bartholomeyczik, S., Donath, E., Schmidt, S., Rieger, M. A., Berger, E., Wittich, A., & Dieterle, W. (2008). Arbeitsbedingungen im Krankenhaus, baua-Forschungsbericht 2032. Dortmund, Dresden.

Bomball, J., Schwanke, A., Stöver, M., Schmitt, S., & Görres, S. (2010). Imagekampagne für Pflegeberufe auf der Grundlage empirisch gesicherter Daten. *IPP-Schriften,* Ausgabe 05/2010. Bremen.

Braun, B. (2018). Entlassmanagement. hkk Gesundheitsreport 2018. Bremen. https://www.hkk.de/-/media/files/website/infomaterial/gesundheitsreport/2018_gesundheitsreport_entlassmanagement.ashx?la=de-de&hash=F2833C050658D15A1969298F1E-0B029141A719D5. Zugegriffen: 8. Okt. 2018.

Braun, B., Buhr, P., Klinke, S., Müller, R., & Rosenbrock, R. (2010). *Pauschalpatienten, Kurzlieger und Draufzahler – Auswirkungen der DRGs auf Versorgungsqualität und Arbeitsbedingungen im Krankenhaus*. Bern: Huber.

Braun, B., Darmann-Finck, I., Greiner, A., Siepmann, M., & Stegmüller, K. (2014). Gutachten zur Situation der Pflege in hessischen Akutkrankenhäusern. Abschlussbericht für das Hessische Sozialministerium. Fulda, Bremen.

Braun, B., Brückner-Bozetti, P., Lingenfelder, M., Uhlmann, C., & Steinert, T. (2017). Rationierung in der stationären psychiatrischen Versorgung. *Der Nervenarzt, 88*(9), 1020–1025.

Bundesministerium für Finanzen (Hrsg.). (2018). *Über- und Fehlversorgung in deutschen Krankenhäusern: Gründe und Reformoptionen Gutachten des Wissenschaftlichen Beirats beim Bundesministerium der Finanzen*. Berlin: Bundesministerium für Finanzen.

Burger, F., Walgenbach, M., Göbel, P., Parbs, S., & Neugebauer, E. (2017). Ist die Kodierung im Krankenhaus zu wichtig, um sie Ärzten zu überlassen? – Evaluation der betriebswirtschaftlichen Effizienz von Gesundheitsökonomen an einem Zentrum der Maximalversorgung. *Zeitschrift für Orthopädie und Unfallchirurgie, 155*(02), 177–183.

Cook, A., et al. (2010). *The effect of hospital nurse staffing on patient health outcomes: Evidence from California's minimum staffing regulation* (NBER-Arbeitspapier 16077).

Costa, S. D. (2014). Qualitätsmanagement im Krankenhaus: Nicht zum Nutzen der Patienten. *Deutsches Ärzteblatt, 111*(38), A-1556.

Destatis/Statistisches Bundesamt. (2017). Gesundheit. Fallpauschalenbezogene Krankenhausstatistik (DRG-Statistik). Diagnosen, Prozeduren, Fallpauschalen und Case Mix der vollstationären Patientinnen und Patienten in Krankenhäusern 2016. Wiesbaden.

Destatis/Statistisches Bundesamt. (2018a). Personal in Krankenhäusern: Deutschland, Stichtag. https://www-genesis.destatis.de/genesis/online;sid=C580A4F1F7C4F30839472E80DB845CCA.GO_1_2?operation=previous&levelindex=2&levelid=1538902901328&step=2. Zugegriffen: 7. Okt. 2018.

Destatis/Statistisches Bundesamt. (2018b). Gesundheit. Grunddaten der Krankenhäuser 2016. Fachserie 12 Reihe 6.1.1. Wiesbaden.

Destatis/Statistisches Bundesamt. (2018c). Gesundheit. Grunddaten der Krankenhäuser 2017. Fachserie 12 Reihe 6.1.1. Wiesbaden.

Destatis/Statistisches Bundesamt. (2018d). Gesundheit. Fallpauschalenbezogene Krankenhausstatistik (DRG-Statistik). Operationen und Prozeduren der vollstationären Patientinnen und Patienten in Krankenhäusern (4-Steller) 2017. Wiesbaden.

Devlin, M., et al. (2014). Morning handover of on-call issues. Opportunities for improvement. *JAMA Internal Medicine, 174*(9), 1479–1485.

EURO-PERISTAT. (2013). European Perinatal Health Report. The health and care of pregnant women and babies in Europe in 2010.

G-BA (Gemeinsamer Bundesausschuss). (2016). Beschluss des Gemeinsamen Bundesausschusses über eine Qualitätsmanagement-Richtlinie. Richtlinie über grundsätzliche Anforderungen an ein einrichtungsinternes Qualitätsmanagement für Vertragsärztinnen und Vertragsärzte, Vertragspsychotherapeutinnen und Vertragspsychotherapeuten, medizinische Versorgungszentren, Vertragszahnärztinnen und Vertragszahnärzte sowie zugelassene Krankenhäuser (Qualitätsmanagement-Richtlinie/QM-RL). https://www.g-ba.de/downloads/39-261-2434/2015-12-17_2016-09-15_QM-RL_Erstfassung_konsolidiert_BAnz.pdf. Zugegriffen: 17. Okt. 2018.

G-BA (Gemeinsamer Bundesausschuss). (2018). Regelungen Mindestmengenregelungen, Mm-R, Stand: 17. Mai 2018 des Gemeinsamen Bundesausschusses gemäß § 136b Absatz 1 Satz 1 Nummer 2 SGB V für nach § 108 SGB V zugelassene Krankenhäuser (Mindestmengenregelungen, Mm-R). https://www.g-ba.de/downloads/62-492-1601/Mm-R_2018-05-17_iK-2018-06-08.pdf. Zugegriffen: 16. Okt. 2018.

Geraedts, M. (2018). Strukturwandel und Entwicklung der Krankenhauslandschaft aus Patientensicht. In J. Klauber, M. Geraedts, J. Friedrich, & J. Wasem (Hrsg.), *Krankenhaus-Report 2018* (S. 69–84). Stuttgart: Schattauer.

Haas, C., Larbig, M., Schöpke, T., Lübke-Naberhaus, K. D., Schmidt, C., Brachmann, M., et al. (2015). *Gutachten zur ambulanten Notfallversorgung im Krankenhaus – Fallkostenkalkulation und Strukturanalyse*. Hamburg: Management Consult Kestermann GmbH (MCK); Deutsche Gesellschaft interdisziplinäre Notfall- und Akutmedizin e. V. (DGINA).

Hamano, J., et al. (2016). A multicenter cohort study on the survival time of cancer patients dying at home or in hospital: Does place matter? *Cancer, 122*(9), 1453–1460.

HiMSS Europe. (2015). Auf den Spuren der Zeitdiebe im Krankenhaus – Die wahre Belastung durch Dokumentation an deutschen Akutkrankenhäusern wird unterschätzt. http://engage.nuance.de/himss-klinische-dokumentation.

Hodnett, E. D., Downe, S., Edwards, N., & Walsh, D. (2005). Home-like versus conventional institutional settings for birth. *Cochrane Database of Systematic Reviews, 2005*(1), CD000012.

Hodnett, E. D., Downe, S., & Walsh, D. (2012). Alternative versus conventional institutional settings for birth. *Cochrane Database of Systematic Reviews, 2012*(8), CD000012.

Kane, R., et al. (2007). The association of registered nurse staffing levels and patient outcomes: Systematic review and meta-analysis. *Medical Care, 45*(12), 1195–1204.

Klauber, J., Robra, B., Schellschmidt H. (Hrsg.). (2009). *Krankenhaus-Report 2008/2009. Versorgungszentren*. Stuttgart: Schattauer.

Köhler, S., Napp, L., & Kaiser, R. (2004). „Teilzeitärztinnen" – Problem oder Chance für die Krankenhäuser? *Hessisches Ärzteblatt, 2004*(5), 291–292.

Krumholz, H. M. (2013). Post-hospital syndrome – A condition of generalized risk. *New England Journal of Medicine, 368*(2), 100–102.

Kühn, H. (2004). Die Ökonomisierungstendenz in der medizinischen Versorgung. In G. Elsner, T. Gerlinger, & K. Stegmüller (Hrsg.), *Markt versus Solidarität: Gesundheitspolitik im deregulierten Kapitalismus* (S. 25–41). Hamburg: VSA.

Kühn, H. (2018). Soziologische Anmerkungen zur ärztlichen Tätigkeit in kommerzialisierten Krankenhäusern. In S. Klinke & M. Kadmon (Hrsg.), *Ärztliche Tätigkeit im 21. Jahrhundert. Profession oder Dienstleistung* (S. 159–174). Berlin: Springer.

Lasater, K. B., & McHugh, M. D. (2016). Nurse staffing and the work environment linked to readmissions among older adults following elective total hip and knee replacement. *International Journal for Quality in Health Care, 28*(2), 253–258.

Lauterbach, A. (2008). „Stille Post": Qualitative Untersuchung serieller Reproduktionen bei Dienstübergaben. In A. Lauterbach (Hrsg.), *(…) da ist nichts, außer dass das zweite Programm nicht geht: Stille Post. Dienstübergaben in der Pflege*. Norderstedt: Books on Demand.

Leopoldina Nationale Akademie der Wissenschaften. (2016). *Zum Verhältnis von Medizin und Ökonomie im deutschen Gesundheitssystem*. 8 Thesen zur Weiterentwicklung zum Wohle der Patienten und der Gesellschaft, Diskussion Nr. 7, Halle (Saale).

Loytved, C. (2017). *Qualitätsbericht 2016. Außerklinische Geburtshilfe in Deutschland*. Gesellschaft für Qualität in der außerklinischen Geburtshilfe e. V. Auersbach/V.: Verlag wissenschaftliche Scripten.

Mansky, T. (2017a). Qualitäts- und Strukturprobleme im stationären Bereich – Alle Themen im Blick? Vortrag auf dem SIQ! Kongress am 18.05.2017.

Mansky, T. (2017b). Mindestmengen und Versorgungsstrukturen in Deutschland. Vortrag AOK Bremen/Bremerhaven im Dialog am 31.05.2017.

Marckmann, G. (2018). Geleitwort zu Wehkamp und Naegler. 2018. V–VI.
McHugh, M. D., et al. (2016). Better nurse staffing and nurse work environments associated with increased survival of in-hospital cardiac arrest patients. *Medical Care, 54*(1), 74–80.
Nimptsch, U., & Mansky, T. (2017). Hospital volume and mortality for 25 types of inpatient treatment in German hospitals: Observational study using complete national data from 2009 to 2014. *British Medical Journal Open, 7,* e016184.
o. V. (2018a). Bundesrechnungshof rügt Krankenkassen für mangelnde Kontrolle von Kliniken. Aerzteblatt.de vom 03.08.2018 https://www.aerzteblatt.de/nachrichten/96903/Bundesrechnungshof-ruegt-Krankenkassen-fuer-mangelnde-Kontrolle-von-Kliniken. Zugegriffen: 17. Okt. 2018.
o. V. (2018b). Abrechnungssystem in Krankenhäusern muss vereinfacht werden. aerzteblatt.de vom 06.08.2018. https://www.aerzteblatt.de/nachrichten/96942/Abrechnungssystem-in-Krankenhaeusern-muss-vereinfacht-werden. Zugegriffen: 17. Okt. 2018.
Picker Institut. (2013). Report 2013. Zentrale Faktoren der Patienten- und Mitarbeiterzufriedenheit – Kurzversion. Hamburg http://www.pickerinstitut.de/assets/content/pdf/Picker%20Report_Kurzversion_digital.pdf. Zugegriffen: 8. Okt. 2018.
Picker Institut. (2015a). Pressemitteilung „Gute Pflege braucht gute Bedingungen". http://www.pickerinstitut.de/gute-pflege-braucht-gute-bedingungen.html. Zugegriffen: 8. Okt. 2018.
Picker Institut. (2015b). Gute Pflege braucht gute Bedingungen – Kurzversion. http://www.pickerinstitut.de/assets/content/pdf/Picker%20Report%202015_kurz.pdf. Zugegriffen: 8. Okt. 2018.
Picker Institut. (2016). Picker-Report 2016. Vertrauen braucht gute Verständigung – Kurzversion. http://www.pickerinstitut.de/assets/content/pdf/Picker%20Report%202016%20Flyer.pdf. Zugegriffen: 8. Okt. 2018.
Reifferscheid, A., Pomorin, N., & Wasem, J. (2015). Ausmaß von Rationierung und Überversorgung in der stationären Versorgung. *Deutsche Medizinische Wochenschrift, 140*(13), e129–e135.
Sachverständigenrat zur Begutachtung der Entwicklung im Gesundheitswesen (SVR). (2018). Gutachten 2018. Bedarfsgerechte Steuerung der Gesundheitsversorgung. https://www.svr-gesundheit.de/fileadmin/user_upload/Gutachten/2018/SVR-Gutachten_2018_WEBSEITE.pdf. Zugegriffen 10. Oktober 2018
Schölkopf, M. (1999). Altenpflegepolitik in Europa: Ein Vergleich sozialpolitischer Strategien zur Unterstützung pflegebedürftiger Senioren. *Sozialer Fortschritt, 11*(1999), 282–291.
Schölkopf, M., & Stapf-Finé, H. (2003). Ergebnis eines internationalen Vergleichs der stationären Versorgung. Daten, Trends und Schlussfolgerungen für die gesundheitspolitische Diskussion in Deutschland. *Das Krankenhaus, 2003*(2), 111–120.
Schrappe, M. (2018). *APS-Weißbuch Patientensicherheit. Sicherheit in der Gesundheitsversorgung: Neu denken, gezielt verbessern.* Berlin: Herausgegeben vom Aktionsbündnis Patientensicherheit e. V. (APS). Gefördert durch den Verband der Ersatzkassen e. V. (vdek).
Schwinger, A., Behrendt, S., Tsiasioti, C., Stieglitz, K., Breitkreuz, T., Grobe, T., & Klauber, J. (2018). Qualitätsmessung mit Routinedaten in deutschen Pflegeheimen: Eine erste Standortbestimmung. In K. Jacobs, et al. (Hrsg.), *Pflege-Report 2018* (S. 97–125). Stuttgart: Springer.

Simon, M. (2001). *Die Ökonomisierung des Krankenhauses. Der wachsende Einfluss ökonomischer Ziele auf patientenbezogene Entscheidungen.* Veröffentlichungsreihe der Arbeitsgruppe Public Health des WZB P01-205.

Simon, M. (2009). Personalabbau im Pflegedienst der Krankenhäuser: Hintergründe, Ursachen, Perspektiven. *Pflege & Gesellschaft, 14*(2), 101–123.

Simon, M. (2018). *Von der Unterbesetzung in der Krankenhauspflege zur bedarfsgerechten Personalausstattung. Eine kritische Analyse der aktuellen Reformpläne für die Personalbesetzung im Pflegedienst der Krankenhäuser und Vorstellung zweier Alternativmodelle.* Working Paper der Abteilung Forschungsförderung der Hans-Böckler-Stiftung Nr. 96. Düsseldorf.

Simon, M., & Mehmecke, S. (2017). *Nurse-to-Patient Ratios. Ein internationaler Überblick über staatliche Vorgaben zu einer Mindestbesetzung im Pflegedienst der Krankenhäuser.* Düsseldorf.

Sundmacher, L., & Schüttig, W. (2015). Which hospitalizations are ambulatory care-sensitive, to what degree, and how could the rates be reduced? *Health Policy, 11,* 1415–1423.

Thieme, M. (o. J.). Ergebnisübersicht „Krankenhausrechnungsprüfung 2007 bis 2015" – Frühjahrsumfragen. https://medinfoweb.de/data/CMM_Multicontents/files/PM/jahresuebersichten-2007-bis-2015-v01.pdf. Zugegriffen: 17. Okt. 2018.

Wehkamp, K. H., & Naegler, H. (2017). Ökonomisierung patientenbezogener Entscheidungen im Krankenhaus. *Deutsches Ärzteblatt, 114,* 797–804.

Wehkamp, K. H., & Naegler, H. (2018). *Medizin zwischen Patientenwohl und Ökonomisierung.* Berlin: Medizinisch Wissenschaftliche Verlagsgesellschaft.

Zander, B., Dobler, L., Bäumler, M., & Busse, R. (2014). Implizite Rationierung von Pflegeleistungen in deutschen Akutkrankenhäusern – Ergebnisse der internationalen Pflegestudie RN4Cast. *Gesundheitswesen, 76,* 727–734.

Zander, B., Köppen, J., & Busse, R. (2017). Personalsituation in deutschen Krankenhäusern in internationaler Perspektive. In J. Klauber, et al. (Hrsg.), *Krankenhausreport 2017* (S. 61–78). Stuttgart: Schattauer.

Zich, K., & Sydow, H. (2015). *Sterbeort Krankenhaus – Regionale Unterschiede und Einflussfaktoren Palliativversorgung – Modul 1.* Gütersloh: Bertelsmann-Stiftung.

Veränderungen im Alltag einer Versorgungsklinik in 15 Jahren DRG – 40 Jahre Erfahrungen in der Kinderheilkunde

Johann Böhmann

Zusammenfassung

Der Beitrag wirft einen subjektiven Blick aus Sicht eines langjährigen leitenden Arztes der Kinderheilkunde auf den Prozess der DRG-Einführung und den Alltag unter DRG-Bedingungen. Es werden die Besonderheiten von Kinderkliniken aufgezeigt, die Erwartungen bei Einführung der DRGs thematisiert und die sich im Krankenhausalltag zeigenden Probleme nach DRG-Einführung kritisch beleuchtet.

1 Einleitung

Im folgenden Beitrag geht es weniger um eine theoretische Analyse der Veränderungen durch die Einführung des neuen Abrechnungssystems auf der Basis von ‚diagnosis related groups' (DRGs) im ‚System Krankenhaus' im Allgemeinen und speziell im Bereich der Kinderheilkunde, sondern vor allem um eine subjektiv gefärbte Darstellung eines langjährig verantwortlich leitenden Arztes, also einer Innenansicht des Systems basierend auf einer vierzigjährigen Tätigkeit in Kliniken aller Versorgungsstufen. In unüblicher Weise wird dies auch im gelegentlichen Gebrauch der ersten Person verdeutlicht. Trotz des Versuchs der nötigen Distanz spielt dabei die eigene Haltung eine nicht unwichtige Rolle

---

J. Böhmann (✉)
Delmenhorst, Deutschland
E-Mail: johann.boehmann@d-i-g.de

© Springer Fachmedien Wiesbaden GmbH, ein Teil von Springer Nature 2019
A. Dieterich et al. (Hrsg.), *Geld im Krankenhaus*,
https://doi.org/10.1007/978-3-658-24807-9_5

und kann kritisch thematisiert werden, auch wenn sie mit den Einstellungen und Erfahrungen vieler Kolleginnen und Kollegen in anderen Kinderkliniken übereinstimmt. In diesem Zeitraum findet sich, wie auch in anderen Fachrichtungen, eine rasante Entwicklung vor allem der klinischen Pädiatrie mit einer Veränderung des Behandlungsspektrums, der Herausbildung neuer Schwerpunkte und Spezialisierungen oft mit hohen technisch apparativen Leistungen beispielsweise in der Intensivmedizin und der Onkologie. Neue Fachrichtungen wie die Peri- und Neonatologie entstehen. Andererseits beschreibt der Begriff der *„neuen Morbiditäten"* (Kindler 2016; HBSC 2015) die Veränderungen des Krankheitsspektrums weg von den früher dominierenden Infektionserkrankungen hin zu den so genannten nicht übertragbaren Erkrankungen, den NCD-Non Communicable Diseases (euro. who 2018). Diese zeigen deutlicher und vor allem mit einem zunehmend höheren epidemiologischen Anteil als in anderen Disziplinen die veränderte gesellschaftliche Situation von Kindheit und Familie und haben Auswirkungen auf die alltägliche Arbeit in Kinderkliniken und Praxen. Auf diese beiden Aspekte wird daher auch vor dem Hintergrund einer *nur* veränderten Abrechnungsmethodik eingegangen werden. Dieses sei statthaft, da das kleine Fachgebiet Kinderheilkunde in den Debatten um die größeren Fachdisziplinen, meist operativen und besonders aufwendigen und damit ‚teuren' Fächern, eher weniger bekannt sein dürfte. Alle Start- beziehungsweise Rahmenbedingungen und Variablen für eine ‚erfolgreiche' Umstellung auf das neue System sind aber übertragbar. Besonders das Spezialgebiet der Neonatologie erlangt nicht zuletzt wegen der damit auch verbundenen ethischen Aspekte eine gesonderte Bedeutung und wird mit der damit eng zusammenhängenden Geburtshilfe detaillierter beschrieben, zumal es mich seit den ersten Anfängen in Deutschland begleitet hat. In der geburtshilflichen Betreuung werden zusätzlich Aspekte der sozialen Lage von Familien und Wechselwirkungen mit anderen sozialen Hilfesystemen besonders der Familien- und Jugendhilfe erwähnt, wie ich sie als zunehmend problematisch erlebe. Im Ausblick möchte ich für die dringende Notwendigkeit werben, das Studium und die Weiterbildung aus Sicht der Praxis zu verändern.

2 Einige Besonderheiten von Kinderkliniken

Die Zahl der Kliniken für Kinderheilkunde und Jugendmedizin ging in den letzten Jahrzehnten, wie die aller stationären Einrichtungen, deutlich zurück. Gab es 1991 noch 440 Abteilungen für Kinderheilkunde mit 31.708 Betten, waren es 2013 noch 364 Abteilungen mit 19.199 Betten. Die Anzahl der Abteilungen für Kinderchirurgie schrumpfte sogar von 99 auf 80 (Deutsche Gesellschaft für Kinder- und Jugendmedizin). Trotz der allseits bekannten demografischen Entwicklung mit Rückgang der Geburtenrate bis 2013, ging allerdings die Anzahl von Kindern, die eine stationäre Versorgung benötigten, nicht zurück. Dennoch dominierte viele Jahre die Diskussion über drohende Schließungen von Kinderkliniken, auch unserer Klinik, was für alle Mitarbeiter im Übrigen eine wenig motivierende und mit Ängsten verbundene Situation bedeutete. Dies förderte aber im Rückblick fast paradox die Bereitschaft, Veränderungen in der Hoffnung auf Besserung zu unterstützen.

Zu den Besonderheiten der Kinder- und Jugendmedizin in Kliniken gehören folgende Elemente:

- Im Vergleich mit Abteilungen der Erwachsenenmedizin müssen Kliniken für Kinder- und Jugendmedizin ein weitaus differenzierteres Leistungsspektrum bedienen.
- Während in Abteilungen der Erwachsenenmedizin im Durchschnitt etwa 200 verschiedene Fallpauschalen angewandt werden, umfasst das Leistungsspektrum einer Kinderklinik 400 bis 500 DRGs.
- Fünfzig Prozent aller Kinder werden im Rahmen der Notfallversorgung stationär aufgenommen. Die Aufnahmen sind also nicht planbar und damit personalintensiv.
- Es fällt trotz, gelegentlich auch wegen der heute üblichen Mitaufnahme von Eltern ein deutlich höherer Pflegeaufwand an.
- Ein großer Teil der Kinder muss aufgrund infektiöser Erkrankungen isoliert werden.
- Längere Gesprächszeiten mit den Angehörigen sind nötig, zusätzlich macht das typische ‚Dreiecksverhältnis' mit Patient und Angehörigen höhere kommunikative Anstrengungen nötig.
- Ein deutlich höherer Zeitaufwand wird bei allen Untersuchungen zum Beispiel beim Röntgen, bei Laboruntersuchungen und allen Eingriffen nötig.
- Ein erhöhter Anteil chronischer sowie seltener Erkrankungen erfordert meist eine aufwendigere psychosoziale Betreuung.
- Die Personalkosten in Kinderkliniken betragen dadurch etwa achtzig Prozent der Gesamtkosten der Behandlung und liegen damit insgesamt circa dreißig Prozent höher als in der vergleichbaren Erwachsenenmedizin.

- Seltene Erkrankungen werden häufig in den ersten Lebensjahren festgestellt, sind also relativ häufiger als in der Erwachsenenmedizin; sie sind selten in Fallpauschalen abgebildet, ihre Behandlung ist selten standardisiert und damit aufwendiger[1].
- Der stationäre Aufenthalt bei Kindern wird nicht zuletzt aus psychischen Gründen bzw. der Berücksichtigung der Lebensqualität von Kindern und Eltern auf die geringstmögliche Zeit beschränkt, wodurch in etwa fünfundzwanzig bis dreißig Prozent der stationären Behandlungen die so genannte untere Grenzverweildauer unterschritten wird, was mit hohen Abschlägen für die Erlöse des Krankenhauses verbunden ist.
- Der Anteil für die ständige Verfügbarkeit der stationären Versorgungsleistungen vor allem wegen des geringen Anteils an planbaren Leistungen (DGKI und GKind 2014) bedingt hohe Fixkosten (Vorhaltekosten) von bis zu vierzig Prozent des Budgets statt fünfundzwanzig Prozent in der Erwachsenenmedizin.

Dabei ist Kinderheilkunde eine vergleichsweise ‚preiswerte' Medizin: Dreizehn Prozent der deutschen Bevölkerung sind Kinder bis zum 15. Lebensjahr, die Ausgaben im Gesundheitsbereich für diese Altersgruppe betragen jedoch nur sechs Prozent. Eine ‚schonende Behandlung' wird bei den deutschen Fallpauschalen nicht belohnt. Das System setzt bei der Behandlung von Kindern falsche Anreize. Der Kinderarzt führt so wenig Gerätediagnostik wie möglich durch. Je jünger sein Patient ist, desto stärker setzt ein Kinderarzt auf die ‚sprechende und beobachtende Medizin'. Das aber kostet Zeit – ein Faktor, den das derzeitige Vergütungssystem nicht honoriert. Ein weiterer Aspekt ist, dass gerade in der konservativen Medizin kaum Effizienzsteigerungen möglich sind, weil es sich oft um einen kranken Patienten mit unklaren Diagnosen handelt, der diagnostiziert und behandelt werden muss: *das braucht seine Zeit und das wird nicht nächstes Jahr schneller gehen und übernächstes Jahr auch nicht.*

---

[1] Für die ähnlich gelagerte Problematik der Versorgung mit Arzneimitteln für seltene Erkrankungen (so genannte Orphan Drugs) hat der Gesetzgeber zur Unterstützung der forschenden Arzneimittelindustrie eine Förderung ermöglicht, um die Sicherstellung zu ermöglichen, da ansonsten keine kostendeckende Herstellung möglich war (vfa 2018).

3 Die Rolle der Patienten

Es gibt zwar weniger Kinder, die Erwartungen der allermeisten Eltern an die Intensität und vermutete Qualität – der ‚performance' – der Betreuung zu jeder Tages- und Nachtzeit sind (post-)modernen Tendenzen folgend allerdings erheblich gesteigert. Einige Krankheiten wie Allergien und komplexe psychosomatische Probleme nehmen zu; Eltern sind insgesamt sensibler aber auch hilfloser beziehungsweise verunsicherter geworden und suchen eher eine Notaufnahme auf als noch vor einigen Jahren. Kinderärzte und Krankenschwestern übernehmen zunehmend eine Nebenrolle – gelegentlich sogar eine Hauptrolle – als psychosoziale Begleiter, deren Empfehlungen aber dennoch oft kritisch hinterfragt werden. Dafür ist im System keine Fallpauschale im DRG-Katalog vorgesehen. Unterschwellig schwingt in der gesteigerten Erwartungshaltung vieler Eltern auch mit, an der ‚Perfektion' des Kindes technisch mitarbeiten zu können und zu müssen, auf jeden Fall eine optimale Betreuung bei bestehenden oder vermuteten Problemen zu benötigen. Dies erhöht die oft kritischen Erwartungen an das Versorgungssystem massiv, aber eröffnet anderseits auch einen neuen Markt. Eigene Beispiele für dieses spannungsgeladene Verhältnis im Alltag einer Kinderklinik bieten die nachfolgenden alltäglichen Gesprächsnotizen.

> **Alltägliche Gesprächsnotizen**
> Anlässlich einer Aufnahme um drei Uhr morgens wegen Atemnot (schweres Asthma mit Lebensgefahr): *„Ist die stationäre Aufnahme (Röntgen, Laboruntersuchung) unbedingt nötig … man hört ja so viel über die Bezahlung?".*
> Kollege auf einer Tagung: *„Bei uns werden alle Patienten, die nach Mitternacht kommen stationär aufgenommen."*
> Eine Schwester! – nicht der Chefarzt: *„Immer wieder werden Patienten, die in der Nacht kommen nach überstandener Nacht mit Sauerstoffgabe morgens auf dringenden Wunsch der Eltern (verständlich) entlassen und wir alle wissen dass die Krankenkasse das prüft und Bezahlung ablehnt, die Arbeit machen uns doch die Aufnahmen und Entlassungen".*

4 Ausgangslage

„Warum lassen Sie ihre Patienten nicht einen Tag länger im Bett…?"
Diese Äußerung kannten alle pädiatrischen Chefärzte aus der Zeit vor den DRGs. Der so genannte tagesgleiche Pflegesatz aus der Ära des Selbstkostendeckungsprinzips in der Dualen Finanzierung benachteiligte trotz aller Korrekturen durch Abteilungstagessätze die Kliniken und Abteilungen mit einer ohnehin kurzen Verweildauer, was unter anderem dazu führte das diese Abteilungen immer die Sorgenkinder in der damaligen Zeit waren. Ein Umstand, der bis auf den heutigen Tag – auch 15 Jahre nach der ‚Umerziehung' durch DRG-bedingte Abrechnungsanreize Nachwirkungen hat. Noch immer betrachten Geschäftsführer, Chefarztkollegen, Schwestern und Pfleger und selbst Betriebsräte vieler Kliniken die meist ‚kleinen' Abteilungen – in diesem Fall die Abteilungen der ‚Kleinen' – mitleidig oder, wie gerade erlebt, in stürmischen wirtschaftlichen Zeiten auch offen oder versteckt aggressiv als Defizitverursacher. Das ‚belegte Bett – die Auslastung' – und der daraus letztendlich resultierende Begriff der Bettenzahl wurde zum in jeder Krankenhausstatistik leicht abzulesenden Schlüsselbegriff und die Zahl der Betten bildet das Ranking unter Kolleginnen und Kollegen ab. Heute haben die Kennwerte ‚mein CMI' – also mein durchschnittlicher Fallwert – und ‚meine Casemixpunkte' diese Funktion des schnellen Vergleichs ganzer Abteilungen und Kliniken übernommen.

5 Entwicklungen schon vor der Einführung der DRGs

Die Änderung der Krankenhausfinanzierung in Deutschland auf der Basis von DRGs stellt zwar eine drastische Veränderung in der Kultur der Klinik dar, kann aber besonders in der Pädiatrie[2] nur im Zusammenhang mit den tief greifenden Veränderungen des Fachgebietes und auch in gewisser Weise mit den kulturellen Veränderungen von Kindheit und Familie sowie den damit beschriebenen so genannten *neuen Morbiditäten* gesehen werden (Reinhardt und Petermann 2010). Die Betrachtung der Veränderungen durch Einführung der DRGs darf die langfristigen Veränderungen in den Kliniken – und auch im gesamten medizinischen

---

[2]Sicher können auch in anderen Fachgebieten gesellschaftlich bedingte Veränderungen in Ansprüchen, Erwartungen und damit Verhalten beschrieben werden.

Versorgungsbereich – zum Beispiel durch Demografie, Medizintechnik, Pharmakologie und vor allem veränderte Lebensgewohnheiten und Ansprüche von Patienten sowie auch der professionell Tätigen nicht ausblenden. Es sei in diesem Zusammenhang beispielhaft an die hautnah erlebte europäische Rechtsprechung zum Arbeitszeitgesetz erinnert. Sie beeinflusste Arbeitsbedingungen im ärztlichen Bereich bis hin zu professionellen Einstellungen massiv[3] und machte für sich genommen schon tief greifende Veränderungen der Organisationsstrukturen wie zum Beispiel die Einführung der im ärztlichen Alltag bis dahin meist unüblichen Schichtdienste, erforderlich (EU-Info 2003). Die Umstellung hatte nach Abschaffung des ‚Arztes im Praktikum – AIP' im Jahr 2004 eine erneute erhebliche Kostensteigerung zur Folge.

In allen Fachgebieten führte die verkürzte Liegedauer, die wegen der hohen Bettenzahl (Bettenberg) im internationalen Vergleich zum sogenannten Bettenabbau führen sollte, bei gleichzeitig steigenden Patientenzahlen zu erheblichen Mehrbelastungen und vor allem zur massiven Arbeitsverdichtung. Ein Trend, an den viele Kinderkliniken aus den oben erwähnten Gründen vor allem wegen der kurzen Liegedauern bereits angepasst zu sein schienen.

Auch war der Anteil an Ärztinnen in Leitungsfunktionen schon eher als in ‚traditionellen' Fächern wesentlich höher. Wie auch andere Kollegen hofften wir so, trotz der weiter unten geschilderten Bedenken, von der Umstellung auf eine pauschale Vergütung zu profitieren. Die Gesamtproblematik muss also im Zusammenhang mit den früheren Entwicklungen betrachtet werden. Die Umstellung auf ein reines Fallpauschalensystem – und nichts anderes stellt die Einführung der DRG Abrechnung für Praxis dar – macht dies nur in aller Schärfe deutlich, stellt somit eine Art Indikator für ein immer deutlicher an ökonomischen Interessen ausgerichtetes System dar.

Dies betrifft auch *Fragen der medizinischen (ärztlichen) Professionen*, die nicht unabhängig von der Frage der konkreten Finanzierung dieses „nicht standardisierbaren Arbeitsbündnisses" (Oevermann 2003) betrachtet werden kann. Wenn die Ärztin und der Arzt gerade nicht schematisierten Rezepten in einem „ingenieurialen Modus der Wissensanwendung" (Oevermann 2003) folgen soll, ist ein Konflikt mit diesem extrem standardisierenden Klassifikationssystem[4]

---

[3]Nicht zufällig tauchte in meiner Erinnerung damals erstmals der Begriff der ‚work-life-balance' auf.

[4]In diesem Zusammenhang sei an die „International Statistical Classification of Diseases and Related Health Problems (ICD)" erinnert, die in ihrer 10. Fassung die Basis der Abrechnung nach DRG darstellt und die ihrerseits selbst von einem ihrer Mitbegründer inzwischen in vielen vor allem psychiatrischen Diagnosen kritisch gesehen wird: vgl. (Frances A 2013).

zwangsläufig, unvermeidbar und auch für Nichtfachleute nachvollziehbar. Die (eigene) Arztrolle muss als bedeutsam erwähnt werden, da sie mit Einstellungen und Haltungen zu den ökonomischen Veränderungen in einem elementaren Zusammenhang steht. Diese Haltung ist weiterhin unmittelbar und maßgeblich von medizinisch technischen Entwicklungen auf der einen und verändertem Verhalten von Patienten (Kunden?) auf der anderen Seite (mit-)bestimmt.

Zusätzlich gewinnt ein weiterer Aspekt neben dem ‚Faktorendreieck' von Ökonomie, technischem Fortschritt und Patientenerwartungen gerade in Zeiten der drohenden Rationierung (Krämer 2005) an Bedeutung: Dies ist die Rolle des sogenannten *Gatekeepers*. Die Zugangskontrolle zu Leistungen der wie in den meisten Ländern auf dem Solidarprinzip beruhenden Sozialleistungssysteme, trat besonders mit Zunahme der technisch-diagnostischen und aufwendigen therapeutischen Möglichkeiten neben die historische Funktion des Heilers oder sogar oft an deren Stelle. Die letztere Rolle ist meiner Meinung nach in allen Fachgebieten, auch in den stärker technisch ausgerichteten Fächern wie Orthopädie und Kardiologie sowie leider auch in Aus- und Weiterbildung von großer aber häufig unterschätzter Bedeutung (Donner-Banzhoff 2012), wird durch die Dominanz der beiden erstgenannten (Ökonomie und Technik) zunehmend abgeschwächt und durch Rationalisierung und Wettbewerb massiv gefährdet. Ärztinnen und Ärzte in der Weiterbildung zum Facharzt wachsen in dieses System quasi als ‚*DRG-Natives*' hinein und laufen Gefahr, diese Sichtweise als dominierende aufzunehmen. Die durchaus vorhandene Abwehr einzelner Kolleginnen und Kollegen[5], die sich als Kodierfachkräfte missbraucht sehen, fördert tendenziell das Gefühl einer gewissen Deprofessionalisierung, auch mit durch Unterforderung bedingten möglichen resignativen Verhaltensweisen. Andere Kollegen, oft mit hoher Affinität zur EDV, kompensieren dies tendenziell mit Engagement im technisch-administrativen Bereich.

Welcher grundsätzliche Konflikt dadurch zu einem nicht nur in der Pädiatrie so oft beschworenen ganzheitlichen Anspruch erwächst, ist offensichtlich. Dennoch hatte ich, wie eine kleine Anzahl von Kollegen, durchaus Hoffnungen mit der Einführung des DRG-Systems verbunden und eine gewisse Korrektur der

---

[5] „Bei uns gilt der Grundsatz: Am Bett des Patienten wird nicht gerechnet" sagt Rudolf Mintrop vom Klinikum Dortmund. Und der Vorstandsvorsitzende der christlichen Klinikkette Agaplesion, Dr. med. Markus Horneber, betont im Gespräch mit dem Deutschen Ärzteblatt: „Unsere Ärzte sind angehalten, ausschließlich das zu tun, was aus ihrer Expertise heraus medizinisch indiziert ist: Wenn eine konservative Behandlung angezeigt ist, darf nicht operiert werden, auch wenn die jeweilige Behandlungsentscheidung mit geringeren Erlösen verbunden sein sollte." (Osterloh 2016).

Machtverhältnisse und vor allem auch auf eine gewisse Steigerung der Effektivität als ‚Nebenwirkung' des Systemwechsels erwartet. Es war immer schon unser Ziel als Kinderärzte gewesen die Kinder–Patienten möglichst schnell zu entlassen, was eine gewisse rationelle und effektive Ablauforganisation (workflow) voraussetzte. Viele Kollegen und Mitarbeiter erinnerten sich noch lebhaft an die 80iger Jahre des vorigen Jahrhunderts und Zeiten sehr restriktiver und aus heutiger Sicht unmenschlicher Besuchsregelungen sowie dadurch traumatisierter Kinder und Familien. Es galten ‚Besuchszeiten' von zum Beispiel einer Stunde pro Tag bei seinerzeit häufigen Infektionskrankheiten wie Masern und Keuchhusten. Auch versprach ein faires, nämlich transparentes Abrechnungssystem den tatsächlichen Aufwand abzubilden. Eine Hoffnung, die viele Kollegen nicht nur in Kinderkliniken[6] unterschiedlicher Versorgungsstufen durchaus teilten (Liessen 2014), und die tatsächlich später in unserer Klinik zu einem leicht positiven Deckungsbeitrag im Rahmen einer internen Budgetierung führen sollte.

Die pädiatrischen Gesellschaften und Arbeitsgemeinschaften unter dem Dach der Akademie und unter Federführung der Gesellschaft der Kinderkrankenhäuser (GKinD) gründeten, wie auch fast alle anderen Fachgesellschaften eine Arbeitsgruppe ‚DRGs in der Pädiatrie'. Dabei war auch stets klar: „Das DRG-System ist deshalb primär ein Instrument der kaufmännischen und wirtschaftlichen Betriebsführung und nicht ein Instrument zur Definition oder zur Umsetzung medizinischer Inhalte wie zum Beispiel der Verbesserung der medizinischen Qualität oder Steigerung der Effizienz etc." (Kiess 2001). Den Fachverbänden waren die notwendigen Schritte zur Umsetzung klar und wurden breit diskutiert. Einige Kollegen hatten wie ich die Hoffnung, dass in der Tat mehr Transparenz bezüglich Struktur-, Prozess- und Ergebnisqualität der medizinischen Versorgung in den Kliniken erreicht werden könne. Die zu lösenden Probleme waren allen Kolleginnen und Kollegen klar. Alle kritischen Annahmen wurden im Übrigen bestätigt, wie die nachfolgenden Beispiele veranschaulichen.

Es wird zusätzliches, auch ärztliches Personal für die Kodierung notwendig, welches bei nicht veränderbarem Gesamtbudget (Deckelung) an anderer Stelle fehlen wird. Diese Befürchtung hat sich brutal bewahrheitet und erreichte in

---

[6]Kai Wehkamp im Deutschlandfunk: „An sich ist das System fast genial. Es erhebt Ist-Kosten, also echte Kosten in Krankenhäusern, zum Beispiel wie teuer war eine Operation, wie teuer waren die Laborwerte, wie teuer war die Verwaltung, das ganze Drumherum und daraus wird errechnet, wie teuer ein durchschnittlicher Patient mit jenen und jenen Kriterien ist und daraus ergibt sich dann der Preis der DRG, des typischen Behandlungsfalles" (Liessen 2014).

einigen Abteilungen längst bedrohliche Ausmaße. Die notwendige und im internationalen Vergleich überfällige Akademisierung der Pflege (Böhme 2014) verstärkte diesen Trend.

Eine fundierte Überprüfung der Qualität der Kodierung, insbesondere um Über- (Upgrading) und Untercodierung zu vermeiden, wird als zusätzliche Führungsaufgabe notwendig und von jeder Verwaltung eingefordert. Dazu müssen neben den eigentlichen Kodierern speziell weitergebildete und vor allem motivierte ärztliche Mitarbeiter gewonnen werden.

Während das mangelhafte Kodieren, also vor allem das Nichterfassen erbrachter auch pflegerischer Leistungen, der Klinik schadet, führt das allerorts trotz gegenteiliger Beteuerungen angestrebte ‚optimierte' Kodieren vermehrt zu notwendigen Kontrollen vonseiten der Kostenträger (Krankenkassen) und dem Aufbau zusätzlicher und teilweise aufwendiger dortiger Strukturen. Zum Vermeiden von ‚Auffälligkeiten' erfolgt so in unserem Hause ein wöchentliches ganztägiges Treffen von Mitarbeitern des Controllings mit Vertretern der Krankenkassen. Hier werden strittige Fälle oft rasch und einvernehmlich geklärt, um eine zeitnahe Bezahlung im Interesse der Klinik zu gewährleisten. Jeder verantwortliche Kollege weiß inzwischen wie wichtig die zügige Zahlung durch die Kostenträger ist und welche Probleme eine Verzögerung auch nur um eine Woche haben kann, was alle Kolleginnen und Kollegen in den Jahren vor einer im Jahre 2017 erfolgten Insolvenz leidvoll erfahren mussten. Die knappe Liquidität vieler Kliniken besonders in kommunaler Trägerschaft erlaubt keine Verzögerung auch nur um wenige Tage oder Wochen. Über mehrere Jahre haben die Mitarbeiter meiner Klinik so erlebt, dass die Auszahlung des dreizehnten Monatsgehaltes (Weihnachtsgeld) im November aus diesen Gründen regelmäßig gefährdet war oder gestrichen wurde.

Nicht in allen Abteilungen finden sich motivierte Kolleginnen und Kollegen ‚freiwillig' für diese Aufgaben, die aber für das Budget von großer Bedeutung sind. Hier entwickelt sich quer zur üblichen fachlichen Hierarchie eine zusätzliche Struktur, die gelegentlich für nicht unerhebliche ‚Unruhe' sorgen kann.

Die überragende Bedeutung der Kodierung spüren alle Kolleginnen und Kollegen direkt im Stationsalltag, wenn die Übermittlung der (Aufnahme-) Diagnosedaten – die Meldung nach § 301 SGB V – bis zum dritten Tag nach der Aufnahme, und der Entlassungsdiagnose drei Tage nach Entlassung (oder Verlegung oder Tod) regelmäßig dazu führt, dass die Patientenakten ‚beim Kodierer sind' und bei häufigen Rückfragen von niedergelassenen Ärzten oder Angehörigen nicht zur Verfügung stehen. Hier werden die Bedeutung, und damit in gewisser Weise auch die Machtverhältnisse, täglich offensichtlich und hautnah spürbar.

Mit der Umstellung hängen erhebliche Investitionen in die technische Infrastruktur zusammen, die einige Kliniken sowohl sachlich, finanziell als auch personell in Schwierigkeiten bringen können. Die Umstellung belastete also alle Kliniken, und erhöhte damit den Wettbewerb in bisher unbekannter Intensität und Geschwindigkeit, was für viele Kritiker ohnehin das politisch gewollte Ziel war.

> **Hierzu einige spontane und alltägliche Äußerungen auf der Station sowie ein typisches und häufiges Beratungsgespräch in einer Kinderklinik, wie es nahezu täglich zum Beispiel in der Besprechung oder bei der Stationsvisite stattfindet**
>
> „Die Assistenzärzte blockieren stundenlang den PC auf Station und kodieren dauernd."
>
> „Der neue Hol-und Bringedienst nimmt uns die Möglichkeit, mal in Ruhe von Station zu gehen und auch mal mit einem Patienten zu reden, oder auch mal ein paar Minuten vor dem Röntgen zu warten."
>
> „Jeder Arzt fühlt sich bei uns für das ökonomische Ergebnis verantwortlich – was im Prinzip vom Chef begrüßt und Zeichen einer guten Organisationsstruktur mit flacher Hierarchie gesehen wurde."
>
> Frage eines Kollegen: „Bei Kindern kommt es häufig im Rahmen von banalen Infekten zur Nahrungsverweigerung, welche dann eine Indikation zur stationären Durchführung einer Infusionstherapie darstellt. Dass die Nahrungsverweigerung als eigenständiges Problem mit R63.3 kodiert werden kann, dürfte mittlerweile geklärt sein. Aber kann sie nicht auch Hauptdiagnose sein? Sie ist ja der eigentliche Grund für die stationäre Behandlung. Den Infekt selber hätte man problemlos ambulant behandelt. Sicher ist die Ursache für die Nahrungsverweigerung in dem Infekt zu sehen, aber der Haupt-Ressourcenverbrauch entsteht durch die Nahrungsverweigerung. Bei einer Commotio cerebri kodiere ich ja auch die Commotio und nicht die verursachende Schädelprellung" Antwort: „Warum sollte man die R63.3 in entsprechenden Fällen nicht als Hauptdiagnose verwenden dürfen? Da Sie aber wohl mit Kindern zu tun haben, sollten Sie die Exklusiva bei R63.3 beachten: Ernährungsprobleme beim Neugeborenen sind unter P92.- als ‚Fütterstörungen nichtorganischen Ursprungs' beim Kleinkind mit F98.2 zu kodieren. Ansonsten noch die (konsentierte) Kodierempfehlung beachten: Kann R63.3 Ernährungsprobleme und unsachgemäße Ernährung bei (Klein-) Kindern bei den Diagnosen einer Gastroenteritis (Brech-Durchfallerkrankungen) als Nebendiagnose

> angegeben werden? Die zusätzliche Kodierung von R63.3 Ernährungsprobleme und unsachgemäße Ernährung ist nicht sachgerecht, da es sich um ein Symptom handelt, das im Regelfall als eindeutige und unmittelbare Folge mit der zugrundeliegenden Erkrankung vergesellschaftet ist. Nur wenn ein Symptom ein eigenständiges, wichtiges Problem für die medizinische Betreuung darstellt, kann es als Nebendiagnose verschlüsselt werden (DKR D002f und DKR D003d). Wenn Ihre Dokumentation des Aufnahmegeschehens also passt, so bin ich der Ansicht, dass eine Nahrungsverweigerung nicht regelhaft kausal auf einen banalen Infekt (ausgen. Gastroenteritis, etc.) zurückzuführen also keine typische Folge davon ist und insofern ein eigenständiges Problem darstellt, dass in Ihrem Falle die Indikation zur stationären Aufnahme begründet."[7]

Aufschlussreich ist in diesem Zusammenhang auch das große und wachsende Angebot an Beratungen zur optimierten Abrechnung, was automatisch auch eine gewisse ‚Hitliste' der lukrativen Fachgebiete, Diagnosen und Prozeduren nach dem Marktprinzip generiert. Von einundvierzig (41) ganzjährigen Angeboten eines willkürlich ausgewählten Unternehmens betrifft eines (1!) das Fachgebiet der Pädiatrie, und dabei handelt es sich um die ‚lukrative' weil teure Neonatologie (s. u.).

Aber es sollen durchaus auch erlebte positive Aspekte wie mehr Flexibilität, flache Hierarchien, mehr Eigenverantwortung, Motivation und Anreize auf allen Ebenen für das Personal erwähnt werden. In Anbetracht der erheblichen Belastungen für alle Kliniken ging die Umstellung im Alltag dennoch überraschend geräuschlos vonstatten, vor allen dort wo motivierte Teams aus allen relevanten Berufsgruppen die Notwendigkeit wohl auch aufgrund der vorangegangenen Probleme erlebt hatten und trotz aller genannten Bedenken auf Besserung hofften. Auch in unserer Klinik waren positive Aspekte erkennbar. Die notwendige Motivation vieler Mitarbeiter im Rahmen dieser Kraftanstrengung war durchaus ähnlich wie in einem Zertifizierungsprozess auch auf die medizinische

---

[7]Lediglich zur Aufheiterung soll beitragen, dass in den ersten Jahren der DRG-Abrechnung die Differenzierung zwischen einer Verletzung durch den Biss eines Süßwasserkrokodils und dem eines Salzwasserkrokodils (völlig unterschiedliche ICD!) einen ‚running gag' auf vielen Fortbildungen darstellte und damit nebenbei auch auf die australische Abstammung des Systems verwies.

Behandlungsqualität übertragbar. Allerdings ist die Ausweitung des ökonomischen Denkens (und Handelns?) über alle Hierarchie- und Funktionsebenen im Alltag erschreckend. Ein Denken, das beim Leiter einer Abteilung wie bei einem Inhaber einer Praxis nachvollziehbar und logisch erscheinen mag, ist bei Mitarbeitern ohne jegliche Leitungsfunktion befremdlich.

6 Abwehrmechanismen

Die typischen Reaktionen auf das DRG Abrechnungssystem, nämlich Steigerung der Fallzahlen und Rationalisierung der Arbeitsabläufe, sind in der Regel für Kinderkliniken nicht realisierbar, da der Anteil der nicht planbaren Eingriffe überproportional hoch ist. Fachgebiete wie Orthopädie und Kardiologie machen diese Möglichkeiten beispielhaft deutlich. Ich erinnere mich gut daran, wie der Geschäftsführer unserer Klinik in einer Chefarztsitzung einem Chefarztkollegen für seine fünfzigste Operation – ein neuartiges Implantat – Blumen als Anerkennung und Ansporn für alle anderen überreichte. Dennoch werden auch in der Kinderheilkunde Versuche zur Leistungssteigerung genutzt. Hier seien nur am Rande die Ausweitung der ‚individuellen Gesundheitsleistungen' (IgeL) sowie die der Vorsorgeuntersuchungen (allerdings mehrheitlich im ambulanten Bereich) genannt, wie sie Wittig (2015) wenn auch etwas reißerisch erwähnt. Erstere machen inzwischen mit etwa 350 verschiedenen Verfahren fast zehn Prozent des Praxisumsatzes auch in der pädiatrischen Praxis aus (Lenzen-Schulte 2016).

7 Das Beispiel Neonatologie: Ein typischer Fehlanreiz!

Die Neonatologie ist das jüngste Kind der Pädiatrie, die ja selbst noch ein relativ junges Gebiet in der medizinischen Spezialisierung darstellt (Seidler 1983). Die Entwicklung dieses Spezialgebietes auf der Basis der differenzierten physiologischen Grundlagen der Neugeborenenmedizin in den 1960 er Jahren war weltweit abhängig von neuen technischen und pharmakologischen Möglichkeiten und bereits von erheblichen Verteilungskämpfen zum Beispiel zwischen Geburtshelfern und Pädiatern geprägt, wie ich in den Pionierjahren nach 1970 hautnah erleben konnte. Auch innerhalb der universitären Pädiatrie war diese Spezialisierung – nicht zufällig eine sehr stark manuell (handwerklich) geprägte Tätigkeit – keineswegs selbstverständlich akzeptiert und entwickelt sich so oft zuerst außerhalb der Universitätskliniken. Aus damaliger Sicht kaum vorstellbar, dass dieses Gebiet einmal für die Existenzsicherung vieler Kinderkliniken eine so herausragende Bedeutung bekommen sollte und daher zu erheblichen Verteilungskämpfen von sonst so wenig ‚kompetitiven' Kinderklinikern werden sollte (Henze 2011). Auf die erheblichen ethischen Dilemmata soll hier nicht ausführlich eingegangen werden. Sie reichen bis hin zu für alle Professionen (Ärzte und Pflege) neuartigen Konstellationen und Situationen, die so bis vor kurzem noch nicht in den Bereich menschlicher Entscheidungs- und Gestaltungsmöglichkeiten gehörten, wie beispielsweise häufige Entscheidungen über Leben und nicht Leben (Peter und Funke 2014). Dabei bestimmen auch diese ethischen Debatten, für die im Alltag immer weniger Raum bleibt, die praktische Tätigkeit und sind für Entscheidungen organisatorischer aber auch struktureller Art von großer Bedeutung. Es bedarf wenig Fantasie, um die sich daraus resultierenden Konflikte bezüglich Kosten und Erlösen vorstellen zu können.

Jedes Jahr werden in Deutschland etwa 9000 Kinder mit einem Geburtsgewicht von unter 1500 g frühzeitig geboren. Diese Kinder mit sehr niedrigem Geburtsgewicht (Very Low Birth Weight = VLBW) weisen eine erhöhte Mortalität und Morbidität auf und werden daher in speziell dafür ausgestatteten Krankenhäusern behandelt, sogenannten Perinatalzentren der Level 1 und Level 2 (Rossi 2015).

Bereits seit dem 1. Januar 2010 sind die Perinatalzentren gesetzlich verpflichtet, Daten zur Qualität der Versorgung von Neugeborenen zu erheben und auswerten zu lassen. Dies erfolgt im Rahmen des Qualitätssicherungsverfahrens Neonatologie, bei dem unter anderem auch über eine für die Zulassung erforderliche Mindestmenge entschieden werden sollte. Eine endgültige Entscheidung des G-BA ist bis heute aufgrund der erbitterten Auseinandersetzungen unter Pädiatern, die mit ungewöhnlicher Heftigkeit geführt werden, noch nicht erfolgt und musste zwischenzeitlich auf gerichtliche Weg herbeigeführt werden (Gerst 2013).

Ausdrücklich spielte für alle Entscheidungen erstmals das Argument der Existenzgefährdung einer großen Zahl von pädiatrischen Kliniken eine Rolle. In Deutschland gibt es im Vergleich zu anderen europäischen Ländern viel mehr neonatologische Intensivstationen, ohne dass Sterblichkeit oder Morbidität geringer wären. Im Vergleich zu den skandinavischen Ländern ist sie sogar deutlich höher (Rossi 2015). Schon um die Interpretation der statistischen Aussagen entbrannte in den Fachgesellschaften vor dem Hintergrund der Diskussion über Mindestmengen ein jahrelanger heftiger und nicht beendeter Streit. Dieser wird verständlich, wenn man bedenkt, dass der Erlös für ein Frühgeborenes mit einem Geburtsgewicht unter 750 g rund 80.000 EUR beträgt und wenige Gramm einen großen finanziellen Unterschied machen. Entsprechend groß sind Investitionen und der Personalaufwand im pflegerischen und ärztlichen Bereich.

Bis zur Hälfte aller ärztlichen Weiterbildungsstellen finden sich inzwischen in diesem Bereich. Auch beim immer wichtigeren Wettbewerb um Bewerber für Arzt- und Schwesternstellen ist dies inzwischen von großer Bedeutung und verstärkt derzeit die Konkurrenz auch auf dieser Ebene zunehmend. Es gelingt immer weniger, Bewerber für kleinere Abteilungen zu gewinnen. Seit Jahren werden in unserer Klinik daher fast ausschließlich Anfänger direkt nach Ende des Studiums eingestellt, die dann nach wenigen Jahren Weiterbildung von anderen Kliniken übernommen werden. Weiterbildungsassistenten verbringen in fast allen, vor allem großen Kinderkliniken einen erheblichen Teil der Weiterbildung im Bereich der Intensivmedizin, was für ihre spätere Tätigkeit als niedergelassene Ärztinnen und Ärzte mit meist allgemeinpädiatrischen und sozialpädiatrischen Tätigkeiten wenig hilfreich ist und eine Veränderung der Weiterbildungsordnung dringend erforderlich macht.

8 Geburtshilfe: Folgen der sehr kurzen Verweildauer – Typischer Verschiebebahnhof für Probleme

Auch in der Geburtshilfe haben sich durch die schon länger bestehende Tendenz zur Verweildauerreduzierung ähnliche Fehlentwicklungen durch die Einführung der DRGs beschleunigt und führen zu massiven Problemen der Patientenversorgung mit zusätzlich sozialen Belastungen. Vor allem die offensichtliche Zunahme der operativen Entbindungen, der Sectio caesarea (Kaiserschnitt), ist seit langem Gegenstand vieler nationaler wie internationaler Diskussionen (z. B. Kolip 2012a, b; Kolip et al. 2012). Die Rate schwankt 2013 international zwischen niedrigen Raten in Skandinavien von minimal 16 % bis zu 50 % in der Türkei (OECD 2013). Welche Rolle die bessere Honorierung dieser operativen Leistung – besonders in der nochmals besser honorierten Variante als Notfall – spielt, soll hier nicht diskutiert werden, wenn auch dieser Umstand in vielen Kliniken zu den typischen ‚Abwehrmechanismen' (s. o.) gehören dürfte. Es soll aber erwähnt werden, dass als Gegenbewegung eine niedrige Sectiorate als wichtiges Qualitätsmerkmal angesehen und veröffentlicht wird (Bertelsmann Stiftung 2012). Dies wird vor allem von Hebammenverbänden, Frauenverbänden und Selbsthilfeorganisationen unterstützt.

In allen geburtshilflichen Kliniken und Abteilungen wurde im Rahmen der DRG-Einführung die Liegedauer nochmals drastisch verkürzt. Die Kodierrichtlinien (InEK 2017) geben als mittlere Verweildauer 5,4 Tage an und maximal 7 Tage; die tatsächliche durchschnittliche Dauer beträgt aber nur 3,7 Tage (Hainer 2010). Dieser Umstand wäre aus rein physiologisch-medizinischer Sicht unproblematisch, wünschen doch viele Frauen sowohl ambulante Geburten als auch eine möglichst rasche Rückkehr in die häusliche Umgebung auch nach einer Kaiserschnittentbindung (Anja 2014). Allerdings führt dies für Frauen (Familien) in schwierigen Lebenslagen häufig zu Problemen. Der inzwischen dramatische Mangel an aktiven Hebammen in allen Regionen führt nicht nur in unserer Klinik fast täglich zu Entlassungen, ohne dass eine Betreuung (Nachsorge) von Hebammen gewährleistet ist. Nach Schätzungen der Hebammenverbände haben nur noch ein Drittel der Frauen nach der Geburt eine gesicherte Nachsorge durch eine Hebamme. Gerade Frauen mit mangelnden familiären und sozialen Ressourcen bringen oft das nötige Engagement im Wettbewerb um eine Hebamme nicht auf. Die Folgen für die Kinder in dieser sehr frühen Lebensphase sind auch ohne Kenntnis der Forschungsergebnisse zur frühen Kindesentwicklung leicht vorstellbar. Die daraus möglicherweise erwachsenden Probleme führen dann häufig zu notfallmäßigen Vorstellungen oder gar Aufnahmen in Kinderkliniken oder zur Inanspruchnahme des Systems der Frühen Hilfen der Kommunen. Die hohe Zahl von Geflüchteten hat diese Problematik verschärft. Projekte der Gesundheitsförderung und Prävention aus dem Bereich der Familien- und Jugendhilfe (SGB VIII) sowie der Frühförderung werden dadurch zusätzlich belastet. Versuche, dies abzumildern stellen beispielhaft die sogenannten Präventionsketten dar, die aber gerade eine deutliche Schwachstelle im Übergang von Geburt zum ersten Lebensjahr haben (LVG Niedersachsen 2018). Mangelnde Ressourcen der Hebammen sowie der Öffentlichen Gesundheitsdienste, aber auch ein geringes Engagement der Akteure aus dem medizinischen Bereich, führen bereits in einigen Kommunen zu einem drastischen Anstieg der Kosten der Jugendhilfe (Statistisches Bundesamt 2016).

9 Zusammenfassung und Ausblick

Die Einführung der DRGs hat den ohnehin schon bestehenden Druck auf Kliniken massiv verstärkt. Trotz der Hoffnung, dass die Änderungen des Vergütungssystems zu mehr Kalkulierbarkeit und Transparenz führen könnten, überwiegen aufgrund der konkreten Ausgestaltung die Nachteile, zusätzlich verbunden mit einem immensen Verwaltungs- und Kontrollaufwand. Die erfolgreiche ‚Infektion' vor allem der Ärzte mit dem Virus Ökonomie ist gerade in gut funktionierenden[8]

---

[8] „Der leitende Arzt im Krankenhaus muss sein Fachgebiet visionär explorieren, um abzuschätzen, welche Leistungsbereiche sich in der Zukunft besonders erfolgreich entwickeln werden. Dabei hat er die Nachfrage ebenso wie das Angebot seiner Wettbewerber zu

erfolgreichen Teams nach meiner Beobachtung auf alle nachgeordneten Ärztinnen und Ärzte und selbst andere Berufsgruppen weitergegeben worden. Die Zahl der ‚Resistenten' wird, auch bedingt durch den demografischen Wandel, geringer. In zunehmenden ökonomischen Schwierigkeiten, wie ich sie gerade dramatisch mit der Insolvenz der eigenen Klinik erlebt habe, schwindet die innerbetriebliche Solidarität, soweit sie überhaupt vorhanden war. Kein Abteilungsleiter wird allein eine kritische Position verteidigen können. Eine ähnliche Tendenz scheint sich nach Äußerungen von Kolleginnen und Kollegen derzeit gerade in der Psychiatrie mit der Einführung des vergleichbaren Systems abzuzeichnen. Die zunehmende Bedeutung der ökonomischen Rolle des Arztes, auch die damit verbundenen möglichen Konflikte, müssen im Zusammenhang mit den anderen Schlüsselkompetenzen wie dem medizinischen Fachwissen, dem konkreten verantwortlichen Handeln unter menschlichen und ethischen Aspekten auf allen Hierarchieebenen vermittelt werden. Dies sollte neben den ökonomischen Notwendigkeiten ein wichtiges Qualitätsmerkmal darstellen und als Schwerpunkt in das Studium aber auch in die Weiterbildung integriert werden. Gerade in der Weiterbildung werden Einstellungen und Haltungen im prägenden Alltag vermittelt und verfestigt. Eine Steigerung der Statistikkompetenz neben Gesundheitssystemkompetenz zum notwendigen besseren Verstehen der zunehmend komplexeren medizinischen Daten und des medizinischen Wissens, und damit verbunden der Handlungsmöglichkeiten, wie es zum Beispiel Wegwarth und Gigerenzer (2013)

---

berücksichtigen. Basierend auf den Ergebnissen dieser Analysen muss er seine Leistungen zukunftsfähig ausrichten und dabei unter Umständen auch auf die Erbringung bestimmter Leistungen verzichten, sofern sein Versorgungsauftrag und die Versorgung durch die umliegenden Krankenhäuser dies zulassen. Auch Marketingaspekte spielen eine große Rolle. Er muss für seine Leistungsangebote werben, soweit dies berufsrechtlich zulässig ist. Zusätzlich muss er sich darum kümmern, Talente zu suchen und zu entwickeln, und ausgeprägte soziale Kompetenzen zur Führung seines Teams besitzen. Der Krankenhausarzt steht vor der Herausforderung, seine Leistungen zu vorgegebenen Preisen – DRG-Fallpauschalen – und damit im Rahmen eines ökonomischen Zielkorridors zu erbringen. Ein systematisches Überschreiten dieser Kostenvorgabe wird regulierende Maßnahmen seitens des Trägers auslösen. Insbesondere private Krankenhausträger fassen die durch die Fallpauschale gesetzte Kostenvorgabe sogar noch enger, da sie im Gegensatz zu anderen Krankenhausträgern das Ziel verfolgen, eine Rendite für die Anteilseigner zu erwirtschaften. Viel intensiver als früher bringen sich die Geschäftsführungen in die Ausgestaltung des Leistungsportfolios ihrer Fachabteilungen ein. Dies wird von einem Teil der Ärzteschaft als sehr belastend empfunden, sie sieht ihren Handlungsspielraum unangemessen eingeschränkt" (Röder und Franz 2014).

fordert, kann nicht ausreichen. Aufgrund der Dominanz der technischen Medizin erscheinen Veränderungen aber nur durch erheblichen öffentlichen Druck von Patientenvertretern, Medien und einigen wenigen Berufsverbänden erreichbar. Auch einzelne Gesprächskreise von unabhängigen Kolleginnen und Kollegen in Kliniken (Mintrop 2017) und Medienbeiträge machen Hoffnung[9]. Allerdings ist gerade für die universitäre Ausbildung wegen der Trägheit der Veränderungen Eile geboten, da unkritische Haltungen zu Inhalten und Strukturen nach der Ausbildung immer schwerer zu korrigieren sind und in den Weiterbildungsstätten der direkte organisatorische und ökonomische Druck massiv zunimmt und kritische Vorstellungen zunehmend verschwinden.

Literatur

Anja. (2014). Wo sind all die Hebammen hin? Von guten Eltern. https://www.vongutenelterndebildungsmedien-hebammen-hin/. Zugegriffen: 17. Apr. 2018.
Bertelsmann Stiftung. (2012). Faktencheck Gesundheit. Kaiserschnittgeburten – Entwicklung und regionale Verbreitung. https://faktencheck-gesundheit.de/de/faktenchecks/kaiserschnitt/ergebnis-ueberblick/. Zugegriffen: 13. Mai 2018.
Böhme, G. (Hrsg.). (2014). *Pflegenotstand: der humane Rest. Aisthesis psyche.* Bielefeld: Aisthesis-Verlag.
DGKI, Deutsche Gesellschaft für Kinder- und Jugendmedizin e. V., & GKind, Gesellschaft für Kinderkrankenhäuser und Kinderabteilungen e. V. (2017). Kinder im Krankenhaus – Kostenfalle Kind? Podiumsdiskussion in Berlin & Auftakt der Informationskampagne „Rettet die Kinderstation!" 11. April 2014. Zahlen und Daten zur Finanzierung von Kinderkliniken und -abteilungen in Deutschland. http://www.gkind.de/fileadmin/DateienGkind/Arbeitsgruppen/Rettet_die_Kinderstation/Zahlen-Daten-Finanzierung-KinderklinikenDGKJGKinD.pdf. Zugegriffen: 19. Okt. 2017.
Donner-Banzhoff, N. (2012). Arzt und Patient: Archäologie einer Beziehung. Deutscher Ärzteverlag GmbH. https://www.aerzteblatt.de/archiv/131861. Zugegriffen: 19. Okt. 2017.
EU-Info. Deutschland. (2003). Europäische Regeln für die Arbeitszeit. EU-Info.de. http://www.eu-info.de/europa-punkt/politikbereiche/arbeitszeit/. Zugegriffen: 13. Mai 2018.
euro.who. (2018). http://www.int/en/health-topics/noncommunicable-diseases. Zugegriffen: 24. Mai 2018.
Frances, A. (2013). *Normal.* Köln: Dumont.
Gerst, T. (2013). Mindestmengen in der Neonatologie: Gericht entscheidet gegen den G-BA. https://www.aerzteblatt.de/archiv/133939/Mindestmengen-in-der-Neonatologie-Gericht-entscheidet-gegen-den-G-BA. Zugegriffen: 13. Mai 2018.

---

[9]http://www.ardmediathek.de/tv/45-Min/Die-Macht-der-Krankenh%C3%A4user/NDR-Fernsehen/Video?bcastId=12772246&documentId=50372776 (20.02.18).

Günther Henze (Interview). https://www.kinderkrebsstiftung.de/fileadmin/Redaktion/Zeitschrift_Wir/2011_2/InterviewDrGuenterHenze.pdf (letzter Zugriff 15.2.2019).
Hainer, F. (2010). Zwischen Spontanpartus und elektiver Sectio caesarea – Favorisierter Entbindungsmodus aus der Perspektive der Schwangeren. Dissertation Universität Lübeck. http://www.zhb.uni-luebeck.de/epubs/ediss1022.pdf. Zugegriffen: 1. Juni 2018.
HBSC Studie. (2015). Faktenblätter. http://www.gbe-bund.de/gbe10/abrechnung.prc. Zugegriffen: 1. Juni 2018.
InEK. (2017). Deutsche Kodierrichtlinien Version 2017.
Kiess, W. (2001). Die Einführung des Die Einführung des DRG-Systems in Deutschland. *Monatsschrift Kinderheilkunde, 149*(12), 1410–1412.
Kindler, H. (2016). Kindesmisshandlung und neue Morbidität in der Pädiatrie Konsequenzen für Frühe Hilfen und Kinderschutzmaßnahmen. *Bundesgesundheitsblatt – Gesundheitsforschung – Gesundheitsschutz.* https://doi.org/10.1007/S00103-016-2428-2.
Kolip, P. (2012a). Geburt durch Kaiserschnitt – Eine Entscheidung der Frau? http://www.ggg-b.de/_download/unprotected/kolip_p_geburt_sectio_entscheidung_frau.pdf. Zugegriffen: 1. Juni 2018.
Kolip, P. (2012b). Große regionale Unterschiede bei Kaiserschnitt-Geburten. https://www.aerzteblatt.de/nachrichten/52365/Grosse-regionale-Unterschiede-bei-Kaiserschnitt-Geburten. Zugegriffen: 13. Mai 2018.
Kolip, P., Nolting, H.-D., & Zich, K. (2012). GP_Faktencheck_Gesundheit_Kaiserschnitt.pdf. https://faktencheck-gesundheit.de/fileadmin/files/BSt/Publikationen/GrauePublikationen/GP_Faktencheck_Gesundheit_Kaiserschnitt.pdf. Zugegriffen: 1. Juni 2018.
Krämer, W. (2005). Ist Rationierung im Gesundheitswesen aus ökonomischen Gründen unabwendbar? https://www.krvdigital.de/KRV.04.2005.103. Zugegriffen: 5. Februar 2018.
Lenzen-Schulte, M. (2016). Kassenleistungsverweigerung: Volkssport IGeL. https://www.aerzteblatt.de/archiv/180845/. Zugegriffen: 5. Februar 2018.
Liessen, T. (2014). Deutsche Krankenhäuser – Manuskript: Abrechnung mit der Fallpauschale. Deutschlandfunk. 22. Juni. http://www.deutschlandfunk.de/deutsche-krankenhaeuser-manuskript-abrechnung-mitder.740.de.html?dram:article_id=289805. Zugegriffen: 1. Juni 2018.
LVG Niedersachsen. (2018). Präventionsketten Niedersachsen. http://www.praeventionsketten-nds.de. Zugegriffen: 5. Februar 2018.
Mintrop, R. (2017). Rückbesinnung auf das Krankenhaus. *KU Gesundheitsmanagement, 85*(7), 32–34.
OECD. (2013). Interactive charts by the OECD. OECD Data. https://data.oecd.org/pinboard/4j3z. Zugegriffen: 1. Juni 2018.
Oevermann, U. (2003). Kodifiziertes methodisiertes Wissen und persönliche Erfahrung in der professionalisierten Praxis stellvertretender Krisenbewältigung. In J. Fried & T. Kailer (Hrsg.), *Wissenskulturen Beiträge zu einem forschungsstrategischen Konzept* (S. 195–210). Berlin: Akademie.
Osterloh, F. (2016). Krankenhäuser: Wenn Grundsatz auf Versorgung trifft. https://www.aerzteblatt.de/archiv/180814/Krankenhaeuser-Wenn-Grundsatz-auf-Versorgung-trifft. Zugegriffen: 1. Juni 2018.
Peter, C., & Funke, D. (Hrsg.). (2014). *Wissen an der Grenze*. Frankfurt a. M.: Campus.
Reinhardt, D., & Petermann, F. (2010). Neue Morbiditäten in der Pädiatrie. *Monatsschrift Kinderheilkunde, 158*(1), 14.

Röder, N., & Franz, D. (2014). Beschleunigung im Krankenhausalltag. Konsequenzen für Beschäftigte und Patienten. *GGW, 14*(3), 26–34.

Rossi, R. (2015). Perinatalmedizinische Versorgung: Maximale Sicherheit für Mutter und Kind anstreben. https://www.aerzteblatt.de/archiv/167105/Perinatalmedizinische-Versorgung-Maximale-Sicherheit-fuer-Mutter-und-Kind-anstreben. Zugegriffen: 5. Jan. 2018.

Seidler, E. (1983). Die Kinderheilkunde in Deutschland. In P. Schweier & E. Seidler (Hrsg.), *Lebendige Pädiatrie* (S. 13–85). München: Marseille.

Statistisches Bundesamt. (2016). Ausgaben und Einnahmen der öffentlichen Jugendhilfe. https://www.destatis.de/DE/Publikationen/Thematisch/Soziales/KinderJugendhilfe/AusgabenEinnahmenJugendhilfe.html. Zugegriffen: 1. Juni 2018.

vfa. (2018). Was der Orphan Drug-Status für ein Medikament bedeutet (und was nicht). https://www.vfa.de/de/wirtschaft-politik/artikel-wirtschaft-politik/was-der-orphan-drug-status-fuer-ein-medikament-bedeutet.html. Zugegriffen: 1. Juni 2018.

Wegwarth, O & Gigerenzer, G (2013). Mangelnde Statistikkompetenz bei Ärzten in Gigerenzer, 137–150.

Wittig, F. (2015). *Krank durch Früherkennung*. München: Riva.

ND
Ethische Aspekte im DRG-System aus chirurgischer Sicht

Arved Weimann und Hans-Joachim Meyer

Zusammenfassung

Das DRG-System bewirkt durch erhebliche ökonomische Vorgaben einen einseitigen Anreiz zur Leistungserbringung, der mit dem Anspruch an eine ‚humane' Medizin kollidieren kann. So entsteht gerade in der operativen Medizin ein Aktivitätsdruck, der auch ethische Konflikte durch ökonomische Überformung der Indikationsstellung nicht ausschließt. Geeignete Auswege sind alle Maßnahmen, die dem Arzt in der individuellen Patienteninteraktion Rückhalt geben, indem sie den ökonomischen Druck strukturell auf der Makro- und Mesoebene verteilen und auf der Mikroebene aus den persönlichen ärztlichen Entscheidungen am Krankenbett heraushalten.

1 Einleitung

Bis zur Einführung des fallpauschalierten DRG (Diagnosis Related Groups)-Systems 2003 sind Chefärzte über Jahrzehnte mit den ihre eigene Abteilung/Klinik und ihr Krankenhaus betreffenden betriebswirtschaftlichen Fragen weitgehend

---

A. Weimann (✉)
Klinik für Allgemein-, Viszeral- und Onkologische Chirurgie, Klinikum St. Georg gGmbH, Leipzig, Deutschland
E-Mail: Arved.Weimann@sanktgeorg.de

H.-J. Meyer
Deutsche Gesellschaft für Chirurgie e. V., Berlin, Deutschland
E-Mail: h-jmeyer@dgch.de

© Springer Fachmedien Wiesbaden GmbH, ein Teil von Springer Nature 2019
A. Dieterich et al. (Hrsg.), *Geld im Krankenhaus,*
https://doi.org/10.1007/978-3-658-24807-9_6

verschont worden. Dies lag nicht zuletzt an dem fehlenden Controlling zur direkten Zuordnung von Kosten und Erlösen. Vielen Ärzten war die Konzentration auf die rein ärztliche Leistung sehr recht und entsprach häufig auch ihrer Grundmotivation für den ärztlichen Beruf in einem tradierten Ethos. Heute ist der Chefarzt angestellter leitender Leistungserbringer in einem Unternehmen der Gesundheitswirtschaft, das von seinen medizinischen Führungskräften betriebswirtschaftliches Denken zur Kosteneinsparung und Mengenausweitung fordert. Dieser Paradigmenwechsel war zur Förderung des Wettbewerbs innerhalb des Gesundheitssystems auch politisch gewollt. Die zunehmende Privatisierung von Krankenhäusern mit Übernahme durch oftmals börsennotierte Konzerne machte deutlich, dass auch im Krankenhaus Geld verdient werden kann. Die im traditionellen ärztlichen Ethos verankerte Patientenzentriertheit wurde in den strengen ökonomischen Rahmen des DRG-Systems mit einem erwünschten marktwirtschaftlichen Wettbewerb gestellt. Dass der dahinterstehende Gesundheitsmarkt „aus guten Gründen nicht dem ökonomischen Ideal eines perfekten Marktes entspricht", wird dabei auch vom Vorsitzenden des Gemeinsamen Bundesausschuss als dem höchsten Gremium der Selbstverwaltung im deutschen Gesundheitswesen Josef Hecken nicht ausgeblendet (Hecken 2013). Innerhalb eines Krankenhauses bedeutet dies für den Chefarzt nun die durch ein Controlling begleitete betriebswirtschaftliche Verantwortlichkeit für seine Abteilung oder Klinik. Nachvollziehbar ist der im DRG-System messbare wirtschaftliche Erlös die Bezugsgröße für die ‚Performance' einer Klinik und ihres Chefarztes in einem Krankenhaus, das am Ende im Wettbewerb ‚schwarze Zahlen schreiben' muss. Für die Geschäftsführung bedeutet dies ‚Incentives' für die Chefärzte zur Steigerung der Erlöse, welche einen Wettbewerb der einzelnen Kliniken innerhalb eines Krankenhauses einschließt. Dies bedingt auch die Ausrichtung auf ein möglichst gut vergütetes ‚Portfolio' mit entsprechendem Angebot und ‚Patientenakquise' sowie die Steigerung spezieller gut vergüteter Leistungen unter möglichst geringem Ressourceneinsatz.

2 Der Arzt im Spannungsfeld

Spannungsfeld und gleichzeitig Dilemma ist für den Arzt das ungewohnte ökonomische Primat, welches mehr oder weniger bemerkt eine weitreichende ‚ökonomische Überformung' (Maio 2014; Simon 2001, 2016) des ärztlichen Denkens und Handelns nach sich gezogen hat. Dies bedeutet bei medizinischen Problemen und Entscheidungen eine starke Fokussierung auf die Erlösrelevanz im

DRG-System. Hierbei geht es entsprechend der Vorgaben des DRG-Systems vor allem um die Steuerung und Optimierung des Erlöses für die eigene Klinik und weniger um die Frage des ökonomischen Umgangs mit den Ressourcen des Gesundheitssystems. „Sie können betriebswirtschaftlich denken" heißt es in den Stellenanzeigen für Chefärzte. So haben viele leitende Ärzte heute ein Zusatzstudium der Betriebswirtschaft (MBA) absolviert, das bei Bewerbungen diese Fähigkeit zu wirtschaftlichem Denken zusätzlich untermauert. Diese ökonomisierte Verschiebung in der Arzt-Patienten Beziehung mit dem Patienten als Kunden kann in dem von Giovanni Maio medizinethisch formulierten Anspruch an eine „Humane Medizin zwischen Leistungserbringung und Sorge um den anderen" zum Konflikt werden (Maio 2014). Der Patient ist eben nicht nur Kunde sondern auch Hilfesuchender in einer möglicherweise auch existenziell bedrohlichen Lage. Zeitlich aufwendige empathische Zuwendung und Kommunikation mit Patient und Angehörigen, aber auch interdisziplinäre Fallbesprechungen in Konferenzen oder einem Ethikkomitee können im DRG-System nicht abgebildet werden und werden somit nicht honoriert. So droht der Patient zu einem Werkstück in einem rationalisierten industriellen Prozess mit Qualitätsanspruch zu werden. Bei angestrebter Leistungssteigerung wurden Prozesse der Rationalisierung fortgesetzt, die Personalreduktion und Arbeitsverdichtung bei sinkenden Verweildauern und wachsenden Dokumentationsaufgaben bewirkt haben. Dieses Rationalisierungspotenzial ist jedoch weitgehend ausgeschöpft. Steigenden Anforderungen an Qualitätsmanagement und Patientensicherheit stehen nun reduzierte personelle Ressourcen gegenüber. Alle diese Veränderungen haben nach Umfragen zu zunehmender Unzufriedenheit bei der Ärzteschaft und im Pflegedienst geführt (Bräutigam et al. 2014). 35,1 % der Chefärzte sind überzeugt, dass sich der wirtschaftliche Druck definitiv auf die Qualität der Patientenversorgung auswirkt (Kerkemeyer et al. 2016). So haben auch Motivation und Bereitschaft, sich der Verantwortung einer leitenden Position als Chefarzt zu stellen, in den letzten Jahren abgenommen (Martin 2014).

Die Medizinethiker Marckmann und Maschmann (2014) fordern zentrale ethische Werte für die stationäre Versorgung von Patienten als integralen Bestandteil des Krankenhausmanagements und erwarten hierdurch auch eine Steigerung der wirtschaftlichen Leistungsfähigkeit. Beauchamps und Childess (2009) haben die klassischen Prinzipien der Bioethik „Nichtschädigung, Respektierung der Autonomie, Fürsorgeprinzip und Gerechtigkeit" definiert. Aus Sicht des Chirurgen sollen anhand dieses Anspruchs im Folgenden exemplarisch ethische Konflikte im DRG-System dargestellt werden.

3 Nichtschädigung

Das DRG System vergütet nur die im Operationen- und Prozeduren-Schlüssel (OPS) kodierbare Aktivität. Dies bedeutet für den Chirurgen einen Anreiz zur Durchführung einer Operation auch dann, wenn ein konservatives Vorgehen eine Alternative darstellen kann. Dies gilt vor allem da, wo sich die Indikation in einem Korridor bewegt und einer eindeutigen Bewertung entzieht (Weimann 2015). So wird im DRG-System in der Chirurgie ein blander und schneller postoperativer Verlauf teilweise schlechter vergütet, während riskante Operationen mit Komplikationen und der Notwendigkeit längerer Intensivbehandlung einschließlich künstlicher Beatmung, Reinterventionen und erhöhtem Ressourcenbedarf durch Erhöhung des sogenannten Case-Mix Index oftmals belohnt werden.

Das DRG-System impliziert, dass es nur eindeutige und unzweifelhafte Indikationsstellungen für Operationen gibt. Nicht berücksichtigt wird gerade bei immer älter werdenden Patienten mit Komorbidität die Notwendigkeit, eine prinzipiell gegebene Operationsindikation mit der individuellen Operabilität des Patienten und seiner autonomen Entscheidung in Einklang zu bringen. Dieser Prozess mit Risikoerfassung und -abwägung, der auch die Einbeziehung von Familie und Vorsorgebevollmächtigten oder Betreuern bedeutet, kann nicht immer prästationär erfolgen. Eine präoperative Konditionierung des Patienten für 10–14 Tage lässt sich nicht adäquat abbilden. Außerdem kann aus einer humanen Medizin auch die Entscheidung gegen eine Operation unter den Prämissen ‚Nichtschädigung' und/oder ‚Respektierung der Patientenautonomie' resultieren. Jedoch wird die hieraus resultierende Krankenhausverweildauer vom Medizinischen Dienst der Krankenkassen als vermeidbar bewertet werden und von der Krankenkasse des Patienten nicht vergütet. Bestraft wird die ‚unnötige' Krankenhausverweildauer ohne Prozedur, auch wenn vielleicht durch besondere Umsicht eine teure Operation mit teuren Komplikationen vermieden worden ist.

> **Fallbeispiel ist ein junger Mann, der bei einem Sturz über den Fahrradlenker eine schwere Leberruptur erlitt**
> Aufgrund des Transfusionsbedarfs war eine Operation gut vertretbar und betriebswirtschaftlich günstiger da auch eine DRG-relevante Intensivbehandlung abrechenbar gewesen wäre. Dennoch gelang es, den Patienten auf einer Intermediate Care Station konservativ zu behandeln und ihm zudem die langfristigen Folgen einer Laparotomie mit Narbe und eventueller Bruchbildung zu ersparen. Die fehlende Prozedur war jedoch abrechnungstechnisch bei längerer Verweildauer des Patienten ein Erlösnachteil.

Als Zwischenschritt auf dem angestrebten Weg zu ‚Pay for performance' macht eine große Krankenkasse die von ihr für die Versicherten durchgeführte Qualitätsmessung bestimmter Operationen im Vergleich verschiedener Krankenhäuser öffentlich transparent. Ein Beispiel ist die Appendizitis. Der unterschiedlichen Komorbidität der Patienten wird dabei zwar im Rahmen einer Risikoadjustierung statistisch Rechnung getragen, es wird jedoch nicht die Indikation und deren Überprüfung durch die histologische Untersuchung einbezogen. So haben Kliniken mit sehr großzügiger Indikationsstellung zur Appendektomie bei rechtsseitigen Unterbauchschmerzen eher eine geringere Komplikationsrate, wobei auch die Möglichkeit einer vielleicht nicht notwendigen Operation akzeptiert wird. Die strenge Indikation kann neben geringerer Operationszahl zu einer relativ höheren Rate schwerer Entzündungen mit höherem Risiko für Komplikationen führen, was vor allem häufiger Wundheilungsstörungen bedeuten kann. Dies zeigt Schwierigkeiten und Grenzen einer durchaus sinnvollen Qualitätsmessung mit hieraus resultierenden Anreizen zur Durchführung eventuell sogar unnötiger Operationen.

4 Respektierung der Autonomie

Autonomie ist nach der Philosophin Annemarie Pieper eine „wohl überlegte Selbstbestimmung aus Freiheit" (Piper 2017). Ärztliche Beratung und Aufklärung folgen heute dem ‚Shared decision making' (Towle et al. 2006). Die Respektierung der Autonomie setzt eine umfassende und zeitlich nicht limitierte Beratung von Patienten und Angehörigen voraus, aus der auch die autonome Entscheidung zum nicht vergüteten Abwarten erwachsen kann. Dies lässt sich im DRG System ohne nachfolgende Operation nicht adäquat abbilden. Die Respektierung der Autonomie wird da verletzt, wo Patienten paternalistisch und ökonomisch überformt ‚partizipativ' zur Operation geraten wird. Dies geschieht wahrscheinlich oftmals nur unbewusst, ist aber ein relevanter Bias der Ökonomisierung.

> **Fallbeispiel ist die kleine eigentlich asymptomatische Leistenhernie ohne Einklemmungsgefahr bei einem 85 jährigen Patienten**
> Die Einschätzung der Operationsindikation befindet sich in einer Grauzone und liegt im persönlichen Ermessens- und Erfahrungsbereich des Chirurgen. Die durchaus vertretbare und vom Patienten nach einer ausführlichen Beratung vielleicht auch gewünschte als ‚watchful waiting' bezeichnete abwartende Beobachtung wird nicht belohnt. Insbesondere da, wo Patient

und Hausarzt sogar auf die Operationsindikation bereits vorbereitet sind, wird der Chirurg vielleicht auch ‚ökonomisch überformt' leichter zur Operation als zur Alternative des Abwartens raten. Zwei solcher Fälle pro Woche können bereits einen signifikanten Einfluss auf das Jahresergebnis der Klinik haben.

5 Fürsorgeprinzip

Die besondere Fürsorge und Zuwendung zum Patienten als klassische Grundlage der Arzt-Patienten-Beziehung wird derzeit ebenfalls nicht adäquat abgebildet. Dieses zeitliche Engagement ist jedoch vor dem Hintergrund begrenzter Ressourcen als Grundlage gut abgewogener individualisierter Therapieentscheidungen für die Medizin in einer alternden Gesellschaft zu fordern. Das Fürsorgeprinzip wird auch da verletzt, wo Patienten zur Durchführung einer Operation instrumentalisiert werden.

Bei gestiegenen Anforderungen an die Prozessqualität kommt der Patientensicherheit eine herausragende Bedeutung zu. Diese ist im operativen Bereich nicht nur durch die Checkliste der World Health Organization (WHO) standardisiert und transparent. Es fehlen jedoch verbindliche personelle Vorgaben für die pflegerische Versorgung von postoperativen Patienten auf den Normalstationen. Bekannt ist, dass die pflegerische Versorgungsqualität bei steigender Auslastung einer Bettenstation sinkt (Madsen et al. 2014). Der Mangel an Pflegekräften trägt bei ökonomischem Druck auf die Fallzahlen zur Verschärfung der Situation bei. Mit welcher personellen und materiellen Ressourceneinschränkung kann und darf eine Leistung noch erbracht werden? Wann liegt eine bei Mangel an Pflegekräften nicht vertretbare Gefährdung vor, müssen Patienten betriebswirtschaftlich schädlich abgewiesen oder sogar verlegt werden?

6 Gerechtigkeit

„Während der moralischen Freiheit als dem Unbedingten keinerlei Grenzen gesetzt sind, Freiheit als das Gute zu wollen, ist die Handlungsfreiheit, das als das Gute Gewollte, auch zu tun durch die jeweilige Situation, knappe Ressourcen, unglückliche Umstände, unvorhergesehene Hindernisse etc. beschränkt" (Piper 2017). Dies bedeutet, dass der Arzt auch aus Gerechtigkeit Rücksicht auf Ressourcen nehmen, deren Verbrauch rechtfertigen und für deren gerechte Verteilung sorgen muss. Hier sind die Krankenhausärzte sicher zu Recht gefordert, auch die ökonomischen, für das Krankenhaus betriebswirtschaftlich relevanten Auswirkungen ihrer Medizin zu verfolgen und kritisch zu hinterfragen. Zudem birgt der Verbrauch knapper Ressourcen ja auch immer das Risiko einer potenziellen Benachteiligung anderer Patienten. Dieses Dilemma ist in der Öffentlichkeit besonders durch den ‚Transplantationsskandal' deutlich geworden. Im klinischen Alltag ist es jedoch tägliches Problem z. B. bei der Vergabe von Intensivbetten oder Operationskapazitäten. Für kritische Allokationsentscheidungen im Krankenhaus, wie der Erarbeitung von Priorisierungskriterien bei Notfalloperationen oder der Vergabe von Intensivbetten, sollten nach verfahrensethisch ‚gerechten' Grundsätzen interprofessionell und interdisziplinär zusammengesetzte Gremien gebildet werden. Gegebenenfalls kann auch ein Ethikkomitee einbezogen werden (Weimann 2011; Weimann et al. 2016). Hier müssen die Ärzte selbst die Initiative ergreifen.

7 Zielvereinbarungen

Zielvereinbarungen zur Steigerung konkreter Operationszahlen dürften in Deutschland nach den auf den ‚Transplantationsskandal' folgenden Empfehlungen der Bundesärztekammer die Ausnahme sein (Naegler und Wehkamp 2018). Dennoch sind die betriebswirtschaftlichen Erwartungen an den Chefarzt aus der Sicht des Geschäftsführers eines Krankenhauses klar und nachvollziehbar. Dies betrifft einerseits die ‚Patientenakquise' im Wettbewerb mit Möglichkeiten des modernen Marketing zur Steigerung der Patienten- und Operationszahlen. Andererseits besteht ein Anreiz, potenziell ‚verlustträchtigen' Patienten andere Krankenhäuser mit ‚größerer Expertise' zu empfehlen bzw. diese dorthin zu überweisen bzw. zu verlegen. Ferner besteht die Tendenz, die Krankheitsschwere möglichst aufzuwerten, das sogenannte ‚Upcoding', wobei zu beachten ist, dass die Verschlüsselung von Diagnosen und Prozeduren mit den resultierenden Verweildauern vom Medizinischen Dienst der Krankenkassen kontrolliert und gegebenenfalls abgelehnt wird.

Das DRG-System bietet einen Anreiz für alle Krankenhäuser, grundsätzlich alle erlösrelevanten Prozeduren anzubieten. Eingeschränkt wird dies derzeit nur durch Vorgaben des Gemeinsamen Bundesausschuss nach § 136b Abs. 1 Satz 1 Nr. 2 SGBV zu Mindestmengen für einige Eingriffe wie z. B. Lebertransplantation, Ösophagusresektion oder Knie-Totalendoprothese (G-BA 2018). Hieraus resultiert grundsätzlich ein Anreiz, Mindestmengen unbedingt zu erreichen, der die Indikationsstellung ungünstig beeinflussen kann (Weimann 2015). Mit dem Ziel einer Qualitätsverbesserung durch Zentralisierung wird aktuell in der Viszeralchirurgie nicht nur eine Erhöhung der Mindestzahlen für die Hochrisikoeingriffe, sondern auch eine Ausweitung auf andere Operationen diskutiert.

8 Kürzung der Krankenhausverweildauer

Eine Senkung der Krankenhausverweildauer war – zumal im europäischen Vergleich – überfällig. Das DRG System gibt hierzu mit den jeweiligen Grenzverweildauern einen Rahmen vor, wobei die Unterschreitung der mittleren Grenzverweildauer mit ‚Gewinn' für das Krankenhaus einhergeht und somit als Parameter für die ‚Performance' einer Abteilung oder Klinik angesehen wird. Dies ist ein Anreiz zur ‚Verweildauersteuerung' mit möglichst frühzeitiger, unter Umständen sogar forcierter Entlassung. Voraussetzung sind kooperative Patienten und – gerade bei älteren Menschen – adäquate ambulante Strukturen. Im letzten Jahrzehnt wurden die organisatorischen Voraussetzungen mit Case-Managern, Sozialdiensten, ambulanten Pflegediensten, ‚Home Care Providern' und Kurzzeitpflege erheblich verbessert. Dennoch stoßen auch medizinisch vertretbare Entlassungen, zumal vor Wochenenden und Feiertagen, immer noch auf strukturelle Schwächen in der ambulanten Versorgung. Zudem spielen auch weitreichende Versorgungsansprüche von Patienten und Angehörigen eine Rolle. Folge kann der bekannte ‚Drehtüreffekt' mit zeitnaher stationärer Wiederaufnahme sein. Die 2017 eingeführten gesetzlichen Auflagen zum Entlassmanagement sind ein Beitrag zur Verbesserung, bedeuten jedoch in einem sektoral organisierten Gesundheitssystem eine starke Verlagerung der Verantwortung auf die Krankenhausärzte.

9 Auswege

Medizinische Ethik und Ökonomie schließen einander auch im DRG-System nicht grundsätzlich aus. Auch kann ein ökonomischer Ansatz zugrunde gelegt werden. Gerade weil das Gesundheitssystem jedoch nicht einem idealen Markt entspricht, bedarf es eines regulierenden Ausgleichs. Auf diesem Weg haben in den letzten Jahren zahlreiche Entwicklungen stattgefunden.

- Der Deutsche Ethikrat hat mit seiner Stellungnahme „Patientenwohl als ethischer Maßstab für das Krankenhaus" einen umfassenden ethischen Rahmen für das deutsche Gesundheitssystem vorgegeben (Deutscher Ethikrat 2016).

- Die Leopoldina als Nationale Akademie der Wissenschaften hat 2016 zum Verhältnis von Medizin und Ökonomie im deutschen Gesundheitssystem 8 Thesen zur Weiterentwicklung zum Wohle der Patienten und der Gesellschaft vorgelegt (Leopoldina 2016).
- Thematisiert wird die Gefahr der ökonomischen Überformung von Entscheidungen im neuen zeitgemäßen Schweizer Eid für Ärzte, der auch in Deutschland diskutiert wird (Wils 2017; Dialog Ethik 2018).[1]
- Die Bundesärztekammer und der Verband der Leitenden Krankenhausärzte haben 2013 eine Koordinierungsstelle zur Bewertung von Zielvereinbarungen mit Chefärzten eingeführt. Von ihr werden Zielvereinbarungen exemplarisch beurteilt, solche zur Erhöhung von Fallzahlen oder Case-Mixpunkten als bedenklich, solche zur Verbesserung der Prozessqualität als unbedenklich angesehen (Bundesärztekammer 2018).
- Die evidenzbasierten Leitlinien der Arbeitsgemeinschaft der Wissenschaftlichen Medizinischen Fachgesellschaften (AWMF) unterstützen den Kliniker und schaffen Transparenz für die Entscheidungen (AWMF 2018). Anhand der Leitlinien können klinikinterne Pathways als Standard Operative Procedures erarbeitet werden.
- „Gemeinsam klug entscheiden" ist eine 2015 von der AWMF und der Deutschen Gesellschaft für Innere Medizin (DGIM) initiierte Initiative, in der auf dem Boden der Leitlinien evidenzbasiert für die klinische Versorgung Positiv- und auch Negativempfehlungen formuliert werden (AWMF 2018).
- Indikationen zu Risikoeingriffen werden zunehmend von interdisziplinären Boards gestellt: Beispiele sind der Tumor-, Transplantations- und Adipositasboard. Bei kritischer Operationsindikation ist das Einholen einer Zweitmeinung mittlerweile gut etabliert und wird von den Krankenkassen unterstützt.

---

[1]Darin heißt es u. a.: „Ich behandle die Patientinnen und Patienten nach den Regeln der ärztlichen Kunst und den aktuellen Standards, in den Grenzen meines Könnens, instrumentalisiere sie weder zu Karriere- noch zu anderen Zwecken und mute ihnen nichts zu, was ich mir selbst oder meinen Nächsten nicht zumuten würde. Ich betreibe im Rahmen der mir zur Verfügung stehenden Möglichkeiten eine Medizin mit Augenmaß und empfehle oder ergreife nur Maßnahmen, die sinnvoll sind. Ich setze die mir zur Verfügung stehenden Ressourcen wirtschaftlich, transparent und gerecht ein. Ich wahre meine Integrität und nehme im Besonderen für die Zu- und Überweisung von Patientinnen und Patienten keine geldwerten Leistungen oder andersartigen Vorteile entgegen und gehe keinen Vertrag ein, der mich zu Leistungsmengen oder -unterlassungen nötigt."

- Struktur- und Prozessvorgaben sind in DRG Pauschalen für ‚Komplexbehandlungen' integriert worden. Beispiel ist auch die Zertifizierung onkologischer Organzentren. Die Auflagen zur Zertifizierung durch die Deutsche Krebsgesellschaft (OnkoZert 2018) zwingen Krankenhäuser, auch in Bereiche zu investieren, die im DRG System nicht adäquat vergütet werden. Beispiele sind Psychoonkologie und Ernährungstherapie. Noch bedeutet dies für die Vergütung keinen Vorteil, sodass die Zertifizierung einer Abteilung oder Klinik auch eine unternehmerische Entscheidung im Wettbewerb ist. Sollte sich dies ändern, wird der Anreiz zur Zertifizierung, der jedoch auch an das Erreichen und Einhalten von Mindestzahlen gekoppelt ist, noch einmal zunehmen, und insgesamt eine strukturelle Qualitätsverbesserung bedeuten.
- Konzepte für ein System zur Regulierung der Personalbesetzung im Pflegedienst der Krankenhäuser durch Pflegepersonaluntergrenzen sind von Simon erarbeitet worden und bedürfen der Implementierung (Simon 2017). In diese Richtung zielt auch der Untergrenzen definierende Entwurf für ein Gesetz zur Stärkung des Pflegepersonals vom August 2018.[2]
- Für die Struktur und Ausstattung von Intensiv- und Intermediate-Care-Stationen hat die Deutsche Interdisziplinäre Vereinigung (DIVI) evidenzbasierte Empfehlungen und Qualitätsindikatoren vorgelegt (Jorch et al. 2011; Waydhas et al. 2018).
- Qualitätsindikatoren für die Krankenhausplanung werden derzeit vom Institut für Qualität und Transparenz im Gesundheitswesen (IQTIG) erarbeitet und dürften erhebliche Auswirkungen vor allem auf die Strukturqualität als Voraussetzung für die Berechtigung zur Leistungserbringung haben (IQTiG 2018).

10 Zusammenfassung und Schlussfolgerung

Im Anspruch an eine „humane Medizin zwischen Leistungserbringung und Sorge um den anderen" (Maio 2014) liegt im DRG-System einseitig ein Übergewicht auf der Leistungserbringung unter erheblichen ökonomischen Vorgaben. Unter dem Primat der Leistungserbringung entsteht gerade in der operativen Medizin ein Aktivitätsdruck, der auch ethische Konflikte durch ökonomische Überformung der Indikationsstellung nicht ausschließt. Geeignete Auswege sind

---

[2] http://www.bundesgesundheitsministerium.de/sofortprogramm-pflege.html (letzter Zugriff 4.9.2018).

alle Maßnahmen, die dem Arzt in der individuellen Patienteninteraktion Rückhalt geben, indem sie den ökonomischen Druck strukturell auf der Makro- und Mesoebene verteilen und auf der Mikroebene aus den persönlich zu vertretenden ärztlichen Entscheidungen am Krankenbett heraushalten. Eine transparente und gerechte Priorisierung ist auch im DRG System notwendig und wird nur durch Mitwirkung der Ärzte möglich sein. Das Patientenwohl muss dabei das Primat über der Ökonomie behalten.

Literatur

AWMF. (2018). Homepage. http://www.awmf.org. Zugegriffen: 15. Mai 2018.
Bauchamp, T. L., & Childress, J. F. (2009). *Principles of biomedical ethics* (6. Aufl.). New York: Oxford University Press.
Bräutigam, C., Evans, M., Hilbert, J., & Öz, F. (2014). Arbeitspapier Nr. 306, Arbeitsreport Krankenhaus der Hans-Böckler Stiftung. http://www.boeckler.de. Zugegriffen: 15. Mai 2018.
Bundesärztekammer. (2018). Homepage. https://www.bundesaerztekammer.de. Zugegriffen: 15. Mai 2018.
Deutscher Ethikrat. (2016). *Stellungnahme „Patientenwohl als ethischer Maßstab für das Krankenhaus"*. Berlin: Deutscher Ethikrat.
Dialog Ethik. (2018). Homepage. http://www.dialog-ethik.ch. Zugegriffen: 15. Mai 2018.
G-BA. (2018). http://www.gba.de. Zugegriffen: 15. Mai 2018.
Hecken, J. (2013). Gastkommentar. *Chefarzt aktuell, 5,* 89–91.
Heinz, N., & Wehkamp, K.-H. (2018). *Medizin zwischen Patientenwohl und Ökonomisierung*. Berlin: Medizinisch Wissenschaftliche Verlagsgesellschaft.
IQTiG. (2018). Hompage. http://www.iqtig.org. Zugegriffen: 15. Mai 2018.
Jorch, G., Kluge, S., König, F., Markewitz, A., Notz, K., Parvu, V., Quintel, M., Schneider, S., Sybrecht, G. W., & Waydhas, C. (2011). Empfehlungen zu Struktur und Ausstattung von Intensivstationen (30.11.2010). https://www.divi.de/empfehlungen/publikationen/intensivmedizin/398-empfehlungen-zur-struktur-von-intensivstationen-kurzversion/file. Zugegriffen: 15. Mai 2018.
Kerkemeyer, L., Reifferscheid, A., Pomorin, N., & Wasem, J. (2016). Umfrage mit Mittelknappheit in der Gastroenterologie – Ergebnisse einer Befragung von Krankenhausärzten. *Zeitschrift für Gastroenterologie, 54,* 1237–1242.
Leopoldina. (2016). Zum Verhältnis von Medizin und Ökonomie im deutschen Gesundheitssystem. http://www.leopoldina.org. Zugegriffen: 26. Juni 2018.
Madsen, F., Ladel, S., & Linneberg, A. (2014). High levels of bed occupancy associated with increased inpatient and thirty-day hospital mortality in Denmark. *Health Affairs, 33,* 1236–1244.
Maio, G. (Hrsg.). (2014). *Ethik der Gabe – Humane Medizin zwischen Leistungserbringung und Sorge um den anderen*. Freiburg: Herder.
Marckmann, G., & Maschmann, J. (2014). Zahlt sich Ethik aus? Notwendigkeit und Perspektiven des Wertemanagements im Krankenhaus. *Zeitschrift für Evidenz, Fortbildung und Qualität im Gesundheitswesen, 4*(107), 157–165.

Martin, W. (2014). Ärztlicher Stellenmarkt: Will bald niemand mehr Chefarzt werden? *Deutsches Ärzteblatt, 111*(39), 2.
OnkoZert. (2018). http://www.onkozert.de. Zugegriffen: 15. Mai 2018.
Pieper, A. (2017). *Einführung in die Ethik* (7. Aufl.). Tübingen: A. Francke & UTB.
Simon, M. (2001). *Die Ökonomisierung des Krankenhauses – Der wachsende Einfluss ökonomischer Ziele auf patientenbezogene Entscheidungen.* Berlin: Veröffentlichungsreihe der Arbeitsgruppe Public Health, Wissenschaftszentrum Berlin für Sozialforschung.
Simon, M. (2016). *Das Gesundheitssystem in Deutschland* (6. Aufl.). Bern: Hogrefe.
Simon, M. (2017). Vorüberlegungen zu einem System zur Regulierung der Personalbesetzung im Pflegedienst der Krankenhäuser durch Pflegepersonaluntergrenzen. https://f5.hs-hannover.de/fileadmin/media/doc/f5/personen/simon_michael/Simon__2017__2_PUG-System_Konzept.pdf. Zugegriffen: 15. Mai 2018.
Towle, A., Godolphe, W., Grams, G., & Lamarre, A. (2006). Putting informed and shared decision making into practice. *Health Expectations, 9,* 321–332.
Waydhas, C., Herting, E., Kluge, S., Markewitz, A., Marx, G., Muhl, E., Nicolai, T., Notz, K., Parvu, V., Quintel, M., Rickels, E., Schneider, D., Steinmeyer-Bauer, G., Sybrecht, G., & Welte, T. (2018). Intermediate Care Station – Empfehlungen zur Ausstattung und Struktur. *Medizinische Klinik – Intensivmedizin und Notfallmedizin, 113,* 33–44.
Weimann, A. (2011). *Gerechtigkeit als Maßstab für Priorisierung und Rationierung im Gesundheitssystem.* Lengerich: Pabst.
Weimann, A. (2015). Die medizinische Indikation in der Viszeralchirurgie. In A. Dörries & V. Lipp (Hrsg.), *Medizinische Indikation – Ärztliche, ethische und rechtliche Perspektiven, Grundlagen und Praxis* (S. 159–169). Stuttgart: Kohlhammer.
Weimann, A., Bein, T., Koller, M., Muche-Borowski, C., & Salomon, F. (2016). Priorisierung in der Intensivmedizin – Versuch einer Antwort auf totgeschwiegene Allokationsfragen. *Plexus, 24,* 2–3 (Editorial).
Wils, J.-P. (2017). Ärztlicher Ethos „Zeit für einen neuen Eid". *Deutsches Ärzteblatt, 114,* A-358/B-309/C-303.

Vom Blindflug zur Punktlandung – Zur Arbeit von Krankenhausärztinnen und Krankenhausärzten unter DRG-Bedingungen

Maximiliane Wilkesmann und Jonathan Falkenberg

Zusammenfassung

Im Zentrum des Beitrags steht die Analyse der Arbeit und der Umgangsstrategien von Krankenhausärztinnen und Krankenhausärzten unter DRG-Bedingungen. Dabei wird eine verbindende Analyse der Mikro- und Mesoperspektive mit dem Fokus auf die Ärzteschaft auf operativer und Krankenhausgeschäftsführer auf strategischer Seite vorgenommen. Auf Basis von drei qualitativen Studien werden die alltagspraktischen Handlungsweisen von Ärztinnen und Ärzten analysiert und gezeigt, wie sich diese auf ihr Professionsverständnis auswirken. Wir greifen dabei zum einen den Umgang mit Fallzahl- und Zielvorgaben heraus, die gerade für Chefärztinnen und Chefärzte finanzielle Anreize bereithalten, zum anderen gehen wir auf die Möglichkeiten und Grenzen auf der Assistenz-, Fach- und Oberarztebene ein, Patientinnen und Patienten im Sinne der Patientensteuerung zu erlösoptimierten Zeitpunkten zu entlassen.

M. Wilkesmann (✉) · J. Falkenberg
Dortmund, Deutschland
E-Mail: maximiliane.wilkesmann@tu-dortmund.de

J. Falkenberg
E-Mail: jonathan.falkenberg@tu-dortmund.de

© Springer Fachmedien Wiesbaden GmbH, ein Teil von Springer Nature 2019
A. Dieterich et al. (Hrsg.), *Geld im Krankenhaus,*
https://doi.org/10.1007/978-3-658-24807-9_7

1 Einleitung

Zu Beginn der 2000er Jahre begann eine staatlich initiierte Verwaltungsmodernisierung unter der Überschrift des *New Public Management*, um in Rückgriff auf verschiedene Managementmethoden angelsächsischer Herkunft, Effizienzsteigerungen und Kostenersparnisse bei verschärften Wettbewerbs- und Konkurrenzverhältnissen zu etablieren (Dent 2005; Ferlie et al. 1996; McLaughlin et al. 2001; Simon 2013). Zur Erklärung dessen, was sich heute im und um das Krankenhaus abspielt (von Schließungen, Fusionen bis hin zu Verdachtsfällen über eine Kommerzialisierung von Hüftleiden), greifen Beobachter wie Beteiligte daher auf Begriffe wie Managerialisierung und Ökonomisierung zurück. Sie beschreiben damit, dass nicht nur privatwirtschaftliche Managementtechniken verstärkt bei der Organisation und Rationalisierung der stationären Krankenbehandlung zur Anwendung kommen. Sondern auch, dass die Patientenversorgung als Sachziel selbst zunehmend von Formalzielen wie der Umsatzmaximierung und Gewinnerzielung abgelöst wird (Kühn 2004, S. 26). Dabei ist eine wirtschaftliche Ausgestaltung der Patientenversorgung von einer Ökonomisierung der Patientenversorgung zu unterscheiden (Wiesing und Marckmann 2009): So kann eine kostenbewusste, zügige Behandlung und Entlassung etwa die Ausgaben für Medikamente reduzieren, Ansteckung mit Krankenhauskeimen reduzieren oder die Rückkehr in Familie und Beruf beschleunigen. Gleichzeitig dient eine Vermeidung von Fehl- oder Überversorgung sowohl persönlichen als auch betriebs- und volkswirtschaftlichen Belangen.

Die treibende Kraft der Strukturreform in Krankenhäusern ist der Umstieg auf das Diagnosis Related Groups (DRG)-Fallpauschalensystem zur prospektiven Vergütung medizinischer Leistungen (Braun et al. 2010): Jedes Krankenhaus erhält seither eine Pauschale für die Behandlung von Patientinnen und Patienten, die sich nicht wie bisher an den Liegetagen, sondern nach dem Schweregrad und der Art der Erkrankung bemisst und eine standardisierte Aufenthaltsdauer *(Grenzverweildauer)* vorgibt. Man kann die Einführung der DRG durchaus als Zäsur deuten, da sie etablierte Mechanismen und Anreizstrukturen bei der Behandlungsplanung abgelöst – und damit weit verzweigte und für ihre Akteure sowie Institutionen tiefgreifende und mitunter widersprüchliche Veränderungen angestoßen hat. Diese Auswirkungen lassen sich zugespitzt auf folgenden Ebenen unterscheiden:

1. Auf der *Mikroebene* steht vor allem der Wandel der Arbeit von therapeutischen Fachkräften im Fokus. Bei der klinischen Arbeit handelt es sich um eine anspruchsvolle und belastende Tätigkeit, die hohe Anforderungen an Verlässlichkeit und Fehlervermeidung stellt. Das gilt im Besonderen für die

Ärzteschaft, die professionsbedingt über exklusive Handlungsmöglichkeiten verfügt, aber auch große Verantwortung trägt. Ein weiteres Kennzeichen ist, dass sie qua Gelöbnis dem Wohl ihrer Patientinnen und Patienten verpflichtet sind – ohne sich von anderen Interessen leiten zu lassen.[1] Mit Blick auf den oben skizzierten ordnungspolitischen Wandel haben sich deshalb eine Vielzahl an Studien (z. B. Braun 2009) mit Fragen wie den folgenden beschäftigt: Wie gehen Ärztinnen und Ärzte mit Arbeitsbedingungen um, die von Kosten-, Erlös- und Zeitdruck geprägt sind? Und welche Konsequenzen hat dieses Spannungsverhältnis für ihr Berufsverständnis? Bei der Durchsicht dieses reichhaltigen Forschungskanons stechen folgende Befunde heraus: Zunächst wird unisono eine zunehmenden Arbeitsverdichtung konstatiert, die auf eine Intensivierung durch Dokumentationspflichten und einer generellen Beschleunigung von Arbeitsabläufen und Behandlungsfällen zurückgeführt wird. Mit der Ausweitung der Fallzahlen sehen sich die Ärztinnen und Ärzte mit permanenten Zeitkonflikten konfrontiert, die einen aus ihrer Sicht angemessenen Patientenkontakt behindern (Bräutigam et al. 2014). Diese Situation ist zudem von manifesten „Normverunsicherungen" aufgrund des ökonomischen Drucks geprägt und begünstigt in der Konsequenz psychische Belastungsreaktionen und eine breite Arbeitsplatzunzufriedenheit (Marburger Bund und IQME 2017).

2. Auf der *Meso- bzw. Organisationsebene* zeichnet sich durch die Einführung der DRGs eine Vielzahl krankenhausinterner Reorganisationsmaßnahmen ab, mit dem Ziel einer Verdichtung von Abläufen sowie eben jener Steuerung von Patientenflüssen, die auf Basis von Zielvorgaben und Fallzahlauswertungen nun möglich werden (Ridder et al. 2007; Rüsch et al. 2016; Wehkamp und Naegler 2017). Damit bieten sich vor allem nicht-medizinischen Fach- und Führungskräften neue Möglichkeiten, auf die Krankenhausorganisation und die Ärzteschaft Einfluss zu nehmen (Wilkesmann 2016b). So wird schon seit längerem eine zunehmende Machtverschiebung und Professionalisierung der Verwaltung, zum Beispiel durch die Schaffung neuer Stellen wie den Case-Manager, diskutiert (Nagel und Kunze 2009; Niehaus und Wilkesmann 2017). Darüber hinaus gewinnen auch Fragen nach der strategischen Ausrichtung von

---

[1] In der kürzlich vom Weltärztebund aktualisierten Fassung des ärztlichen Gelöbnisses heißt es hierzu: „I WILL NOT PERMIT considerations of age, disease or disability, creed, ethnic origin, gender, nationality, political affiliation, race, sexual orientation, social standing or any other factor to intervene between my duty and my patient." (Quelle: https://www.wma.net/policies-post/wma-declaration-of-geneva/, zuletzt geprüft am: 23.01.2018).

Krankenhäusern an Bedeutung, was sich daran zeigen lässt, dass Portfolios lukrativer Fälle kreiert werden (können), um gezielt Gewinne zu erwirtschaften (Lüngen und Lauterbach 2002). Schließlich nimmt die Auswahl der Strategie nachhaltig Einfluss auf die Position des Krankenhauses gegenüber anderen Wettbewerbern (Rüsch et al. 2016).

3. Auf der *Makroebene* bzw. der *übergeordneten Gesellschaftsebene* lässt sich eine Vielzahl arbeits- und gesundheitspolitischer Themenfelder verorten: Während bis Mitte der 1970er Jahre eine Ausweitung der Gesundheitsversorgung politisch gewollt war, sind seither in Deutschland in immer kürzeren Abständen gesundheitspolitische Gesetze zur Kostendämpfung verabschiedet worden (Wendt 2005). Das vorrangige Ziel dieser Maßnahmen liegt vor allem darin, eine Reduzierung der Behandlungskosten zu bewirken und die durchschnittliche Verweildauer je Patientin und Patient zu senken. Ferner sollte eine steigende Kostentransparenz und der Wettbewerb im Krankenhausmarkt erhöht werden (vgl. Ernst und Szczesny 2005, S. 128). Die Krankenhäuser somit in eine unmittelbare Konkurrenz zueinander zu stellen, ist dem politischen Motiv geschuldet, eine „wettbewerbliche Marktbereinigung" (Reifferscheid et al. 2015, S. 135) in Gang setzen zu wollen. Nach Zahlen des Statistischen Bundesamtes hat sich die absolute Anzahl von Krankenhäusern von 2197 im Jahr 2003, auf 1951 Krankenhäuser im Jahr 2016 auch deutlich reduziert (Destatis 2004, 2017b). Die Auswirkungen auf den Krankenhausmarkt zeigen sich zudem in einer klaren Verschiebung der Trägerschaft von frei-gemeinnützigen und öffentlichen Trägern in Richtung privater Träger.

Im Vordergrund unseres Beitrags steht eine verbindende Analyse der Mikro- und Mesoperspektive mit Fokus auf die Ärzteschaft auf operativer und Krankenhausgeschäftsführer auf strategischer Seite. Auf Basis von drei empirischen Untersuchungen werden wir herausarbeiten, welche alltagspraktischen Handlungsweisen die Ärztinnen und Ärzte unter den Bedingungen des DRG-Systems entwickeln und wie sich diese auf ihr Professionsverständnis auswirken. Wir greifen dabei zum einen den Umgang mit Fallzahl- und Zielvorgaben heraus, die gerade für Chefärztinnen und Chefärzte finanzielle Anreize bereithalten, zum anderen gehen wir auf die Möglichkeiten und Grenzen auf der Assistenz-, Fach- und Oberarztebene ein, Patientinnen und Patienten zu erlösoptimierten Zeitpunkten zu entlassen.[2]

---

[2]Wir danken Anja Dieterich und Michael Simon für die konstruktiven Kommentare zu unserem Beitrag.

2 Die Ärzteschaft im Spannungsfeld zwischen Ökonomie und Medizin

Seit jeher prägt das Verhältnis von Medizin und Ökonomie die Behandlung von Patientinnen und Patienten in der Organisation Krankenhaus. Bereits aus der Römerzeit ist überliefert, dass für die vornehmlich männlichen Ärzte in den damaligen Valetudinarien, die in den römischen Lagern als Lazarette zur Versorgung von Soldaten im ersten Jahrhundert nach Christus dienten, besondere Arbeits- und Anreizbedingungen für Ärzte herrschten (vgl. Wilmanns 2003, S. A2594). Diese erhielten zum einen Unterstützung durch pflegerisches Hilfspersonal und zum anderen waren sie nicht nur von schweren körperlichen Arbeiten befreit, sondern sie erhielten auch den zehnfachen Sold gegenüber einfachen Soldaten. Auch bei der Formierung der modernen Krankenhäuser zu Beginn des 20. Jahrhunderts in Deutschland spielt die besondere Stellung der Ärzteschaft eine große Rolle (Rohde 1974). In dieser Zeit gelang es den Ärzten neben dem Recht auf Selbstverwaltung und Berufsautonomie auch ihre ökonomische Situation durch die Schaffung eines weitgehenden Monopols auf medizinische Dienstleistungen durchzusetzen (Herold-Schmidt 1997). Diese sich in Gang setzende Professionalisierung (Eckart 2004) ist insofern erwähnenswert, weil die medizinische Krankenbehandlung für wohlhabende Bürgerinnen und Bürger bis zum Ende des 19. Jahrhunderts nicht im Krankenhaus, sondern in deren häuslichen Umgebung stattfand. Ärzte waren weitestgehend selbstständig tätig und wenn sie in Krankenhäusern arbeiteten, dann nur, um ihre eigenen Patientinnen und Patienten dort zu behandeln. Schließlich bezogen sie ihr Einkommen aus der Behandlung wohlhabender Patientinnen und Patienten. Ärztinnen und Ärzte waren zu Beginn des 20. Jahrhunderts also keineswegs an die Organisation Krankenhaus gebunden (Wilkesmann 2016b). Erst mit der Zahlung eines Festgehalts und der Einführung des sogenannten *Privatliquidationsrechts* änderte sich dies.

2.1 Vergütung ärztlicher Leistungen im Wandel

Das Privatliquidationsrecht von Ärztinnen und Ärzten in Chefarztpositionen umfasst formal „die Befugnis, unter Inanspruchnahme von Personal und Sachmitteln Patienten stationär zu behandeln und dafür eine besondere Vergütung in Anspruch zu nehmen" (Hüttl 2011, S. 119). Grundlage bildet die Gebührenordnung für Ärzte (GOÄ), wobei die Gewährung des Privatliquidationsrechts formal keiner arbeitsrechtlichen Regelung unterliegt (Hüttl 2011). Das Liquidationsrecht wurde eingeführt, um den Chefärztinnen und Chefärzten direkt und den nachgeordneten

Ärztinnen und Ärzten im Krankenhause indirekt ein vergleichbares oder höheres Einkommen als den Niedergelassenen zu gewährleisten (Gitter 1975; Wilkesmann 2016b). Die Befürworter dieser Vergütungsstruktur betonten in den 1970er Jahren (z. B. Gitter 1975), dass das Privatliquidationsrecht auch die Krankenhäuser stärke, weil diese somit in der Lage seien, hoch qualifiziertes Personal zu gewinnen und das Anlernen von Nachwuchskräften gesichert werde. Neben dem Grundgehalt konnten und können in vermindertem Maße auch noch heute Chefärztinnen und Chefärzte die Konditionen der Privatliquidation mit der jeweiligen Geschäftsführung aushandeln (vgl. hierzu auch Hüttl 2011, S. 114).

Bis Anfang der 1980er Jahre (s. Abb. 1) waren die Verträge so ausgestaltet, dass Chefärztinnen und Chefärzte je nach individualvertraglicher Regelung zwischen 15 % und 50 % der Erlöse aus Privatliquidationen an die Krankenhäuser abtreten mussten. In Zahlen ausgedrückt konnte dies an Universitätskliniken ein zusätzliches ärztliches Einkommen von umgerechnet einer Millionen Euro bedeuten, das dann – ohne weitere Abgabenverpflichtungen an das Krankenhaus – mit den Nachgeordneten geteilt werden musste (vgl. Wilkesmann 2016b). Interessanterweise existierten lange Zeit keine Vorgaben, wie Einkünfte aus den Privatliquidationserlösen zu verteilen waren, so dass Chefärztinnen und Chefärzten ein unglaublich großes internes Machtpotenzial gegenüber ihren Nachgeordneten entfalten konnten

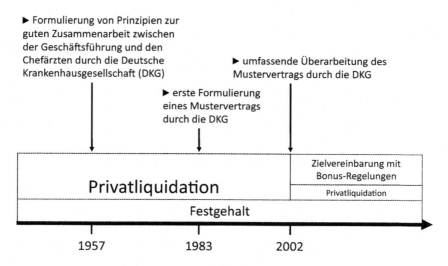

Abb. 1 Entwicklung der Musterverträge für Chefärztinnen und Chefärzte. (Wilkesmann 2016b, S. 217)

(Wilkesmann 2016b). Dieses ökonomische Ungleichgewicht wurde im Zuge zahlreicher Novellierungen der Chefarztmusterverträge, die von der Deutschen Krankenhausgesellschaft (DKG) herausgegeben werden, korrigiert.

Die Abb. 1 zeigt, dass bis Ende der 1990er Jahre die Privatliquidation den größten Anteil der chefärztlichen Vergütung ausmachte. Im Jahr 2002 erfolgte dann synchron zur Einführung der neuen Steuerungsinstrumente in Form von DRG eine tief greifende Veränderung der chefärztlichen Vergütung: Ein Großteil des liquidationsberechtigten Anteils wurde durch das Abschließen von Zielvereinbarungen mit entsprechenden Bonusregelungen ersetzt. Die aktuellen Musterverträge der Deutschen Krankenhausgesellschaft sehen eine dreigliedrige Vergütungsstruktur vor, d. h. neben dem Grundgehalt, gibt es als zweiten Bestandteil eine Beteiligungsvergütung und darüber hinaus Zielvereinbarungen mit Bonus-Regelungen als drittes Element der Vergütungsstruktur (Heberer und Hüttl 2010). Das Festgehalt von Chefärztinnen und Chefärzten, d. h. ohne deren Einnahmen aus der Privatliquidation, beläuft sich laut Hüttl (2011, S. 119) zwischen 90.000 EUR und 150.000 EUR. Das jährliche Gehalt von Chefärztinnen und Chefärzten, also die Summe aus Festgehalt und Privatliquidation bzw. neuerdings Bonusvereinbarungen, ist seit den 1990er Jahren gesunken und beträgt die Summe von derzeit durchschnittlich 279.000 EUR (vgl. Martin 2016, S. 11 f.). Im Vergleich zu den nachgeordneten Ärztinnen und Ärzten ist dies immer noch mehr als doppelt so hoch wie das derzeitige durchschnittliche Jahresgehalt von Oberärztinnen und Oberärzten (126.000 EUR) und mehr als dreimal so hoch wie das Gehalt von Fachärztinnen und Fachärzte, die durchschnittlich 86.000 EUR pro Jahr verdienen. Nicht-medizinische Führungskräfte verdienen im Vergleich zu Chefärztinnen oder Chefärzten deutlich weniger (vgl. Martin 2016, S. 11 f.); dazu zählen etwa Personen aus der Krankenhausgeschäftsführung (185.000 EUR) oder kaufmännische Direktoren (135.000 EUR). Insofern dominiert auch heute noch die Vorherrschaft der medizinischen Profession als Erbringer der Kernleistungen von Krankenhäusern.

Dennoch ergeben sich Machtverschiebungen innerhalb der Krankenhausstruktur. Neben der Einführung von Zielvereinbarungen mit Bonusregelungen und der damit verbundenen Einschränkung des Privatliquidationsrechts, tragen Chefärztinnen und Chefärzte seit der Änderung der Musterverträge im Jahr 2002 eine ökonomische Mitverantwortung für das Krankenhaus. Während diese früher zu einer wirtschaftlichen Verordnungsweise im Rahmen der ärztlichen Notwendigkeiten verpflichtet waren, sind sie heutzutage nicht mehr nur verpflichtet, sondern verantwortlich für die Einhaltung des jeweiligen Budgets, das durch den Krankenhausträger nach Aushandlungsprozessen zur Verfügung gestellt wird (Wilkesmann 2016b). Ebenfalls neu und einschränkend sind auch die Regelungen für die Tätigkeiten in der Privatambulanz, indem Chefärztinnen und Chefärzte diese „nicht mehr als Unternehmen im Unternehmen unabhängig vom Krankenhaus" (Bär 2011, S. 303) führen dürfen, sondern diese Tätigkeiten in den Dienstaufgabenkatalog integriert wurden. Damit verbunden ist auch die Abführung der Erlöse aus der Privatliquidation. Insofern sehen sich Chefärztinnen und Chefärzte als Folge der Einführung von DRG nicht nur mit schlechteren Vergütungsbedingungen ihrer Leistungen, sondern auch mit der Kontrolle und externen Steuerung ihrer medizinischen Leistung konfrontiert, wie wir nachfolgend zeigen werden.

2.2 Standardisierung und Steuerung von ärztlichen Leistungen im Krankenhausalltag

Insgesamt zeigen die Veränderungen in der Formulierung der Musterverträge sehr deutlich die Verschiebung in Richtung stärkerer Kontrolle und Sanktionsmöglichkeiten durch die Geschäftsführung, die mit einem Verlust (chef-)ärztlicher Autonomie einhergeht. War es in der Vergangenheit undenkbar, Chefärztinnen und Chefärzten zu kündigen, müssen diese bei Nichterreichen der Zielvorgaben nun durchaus damit rechnen (Wilkesmann 2016b). Es wird deutlich, dass sich auf der organisationalen Ebene ein Import von privatwirtschaftlichen Managementtechniken in deutsche Krankenhäuser vollzogen hat (Bode 2010). Dies lässt sich beispielsweise auch anhand der Rekrutierungsstrategien der Krankenhausgeschäftsführer zeigen, welche in der Vergangenheit klassischerweise aus der eigenen Verwaltung erfolgte und heutzutage vornehmlich externe Kandidaten mit Business Know-how sind (Bär 2011), deren vorrangiges Ziel darin besteht, die finanziellen und personellen Ressourcen effizienter und bedarfsgerecht einzusetzen.

Die neuen Rahmenbedingungen wurden im Prinzip erst durch die Einführung von DRGs ermöglicht, da sich die traditionelle asymmetrische Informationsverteilung, insbesondere bei exklusiven medizinischen Wissen, zugunsten der nicht-medizinischen Akteure verschoben hat (Wilkesmann 2016b). Darüber hinaus wird mit den DRGs der spezifische Erlös eines Behandlungsfalles transparent. Dieser ergibt sich aus der Unterschreitung der jeweiligen krankenhauseigenen Kostenkalkulation. Anders ausgedrückt: „Wer also 15 % Umsatzrendite anstrebt (um z. B. Zinsen, Abschreibungen und Steuern zu verdienen), muss ca. 15 % unter den jeweiligen kalkulierten Kosten der DRG bleiben" (Imdahl 2010, S. 69). Für jeden Patienten und für jede Patientin entsteht somit eine eigene Kosten- und Erlöskurve, die ein umfassendes Controlling und Maßnahmen der Kostenreduktion ermöglicht. Es überrascht daher nicht, dass in diesem Zuge neue Bereiche (z. B. Qualitätsmanagement, Medizin-Controlling, Case-Management) ausgebaut wurden, die zu einer Stärkung des Verwaltungsapparates führten. Hervorzuheben sind insbesondere neu geschaffene Stellen für Case-Manager, die ein Bindeglied zwischen Patient, Kostenträger und Leistungserbringer sind (Nagel und Kunze 2009). Zahlreiche Studien legen nahe, dass diese Entwicklung zu einer Schwächung der ärztlichen Handlungsautonomie und einer damit einhergehenden Deprofessionalisierung führt (Siepmann und Groneberg 2012; Wilkesmann et al. 2015). Die Einführung von DRGs führt zu Steuerungsmöglichkeiten in zweifacher Hinsicht, auf die wir nun eingehen werden.

2.2.1 Steuerung über Zielvereinbarungen mit Fallzahlvorgaben

Aufgrund der Transparenz, die durch die DRG-Fallpauschalen geschaffen wurde, sind Krankenhausgeschäftsführer nun in der Lage Patientenportfolios nach Rentabilitätskriterien der Krankenhausstrukturen zu kreieren, die dann als Fallzahlvorgaben in Form von Zielvereinbarungen an die Ärzte heruntergereicht werden. Zwar geht es vor allem darum, die Patientenzahlen grundsätzlich zu erhöhen, aber auf der Grundlage informationstechnischer Auswertungen kann die Krankenhausführung sogar die besonders lukrativen Fälle identifizieren (weil sie etwa wie oben beschrieben vom eigenen Krankenhaus kostenminimal umgesetzt werden) und diese forcieren (z. B. um Patienten mit einer solchen Diagnose oder um die Fachärzte zu werben, die solche Fälle überweisen) oder eben einen Ausbau von Kapazitäten für eben jene Fälle zu initiieren. Bei der Erreichung von ex-post gesetzten Fallzahlen können sich Ärztinnen und Ärzte im Sinne von Netzwerkmanagern für ein Patienten-Marketing, die Bindung Niedergelassener aus der Region an ihre Klinik oder durch den Erwerb von Qualitätszertifikaten um eine höhere Außenwirkung und Patientenfrequenz bemühen. Letztlich sind aber ihre Handlungsmöglichkeiten und Ressourcen begrenzt. Eine absichtliche Fehlkodierung oder die Beeinflussung von Patientinnen und Patienten zu einem nicht-indizierten Eingriff (z. B. lukrative Hüft-OP) sind ebenfalls denkbar.

Die Formulierung von sogenannten mengenassoziierten Zielvorgaben für Einzelleistungen ist in den letzten Jahren nicht zuletzt durch die öffentliche Diskussion stark in die Kritik gekommen. Selbst aus betriebswirtschaftlicher Sicht werden Stimmen lauter, dass die Leistungsmengenorientierung des DRG-Systems „inhaltlich nicht zu den möglichen Zielvereinbarungen [passt], die im Rahmen der Personalführung eingesetzt werden können" (Lohmann 2017, S. 163). In Göttingen, Leipzig, Regensburg und München manipulierten Ärztinnen und Ärzte Daten, um Patientinnen und Patienten an die Spitze der Warteliste für eine

Organtransplantation zu bringen. Damit akzeptierten sie stillschweigend den Tod anderer, schwerkranker Patientinnen und Patienten, die ebenfalls auf ein Spenderorgan warteten. Eine Ursache für die Manipulation der Patientendaten lag darin, dass ein Bonus für jedes transplantierte Organ gezahlt wurde (Flintrop 2013). Weitere nicht-intendierte Effekte der Steuerung über Zielvorgaben zeigen auch die steigenden Zahlen bestimmter chirurgischer Eingriffe (Wilkesmann 2016a). In der Folge haben die politischen Entscheidungsträger, neue gesetzliche Regelungen eingeführt, die solche Handlungen strenger bestrafen (z. B. § 136a SGB V, Transplantationsgesetz, Krankenhausentgeltgesetz). Zusätzlich richteten der Verband der Leitenden Krankenhausärzte Deutschlands e. V. (VLK) und die Bundesärztekammer (BÄK) im Juli 2013 eine Gemeinsame Koordinierungsstelle ein, die anonymisiert vorgelegte Zielvereinbarungstexte aus Verträgen mit leitenden Krankenhausärzten nach Verstößen gegen den Paragraphen § 136a SGB V überprüft. In einer ersten Zwischenbilanz des VLK wurde deutlich, dass in den Zielvereinbarungstexten trotz der Gesetzesänderung nach wie vor gegen diese Vorschrift verstoßen wurde (Verband leitender Krankenhausärzte 2016, S. 1):

- „Der Arzt erhält für die Erreichung einer vorgegebenen Anzahl teilstationärer Dialysen eine Bonuszahlung.
- Der Chefarzt erhält eine Prämie von 15 % des jeweiligen DRG-Betrages, der von ihm vermittelten und vorgenommenen operativen Eingriffe."

Zudem stellte der VLK in seiner Zwischenbilanz im Jahr 2016 fest, dass Krankenhausgeschäftsführungen trotz einer weiteren Verschärfung der Gesetzeslage durch den § 135c SGB V neue Umgehungsstrategien entwickelt haben, um die Entkopplung finanzieller Anreize für Einzelleistungen und Leistungsmengen oder Messgrößen erneut auszuhebeln.

2.2.2 Steuerung über die Grenzverweildauer

Während im Abrechnungssystem vor dem DRG-System die „unabhängig vom Leistungsvolumen erfolgende Bezahlung von Liegetagen" (Braun 2009, S. 119) die Ärzteschaft zu einer Ausdehnung der Liegezeiten motivierte, stellt nun die Einhaltung der Grenzverweildauer und die hierfür auf die Ärzteschaft übertragene Verantwortlichkeit den neuen zentralen Steuerungsmechanismus dar. Statistisch betrachtet sind in der Tat die Liegezeiten seit der DRG-Einführung kontinuierlich verkürzt worden (Destatis 2017a). Zudem ist die Anzahl sowie der Anteil der sogenannten *Kurzlieger* gestiegen. Mit Kurzliegern sind Patientinnen und Patienten mit einem Krankenhausaufenthalt von ein bis drei Tagen gemeint. Ihre Zahl ist in den vergangenen zehn Jahren von rund 5,23 Mio. in 2005 ($\approx$ 33 %

bei 15,9 Mio. Patienten insgesamt) auf 8,4 Mio. in 2016 angestiegen (≈ 44 % bei 18,9 Mio. Patienten). Kurz gesagt, es gibt in deutschen Krankenhäusern immer mehr Patientinnen und Patienten, die immer kürzer behandelt werden.

Die Grenzverweildauern enthalten somit weitreichende Auswirkungen für den Arbeitsalltag der Ärzteschaft sowie die Arbeitsorganisation im Krankenhaus. Dabei müssen die therapeutischen und diagnostischen Schritte nicht nur zügig differenziert und dokumentiert, sondern auch in den Behandlungsprozess (re-) integriert werden. Beispielsweise müssen Röntgenuntersuchungen angeordnet oder selbst durchgeführt werden, damit die Befunde rechtzeitig zur Verfügung stehen. Andernfalls verzögert sich die weitere Diagnostik oder Therapie. Mit Ampelsystemen wird den Ärztinnen und Ärzten zudem signalisiert, ab welchem Zeitpunkt ein Patient oder eine Patientin dem Krankenhaus Verluste einbringt, weil die Kostendeckung durch die DRG ausgeschöpft ist (Niehaus und Wilkesmann 2017). In diesem Zusammenhang werden ärztlicherseits Strategien und Handlungen relevant, die insbesondere die Wirtschaftlichkeit und Planbarkeit der Behandlung erhöhen. Allerdings obliegt es nicht allein den Ärztinnen und Ärzten, ob die Patientinnen und Patienten sich jeweils innerhalb der vorgegebenen Verweildauer behandeln und entlassen lassen: Komplikationen, unkooperative Patientinnen und Patienten oder Angehörige, Komorbidität oder eine ungesicherte soziale Versorgung nach der Entlassung stellen gewissermaßen Prozessbehinderungen dar, die in der Person der Patientinnen und Patienten begründet sind. Zudem behandeln Ärztinnen und Ärzte in der Regel mehrere Patientinnen und Patienten gleichzeitig, so dass die Arbeitsorganisation jederzeit von anderen Patientenbedürfnissen unterbrochen oder auf den Kopf gestellt werden kann.

3 Empirische Erhebungen

3.1 Daten und Methodik

Die empirischen Erkenntnisse unserer Untersuchung speisen sich aus drei Studien. Zum einen aus einer qualitativen und quantitativen DFG-Studie, in der u. a. Interviews mit 43 Krankenhausärztinnen und Krankenhausärzten verschiedener Facharztrichtungen und Hierarchiestufen durchgeführt wurden.[3] Zum anderen aus einer zweiten qualitativen Studie mit sechs Krankenhausärztinnen und Krankenhausärzten, die auf den Teilergebnissen der ersten beiden Erhebungen aufbaut

---

[3] Gefördert von der DFG (WI 3706/1–1).

und einen Schwerpunkt im Bereich der Inneren Medizin hat. Ergänzt wird die ärztliche Sicht durch eine dritte qualitative Studie, in der 13 Personen aus der Krankenhausgeschäftsführung befragt wurden.[4] In allen qualitativen Erhebungen wurden leitfadengestützte, problemzentrierte Interviews durchgeführt, die mit Erlaubnis der interviewten Personen digital aufgezeichnet wurden. Alle geführten Interviews wurden vollständig transkribiert und anonymisiert. In die Sekundäranalyse (Medjedović und Witzel 2010) sind ausschließlich jene Interviews und Transkriptpassagen eingegangen, in denen sich die Befragten zum Thema DRG und dem Umgang mit diesen bzw. zum Thema Privatliquidation und Zielvereinbarungen geäußert haben. Der inhaltsanalytische Auswertungsprozess bestand aus einer Mischung von individuellen und gemeinsamen Auswertungsphasen in denen deduktive Kategorien angewendet wurden.

3.2 Zur Arbeit von Krankenhausärztinnen und Krankenhausärzten unter DRG-Bedingungen

3.2.1 DRG und finanzielle Anreizstrukturen: Vom Blindflieger zum Co-Piloten

Wie wir in der Abb. 1 gesehen haben, haben angehende Chefärztinnen und Chefärzte zwar nach wie vor die Möglichkeit, durch die Vertragsgestaltung ein zusätzliches Einkommen über Privatliquidationen zur erlösen; allerdings haben im Zuge der Einführung von DRG, Steuerungsinstrumente in Form von Ziel- und Leistungsvereinbarungen mit Bonusregelungen bei Neuverträgen Einzug in den Krankenhausalltag gehalten. Dies bestätigt eine Vielzahl der interviewten Geschäftsführer:

> Auf Chefarzt-Ebene gibt es Anreizsysteme hauptsächlich materieller Natur. Also Ärzte sprechen Sie eigentlich am besten immer über das Portemonnaie an. Das ist so (Geschäftsführer 04).
> Ja, auf alle Fälle haben wir ein Bonussystem! Je nachdem wie die Vertragsgestaltung ist, die Neuverträge haben alle so Anreize und es gibt ein paar alte noch, die kurz vor der Rente stehen, die haben noch die Uralt-Verträge. Können Sie mit Anreiz kaum locken, der Anreiz ist der Privatpatient (Geschäftsführer 05).

Die interviewten Geschäftsführer betonen, dass die Möglichkeit der Privatliquidation in der Vergangenheit zu opportunistischem Verhalten seitens der Chefärztinnen und

---

[4] Gefördert von der Dr. Werner Jackstädt Stiftung.

Chefärzte geführt habe, weil die lukrative Versorgung der Privatversicherten in Konkurrenz zur allgemeinen Versorgung von Kassenpatientinnen und -patienten stand:

> Wobei ich schon immer gesagt habe: Leute, wer der Meinung ist, dass Geld der falsche Anreiz für die Behandlung ist, der muss doch als aller erstes die Privatliquidation abschaffen. Wenn es im Krankenhaus irgendwo Probleme gibt, da müssen Sie immer als aller erstes nachfragen, wo werden denn in der Abteilung die Privatpatienten versorgt? [...] Das ist ja im Grunde genommen eine Nebentätigkeit, denn unser Hauptauftrag ist die allgemeine Krankenversorgung und nicht der Privatpatienten [...] Also man sollte nicht Ross und Reiter verwechseln (Geschäftsführer 08).
>
> Ich will ja nicht, dass Sie sich nur noch um Privatpatienten kümmern, ich will, dass sie [die Chefärztinnen und Chefärzte] sich auch um den normalen Patienten kümmern. Ich habe hier eine Linie und habe denen klar gesagt, ich will gar nicht, dass Sie mehr verdienen hier. Ja, das wird aber auch akzeptiert. Das ist ein gutes Gehalt, sag ich, und damit können sie sich sehen lassen. Wir wollen nicht, dass sie sich nur noch in Privatsprechstunden zurückziehen und nur Privatpatienten operieren und das war es dann (Geschäftsführer 04).

Insofern ergibt sich auch hier ein ambivalentes Bild bezüglich der Vergütungsstrukturen – zumindest auf der Ebene von Chefärztinnen und Chefärzten. Einerseits wird die Steuerung und Kontrolle medizinischer Leistungen durch die Einführung von DRG transparent und schränkt den ursprünglichen Handlungsspielraum auf der medizinischen Führungsebene auch finanziell ein; andererseits befand sich die Vergütung über viele Jahre hinweg zu ihren Gunsten in einer deutlichen innerbetrieblichen Schieflage, wie dies auch an der Aussage eines leitenden Oberarztes deutlich wird:

> Wir haben derzeit verschiedene Generationen von Chefärzten: Die erste kommt aus den alten profunden Zeiten »Alles wurde zu Gold und zu Geld«, d.h. ich brauchte nur in die Klinik zu gehen, hab einen Chefvertrag und egal ob ich viel oder wenig arbeite, mein Konto steigt, der Porsche steht vor der Haustür und so weiter. Diese Verträge sind seit sagen wir mal 10 Jahren am Aussterben. Das waren so Leute wie mein alter Chef, der ist mit so ca. 2–2,5 Millionen aus dem Haus gegangen ohne, dass er sich dafür überhaupt anzustrengen brauchte. Da hatte man immer das große Problem, lässt man seine Oberärzte dran partizipieren? Ja oder nein, also macht man eine Poolbeteiligung? Das war aber nicht gang und gäbe. So wenn die hier mit 2,5 Millionen raus gingen, dann war man als Oberarzt mit 500 Euro extra im Monat gut bedient. Damit hat man mal so eine Dimension. Und jetzt die neuen Chefs, die haben ja ganz andere Verträge. Die machen ja überhaupt gar keine Abrechnung mehr. Die Abrechnung der Privatpatienten macht die Verwaltung und man sieht überhaupt gar nichts mehr von dem Geld. So, wie bekommt man die Leute motiviert? Das sind diejenigen, die nur daran interessiert sind ein Gehalt zu kassieren, damit sie ihren Lebensstandard halten könne (Oberarzt Innere Medizin).

In der Tat ermächtigt die Einführung von DRG Krankenhausgeschäftsführer, medizinische Leistungen zu steuern und zu kontrollieren. Aus der DRG können diese selbst feststellen, wie viele Erlöse für bestimmte Abteilungen wie Röntgen-, OP-, Anästhesie-Personal, ärztliches Personal der Fachabteilungen, Pflegepersonal der Fachabteilung erzielt wurden. Anhand dieser Kennzahlen ergeben sich nun konkrete Steuerungsmöglichkeiten:

> Die Leistungsmessung ist relativ einfach. Im Zeitalter der DRGs oder der DRG-Abrechnung haben Sie Mengengerüste, statistisches Mengengerüst aus den Leistungen heraus für jede Fachabteilung und aus diesem Mengengerüst können Sie Kennzahlen ableiten (Geschäftsführer 01).

Im Gegensatz dazu wurden die Verhältnisse vor der Einführung von DRG als Blindflug wahrgenommen, wie ein anderer Geschäftsführer im Interview berichtet:

> Früher war das ja ein absoluter Blindflug. Also die Erlösverprobung vor 25 Jahren, da brauchten Sie einen Taschenrechner mit Speicherfunktion. Da gab es den großen und den kleinen Pflegesatz und egal, ob der Patient eine Arthroskopie bekommen hat oder ob der beatmet worden ist auf der Intensivstation. Das war der gleiche Pflegesatz! Also völlig an der Kostenstruktur vorbei (Geschäftsführer 08).

Die freie Sicht auf die Kostenstrukturen wird von den Geschäftsführern nun auch dazu genutzt, das jeweilige Krankenhaus mit einem Cockpit so zu steuern, dass das Krankenhaus wirtschaftlich erfolgreich ist.

> Wir haben da gerade ein sogenanntes Cockpit entwickelt, welches Leistungszahlen, Wirtschaftlichkeitszahlen, aber auch Qualitätskennzahlen enthält. Und insofern steuern wir nach Kennzahlen aus diesen drei Bereichen, Leistungsmenge, Qualität und wirtschaftlicher Erfolg (Geschäftsführer 11).

Das Erfordernis der detaillierten Steuerung ergibt sich wiederum aus der Einführung von DRG, weil diese, Krankenhäuser dazu zwingt, kostendeckend zu arbeiten.

> Es werden in den DRGs nicht abgebildet kleine mittlere Häuser, es wird nicht abgebildet Häuser mit mehreren Standorten. So, und das sind halt politisch gewollte Rahmenbedingungen, die aus meiner Sicht ganz persönlich automatisch zu einer Marktbereinigung führen werden, der kleinen Häuser und der Häuser, die auf mehrere Standorte verteilt sind. Weil einfach der Erlös aus der DRG die erhöhten Aufwendungen nicht mehr abdeckt. Also die Kosten-Erlös-Schere geht bei allen Krankenhäusern immer weiter auf und je kleiner ein Haus ist, desto weniger kann man das abfangen durch Mehrleistungen und desto schneller kommt man eben in eine wirtschaftliche Schieflage (Geschäftsführer 07).

Insofern ist die flächendeckende Einführung von DRGs aus Sicht der Krankenhausgeschäftsführer Fluch und Segen zugleich: Zwar führt die geschaffene Transparenz, wie bereits oben beschrieben, zu einer organisationalen Machtverschiebung zugunsten der Krankenhausgeschäftsführer; allerdings stehen Krankenhäuser untereinander im Wettbewerb und verfügen über begrenzte Ressourcen.

3.2.2 DRG aus Sicht der Ärzteschaft: Grenzverweildauern zwischen Punktlandung und Komplizenschaft

In der Gesamtbetrachtung haben viele Ärztinnen und Ärzte vor allem die gestiegene Verwaltungsarbeit durch die Einführung von DRGs beklagt. Vonseiten der Krankenhausverwaltung wird den Aussagen der Ärztinnen und Ärzte zufolge, zudem eine immer umfassendere Dokumentation eingefordert, um unter anderem auch die Kodierung zu optimieren, wie es folgendes Zitat zusammenfasst:

> Das nimmt viel Zeit in Anspruch, das ist sehr wichtig, wird von der Verwaltung natürlich ganz hoch aufgehängt, weil wir natürlich da unsere Erlöse kriegen und werden daran auch gemessen, ob wir gut sind, oder ob wir genügend Patienten behandeln und genügend Case-Mix-Punkte einholen. Und das ist natürlich eigentlich nicht so originär medizinische Arbeit (Chefarzt Chirurgie).

Die beiden Faktoren *Behandlung* und *Patient* lassen sich im Idealfall als „*Punktlandung*" organisieren, wie es ein befragter Chefarzt beschreibt. Damit meint er die fristgerechte Entlassung innerhalb der Grenzverweildauer, an dem die volle Pauschale ausgeschöpft wird. Das Handlungsrepertoire der Ärzteschaft, um diesen Zeitraum einzuhalten, lässt sich mit Abb. 2 veranschaulichen.

Die Abbildung macht deutlich, dass zu unterschiedlichen Zeitpunkten verschiedene Strategien zum Einsatz kommen. Wir möchten dabei vor allem auf zwei Varianten (Einweihen und Brücken bauen) eingehen, die vor der Punktlandung stehen und die wir *Komplizenschaft* nennen.

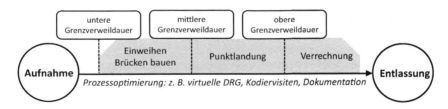

Abb. 2 Strategien der Patientensteuerung. (Niehaus und Wilkesmann 2017, S. 226)

> Es gibt ja Ärzte, deren Ethos so aussieht, dass sie dem Patienten gegenüber immer als das Heilbringende auftreten wollen. Bei mir ist es so, dass ich schon bei Patienten auch das Thema Entgelt und Erlössituation thematisiere, wenn es zum Beispiel darum geht, dass wir Komplexbehandlungen durchführen mit Kunsttherapien. Dass ich den Patienten erkläre warum es wichtig ist, dass sie sieben Tage bleiben, weil wir sonst statt Tausendfünfhundert Euro null Euro kriegen, wenn sie nur sechs Tage bleiben (Oberarzt Innere Medizin).

An dem vom Oberarzt beschriebenen Fall lässt sich zeigen, wie es der Ärzteschaft gelingen kann, sich die Kooperationsbereitschaft der Patientinnen und Patienten zu sichern, indem sie diese in die Erlössituation einweihen. Damit werden diese gewissermaßen zu *Komplizen,* weil sie sich gegen den Erlösdruck der Klinik verschwören. Dieses *Einweihen* gelingt oder anders gesagt fliegt deshalb nicht auf, weil innerhalb der Arzt-Patient-Beziehung ein besonderes professionsbedingtes Vertrauens- und auch ein Abhängigkeitsverhältnis besteht, das etwa von rechtlichen Institutionen wie der Schweigepflicht abgesichert wird. Die folgende Strategie des *„Brücken bauens",* von dem ein anderer Oberarzt erzählt, steht dem zwar entgegen, da er die finanziellen Zwänge gerade nicht lüftet. Er instrumentalisiert aber ähnlich wie sein Kollege seinen Vertrauensbonus.

> Die sprache ich nur dann an, wenn ein Patient mit vielen chronischen Krankheiten kommt und wir den einfach nicht länger stationär lassen können, und dann muss ich – sage ich das nicht so konkret, aber ich sag dann natürlich – ich bau dann Brücken und sag: »Dann gehen sie erst mal nach Hause und wenn es nicht besser wird, dann kommen sie halt irgendwann wieder.« Also es wird dann schon erklärt, dass man nicht alles für einen Patienten leisten kann, aber ich sag ihm natürlich nicht: »Sie haben jetzt die Grenzverweildauer erreicht, sie müssen nach Hause gehen.« Das können sie nicht machen, das ist unmenschlich [...] Wir hatten mal eine Phase, da haben wir jeden Tag die Patienten vorgelesen: »Wo sind die in ihrer Verweildauer?« und wir haben genau begründen müssen, warum der ein oder andere länger liegt. Das ist eine absurde Medizin (Oberarzt Innere Medizin).

Wie handeln Ärztinnen und Ärzte aber in Fällen, wo sich die Patienten aus medizinischen (z. B. Komorbidität) oder sozialen (z. B. ungeklärte poststationäre Versorgung) Gründen nicht innerhalb der Grenzverweildauer bewegen lassen?

> Das Krankenhaus hat überhaupt gar kein Interesse daran, dass wir neben dem Problem mit dem der Patient zu uns gekommen ist, noch andere Probleme angehen oder lösen, weil die oftmals kostenträchtig, aber nicht erlösrelevant sind. Und das ist immer so, dass es Patienten gibt, wo man dann letztlich die Probleme rechts und links zwar sieht aber sagt: »Die sind jetzt nicht akut, das muss nun nicht gelöst werden.« Und von daher schicken wir den Patienten DRG-konform nach Hause und schreiben dem Hausarzt was er beachten soll. Oder es gibt natürlich schon

> Patienten, wo man sich dann mal über diese Kostenaspekte hinwegsetzt und sagt: »Jetzt müssen wir aber schon gucken, dass wir den irgendwo ganzheitlich vernünftig behandelt kriegen und können ihn jetzt nicht nur mit meinetwegen einem neuen Schrittmacher nach Hause schicken.« Letztlich macht es so ein bisschen die Mischung von beidem, dass man das kostenmäßig nicht völlig aus dem Ruder laufen lässt. Und andererseits irgendwo versucht eine vernünftige Patientenversorgung noch zu gewährleisten (Chefarzt Innere Medizin).

Die zitierte Passage zeigt zum einen, dass problematische – sprich versorgungsintensive – Patienten unter anderem *outgesourced* und auf die Niedergelassenen abgewälzt werden. Zum anderen, dass solche Fälle kurz gesprochen mit Routinefällen und Punktlandungen verrechnet werden. Diese Praxis ließe sich, den Aussagen weiter folgend, indes nur dann ‚verantworten' und intern legitimieren, wenn die übrigen Fallzahlen stimmten.

Um sicherzustellen, dass solche Punktlandungen in ausreichender Anzahl vorhanden sind, werden neben den geschilderten Fallzahlsteigerungen auch vielfältige Maßnahmen zur Überwachung und Optimierung der DRG z. B. in Person von Case-Managern angestoßen.

> Die Case-Manager sorgen für die Verweildauersteuerung, indem sie die Diagnosen und Eingriffe kodieren, Hauptdiagnosen kodieren und regelmäßig die DRG validieren. [...] Zum Beispiel muss ein Patient bei der aktuellen Kodierung nach vier Tagen raus und sobald wir merken, der kommt in die Nähe dieser mittleren Verweildauer, wird beim Arzt auch nachgefragt: Gibt es weitere Diagnosen? Gibt es weitere Eingriffe, die ihr noch plant? Was können wir schon mal so vorkodieren, um eine neue Arbeits-DRG zu generieren, die die Verweildauer rechtfertigt. Und dann springt die Ampel auf gelb oder auf rot also beim Überschreiten der oberen Grenzverweildauer (Geschäftsführer 01).

Neben der Etablierung von Case-Managern, zumeist ehemalige Pflegefachkräfte, die Weiterbildungen im Bereich DRG absolvieren, übernehmen zunehmend auch Leitende Ärztinnen und Ärzte selbst diese Funktion. Ein Oberarzt berichtet hierzu von einer regelmäßigen *Kodiervisite:*

> Zum Beispiel ist aus dieser DRG-Runde erwachsen, dass wir jetzt eine visitenbegleitende Kodierung machen. Jede Station trifft sich mit dem Stationsarzt, mit der Kodierfachkraft und dem DRG-beauftragten Oberarzt zweimal in der Woche, um möglichst schon am Datensatz zu arbeiten und bei Entlassung eigentlich den Datensatz schon auf die Reise schicken zu können (Oberarzt Innere Medizin).

Diese berufsgruppenübergreifenden Visiten sind nicht nur zeit- und personalintensiv, sie legen auch eine dahinter liegende Anreizstruktur offen. Demnach rentiert es sich weitaus mehr, den „Datensatz" der Patientinnen und Patienten zu bearbeiten, als beispielsweise eine psycho-soziale Betreuung zu leisten. Diese ist nämlich nur eingeschränkt kodierfähig und somit kaum erlösrelevant.

4 Fazit

Der Blick in die Vergangenheit hat gezeigt, dass die Profession der Ärzteschaft dem Geld noch nie abgeneigt war. Auch noch heute gehören Ärztinnen und Ärzte zu den höheren Einkommensgruppen. Allerdings hat sich nicht nur die Gratifikation ärztlicher Leistungen durch die Einführung von DRG grundlegend gewandelt, sondern es haben sich neue Kontroll- und Steuerungsmöglichkeiten medizinischer Arbeit entwickelt. Zusammengefasst ermöglicht das DRG-System ein Steuerungsmanöver zweifacher Art: Erstens, indem die Ärzteschaft über Zielvereinbarungen in die wirtschaftliche Mitverantwortung genommen und gleichfalls von der Krankenhausleitung gesteuert werden kann, weil sich diese Ziele informationstechnisch anhand von Diagnosen und Case-Mixes aufstellen und auch kontrollieren lassen. Zweitens, indem Vorgaben zur Grenzverweildauer durch die Fallpauschalen gemacht werden, welche dann in den Verantwortungsbereich der Ärztinnen und Ärzte verlagert werden und diese sich damit konfrontiert sehen, die Behandlung auf diesen Zeitpunkt hin auszurichten. Das Erfordernis der detaillierten Steuerung ergibt sich wiederum aus dem Umstand, dass sich die Krankenhäuser auf Basis von DRG-Vergleichen in einem permanenten Wettbewerb zueinander befinden.

Dass der Imperativ aus Fallzahlsteigerung und Entlassungen zur Grenzverweildauer Widersprüche und Dilemmata auslöst, legen die Passagen aus den Interviews ebenfalls nahe. Im Fall der Ärzteschaft ist die Konfrontation mit den Grenzen der Steuerbarkeit der Patientinnen und Patienten innerhalb des Klinikbetriebes deshalb von weitreichender Relevanz, weil sie immer auch als eine *Grenzerfahrung* der Profession zu deuten ist (Niehaus und Wilkesmann 2017). Denn an ihnen zeigt sich das von unseren Befragten extensiv thematisierte und in der Literatur vielfach dokumentierte „Orientierungsdilemma" (Bode 2010, S. 203), welches aus ökonomischen Zwängen einerseits und medizinischen Anforderungen sowie professionsethischen Bedenken andererseits besteht. Die hierbei entwickelten Umgangsweisen und persönlichen Konsequenzen scheinen unseren Auswertungen zufolge vor allem von ihrer hierarchischen Position sowie von der (wahrgenommenen) Intensität ihrer wirtschaftlichen Mitverantwortung abzuhängen. Als Flaschenhals stellt sich in unseren Untersuchungen vor allem die (personelle) Ressourcenausstattung dar. Von ihr hängt letztlich auch ab, für wie realistisch bzw. realitätsfern die Fallzahlvorgaben von den Ärztinnen und Ärzten wahrgenommen werden – und dies mit weitreichenden Konsequenzen für die Motivation der Beschäftigten.

Insofern ist die Reichweite der DRG-Einführung, wie unsere Analysen zeigen, sowohl für die alltagspraktische Bedeutung als auch für die Einkommenssituation von Krankenhausärztinnen und Krankenhausärzten als Angehörige einer klassischen Profession nicht zu unterschätzen. Für die Krankenhausleitungen sind die DRG ein Vehikel für die Umsetzung weitreichender Steuerungsarrangements und die Eroberung von Machtzonen. Hier sehen sich insbesondere Chefärztinnen und Chefärzte als Folge der Einführung von DRG nicht nur mit schlechteren Vergütungsbedingungen ihrer Leistungen, sondern auch mit der aus ihrer persönlichen Sicht – mittlerweile allerdings auch aus der betriebswirtschaftlichen Perspektive (Lohmann 2017) – nicht adäquaten Kontrolle und externen Steuerung ihrer medizinischen Leistung konfrontiert. Diese Wahrnehmung betrifft nicht nur die oberste Arztriege, sondern auch alle Nachgeordneten, die mitunter ebenfalls mit Zielvorgaben konfrontiert werden (Wilkesmann 2016b). Die Kritik an der klinischen Arbeit unter DRG-Bedingungen reicht bei den befragten Ärztinnen und Ärzten bisweilen soweit, dass sie nach alternativen Karrierepfaden Ausschau halten, etwa die Niederlassung in eigener Praxis, die Arbeitsmigration in ausländische Gesundheitssysteme oder aber in Form von honorarärztlichen Tätigkeiten (Wilkesmann et al. 2015). Diese Alternativen stellen sich insbesondere für Fach- und Oberärztinnen und -ärzte, weil diese – im Gegensatz zu Assistenzärztinnen und Assistenzärzten – über die entsprechenden fachlichen (Weiter-) Qualifikationen innerhalb der Profession verfügen und nicht (mehr) an die Organisation Krankenhaus gebunden sind.

Literatur

Bär, S. (2011). *Das Krankenhaus zwischen ökonomischer und medizinischer Vernunft. Krankenhausmanager und ihre Konzepte*. Wiesbaden: VS Verlag.
Bode, I. (2010). Die Malaise der Krankenhäuser. *Leviathan, 38*(2), 189–211.
Braun, B. (2009). Krankenhaus unter DRG-Bedingungen. Zwischen Ökonomisierung, Unwirtschaftlichkeit, Veränderungsresistenz und Desorganisation. In R. Böckmann (Hrsg.), *Gesundheitsversorgung zwischen Solidarität und Wettbewerb* (S. 117–139). Wiesbaden: VS Verlag.
Braun, B., Buhr, P., Klinke, S., Müller, R., & Rosenbrock, R. (2010). *Pauschalpatienten, Kurzlieger und Draufzahler – Auswirkungen der DRGs auf Versorgungsqualität und Arbeitsbedingungen im Krankenhaus, Krankenhausmanagement*. Bern: Huber.

Bräutigam, C., Evans M., Hilbert J., & Öz, F. 2014. *Arbeitsreport Krankenhaus. Eine Online-Befragung von Beschäftigten deutscher Krankenhäuser.* Düsseldorf.
Dent, M. (2005). Post-new public management in public sector hospitals? The UK, Germany and Italy. *Policy & Politics, 33*(4), 623–636.
Destatis. (2004). *Gesundheit. Grunddaten der Krankenhäuser.* Bonn.
Destatis. (2017a). *Fallpauschalenbezogene Krankenhausstatistik (DRG-Statistik) Diagnosen, Prozeduren, Fallpauschalen und Case Mix der vollstationären Patientinnen und Patienten in Krankenhäusern.* Wiesbaden: Statistisches Bundesamt.
Destatis. (2017b). *Gesundheit. Grunddaten der Krankenhäuser.* Bonn.
Eckart, W. U. (2004). *Geschichte der Medizin.* Berlin: Springer.
Ernst, C., & Szczesny, A. (2005). Cost accounting implications of surgical learning in the DRG era – Data evidence from a German hospital. *Schmalenbach Business Review, 57*(2), 127–166.
Ferlie, E., Ashburner, L., Fitzgerald, L., & Pettigrew, A. (1996). *The new public management in action.* Oxford: Oxford University Press.
Flintrop, J. (2013). Zielvereinbarungen in Chefarztverträgen: Wo der Rubikon überschritten ist. *Deutsches Ärzteblatt, 110* (45), A-2108/B-1864/C-1820.
Gitter, W. (1975). *Zum Privatliquidationsrecht leitender Krankenhausärzte. Rechtsbeziehungen zwischen Arzt, Krankenhaus und Patient.* Köln: Verband der privaten Krankenversicherung.
Heberer, J., & Hüttl, P. (2010). Ursache für das Scheitern chirurgischer Chefärzte. *Der Chirurg, 81*(10), 715–718.
Herold-Schmidt, H. (1997). Ärztliche Interessenvertretung im Kaiserreich 1971–1914. In R. Jütte (Hrsg.), *Geschichte der deutschen Ärzteschaft* (S. 43–95). Köln: Deutscher Ärzte-Verlag.
Hüttl, P. (2011). *Arbeitsrecht in Krankenhaus und Arztpraxis.* Berlin: MWV.
Imdahl, H. (2010). Die Privatisierung von Krankenhäusern. In F. Heubel, M. Kettner, & A. Manzeschke (Hrsg.), *Krankenhausprivatisierung: Auch unter DRG-Bedingungen ein Erfolgsmodell?* (S. 59–76). Wiesbaden: VS Verlag.
Kühn, H. (2004). Ethische Probleme der Ökonomisierung von Krankenhausarbeit. In A. Büssing & J. Glaser (Hrsg.), *Dienstleistungsqualität und Qualität des Arbeitslebens im Krankenhaus* (S. 77–98). Göttingen: Hogrefe.
Lohmann, C. (2017). Die Gestaltung von Zielvereinbarungen in Chefarztverträgen unter Berücksichtigung von regulatorischen Vorgaben. *Gesundheitsökonomie & Qualitätsmanagement, 22*(3), 159–165.
Lüngen, M., & Lauterbach, K. W. (2002). Wandel der Krankenhausfinanzierung. *Betriebswirtschaftliche Forschung und Praxis, 54*(4), 419–431.
Marburger Bund und IQME. (2017). *MB-Monitor 2017. Ergebnisbericht der Mitgliederbefragung.*
Martin, W. (2016). Chefarztpositionen im Wandel. In U. Deichert, W. Höppner, & J. Steller (Hrsg.), *Traumjob oder Albtraum – Chefarzt m/w: Ein Rat- und Perspektivgeber* (S. 9–15). Berlin: Springer.
McLaughlin, K., Osborne, S. P., & Ferlie, E. (Hrsg.). (2001). *New public management: Current trends and future prospects.* New York: Routledge.
Medjedović, I., & Witzel, A. (2010). *Wiederverwendung qualitativer Daten. Archivierung und Sekundärnutzung qualitativer Interviewtranskripte.* Wiesbaden: VS Verlag.

Nagel, E., & Kunze, B. (2009). Die Auswirkungen der DRG-Einführung auf Berufsethos, Arbeitsbedingungen und Versorgungsprozesse in Krankenhäusern – Case Management als Lösungsstrategie? In F. W. Schwartz & P. Angerer (Hrsg.), *Arbeitsbedingungen und Befinden von Ärztinnen und Ärzten. Befunde und Interventionen* (S. 263–270). Köln: Deutscher Ärzte-Verlag.

Niehaus, J., & Wilkesmann, M. (2017). Komplizen wider Willen. Möglichkeiten und Grenzen der Steuerung ärztlicher interaktiver Arbeit im Krankenhaus. In L. Neuhaus & O. Käch (Hrsg.), *Bedingte Professionalität. Professionelles Handeln im Kontext von Institution und Organisation* (S. 208–238). Weinheim: Beltz Juventa.

Reifferscheid, A., Pomorin, N., & Wasem, J. (2015). Ausmaß von Rationierung und Überversorgung in der stationären Versorgung. Ergebnisse einer bundesweiten Umfrage in deutschen Krankenhäusern. *Deutsche Medizinische Wochenschrift, 140*(13), 129–135.

Ridder, H.-G., Doege, V., & Martini, S. (2007). Differences in the implementation of diagnosis-related groups across clinical departments: A German hospital case study. *Health Services Research, 42*(6 Pt 1), 2120–2139.

Rohde, J. J. (1974). *Soziologie des Krankenhauses*. Stuttgart: Enke.

Rüsch, S., Wilkesmann, M., & Lachmann, M. (2016). Kirchliche Krankenhäuser im strategischen Wandel. Studienergebnisse zur Strategieauswahl und -implementierung in christlichen Krankenhäusern. *Soziologische Arbeitspapiere der Technischen Universität Dortmund, 2017*(51), 1–40.

Siepmann, M., & Groneberg, D. A. (2012). Der Arztberuf als Profession – Deprofessionalisierung. *Zentralblatt für Arbeitsmedizin, Arbeitsschutz und Ergonomie, 62,* 288–292.

Simon, M. (2013). Das deutsche DRG-System: Grundsätzliche Konstruktionsfehler. *Deutsches Ärzteblatt 110* (39), A-1782/B-1572/C-1548.

Verband leitender Krankenhausärzte. (2016). *Zwischenbilanz des VLK zu „Zielvereinbarungen in Chefarztverträgen"*. Berlin.

Wehkamp, K.-H., & Naegler, H. (2017). Ökonomisierung patientenbezogener Entscheidungen im Krankenhaus. *Deutsches Ärzteblatt, 114*(47), 797–804.

Wendt, C. (2005). Der Gesundheitssystemvergleich: Konzepte und Perspektiven. *Arbeitspapier.* http://www.mzes.uni-mannheim.de/publications/wp/wp-88.pdf. Zugegriffen: 10. Febr. 2018.

Wiesing, U., & Markmann, G. (2009). *Freiheit und Ethos des Arztes. Herausforderungen durch evidenzbasierte Medizin und Mittelknappheit*. Freiburg: Karl Alber.

Wilkesmann, M. (2016a). From demigods in white to normal employees: Employment relations and new incentive structures in German hospitals. In P. Mattei (Hrsg.), *Public accountability and health care governance. Public management reforms between austerity and democracy* (S. 91–114). Basingstoke: Palgrave Macmillan.

Wilkesmann, M. (2016b). Von Fürsten zu Knechten. Aktuelle Transformationsprozesse in der Organisation Krankenhaus am Beispiel der Ärzteschaft. In W. Vogd & I. Bode (Hrsg.), *Mutationen des Krankenhauses. Soziologische Diagnosen in organisations- und gesellschaftstheoretischer Perspektive* (S. 207–228). Wiesbaden: Springer VS.

Wilkesmann, M., Apitzsch, B., & Ruiner, C. (2015). Von der Deprofessionalisierung zur Reprofessionalisierung im Krankenhaus? Honorarärzte zwischen Markt. *Organisation und Profession. Soziale Welt, 66*(3), 327–345.

Wilmanns, J. C. (2003). Die ersten Krankenhäuser der Welt. Sanitätsdienst des Römischen Reiches schuf erstmals professionelle medizinische Versorgung. *Deutsches Ärzteblatt 100* (40): A2592–A2597.

Die Diskussion um Chefarzt-Boni in Deutschland und der Schweiz

Margrit Fäßler und Nikola Biller-Andorno

Zusammenfassung

Erfolgsabhängige Boni, wie sie Bankmanager regelmäßig erhalten, werden in Deutschland seit etwa fünfzehn Jahren mitunter auch an Chefärzte oder leitende Ärzte gezahlt. Diese Tatsache löste bei Teilen der Ärzteschaft und der Bevölkerung ein Echo von Unverständnis, Verwunderung und Ablehnung aus. Die Befürchtung ist, dass vor allem leistungsmengenabhängige Zusatzzahlungen an Ärzte Fehlanreize darstellen, die zu Fallzahlsteigerungen und Überbehandlung führen und damit zu Nachteilen für die Patienten und zu unnötigen Kostensteigerungen im Gesundheitssystem. Darüber hinaus kann es zu einem deutlichen Vertrauensverlust der Bevölkerung gegenüber Ärzten kommen mit einer Beeinträchtigung der Arzt-Patient-Beziehung. Der Umgang mit dieser Problematik in der Ärzteschaft und der Öffentlichkeit sowie die Entwicklung der Ereignisse in Deutschland und der Schweiz werden beschrieben und kritisch hinterfragt.

M. Fäßler (✉) · N. Biller-Andorno
Zürich, Schweiz
E-Mail: faessler@ibme.uzh.ch

N. Biller-Andorno
E-Mail: biller-andorno@ibme.uzh.ch

© Springer Fachmedien Wiesbaden GmbH, ein Teil von Springer Nature 2019
A. Dieterich et al. (Hrsg.), *Geld im Krankenhaus*,
https://doi.org/10.1007/978-3-658-24807-9_8

1 Einführung und ethische Problematik von Fehlanreizen für die Ärzteschaft

Erfolgsabhängige Boni, wie sie Bankmanager regelmäßig erhalten, werden in Deutschland seit etwa fünfzehn Jahren mitunter auch an Chefärzte oder andere leitende Ärzte gezahlt. Sie beruhen zumeist auf der Erreichung vereinbarter quantitativer Zielgrößen wie Fallzahlen, Belegung, Case Mix Index und der Einhaltung von Kosten- oder Erlösbudgets. Berichte über solche Boni-Zahlungen lösten bei Teilen der Ärzteschaft und der Bevölkerung ein Echo von Unverständnis, Verwunderung und Ablehnung aus. Pressemeldungen beriefen sich dabei auf wiederholte Studien der Unternehmensberatung Kienbaum seit dem Jahr 1995.

Befeuert durch den Göttinger Transplantationsskandal im Jahr 2012 entzündete sich eine Debatte, dass die ärztliche Unabhängigkeit durch Fehlanreize wie zielbezogene Boni gefährdet sei (Flinthrop 2013). Bestimmte Formen der finanziellen Vergütung an Ärzte und Ärztinnen erscheinen als Anreiz, ausgewählte medizinische Interventionen vor allem wegen des finanziellen Vorteils durchzuführen und dabei die Interessen der Patienten und Patientinnen aus dem Auge zu verlieren. Anderseits führt die Konzentration auf ökonomisch rentable Leistungen dazu, dass finanziell nicht lohnenswerte Leistungen seltener oder nicht erbracht werden. Diese Diskussion über Fehlanreize und vermehrte Orientierung an ökonomischen Vorgaben war zwar nicht neu, aber sie tauchte mit den Schlagzeilen über Boni für Chefärzte vermehrt auch in der Tages- und Laienpresse auf.

Die Patientenorientierung ist ein Kerngedanke des ärztlichen Ethos, welcher in vielen Berufsordnungen weltweit und in ethischen Leitlinien für Ärzte verankert ist. Prinzipiell steht dem Primat der Patientenorientierung jedoch die Knappheit der finanziellen Mittel gegenüber, die für die Gesundheitsversorgung zur Verfügung stehen. Diese Ressourcenknappheit hat im Verlauf der Zeit immer wieder verschiedene Reformen von Gesundheitssystemen bedingt, eine große Reform im Bereich der stationären Gesundheitsversorgung war die Einführung der Fallpauschalen (DRGs) im Jahr 2002 in Deutschland und 2012 in der Schweiz, siehe auch Abb. 1 – Stationen der Diskussion um die Chefarzt-Boni in Deutschland und der Schweiz (Wild et al. 2015).

Im Zuge solcher Reformen fühlt sich die Ärzteschaft unter Druck gesetzt, ökonomisch motivierte klinische Entscheidungen zu treffen, auch wenn sie dem besten Interesse der Patienten zuwider laufen. Selektive Unter- und Überbehandlung, Fallsplitting und Rosinenpickerei sind die Folge und Ausdruck der sogenannten Ökonomisierung (Fäßler et al. 2015; Knoll et al. 2018). Darunter versteht man im Allgemeinen die Einführung marktwirtschaftlicher Prinzipien in Bereichen, in

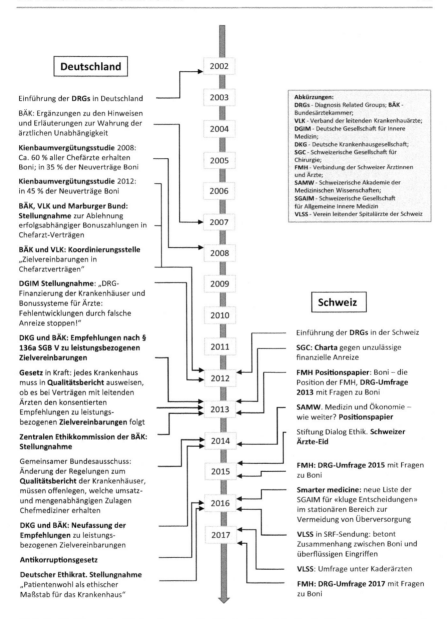

Abb. 1 Stationen der Diskussion um die Chefarzt-Boni in Deutschland und der Schweiz. Quelle: eigene Darstellung

denen sie in der Vergangenheit eher eine untergeordnete Rolle gespielt haben. Als Ursachen der Ökonomisierung in deutschen Krankenhäusern werden neben den Fallpauschalen auch die Privatisierung von Krankenhäusern mit früher öffentlich-rechtlicher Trägerschaft und die unzureichende Investitionsfinanzierung durch die Bundesländer gesehen (Fricke 2017).

Da marktwirtschaftliches Denken und Handeln auf finanziellen Profit ausgerichtet ist, steht es im Gesundheitswesen im starken Kontrast zum Prinzip der Patientenorientierung. Die beiden Aspekte müssen sich nicht zwangsläufig widersprechen, schließlich muss sich eine sinnvolle medizinische Versorgungsleistung auch für das Krankenhaus lohnen, damit es gut ausgestattet und funktionstüchtig bleibt. Der Gedanke der Profitgenerierung zum Nutzen privater Investoren ist jedoch schwer mit dem Gedanken der Solidargemeinschaft in Einklang zu bringen, auf dem das deutsche Sozialversicherungssystem basiert.

Um die im Gesundheitssystem tätigen Akteure in Richtung Gewinnoptimierung zu orientieren, sind verschiedene Veränderungen in der Organisation der Krankenhäuser eingeführt worden, die teilweise von kaufmännischen Geschäftsführern oder auch von beauftragten Unternehmensberatungen gelenkt wurden. Dies soll nicht heißen, dass die neue Gruppe der BWL-geprägten Geschäftsführer und ihre Handlungsimperative primär für die Ökonomisierung im Gesundheitswesen verantwortlich gemacht werden sollen – die Wegebnung oder Weichenstellung für die Entwicklung war politisch initiiert und begründet mit möglichen Effizienzsteigerungen und Kosteneinsparungen im Krankenhaussektor.

Als eine Maßnahme zur Gewinnoptimierung sind bestimmte leistungsbezogene Gehaltsbestandteile zu verstehen, die dann ausbezahlt werden, wenn ein bestimmtes zuvor vereinbartes Ziel innerhalb eines gewissen Zeitraums erreicht wurde. Abhängig von der jeweiligen Zielvereinbarung können solche finanziellen Anreize dem ärztlichen Ethos widersprechen und werden diesbezüglich als Fehlanreize eingestuft, zumindest aus ärztlicher Sicht. Als Beispiel kommen hier Bonuszahlungen infrage, die dann gegeben werden, wenn eine bestimmte Fallzahl von Operationen, Prozeduren oder Case-Mix-Indices erreicht werden. Hierbei besteht die Gefahr, dass die Indikationsstellung bei Patienten zu großzügig erfolgt oder sogar unnötige und damit potenziell schädliche Interventionen für den Patienten durchgeführt werden. Überlegt man sich jedoch einen anderen Fall, dass Bonuszahlungen dann erfolgen, wenn die Qualität der ärztlichen Behandlung steigt, beispielsweise durch weniger nosokomiale Infektionen oder durch Vermeidung ärztlicher Fehler, so sind diese Ziele sowohl für den Patienten als auch für den Arzt vorteilhaft. Die Anreize der Kategorie „Volumengenerierung" dürften jedoch die häufigere Variante in der Praxis sein, da davon auszugehen ist, dass sie mit höherer Umsatzsteigerung verbunden sind.

Die Betrachtung von Fehlanreizen, ihrer Intentionen und Auswirkungen ist recht komplex, verschiedene Aspekte wie das ärztliche Ethos, das Weisungsrecht des Arbeitgebers und Motivationen ärztlichen Handelns spielen hierbei eine Rolle. Es könnte argumentiert werden, dass der einzelne Arzt oder die Ärztin immer die Bedürfnisse ihrer Patienten und damit die Einhaltung ihres Berufsethos im Blick haben kann und sich von eventuellen Fehlanreizen nicht beeinflussen lässt. Das ist jedoch Augenwischerei oder Wunschdenken, weil Ärzte auch Menschen sind, die auf Belohnungsmechanismen reagieren. Außerdem sind Ärzte, die unter Vorgesetzten arbeiten, zur Loyalität verpflichtet und wenn man in der fachlichen Ausbildung oder auf der Karriereleiter weiterkommen möchte, so ist es als Arzt oft ratsam, den Vorgaben, auch jenen, die nur mündlich und implizit gegeben wurden, zu folgen.

Prinzipiell unterliegen die angestellten Ärzte in Deutschland und der Schweiz dem allgemeinen Weisungsrecht des Arbeitgebers. Bei Ärzten handelt es sich aber um unzulässige Weisungen, wenn es sich um eine Weisung mit ärztlichem Fachbezug von einem Nichtarzt handelt. Hier besteht ein Leistungsverweigerungsrecht, das jeweils in den Berufsordnungen festgeschrieben ist (Dierstein 2013). Die Geltendmachung dieses Recht dürfte sich jedoch schwierig gestalten, da Abmahnungen, Entlassungsandrohungen bis hin zu gerichtlichen Auseinandersetzungen drohen. Aus der Motivationsforschung ist bekannt, dass es besonders zwei wichtige Formen der Motivation gibt, die durch finanzielle Anreize (extrinsische Motivation, zweckorientiert) und die Motivation für das Handeln um seiner selbst willen, die an sozialen Normen orientiert ist (intrinsische Motivation). Intrinsische Präferenzen können durch extrinsische Anreize verdrängt oder reduziert werden (Osterloh und Rost 2008; Fehr und Gächter 2002; Fehr und Rockenbach 2003).

Ob eine langfristige Leistungssteigerung durch einen variablen Leistungslohn (Pay for Performance, P4P) erreicht werden kann, wird durch eine Analyse von 22 systematischen Reviews zu P4P in der Gesundheitsversorgung angezweifelt. Sie kam zu dem Ergebnis, dass trotz der weiten Verbreitung kostspieliger P4P-Programme die Datenlage ungenügend ist, um eine Implementation von P4P zu empfehlen (Eijkenaar et al. 2013). Darüber hinaus fand man einige Evidenz dass es zu einer Leistungssteigerung kommt, wenn den Mitarbeitern Feedback gegeben wird (ebd.). Weiterhin fand eine Arbeit der Cochrane Database of Systematic Reviews mit 32 eingeschlossenen Studien keine Evidenz dafür, dass finanzielle Anreize die patientenbezogenen Behandlungsergebnisse verbessern können (Flodgren et al. 2011).

Im Mittelpunkt der ethischen Betrachtung der Problematik von Fehlanreizen und ärztlichen Handlungen, die nicht konform mit dem Berufsethos sind, steht der Konflikt zweier Normsysteme – dem System des Patientenwohls und damit des medizinischen Berufsethos und dem System der „Primärorientierung" an ökonomischen Kriterien (Deutscher Ethikrat 2016). Durch die ökonomischen Rahmenbedingungen haben Arbeitsdruck und Arbeitsverdichtung zugenommen und damit Zeit für die Zuwendung zu den Patienten und ihre ganzheitliche Betrachtung abgenommen. In der Stellungnahme „Patientenwohl als ethischer Maßstab für das Krankenhaus" des Deutschen Ethikrates im Jahr 2016 wird konstatiert, „[f]ür die Ärzteschaft ist es in diesem Zusammenhang von erheblicher Bedeutung, sich in einem strukturierten Prozess der ethischen Grundlagen ihres Berufes vergewissern zu können. Ein Ziel muss die Sicherstellung eines auf den individuellen Patienten und seinen spezifischen Bedarf abstellenden ärztlichen Handelns sein." Worin dieser strukturierte Prozess konkret bestehen kann, wird offengelassen.

Eine Lösung des Konflikts dieser zwei Normsysteme ist nicht leicht zu finden. Da die Primärorientierung an ökonomischen Kriterien von der Politik vorgegeben wird, kann die Ärzteschaft der Dominanz dieses Normensystems nur dadurch entgegenwirken, indem sie kontinuierlich und mit Nachdruck organisierten Widerstand leistet.

Berufsrechtlich bindend ist die (Muster-)Berufsordnung für Ärzte (MBO-Ä), bei der im § 23 Absatz 2 gefordert wird, dass in Bezug auf Vergütungsvereinbarungen in Arbeits- oder Dienstverhältnissen die Unabhängigkeit der medizinischen Entscheidungen des Arztes sichergestellt sein muss (Bundesärztekammer 2015b). Weitere für die Boni-Diskussion relevante Regelungen finden sich in Abb. 2 und für die Schweiz in Abb. 3.

2 Die Diskussion um die Boni-Regelungen in Chefarztverträgen in Deutschland

Ein von der Politik verfolgtes Ziel der DRG-Einführung war der forcierte Wettbewerb zwischen den Krankenhäusern, damit die wirtschaftlich weniger gut agierenden geschlossen werden und so Überkapazitäten in Deutschland reduziert werden. Es ist allgemein bekannt, dass sich die Krankenhäuser unter der DRG-Finanzierung seit dem Jahr 2002 unter einem stetigen Kostendruck befanden, sodass gemäß einer eigenen Analyse der Krankenhaus Barometer des Deutschen Krankenhausinstituts zwischen einem Drittel und der Hälfte der Krankenhäuser rote Zahlen schrieb, siehe Tab. 1 (z. B. 2016). Tatsächlich wurden in Deutschland

> § 23 Ärztinnen und Ärzte im Beschäftigungsverhältnis, Abs. 2
>
> Auch in einem Arbeits- oder Dienstverhältnis darf eine Ärztin oder ein Arzt eine Vergütung für ihre oder seine ärztliche Tätigkeit nicht dahingehend vereinbaren, dass die Vergütung die Ärztin oder den Arzt in der Unabhängigkeit ihrer oder seiner medizinischen Entscheidungen beeinträchtigt.
>
> § 24 Verträge über ärztliche Tätigkeit
>
> Ärztinnen und Ärzte sollen alle Verträge über ihre ärztliche Tätigkeit vor ihrem Abschluss der Ärztekammer vorlegen, damit geprüft werden kann, ob die beruflichen Belange gewahrt sind.
>
> § 30 Ärztliche Unabhängigkeit
>
> Ärztinnen und Ärzte sind verpflichtet, in allen vertraglichen und sonstigen beruflichen Beziehungen zu Dritten ihre ärztliche Unabhängigkeit für die Behandlung der Patientinnen und Patienten zu wahren.
>
> § 32 Unerlaubte Zuwendungen, Abs. 1
>
> Ärztinnen und Ärzten ist es nicht gestattet, … Vorteile für sich oder Dritte zu fordern oder sich oder Dritten versprechen zu lassen oder anzunehmen, wenn hierdurch der Eindruck erweckt wird, dass die Unabhängigkeit der ärztlichen Entscheidung beeinflusst wird. Eine Beeinflussung ist dann nicht berufswidrig, wenn sie einer wirtschaftlichen Behandlungs- oder Verordnungsweise auf sozialrechtlicher Grundlage dient und der Ärztin oder dem Arzt die Möglichkeit erhalten bleibt, aus medizinischen Gründen eine andere als die mit finanziellen Anreizen verbundene Entscheidung zu treffen.

Abb. 2 Für die Boni-Diskussion relevante Regelungen der Berufsordnung für Ärzte in Deutschland. (Quelle: Bundesärztekammer. (2015b). (Muster-)Berufsordnung, Fassung 2015. http://www.bundesaerztekammer.de/fileadmin/user_upload/downloads/pdf-Ordner/MBO/MBO_02.07.2015.pdf. Zugegriffen 20.04.2018)

> Art. 3 Ärztliche Berufsausübung, Abs. 2
>
> Arzt und Ärztin setzen ihre Mittel in Prävention, Diagnostik und Therapie sowie Rehabilitation zum Wohle der Patienten und Patientinnen ein. Sie beachten dabei im Bereich der obligatorischen Sozialversicherung das Gebot kosteneffektiver Medizin.
>
> Art. 31 Medizinisches Weisungsrecht, Abs. 1
>
> Ärzte und Ärztinnen stellen bei Vertragsabschlüssen sicher, dass sie in ihrer ärztlichen Tätigkeit keinen Weisungen von nichtärztlichen Dritten unterworfen werden, die mit einer gewissenhaften Berufsausübung nicht vereinbar sind. Insbesondere gehen sie keine Verpflichtungen zur Erbringung bestimmter medizinischer Leistungen oder zur Erzielung bestimmter Umsätze ein.

Abb. 3 Für die Boni-Diskussion relevante Regelungen in der Schweizer Standesordnung FMH (2017). (Standesordnung der FMH, Version 26. Oktober 2017. http://www.fmh.ch/files/pdf20/Standesordnung_Februar_2018_D.pdf. Zugegriffen: 26.11.2018)

Tab. 1 Ausgewählte Krankenhausdaten Deutschlands über 15 Jahre

Jahr	Anzahl Krankenhäuser Deutschl.	In privater Trägerschaft	Betten insgesamt	Davon in privater Trägerschaft	Häuser mit Verlusten[a] (%)	Verweildauer in Tagen, durchschnittlich	Bettenauslastung (%)
2002	2221	527/24 %	547.284	48.615/9 %	41	9,2	80,1
2003	2197	545	541.901	53.933	44	8,9	77,6
2004	2166	555	531.333	61.282	35	8,7	75,5
2005	2139	570	523.824	65.351	33	8,7	74,9
2006	2104	584	510.767	69.574	28	8,5	76,3
2007	2087	620	506.954	78.977	30	8,3	77,2
2008	2083	637	503.360	79.852	20	8,1	77,4
2009	2084	667	503.341	83.712	42	8,0	77,5
2010	2064	679	502.749	85.038	21	7,9	77,4
2011	2045	678	502.029	87.041	31	7,7	77,3
2012	2017	697	501.475	90.019	51	7,6	77,4
2013	1996	694	500.671	89.953	42	7,5	77,3
2014	1980	695	500.680	91.008	32	7,4	77,4
2015	1956	700	499.351	91.132	33	7,3	77,5
2016	1951	707/36 %	498.718	93.057/19 %		7,3	77,9

[a]Zahlen dieser Spalte stammen aus Krankenhaus Barometer des DKI: www.dki.de, Stichproben von Krankenhäusern
Zahlen gemäß: Statistisches Bundesamt Gesundheit
Grunddaten der Krankenhäuser. Fachserie 12 Reihe 6.1.1, Erschienen am 27.09.2017, www.destatis.de, Zugegriffen: 12.04.2018

bis 2016 gegenüber dem Jahr 2002 270 Kliniken geschlossen (ein Anteil von 12 %) beziehungsweise mehr als 48.500 Betten reduziert (ein Anteil von 9 %). Im Gegenzug stieg der Anteil von Kliniken in privater Trägerschaft deutlich, von 24 auf 36 % und die Anzahl der Krankenhausbetten in privater Trägerschaft hat sich in der gleichen Zeit fast verdoppelt. Im Zuge dieser Entwicklung kam es oft zum Einzug betriebswirtschaftlich geschulten Führungspersonals, welches schrittweise Prinzipien der freien Marktwirtschaft einführte. Dazu zählte auch die so genannte leistungsabhängige Bezahlung vor allem der ärztlichen Führungskräfte.

Im Jahr 2012 tauchten vermehrt Pressemeldungen über Bonuszahlungen an deutsche Chefärzte auf, die sich auf Untersuchungen der Unternehmensberatung

Kienbaum beriefen. Hierbei sei darauf hingewiesen, dass die Kienbaum-Vergütungsstudien nur nach Zahlung von ca. 800 € pro Jahrespublikation zu erwerben sind und deshalb die Autorinnen nicht im Besitz der Originalpublikationen sind. Die hier angesprochenen Daten von Kienbaum stützen sich nur auf sekundäre Quellen, die die Studie zitieren. Es ist unklar, wie verlässlich diese Daten sind und ob sie wissenschaftlichen Qualitätskriterien standhalten würden. Es kann nicht gesagt werden, ob es sich bei den Kienbaum-Vergütungsstudien um repräsentative Umfragen handelt, welche Rücklaufraten und fehlende Daten vorlagen und wie damit umgegangen wurde. Deshalb ist eine zurückhaltende Betrachtung angebracht.

Gemäß der Kienbaum-Studie aus dem Jahr 2008, bei der 2000 Personen mit Schwerpunkt auf dem ärztlichen Dienst aus 157 Einrichtungen in Deutschland befragt wurden, fanden sich Bonusvereinbarungen in 35 % der aktuellen Neuverträge; 1995 war das in lediglich 5 % der Dienstverträge der Fall (Thurm 2009). Die Kienbaum-Studie von 2012 (mehr als 2500 Befragte aus ca. 150 Einrichtungen) ergab eine Rate von 45 % bei den Bonusvereinbarungen in Neuverträgen von Chefärzten (Rochell und Weiser 2012) und die Kienbaum-Studie von 2016 mit noch mehr Befragten 50 % (Kienbaum 2016). Die Zahlen für die Oberärzte werden hier nicht präsentiert, aber sie bewegen sich von der Tendenz her gemäß den Zahlen für die Chefarztverträge.

Außer den Kienbaum-Studien fanden sich zwei Querschnittstudien, die auch Chefarzt-Boni in Deutschland untersuchten – die Studie der Stiftung Gesundheit 2012 und die Studie der Deutschen Gesellschaft für Innere Medizin aus dem Jahr 2013. Im Gegensatz zur Kienbaumstudie aus dem Jahr 2011, wonach 20 % der Dienstverträge von Chefärzten und 19 % von Oberärzten Bonusvereinbarungen enthalten sollen (Rochell und Weiser 2012), wurde für die Boni-Empfänger in beiden Studien der Prozentsatz von 38 % genannt (Stiftung Gesundheit 2012; Fölsch 2014).

In der Studie der Stiftung Gesundheit „Ärzte im Zukunftsmarkt Gesundheit 2012" wurden 350 leitende Klinikärzte zu verschiedenen Thesen befragt und mehr als zwei Drittel stimmten der Aussage zu, Bonusleistungen nach wirtschaftlichem Erfolg würden „ein hohes Risiko für nicht medizinisch indizierte Eingriffe" bergen. Ein Viertel der Befragten stimmte zu, dass Bonusleistungen nach wirtschaftlichem Ertrag zu weiter verbesserter Versorgung motivieren, was im Umkehrschluss heißt, dass die Mehrheit der leitenden Ärzte diesen Zusammenhang nicht sieht.

Mehr als die Hälfte der Befragten (63 %) fand, dass die Vergütung von Chefärzten nach ökonomischem Erfolg dem ärztlichen Ethos widerspricht. Dazu ist fraglich, warum nur ein Viertel der Befragten zustimmte, dass diese Bonusleistungen die Versorgungsqualität gefährden. Ärzte sehen evtl. neben der Qualitätsgefährdung als Widerspruch zum ärztliche Ethos noch weitere Aspekte der Boni als widersprüchlich an. Welche, wird nicht klar. Die Autoren dieser Studie schließen, dass die Reaktionen zu vorgelegten Antwortoptionen darauf hindeuten, dass das Thema „Bonifikationen" vielschichtiger ist, als in den offiziellen Stellungnahmen deutlich wird. „Eine solche Diskrepanz zwischen offiziellen Verlautbarungen und gelebter Realität bedarf einer weitergehenden Aufklärung" (Stiftung Gesundheit 2012).

In der Studie „Ärzte-Manager 2013" der Deutsche Gesellschaft für Innere Medizin (DGIM) wurden 3435 ärztliche Führungskräfte (Ordinarien, Chefärzte und Oberärzte) befragt. Bei einer Teilnehmerquote von 18 % gaben fast 75 % an, ehrgeizige betriebswirtschaftliche Leistungsvorgaben von ihrer kaufmännischen Geschäftsleitung bekommen zu haben. Dazu fühlten sich über 60 % unzureichend an Entscheidungen der kaufmännischen Geschäftsleitung beteiligt. Fast die Hälfte meinte auch, dass zwischen den ärztlichen und kaufmännischen Bereichen keine partnerschaftliche Zusammenarbeit existiert. Bei 38 % der ärztlichen Führungskräfte stand im Arbeitsvertrag eine Erfolgsbeteiligung, insgesamt zwei Drittel wünschten sich eine solche aber nicht. Fast 90 % der Befragten fürchteten, dass die Ökonomisierung des Gesundheitswesens negative Auswirkungen auf das Arzt-Patientenverhältnis habe (Fölsch 2014). Warum einige ärztliche Führungskräfte Verträge mit Erfolgsbeteiligungen unterschreiben und sich evtl. von finanziellen Anreizen in ihren Entscheidungen beeinflussen lassen, müssten qualitative Studien untersuchen. Vorstellbar sind Gründe wie die Einstellung, dass sich die Gesamtentwicklung im Gesundheitswesen mehr an ökonomischen Strategien ausrichtet und sich damit auch ein Wandel im Denken von Ärzten vollzieht, für die der Stellenwert einer hohen Berufsethik nicht so wichtig ist. Oder Ärzte scheuen die Auseinandersetzung in Vertragsverhandlungen. Möglicherweise erfolgte über die Jahre hinweg auch ein Kulturwandel mit Abgabe der Verantwortung an den mündigen Patienten.

Die Ärzteschaft positionierte sich mehrfach gegen Bonuszahlungen. Zur sechsten Auflage der Grundpositionen der Deutschen Krankenhausgesellschaft (DKG) „Beratungs- und Formulierungshilfe Chefarztvertrag" im Jahr 2002, beanstandeten die Bundesärztekammer (BÄK), der Verband der leitenden Krankenhausärzte Deutschlands (VLK) und der Marburger Bund die Bindung der dem Chefarzt eingeräumten möglichen Boni an die Einhaltung von vorrangig ökonomisch ausgerichteten Zielgrößen als höchst bedenklich und lehnten diese strikt ab (Rochell und Weiser 2012). Mit dem Artikel „Wahrung der ärztlichen Unabhängigkeit – Umgang mit der Ökonomisierung des Gesundheitswesens" warnten die BÄK-Berufsordnungsgremien im Jahr 2007 erneut vor den Gefahren fragwürdiger Zielvereinbarungen: „Mit jedem Bonus für das

Erreichen vertraglich vereinbarter Ziele ist jedoch eine Gefährdung der ärztlichen Unabhängigkeit verbunden, weil sich der Arzt im Einzelfall veranlasst sehen könnte, zum Erreichen des Bonus nicht die für den Patienten günstigste Behandlungsform zu wählen" (Bundesärztekammer 2007). In Bezug auf Zielvorgaben hieß es weiter, dass diese nicht mit anderen Zielgrößen zusammentreffen dürfen, die „den Arzt dazu veranlassen, medizinisch nicht notwendige Behandlungen durchzuführen oder notwendige Behandlungen zu vermeiden oder zu behandeln, ohne dass dabei der aus ärztlicher Sicht erforderliche Einsatz von Personal- oder Sachmitteln in vollem Umfang gewährleistet ist" (ebd.). Darüber hinaus verpflichtet § 30 MBO-Ä die Ärzte, in allen vertraglichen und sonstigen beruflichen Beziehungen zu Dritten ihre ärztliche Unabhängigkeit für die Behandlung der Patienten zu wahren, siehe Abb. 2. Rochell und Weiser schätzen ein, dass die Freiheit der abweichenden Entscheidung des Arztes nur dann uneingeschränkt erhalten bleibt, wenn Zielvorgaben weder zur direkten noch indirekten Sanktionierung führen. Deshalb halten sie „viele Zielvereinbarungen [für] problematisch, auch wenn sie vom Träger der Einrichtung mit Verweis auf § 32 Absatz 1 Satz 2 MBO-Ä als rechtens dargestellt werden" (2012). Auch unbedenklich erscheinende Zielvereinbarungen zur Qualitätsverbesserung werden von den Autoren skeptisch gesehen, weil sich auch hier Fehlanreize ergeben können. „So kann eine Zielvereinbarung zur Absenkung von Komplikationen Positives bewirken. Wenn eine solche Vereinbarung aber dazu führt, dass über eine entsprechende Patientenauswahl nur noch „leichte Fälle" in die Behandlung übernommen werden und „schwere Fälle" abgewiesen werden, ist sie ethisch untragbar."

Wahrscheinlich auch im Zusammenhang mit der publizierten Kienbaumstudie ergänzte im Jahr 2012 die DKG ihr Chefarztvertragsmuster aus dem Jahr 2002 um Empfehlungen für Zielvereinbarungen (ebd.). Dieses Chefarztvertragsmuster wurde von der Ärzteschaft vehement kritisiert – BÄK, VLK und Marburger Bund formulierten die „Stellungnahme zur Ablehnung erfolgsabhängiger Bonuszahlungen in Chefarzt-Verträgen". Um die Chef- und Oberärzte vor problematischen Regelungen zu schützen und die Krankenhausträger dafür zu sensibilisieren, haben die Bundesärztekammer zusammen mit dem Verband der leitenden Krankenhausärzte Deutschlands (VLK) im Jahr 2012 eine Koordinierungsstelle „Zielvereinbarungen (Chef-)Arztverträge" eingerichtet. Dorthin sollen kritisch erscheinende Zielvorgaben und Bonusregelungen gemeldet werden, die dann hinsichtlich der Kompatibilität mit der MBO und hinsichtlich juristischer Kompatibilität geprüft und kommentiert werden.

Folgende drei Kriterien der Prüfung wurden definiert (siehe Flinthrop 2013):

- Verträglichkeit mit dem Wortlaut des § 136a SGB V (Ausschluss von Zielvereinbarungen, die auf finanzielle Anreize bei einzelnen Leistungen abstellen)
- Verträglichkeit mit der Intention des § 136a SGB V (Ausschluss von Zielvereinbarungen, die auf finanzielle Anreize bei Leistungsmengen abzielen)
- Akzeptanz ökonomischer Inhalte von Zielvereinbarungen nach der Faustregel: „Solange betriebswirtschaftliches Denken dazu dient, eine indizierte Maßnahme möglichst wirtschaftlich und effektiv umzusetzen, ist es geboten. Der Rubikon ist überschritten, wenn ökonomisches Denken zur Erlössteigerung die medizinische Indikationsstellung und das dadurch bedingte ärztliche Handeln beeinflusst."

Im Jahr 2012 wurden durch die erste Bekanntmachung der Gemeinsamen Koordinierungsstelle der BÄK und des VLK die ersten zehn Kommentierungen veröffentlicht und bis zum Mai 2018 insgesamt 164 (Bundesärztekammer 2018). In den publizierten Zielvereinbarungen sind jeweils bis zu sieben Formulierungen von Bonusvereinbarungen in Bezug auf verschiedene Parameter beschrieben. Somit ergeben die Beschreibungen hunderter Ziel- und Bonusvereinbarungen eine immense Anzahl und Vielfalt, deren Studium sehr zeitintensiv ist. In der Zusammenschau dieser umfangreichen Sammlung stellt sich die dringende Frage, ob es leitenden Ärzten und Chefärzten zugemutet werden sollte, über ihre zeitintensiven und anspruchsvollen Routinetätigkeiten (ärztliche Tätigkeit plus leitende und steuernde Tätigkeit) hinaus sich mit dieser Fülle von Details der moralischen Bewertung von Zielvereinbarungen zu beschäftigen oder ob es nicht viel sinnvoller ist, sie davon zu befreien, damit sie sich auf ihre Kernaufgaben konzentrieren können.

Im Jahr 2013 trat der neue § 136a SGB V in Kraft, wonach Krankenhäuser in ihren Qualitätsberichten angeben müssen, ob sie in den Verträgen mit Ärzten den Empfehlungen zu fallzahlorientierten Bonuszahlungen einhalten, die DKG und BÄK im Einvernehmen erstellten. Nach dieser konsentierten Empfehlung gelten Bonusregelungen bzw. finanzielle Anreize für einzelne Eingriffe oder Leistungen als nicht legitim (Flinthrop 2013). Im Jahr 2014 kam es zu einer Neufassung der konsentierten Empfehlung gemäß § 136 a SGB V, die sich nunmehr nicht nur auf Bonuszahlungen für einzelne Leistungen beziehen, sondern auch auf Bonuszahlungen für Leistungskomplexe bzw. Leistungsaggregationen oder Case-Mix-Volumina (Deutsche Krankenhausgesellschaft 2014). Der Gesetzgeber integrierte diese mit einer Novellierung der Regelungen zum Qualitätsbericht der Krankenhäuser. Doch gibt es Konsequenzen?

Im Jahr 2014 beschloss der Gemeinsame Bundesausschuss Strafen für Kliniken, die ihre Qualitätsberichte nicht ordentlich veröffentlichen. Die Kliniken, die für das Berichtsjahr 2013 ihren Pflichten nicht nachkommen, sollten auf eine „schwarze Liste" kommen, die der G-BA veröffentlichen wollte. Beim nächsten Verstoß drohte den Krankenhäusern eine Geldstrafe in Höhe von einem Euro je vollstationärem Fall, beim darauffolgenden Verstoß von zwei Euro je Fall. Nach drei Jahren wollte der G-BA die Sanktionen überprüfen und die Erziehungswirkung feststellen (Conradi 2014).

Es ist unklar, ob die Einhaltung der Aufnahme der Bonusregelungen in die Qualitätsberichte kontrolliert wird, was schwierig erscheint, da sich die Frage stellt, durch wen die Verträge der Führungskräfte eingesehen werden sollen, um die Regelkonformität zu prüfen. Betroffene Chefärzte, die solche Regelungen in ihren Verträgen haben, dürften keine Intention haben, den Häusern Schwierigkeiten zu machen, in denen sie arbeiten und eine Anzeige scheint wenig wahrscheinlich.

Das gemeinnützige unabhängige Recherchezentrum CORRECTIV fand heraus, dass die Qualitätsberichte prinzipiell kaum nutzen: Sie seien unvollständig, für Laien kaum verständlich und Qualitätsmängel hätten keine Konsequenzen (Stukenberg 2016). CORRECTIV hatte die Qualitätsberichte eines Jahres von allen deutschen Krankenhäusern ausgewertet, rund 6800 Dateien, und Interviews mit Ärzten, Patienten, Forschern, Lobbyisten, Medizin-Controllern und Verwaltungsangestellten geführt. Danach wurde festgestellt, dass sie ihr Ziel verfehlen würden, die Qualität in den Krankenhäusern zu sichern und zwar aus sechs Gründen: Die Qualitätsberichte sind selbst für Experten kaum lesbar und für Laien komplett unverständlich; die Krankenhäuser bewerten sich selbst und verschweigen häufig Fehler; die Krankenhäuser tricksen und man lässt sie; die Berichte sind bereits veraltet, wenn sie veröffentlicht werden; nicht einmal die Klinikleitungen nehmen die Berichte ernst; schlechte Qualität wird nicht sanktioniert.

Einige Fachgesellschaften oder Ärztegremien auf Länderebene reagierten auf die rege Diskussion der Ärzteboni im Jahr 2012 mit eigenen Stellungnahmen. Die Deutsche Gesellschaft für Innere Medizin (DGIM) forderte: „DRG-Finanzierung der Krankenhäuser und Bonussysteme für Ärzte: Fehlentwicklungen durch falsche Anreize stoppen!" Ein Kernsatz dabei war: „Die zunehmende betriebswirtschaftliche Fremdbestimmung ... vermindert in erheblichem Maße die Möglichkeiten der Anteilnahme und der geduldigen Zuwendung." Als Gefahren der Bonus- und Malussysteme nennt sie ein Hintertreffen des Patientenwohls, das Verleiten der Ärzte zu korruptem Verhalten, einen tief greifenden Vertrauensverlust der Patienten und Gesellschaft insgesamt sowie das Erlernen einer falschen Priorisierung ärztlicher Tätigkeiten bei neuen Arztgenerationen. Gleichzeit betonte die DGIM, dass sie uneingeschränkt Bemühungen um eine verbesserte Qualität der medizinischen Versorgung unterstützt. Später im Jahr 2017 ergänzte die DGIM ihre Stellungnahme noch durch einen „Klinik Codex: Medizin vor Ökonomie". Dieser verweist erneut auf den zunehmenden Druck auf Ärztinnen und Ärzte, ihr Handeln einer betriebswirtschaftlichen Nutzenoptimierung unterzuordnen und soll ihnen dabei helfen, die Auswirkungen kritisch zu reflektieren und ärztliche Entscheidungen immer zuerst am Patientenwohl auszurichten. Darin heißt es, dass die angemessene Versorgung der Patienten „stets unter dem uneingeschränkten Vorrang der medizinischen Argumente gegenüber ökonomischen Überlegungen" durchgeführt werden sollen. Dabei beruft man sich auf die Berufsethik und die Gebote der Menschlichkeit. Verschiedene Fachgesellschaften und drei Landesärztekammern haben sich dem Codex angeschlossen (DGIM 2017).

Im Jahr 2013 positionierten sich die Ärztekammer Schleswig-Holstein mit einer Resolution zu den „Chefarztboni": Zielvereinbarungen dürfen die Unabhängigkeit ärztlicher Entscheidungen nicht gefährden (Ärztekammer Schleswig-Holstein 2013). Im gleichen Jahr bezog auch die Saarländische Ärzteschaft Stellung mit einer Resolution: Das Gesundheitswesen muss mehr am Patienten ausgerichtet werden. Hier heißt es: „Die öffentliche Diskussion über Bonusverträge sollte Ärztekammern zu einer klaren Stellungnahme veranlassen. An „Stückzahlen" orientierte Bonusverträge gehören verboten" (Ärztekammer des Saarlandes 2013).

2016 gab die Ärztekammer Westphalen-Lippe ethische Grundsätze heraus, die auch als eine Reaktion auf das Spannungsfeld zwischen Ethik und Ökonomie gelten können. Ihr Präsident Theodor Windhorst kritisierte in diesem Zusammenhang die mengenbezogenen Chefarztboni als Geschäftemacherei (Aerzteblatt. de 2016). Einer der sieben Grundsätze lautet: „Die medizinische Indikationsstellung als Kernelement der ärztlichen Tätigkeit und Identität ist von medizinfremden Erwägungen und Einflüssen freizuhalten. Ökonomische Interessen dürfen nicht ausschlaggebend für die Erbringung medizinischer Leistungen sein" (Ärztekammer Westphalen-Lippe 2016).

Auch die Zentrale Ethikkommission der Bundesärztekammer nahm im Jahr 2013 Stellung zum ärztlichen Handeln zwischen Berufsethos und Ökonomisierung (Bundesärztekammer 2013). Ein Kernsatz lautet: „Verträge mit leitenden Ärzten und mögliche Zielvorgaben sollten vor allem am gesundheitlichen Wohl der Patienten ausgerichtet sein und dürfen dem ärztlichen Ethos nicht widersprechen." Es wurden neun Punkte aufgeführt, die bei solchen Vereinbarungen abzulehnen sind und sieben Beispiele wünschenswerter Zielvorgaben. Prinzipiell wurde verlangt, dass Zielvereinbarungen und deren Gründe offengelegt werden sollten. Eine weitere Stellungnahme der Bundesärztekammer im Jahr 2015 trug den Titel „Medizinische Indikationsstellung und Ökonomisierung" und bekräftigte erneut: „Eine Kopplung der Indikation, die immer auf das Wohl des Patienten bezogen bleiben muss, mit vorrangig ökonomisch ausgerichteten Zielsetzungen erscheint in hohem Maße problematisch, weil damit das vertrauensvolle Arzt-Patient-Verhältnis als Voraussetzung für eine gute Therapie nachhaltig gefährdet würde (Bundesärztekammer 2015a)."

Im Jahr 2016 trat das „Gesetz zur Bekämpfung von Korruption im Gesundheitswesen" in Kraft. Damit wurde ein neuer Straftatbestand zur Bestechlichkeit von Heilberufsangehörigen eingeführt. Von Geldstrafen bis zu drei Jahren Haft drohen u. a. Vorteilsnehmern, die sich bei Verordnungsentscheidungen oder Zuführungsentscheidungen von diesem Vorteil beeinflussen lassen, z. B. in dem sie Patienten an ein bestimmtes Krankenhaus verweisen, von dem sie ein sogenanntes Kopfgeld empfangen (Lilie und Reuter 2016). Ob die Auslegungsspielräume dieses Antikorruptionsgesetzes auch bestimmte Bonuszahlungen an Ärzte berühren, muss die zukünftige Rechtsprechung zeigen.

3 Die Diskussion um die Boni-Regelungen in Chefarztverträgen in der Schweiz

Zusammen mit anderen Reformschritten im Gesundheitssystem erfolgte die Einführung der SwissDRG im Jahr 2012 in starker Anlehnung an das deutsche System. Hierbei bildet jedoch nicht die Einweisungsdiagnose, sondern die Entlassungsdiagnose die Basis für die Codierung und Fallpauschalen. Zuvor sammelten schon viele Kantone Erfahrungen mit anderen DRG-basierten Systemen, jedoch nicht unter der Maßgabe, damit die gesamte Finanzierung darzustellen.

Schon im Januar des Folgejahres titelte die NZZ am Sonntag „Das kranke System" und erläuterte Beispiele für „krasse Fehlanreize" (Schmidli et al. 2013). Als eines von vier Fehlanreizen wurden die Boni für Operationen genannt, die vertraglich mit Chefärzten vereinbart werden. Von drei exemplarischen Quellen wurde berichtet, dass ein Teil des Gehalts von der Erreichung von Zielvorgaben abhängt, bei denen es vor allem um Umsatzsteigerungen geht. Dabei gebe es keine direkten Anordnungen ans Personal, sondern unterschwellige Ansagen, wie z. B. Patienten etwas öfter einzubestellen, auch wenn das medizinisch nicht notwendig wäre oder einen gewissen Spielraum bei der Indikationsstellung zu Operationen auszunutzen.

Ein weiterer Artikel der NZZ am Sonntag zwei Monate später enthielt die Analyse der Ökonomin Margit Osterloh „Nur feste Gehälter lösen das Problem", bei dem es allgemein um Managerlöhne ging. Dabei warnte sie vor Leistungslöhnen und sagte, dass sie es nicht verstehe, warum der Anteil der variablen Löhne weiter allgemein steigt. Die umfangreiche wissenschaftliche Forschung zum Thema „Pay for performance" hat nicht gezeigt, dass die Aussicht auf hohe Boni die Leistung eines Managers nachhaltig steigert (Biswas 2013).

Ebenso im Jahr 2013 veröffentlichte die Schweizerische Gesellschaft für Chirurgie SGC eine Charta gegen unzulässige finanzielle Anreize und forderte ihre Mitglieder zu deren Einhaltung auf (Schweizer Chirurginnen und Chirurgen 2013). Die Charta enthielt vier Punkte: Erstens, chirurgische Eingriffe erfolgen aus medizinischen Gründen. Zweitens, keine Weitervermittlung oder Zuweisung von Patienten aufgrund finanzieller Vorteile und keine Vergütungen an Zuweiser. Drittens, das Honorar muss der erbrachten medizinischen Leistung entsprechen und viertens, keine Behandlungen aufgrund mengengesteuerter, finanzieller Anreize. Gemäß der begleitenden Medienmitteilung zur Charta sei sie vor allem zum Schutz der Patienten. Es wurde festgestellt: „Die Balance zwischen Medizin und Ökonomie droht in Schieflage zu geraten. Dies geht zu Lasten der Patienten."

Ende 2013 veröffentlichte die Schweizerische Ärztegesellschaft FMH ihr Positionspapier zu zielbezogenen Boni, die sie ablehnte (FMH 2013). Eine einer von ihr beauftragten Studie zeigte, dass knapp 20 % aller Chefärzte und leitenden Ärzte sowie 4 % der Oberärzte Boni erhielten, die an die Erreichung von definierten Zielen geknüpft waren. Das Positionspapier soll Ärzte bei ihren Vertragsverhandlungen mit Spitalvertretern stärken. Begründet wurde die Ablehnung der Boni damit, dass sie erstens bei komplexen Arbeiten kontraproduktiv wirken können und zweitens die intrinsische Motivation beeinträchtigen. Als Kontrapunkte wurden Fehlanreize wie die Mengenausweitung durch unnötige Operationen genannt und die Vernachlässigung schwer messbarer Leistungen. Sie verwies auf Einschätzungen der Ökonomin Margit Osterloh, nach denen „Pay for Performance" (P4P) einen ein Anreiz schafft, sich auf leicht messbare Aufgaben zu konzentrieren und schwer oder nicht messbare Arbeiten eher zu vernachlässigen. Zudem ziehe P4P extrinsisch motivierte Personen an und kann Anreize setzen, das System zu manipulieren. Als Alternative zu Bonus-Anreizen empfahl sie nichtmonetäre Anreize wie unterstützendes Feedback durch Peers (ebd.).

Die FMH berief sich in ihrem Papier auf Artikel 31 ihrer Standesordnung, siehe Abb. 3 (2017). Im Kern des Positionspapiers werden sechs Punkte genannt (hier gekürzt): Die Unabhängigkeit der Ärzte bei medizinischen Entscheidungen muss unter Berücksichtigung von Wirksamkeit, Zweckmäßigkeit und Wirtschaftlichkeit gewährleistet sein; zielbezogener Bonusvereinbarungen in Spitalarztverträgen werden abgelehnt, weil sie die intrinsische Motivation beeinträchtigen; Ablehnung insbesondere von Vereinbarungen, die an Mengenziele geknüpft sind und von Vereinbarungen, die an Sparziele geknüpft sind, die die Behandlungsqualität beeinträchtigen; Empfehlung von nichtmonetären Anreizen für die Teilnahme an Qualitätsaktivitäten wie z. B. unterstützendes Feedback durch Peers, symbolische Belohnungen und Auszeichnungen; Spitäler sollen zielbezogenen Boni in Verträgen öffentlich darlegen.

Im Rahmen jährlicher Ärzteumfragen zu DRG-verbundenen Themen lässt die FMH seit dem Jahr 2013 auch Fragen zu Bonuszahlungen stellen (siehe Abb. 4) und veröffentlichte alle zwei Jahre die Ergebnisse, die laut FMH repräsentativen Charakter haben. In der Tab. 2 kann man erkennen, dass Bonuszahlungen im Verlauf von fünf Jahren offensichtlich nicht zugenommen haben und am häufigsten bei Chefärzten und leitenden Ärzten anzutreffen sind. Beispiele für konkrete Formulierungen von zielbezogenen Boni wurden hier im Vergleich zu Deutschland aber nicht gesammelt.

Die Schweizerische Akademie der Medizinischen Wissenschaften (SAMW) hat sich aktiv in die Diskurse zur Ökonomisierung eingebracht. Von 2009 bis 2013 veranstaltete die Zentrale Ethikkommission (ZEK) der SAMW gemeinsam mit der Nationalen Ethikkommission im Bereich der Humanmedizin (NEK-CNE) jährlich ein Symposium, zu deren Abschluss ein Positionspapier ausgearbeitet wurde: „Medizin und Ökonomie – wie weiter?". Dort wurden Konfliktfelder und Probleme mit der Gefahr von Qualitätseinbußen aufgezeigt und Empfehlungen formuliert, wie das Verhältnis von Medizin und Ökonomie zu gestalten sei (Schweizerische Akademie der Medizinischen Wissenschaften in SAEZ 2014b).

Frage 1: "Enthält Ihr persönliches Entschädigungssystem eine variable, leistungsabhängige Lohnkomponente?"

Frage 2: "Handelt es sich bei der variablen, leistungsabhängigen Lohnkomponente um (Mehrfachantworten möglich):"

- keine leistungsabhängige Lohnkomponente
- keine Angabe bei Frage 1
- Bonuszahlung auf Grundlage Zielvereinbarung (teilweise kombiniert mit anderen leistungsabhängigen Lohnkomponenten)
- (ausschliesslich) andere leistungsabhängige Lohnkomponenten

---

Abb. 4 Fragen zu Bonuszahlungen in den FMH-Umfragen mit Ärzten aus Spitälern (gfs. bern. Gute Patientenversorgung trotz administrativem Aufwand – punktuelle Probleme. Schlussbericht 2013. Begleitstudie anlässlich der Einführung von SwissDRG im Auftrag der FMH, 3. Befragung 2013. https://www.fmh.ch/files/pdf14/2013_12_20_FMH-Begleitstudie_Spitalfinanzierung_Schlussbericht_2013_D.pdf. Zugegriffen: 26.11.18)

Tab. 2 Umfragen der FMH: Ergebnisse für Bonuszahlung an akutsomatische Ärzte. (Quelle: eigene Darstellung unter Verwendung folgender Quellen: gfs.bern. Verändertes Arbeitsumfeld und Einstellung zu neuen Finanzierungsmodellen, Schlussbericht. Begleitstudie im Auftrag der FMH 7. Befragung 2017. https://www.fmh.ch/files/pdf20/2018_02_15_Begleitforschung_FMH_Langversion_SB_final.pdf. Zugegriffen: 26.11.2018 sowie gfs.bern. Verändertes Arbeitsumfeld und Einstellung zu neuen Finanzierungsmodellen, Schlussbericht. Begleitstudie im Auftrag der FMH 7. Befragung 2017. https://www.fmh.ch/files/pdf20/2018_02_15_Begleitforschung_FMH_Langversion_SB_final.pdf. Zugegriffen: 26.11.2018)

Umfrage im Jahr	2013	2015	2016	2017
Publikation im Jahr	2014	2016	2018	2018
Chefärzte (%)	19	19	19	11
Leitenden Ärzte (%)	18	24	23	26
Oberärzte (%)	4	6	10	5
Assistenzärzte (%)	0	1	0	1

Die Stiftung Dialog Ethik publizierte 2015 in Schweizerischer Ärztezeitung einen Ärzteeid, der von einer interdisziplinär zusammengesetzten Arbeitsgruppe vorgeschlagen wurde und aus 18 Punkten besteht (Giger 2015). Einer davon lautet, „ich betreibe eine Medizin mit Augenmass und empfehle oder ergreife keine Massnahmen, die nicht medizinisch indiziert sind". Ein Ärzteeid drückt wichtige Pfeiler der Berufsmoral aus und dient der Verteidigung dieser Moral gegen Erwartungen ökonomischer und politischer Natur (Wils 2017). Wenn dieser Code verbindlich für alle Ärzte wäre, würde so ein Selbstverständnis ausdrückt.

Im Jahr 2016 nahm der Verein der Leitenden Spitalärzte der Schweiz VLSS in der SRF-Sendung ECO Stellung zu Ärzte-Boni. Er stellte fest, dass die Erfolgsbeteiligungen am Geschäftsgang eines Spitals überflüssige Eingriffe bedingen, deren Kosten Krankenkassen und Versicherte tragen. Er bezeichnete Chefartboni als fragwürdige Regelungen und schätzt ein: „Unsere Mitglieder stecken in einer Zwangslage. Als Angestellte müssen sie zunehmend nach wirtschaftlichen Kriterien entscheiden, die nicht zwingend dem medizinisch Notwendigen entsprechen." (Schweizer Radio und Fernsehen SRF 2016). Die VLSS befragte in den Jahren 2003, 2011 und 2016 seine Vereinsmitglieder zu ihren Anstellungsbedingungen, betonte aber, dass es sich nicht um wissenschaftlich fundierte Angaben handelte. Es wurde berichtet, dass die variablen Einkommensbestandteile (Honorare aus privatärztlicher Tätigkeit oder ergebnisabhängige Boni) seit 2002 von ursprünglich rund 50 % zuerst auf ca. 1/3 zurückgegangen sind und jetzt nur noch bei ca. 10–20 % des Gesamteinkommens liegen. Die Zahlen für die Boni alleine wurden nicht präsentiert (Eichenberger 2017).

Eine Form der Gegenbewegung zu betriebswirtschaftlich getriggerten Entscheidungen in der Medizin ist die Smarter-Medicine-Initiative. Hier handelt es sich um EBM-basierte Entscheidungen, die sich auf einen bestimmten Bereich der Medizin beziehen. Im Jahr 2014 wurde die erste SGAIM-Top-5-Liste für den ambulanten Bereich in der Schweiz herausgegeben und 2016 die Top-5-Liste für den stationären Bereich. Das Ziel dieser Kampagne ist es, eine offene Diskussion zwischen der Ärzteschaft, den Patienten und der Öffentlichkeit zum Thema Überversorgung zu fördern (Gaspoz 2016).

Im Jahr 2017 erschien ein Artikel „Boni im Spital sind schädlich" im Tagesanzeiger, einer überregionalen Schweizer Tageszeitung. Sie wurden als unethisch eingestuft, weil sie den Patienten und sein Leiden potenziell instrumentalisieren und die Ärzte in ein Dilemma führen zwischen Selbstoptimierung, Besitzstandswahrung und Patientenwohl. Als Alternative zu Boni wurde ein marktgerechtes Fixum für Kaderarztverträge vorgeschlagen, wie es in der Mayo Clinic und der Rehab Basel schon geschieht. Lohnanreize wie Boni führten zu einer beeinträchtigten Motivation aus dem beruflichen Selbstverständnis heraus, hätten Über- und Unterbehandlung zur Folge und würden dem Vertrauensverhältnis zwischen Arzt und Patient schaden.

Auch im Jahr 2017 entschied der Bundesrat, die Anstrengungen zur Dämpfung der Kosten im Gesundheitswesen zu intensivieren und stützte sich dabei auf einen Bericht einer Expertengruppe aus 14 Mitgliedern (Gasche 2017). Die Maßnahmen sollen gemäß fünf Leitlinien umgesetzt werden, von denen die zweite lautet: Auf Mengenausweitung ausgerichtete Anreize sind zu korrigieren. Die konkrete Maßnahme lautet, die Aufnahme von Spitälern auf die Spitalliste in Abhängigkeit von der Entschädigung interner und externer Fachkräfte (mengenbezogene Boni, Kickbacks) zu machen. Das bedeutet, dass die obligatorische Krankenversicherung nur mit Spitälern zusammenarbeiten wird, die ihren Ärzten keine Boni zahlt (N.N. 2017).

4 Abgrenzung von zulässigen Anreizen und Fehlanreizen

Die Einflüsse und damit auch Anreize im Gesundheitssystem sind vielfältig und komplex. Sie sollen hier nicht systematisiert werden. Anreize im Gesundheitssystem sind auch kein neues Thema, das nur durch die DRGs aufkam, auch die pauschale Entschädigung gemäß den Aufenthaltstagen in einem Krankenhaus können problematische Anreize schaffen, Patienten eventuell länger als nötig stationär zu belassen.

Wichtige Einflussfaktoren auf ärztliches Verhalten sind beispielsweise das Finanzierungssystem (z. B. DRG-System), die Wettbewerbssituation von Spitälern, die Lohnausgestaltung, das Betriebsklima bzw. die gelebte Kultur des beruflichen Selbstverständnisses, Regulierungen, die die Erlaubnis eines Krankenhauses zur Durchführung bestimmter Interventionen in Abhängigkeit von Mindestfallzahlen betreffen, Anreize, bestimmte Interventionen durchzuführen, die für den Weiterbildungskatalog von Ärzten gesammelt werden müssen bis hin zu Anreizen, bestimmte Interventionen aus Prestigegründen durchzuführen und anderes mehr. Die Abgrenzung von zulässigen Anreizen und Fehlanreizen ist hier nicht einfach zu vollziehen. Manche Anreize sind systemimmanent und können wegen anderer triftiger Gründe nicht abgeschafft werden, wie z. B. der Operationskatalog, den ein Chirurg bis zur Facharztprüfung abgeleistet haben muss. Die zielbezogenen Boni erscheinen jedoch nicht systemimmanent und werden weithin als Fehlanreize eingeschätzt. Alternativ existieren andere Instrumente, die ärztlichen Führungskräfte in eine Richtung zu steuern, die dem langfristigen Erfolg des Krankenhauses und zugleich dem Patientenwohl dient.

Es stellt sich die Frage, was Boni von anderen Anreizformen unterscheidet, die auch zu einer Über- oder Unterbehandlung führen können, wie z. B. die höhere Vergütung von Leistungen bei privat Versicherten im Vergleich zur Vergütung von Leistungen von gesetzlich Versicherten oder die lukrative Vergütung von Behandlung X im Vergleich zur unrentablen Vergütung der Behandlung Y. In jedem Gesundheitssystem gibt es verschiedene Anreizformen, die als mehr oder weniger gerecht empfunden werden. Was jedoch bei den Boni-Anreizen besonders problematisch erscheint, ist das Erstreben und Erreichen eines bestimmten Schwellenwertes, ab dem es die Bonuszahlung gibt. Dies mag sich – besonders kurz vor dem Erreichen des Schwellenwerts – noch stärker auf die Patientenakquise und Indikationsstellung auswirken als eine fallweise Vergütung, bei der das Einkommen reziprok zu den behandelten Patienten steigt.

5 Maßnahmen zur Eindämmung von Ärzteboni und Ausblick

In der Schweiz und in Deutschland werden zielbezogene Boni in der öffentlichen Diskussion als in vieler Hinsicht nachteilig wahrgenommen. Die jeweiligen Ärztevertretungen haben sich von Boni distanziert und vor den Gefahren gewarnt. Die wohl gängigste Begründung für Bonuszahlungen an Ärzte ist, dass sie ein Anreiz und damit gutes Steuerungsinstrument sind, um betriebswirtschaftliche Ziele des Krankenhauses zu erreichen. Demgegenüber stehen in der Zusammenschau viele Gefahren der Boni, siehe die Synopsis in Abb. 5.

- Steigerung der extrinsischen Motivation der Boni-Empfänger mit Konzentration auf leicht messbare kurzfristige Ziele und Vernachlässigung schwerer quantifizierbare Leistungen und übergeordneter langfristiger Ziele
- Fallzahlsteigerungen und Überbehandlung (beeinträchtigt Behandlungsqualität)
- Unerwünschte Kostensteigerungen im Gesundheitssystem
- Vertrauensverlust der Bevölkerung gegenüber Ärzten und Beeinträchtigung der Arzt-Patient-Beziehung
- Erhöhter Zeitaufwand für die detaillierte moralische Hinterfragung der Zulässigkeit einzelner konkreter Bonusregelungen
- Deprofessionalisierung und Entwertung des ärztlichen Berufs
- Beschleunigter Kulturwandel mit verstärktem Ausrichten an wirtschaftlichen Kriterien
- Boni für Führungskräfte können von Untergebenen als ungerecht empfunden werden und deren Motivation untergraben

Abb. 5 Nachteilige Auswirkungen der leistungsabhängigen Boni. (Quelle: eigene Darstellung)

Die beiden hier zuletzt genannten Gründe sollen etwas erläutert werden. Unter anderen machte Schoch darauf aufmerksam, dass mit den an Zielvereinbarungen geknüpfte Boni auch ein beschleunigter Kulturwandel in der stationären Behandlung verbunden ist, der sich ohnehin schon vollzieht, da wirtschaftliche Kriterien immer mehr in den Vordergrund rücken (Schoch 2013). Zudem wies eine für Deutschland repräsentative Studie aus dem Jahr 2012 darauf hin, dass Boni für Top-Manager als ungerecht empfunden werden können und die Motivation der Untergebenen untergraben (Wirtschaftswoche 2014). Mitarbeiter, die selbst eine erfolgsbezogene Zulage erhalten, akzeptieren wohl eher Boni und halten sie für gerecht. Dazu wurden etwa 1400 sozialversicherungspflichtig Beschäftigte aller Branchen telefonisch interviewt, die zwischen 18 und 65 Jahren alt waren. Bonuszahlungen an Geschäftsführer hielten 55 % aller Befragten für „ungerecht" oder „eher ungerecht" und nur 41 % für gerecht (ebd.).

Aus den Entwicklungen der Boni-Diskussion in Deutschland und der Schweiz stechen zwei Aspekte besonders hervor. Bei der Prüfung der Zielvereinbarungen der Koordinierungsstelle in Deutschland zeigte sich, wie aufwendig es ist, Bonusregelungen in moralisch zulässig und unzulässig einzustufen und deren Einhaltung zu überwachen (z. B. Bundesärztekammer 2018). Aus den Entwicklungen in der Schweiz kann man sehen, dass man auf der Ebene der Gesetzgebung leichter eingreifen kann, um Ärzte-Boni zu bekämpfen, als auf der Ebene% der Berufsorganisation der Ärzteschaft.

Besonders starke Argumente für eine Bekämpfung zielbezogener Bonusvereinbarungen sind einerseits der Wegfall eines fallzahlsteigernden Anreizes und damit volkswirtschaftlich gesehen ein Beitrag zur Kosteneindämmung im Gesundheitssystem. Andererseits würde die intrinsische Motivation der leitenden Ärzte und Chefärzte und eine positive Kultur im Krankenhaus unterstützt. Als gute Alternative zu Boni-Anreizen gelten nichtmonetäre Motivationsinstrumente wie z. B. Feedback durch Peers, intermittierende strategische Gespräche, die auf gegenseitiger Wertschätzung basieren oder bestimmte Formen des Benchmarkings an Werten der Berufsgruppe.

Zur Eindämmung von Ärzteboni kommen verschiedene Maßnahmen in Betracht. Die Ärzteschaft selbst hätte die Möglichkeit, unter die in Deutschland gesammelten Erfahrungen mit den komplexen Beurteilungen der ethischen Zulässigkeiten bestimmter Zielvereinbarungen einen Schlussstrich zu ziehen und die leistungsabhängigen Boni der Einfachheit wegen pauschal abzulehnen. Daneben hätte der Gesetzgeber die Möglichkeit, zu bestimmen, dass an Krankenhäuser keine Leistungen der gesetzlichen Krankenkassen mehr entschädigt werden, wenn die Ärzte dort Boni erhalten, wie es die Schweiz vormacht. Auch ein grundsätzliches Verbot von Ärzteboni auf Gesetzesebene wäre denkbar, weil es vor allem durch die möglichen Kostensteigerungen im Gesundheitswesen gut zu begründen ist.

Einen elaborierten Vorschlag zu wichtigen Eckpunkten einer klugen Krankenhaussteuerung jenseits von zielbezogenen Boni machten Bruch und Bruch (2012). „Ein Krankenhaus ist kein Industriebetrieb, ein Patient kein Werkstück. Auf dem Weg zur Anpassung an veränderte Gegebenheiten darf die schwarze Null nicht zum ultimativen Ziel erhoben werden. Sie wird erkauft durch einen Verlust an Arbeitsfreude, Behandlungsqualität und menschlicher Zuwendung. Solange eine politisch gewollte und methodisch sinnvolle Anpassung an die Erfordernisse der Zukunft in Deutschland auf sich warten lässt, sollten sich die Akteure im Klinikbereich daher auf Handlungsanweisungen einigen, die den besonderen Bedingungen eines Krankenhauses Rechnung tragen. Eine solche Handlungsanweisung könnte aus dem Sankt Galler Führungsmodell hergeleitet werden:

- Ein Klinikum besteht aus Subsystemen, die in hohem Maße autonom und selbstorganisierend agieren müssen.
- Autonome Systeme können nicht vollständig von oben geführt werden.
- Eine Führungskraft muss sich der Tatsache bewusst sein, dass sie durch ihre Persönlichkeit und ihre Maßnahmen immer auf die Mitarbeiter/innen und deren Verhalten einwirkt.
- Es ist Aufgabe der Führung, die Beziehungsgeflechte inner- und außerhalb des Klinikums auf eine gesunde Basis zu stellen.
- Bindende Absprachen und Selbstorganisation sind in komplexen Situationen erfolgreicher als unidirektionale Interventionen.
- Führung gestaltet die Rahmenbedingungen.
- Führung setzt Entwicklungen in Gang und verbessert Strukturen" (ebd.).

Eine wohlüberlegte Zusammenstellung von Empfehlungen zur positiven Gestaltung des Verhältnisses zwischen Medizin und Ökonomie findet sich im Positionspapier der Schweizerischen Akademie der Medizinischen Wissenschaften aus dem Jahr 2014 (2014a, b). Es wird die aktive Gestaltung des Verhältnisses durch Ärzte und Angehörige anderer Gesundheitsberufe angeregt. Neben grundsätzlichen Prinzipien wie z. B. der fürsorglichen Beziehung zu den Patienten finden sich fünf konkrete Ansatzpunkte: der aktive Einbezug der Patienten im Sinne von „shared decision making"; die Schaffung einer Kultur, die Offenheit und kritische Reflexion fördert; Vergütungs- und Anreizstrukturen im Sinne lernender Systeme mit kontinuierlicher Verbesserung gemäß den Rückmeldungen von relevanten Akteuren; Zertifizierungsprozesse, die einen angemessenen Umgang mit dem Spannungsfeld Medizin-Ökonomie miterfassen und das gezieltes Auswerten und Erheben von Daten zum Monitoring.

Generell ist sehr zu begrüßen, dass sich die Ärzteschaft in Deutschland und der Schweiz des Themas der problematischen Bonuszahlungen angenommen hat. Damit werden Ärzte sensibilisiert und aufgefordert, dass sie selbst etwas tun müssen, um die Rahmenbedingungen so zu gestalten, dass eine gute, verantwortungsvolle Medizin möglich ist. Denn es geht um viel – das Vertrauen der Patienten, das nicht aufs Spiel gesetzt werden darf.

Literatur

Aerzteblatt.de. (2016). Ärztekammer Westfalen-Lippe legt ethische Grundsätze für ärztliches Handeln vor. https://www.aerzteblatt.de/nachrichten/69845/Aerztekammer-Westfalen-Lippe-legt-ethische-Grundsaetze-fuer-aerztliches-Handeln-vor. Zugegriffen: 9. Mai 2018.

Ärztekammer des Saarlandes. (2013). Saarländische Ärzteschaft fordert mehr Patientenorientierung. Resolution: „Das Gesundheitswesen muss mehr am Patienten und weniger an der Betriebswirtschaft ausgerichtet werden". *Saarländisches Ärzteblatt, 6,* 5–6.

Ärztekammer Schleswig-Holstein. (2013). Unabhängigkeit medizinischer Entscheidung muss gewahrt sein. Positionspapier des Ausschusses Medizin und Ökonomie der Ärztekammer zur Anwendung von Zielvereinbarungen mit ärztlichen Führungskräften in Kliniken. *Ärzteblatt Schleswig-Holstein, 3,* 28–33.

Ärztekammer Westphalen-Lippe. (2016). Ethische Grundsätze für das ärztliche Handeln. http://www.aekwl.de/uploads/media/Ethische_Grunds%C3%A4tze_f%C3%BCr_das_%C3%A4rztliche_Handeln.pdf. Zugegriffen: 9. Mai 2018.

Biswas, C. (10. März 2013). Nur feste Gehälter lösen das Problem. *NZZ am Sonntag.*

Bruch H.-P., & Bruch J. (1. März 2012). Kommunikation und Führung contra Boni. *Passion Chirurgie,* 2(03): Artikel 02_01. https://www.bdc.de/kommunikation-und-fuehrung-contra-boni/. Zugegriffen: 19. Mai 2018.

Bundesärztekammer. (2007). Wahrung der ärztlichen Unabhängigkeit Umgang mit der Ökonomisierung des Gesundheitswesens Hinweise und Erläuterungen* beschlossen von den Berufsordnungsgremien der Bundesärztekammer am 2. April 2007. *Deutsches Ärzteblatt, 104*, A-1607.

Bundesärztekammer. (2013). Stellungnahme der Zentralen Kommission zur Wahrung ethischer Grundsätze in der Medizin und ihren Grenzgebieten (Zentrale Ethikkommission) bei der Bundesärztekammer. „Ärztliches Handeln zwischen Berufsethos und Ökonomisierung. Das Beispiel der Verträge mit leitenden Klinikärztinnen und -ärzten". *Deutsches Ärzteblatt, 110*(38), A-1752.

Bundesärztekammer. (2015a). Bekanntgaben der Herausgeber. Stellungnahme der Bundesärztekammer „Medizinische Indikationsstellung und Ökonomisierung" *Deutsches Ärzteblatt, 112*(18), A-836.

Bundesärztekammer. (2015b). (Muster-)Berufsordnung, Fassung 2015. www.bundesaerztekammer.de/fileadmin/user_upload/downloads/pdf-Ordner/MBO/MBO_02.07.2015.pdf. Zugegriffen: 20. Apr. 2018.

Bundesärztekammer. (2018). Bekanntgaben der Herausgeber. Bewertung der Zielvereinbarungen in Verträgen mit Leitenden Krankenhausärzten durch die Gemeinsame Koordinierungsstelle der Bundesärztekammer und des Verbandes der Leitenden Krankenhausärzte. *Deutsches Ärzteblatt, 115*(18), 1–6.

Conradi, C. (22. März 2014). Qualitätsberichte: G-BA beschließt Strafen für Kliniken. *Health & Care Management.* https://www.hcm-magazin.de/qualitaetsberichte-g-ba-beschliesst-strafen-fuer-kliniken/150/10738/220160. Zugegriffen: 18. Mai. 2018.

Deutsche Krankenhausgesellschaft. (2014). Empfehlungen gem. § 136a SGB V zu leistungsbezogenen Zielvereinbarungen vom 17.09.2014. http://www.dkgev.de/media/file/18100.Anlage_Empfehlungen_gem._%C2%A7_136a_SGB_V_zu_leistungsbezogenen_Zielvereinbarungen.pdf. Zugegriffen: 9. Mai 2018.

Deutscher Ethikrat. (2016). Patientenwohl als ethischer Maßstab für das Krankenhaus. Stellungnahme vom 5. April 2016, Berlin, S. 70. http://www.ethikrat.org/dateien/pdf/stellungnahme-patientenwohl-als-ethischer-massstab-fuer-das-krankenhaus.pdf. Zugegriffen: 29. Apr. 2018.

Deutsches Krankenhaus Institut. (2016). Krankenhaus Barometer 2016. https://www.dki.de/sites/default/files/downloads/2016_12_19_kh_barometer_final.pdf. Zugegriffen: 28. Juni 2018.

DGIM. (2017). Klinik Codex der DGIM. https://www.dgim.de/veroeffentlichungen/klinik-codex/. Zugegriffen: 9. Mai 2018.

Dierstein, N. O. (2013). Weisungsrecht des Klinikarbeitgebers: Eingriffe in den ärztlichen Bereich sind untersagt. *Deutsches Ärzteblatt, 110*(41), 2–4.

Eichenberger, T. (2017). Chefärzte und Leitende Spitalärzte Schweiz. *Entwicklung der Anstellungsbedingungen. Schweizerische Ärztezeitung, 98*(40), 1289–1292.

Eijkenaar, F., Emmert, M., Scheppach, M., & Schöffski, O. (2013). Effects of pay for performance in health care: A systematic review of systematic reviews. *Health Policy, May, 110*(2–3), 115–130.

Fässler, M., Wild, V., Clarinval, C., Tschopp, A., Faehnrich, J. A., & Biller-Andorno, N. (2015). Impact of the DRG-based reimbursement system on patient care and professional practice: Perspectives of Swiss hospital physicians. *Swiss Medical Weekly, 145*, w14080.

Fehr, E., & S. Gächter. (2002). *Do incentive contracts undermine voluntary cooperation?* Working paper series. Institute for Empirical Research in Economics No. 34, University of Zurich. http://www.zora.uzh.ch/id/eprint/51936/1/iewwp034.pdf. Zugegriffen: 10. Apr. 2018.

Fehr, E., & Rockenbach, B. (2003). Detrimental effects of sanctions on human altruism. *Nature, 422*(6928), 137–140.

Flinthrop, J. (2013). Wo der Rubikon überschritten ist. *Deutsches Ärzteblatt, 110*(45), A2108–A2112.

Flodgren, G., Eccles, M. P., Shepperd, S., Scott, A., Parmelli, E., & Beyer, F. R. (2011). An overview of reviews evaluating the effectiveness of financial incentives in changing healthcare professional behaviours and patient outcomes. *Cochrane Database of Systematic Reviews, 2011*(7), CD009255.

FMH. (2013). FMH Positionspapier: Boni – Die Position der FMH. *Schweizerische Ärztezeitung, 94,* 51–52.

FMH. (2017). Standesordnung der FMH, Version 26. Oktober 2017. www.fmh.ch/files/pdf20/Standesordnung_Februar_2018_D.pdf. Zugegriffen: 20. Apr. 2018.

Fölsch, U. R., et al. (2014). DGIM-Studie „Ärzte – Manager 2013". *Deutsche Medizinische Wochenschrift, 139,* 726–734.

Fricke, A. (20. September 2017). Gesellschaft für Innere Medizin. Medizin vor Ökonomie – Kodex soll Prioritäten klarmachen. *Ärzte Zeitung.* https://www.aerztezeitung.de/politik_gesellschaft/berufspolitik/article/943644/gesellschaft-innere-medizin-oekonomisierung-kodex-prioritaeten.html. Zugegriffen: 29. Nov. 2017.

Gasche, U. P. (30. November 2017). Die Chefarzt-Boni sind auf der Abschussliste. Infosperber. https://www.infosperber.ch/Gesundheit/Die-Chefarzt-Boni-sind-auf-der-Abschussliste. Zugegriffen: 19. Mai 2018.

Gaspoz, J. M. (2016). Smarter medicine. Neue Liste für „kluge Entscheidungen" im stationären Bereich. http://www.smartermedicine.ch/fileadmin/user_upload/Adaptionen/smartermedicine/Dokumente/Listen_Flyer_neu/SmarterMedicine_Flyer_D_web300.pdf. Zugegriffen: 28. Juni 2018.

Giger, M. (2015). Ein Eid für heutige Ärztinnen und Ärzte. *Schweizerische Ärztezeitung, 96*(25), 930–934.

Kienbaum. (2016). Pressemitteilung 70.2016. Chefärzte sind die Spitzenverdiener in Krankenhäusern. 12.12.2016. https://storage.googleapis.com/kienbaum-homepage.appspot.com/pressrelease/70_2016_Verg%C3%BCtung-Krankenh%C3%A4user_final.pdf?mtime=20161212131334. Zugegriffen: 9. Apr. 2018.

Knoll, M., Otte, I., Salloch, S., Ruiner, C., Kruppa, E., & Vollmann, J. (2018). „Etwas Menschliches ist verloren gegangen". Erfahrungen leitender Ärzte in Bezug auf das DRG-System – Eine qualitativ-normative Analyse. *Zeitschrift für Evidenz, Fortbildung und Qualität im Gesundheitswesen, 131–132,* 60–65.

Lilie, H., & Reuter, M. (2016). Anti-Korruptionsgesetz: Die Auslegungsspielräume müssen sich noch zeigen. *Deutsches Ärzteblatt, 113*(41), A-1790.

N.N. (24. August 2017). Kostendämpfungsmassnahmen zur Entlastung der obligatorischen Krankenpflegeversicherung. Bericht der Expertengruppe. https://www.newsd.admin.ch/newsd/message/attachments/50084.pdf. Zugegriffen: 19. Mai 2018.

Osterloh, M., & Rost, K. (2008). Management fashion pay-for-performance for CEOs. In M. Vartiainen, C. H. Antoni, C. H. Antoni, X. Baeten, N. Hakonen, R. Lukas, & H. Thierry (Hrsg.), *Reward management – Facts and trends in Europe* (S. 139–163). Lengerich: Pabst.

Rochell, B., & Weiser, F. (2012). Bonusregelungen in Chefarztverträgen. Ärztliche Unabhängigkeit in Gefahr. *Deutsches Ärzteblatt, 109*, A2450–A2452.

Schmidli, J., Frei, M., Brocard, M., & P. Wessalowski. (6. Januar 2013). Das kranke System. *NZZ am Sonntag*.

Schoch, C. (18. Dezember 2013). Ärztehonorare mit falschen Anreizen. FMH gegen Boni-Zahlungen an Spitalärzte. *Neue Zürcher Zeitung*. http://www.nzz.ch/aktuell/schweiz/fmh-gegen-boni-zahlungen-an-spitalaerzte-1.18206725. Zugegriffen: 16. Jan. 2014.

Schweizer Chirurginnen und Chirurgen. (2013). SGC Charta. http://www.sgc-ssc.ch/fileadmin/downloads/Charta/Charta_Charte_d-f_161013.pdf. Zugegriffen: 18. Juni 2018.

Schweizer Radio und Fernsehen SRF. (2016). (Fernsehsendung) In ECO vom 03.10.2016. http://www.srf.ch/news/wirtschaft/aerzte-boni-wenn-die-knie-operation-den-lohn-aufbessert. Zugegriffen: 29. Dezember 2017.

Schweizerische Akademie der Medizinischen Wissenschaften. (2014a). SAMW. Medizin und Ökonomie – Wie weiter? *Swiss Academies Communications*, 9 (4). https://www.samw.ch/de/Publikationen/Positionspapiere.html. Zugegriffen: 27. Juni 2018.

Schweizerische Akademie der Medizinischen Wissenschaften. (2014b). SAMW. Zusammenfassung und Empfehlungen des Positionspapiers der Schweizerischen. Medizin und Ökonomie – Wie weiter? *Schweizerische Ärztezeitung, 95*(43), 1598–1600.

Stiftung Gesundheit. (2012). Ärzte im Zukunftsmarkt Gesundheit 2012. Eine deutschlandweite Befragung niedergelassener Ärztinnen und Ärzte und leitender Klinikärzte. https://stiftung-gesundheit.de/pdf/studien/Aerzte_im_Zukunftsmarkt_Gesundheit_2012_Kurzfassung.pdf. Zugegriffen: 18. Mai 2018.

Stukenberg, T. (2016). Wie Krankenhäuser ihre Qualität verschleiern. https://correctiv.org/recherchen/stories/2016/03/21/wie-krankenhaeuser-ihre-qualitaet-verschleiern/. Zugegriffen: 17. Mai 2018.

Thurm, T. (2009). Ärzte stehen an der Spitze der Gehaltshierarchie im Krankenhaus. *Arzt und Krankenhaus, 03*, 76–79.

Wild, V., Fourie, C., Frouzakis, R., Clarinval, C., Fässler, M., Elger, B., et al. (2015). Assessing the impact of DRG on patient care and professional practice in Switzerland (IDoC) – A potential model for monitoring and evaluating healthcare reform. *Swiss Medical Weekly, 145*, w14034.

Wils, J. P. (2017). Ärztlicher Ethos. „Zeit für einen neuen Eid". *Deutsches Ärzteblatt, 114*(8), A359–A362.

WirtschaftsWoche. (2014). Gerechtigkeit macht Firmen produktiv. Der Bonus des Chefs demotiviert die Mitarbeiter. https://www.wiwo.de/erfolg/beruf/gerechtigkeit-macht-firmen-produktiv-der-bonus-des-chefs-demotiviert-die-mitarbeiter/9778610.html. Zugegriffen: 19. Mai 2018.

Von der Umwertung der Werte durch die Ökonomisierung der Medizin

Giovanni Maio

Zusammenfassung

Mit der Einführung der DRGs schlägt die Medizin einen Weg in Richtung einer Kapitalisierung der ärztlichen Tätigkeit ein mit dem impliziten Appell zur Übernahme einer ökonomischen Vorteilslogik, die sich à la longue gegen das Soziale wenden wird. Ein ökonomisiertes System verändert den Blick auf die eigene Arbeit; es geht dann um Abgeltung, um kluge Investition, um Rentabilität und nicht mehr um die Bedingungslosigkeit der Hilfe für Hilfsbedürftige. Durch die Abhängigkeit der Kliniken von den Erlösen wird alles, was in der Medizin getan werden wird, nicht mehr primär von ihrer konkreten Bedeutung für den Patienten, sondern nur noch unter dem Gesichtspunkt der Verwertbarkeit betrachtet. Daher liegt eine der folgenreichsten Auswirkungen der DRG-Einführung in der damit einhergehenden sukzessiven Umdeutung des medizinischen Handelns hin zu einer monetarisierten Verwertung ärztlich-pflegerischen Könnens. Das aber ist eine Entfremdung vom sozialen Gehalt der Medizin.

G. Maio (✉)
Freiburg, Deutschland
E-Mail: maio@ethik.uni-freiburg.de

1 Einleitung

Die Grundthese des folgenden Beitrages lässt sich wie folgt zusammenfassen: Mit der Einführung der DRGs schlägt die Medizin einen Weg in Richtung einer Kapitalisierung der pflegerischen und ärztlichen Tätigkeit ein mit dem impliziten Appell zur Übernahme einer ökonomischen Vorteilslogik, die sich à la longue gegen das Soziale wendet. Ein ökonomisiertes System verändert den Blick auf die eigene Arbeit; es geht dann um Abgeltung, um kluge Investition, um Rentabilität und nicht mehr um die Bedingungslosigkeit der Hilfe für Hilfsbedürftige. Durch die Abhängigkeit der Kliniken von den Erlösen wird alles, was in der Medizin getan wird, nicht mehr primär von ihrer konkreten Bedeutung für den Patienten, sondern in starkem Maße unter dem Gesichtspunkt der Erlösrelevanz betrachtet. Daher liegt eine der folgenreichsten Auswirkungen der DRG-Einführung in der damit einhergehenden sukzessiven Umdeutung des medizinischen Handelns hin zu einer monetarisierten Verwertung ärztlich-pflegerischen Könnens. Das aber ist eine Entfremdung vom sozialen Gehalt der Medizin. Wie diese Entfremdung genauer zu begreifen ist, wird Gegenstand des folgenden Beitrages sein.

Wir leben in einer Zeit, in der die Wirklichkeit medizinischen Handelns unter die Direktive einer sozial-politischen Tendenz geraten ist, die ihrerseits die Identität der Medizin bedroht. Die moderne Medizin wird heute weitgehend unreflektiert nach dem Modell der industriellen Produktion gesteuert und nach rein ökonomischen Gesichtspunkten bewertet. Dadurch gerät sie in einen Strudel, der ihre eigenen Werte geradezu auf den Kopf stellt, denn in einem ökonomisierten und industrialisierten System wird das Anliegen von Pflegenden und Ärzten, die sich bewusst für einen Helferberuf entschieden haben, immer mehr zur Nebensache. In einem existenzbedrohenden Verdrängungswettbewerb sind es die Erlöse, die am Ende über das Schicksal eines Hauses entscheiden. So sehen sich auch die Heilberufe ständig mit der entscheidenden Frage konfrontiert, ob sie mit ihrer Arbeit zur Konsolidierung der Finanzen beitragen oder nicht. Wohlgemerkt erzieht das gegenwärtige System – entgegen anderslautenden politischen Proklamationen – nicht dazu, zu fragen, wie man am besten Verschwendung vermeiden kann, sondern es erzieht vielmehr dazu, zu fragen, wie man eine Erlösoptimierung, also eine Umsatzsteigerung, erreichen kann. Folge dieser unheilvollen Entwicklung ist eine sukzessive Entwertung der sozialen Zielsetzung der Pflegenden und der Ärzte. Die prosoziale Einstellung, die die Grundlage etwa des Berufswunsches Arzt gewesen sein mag, erscheint in einem monetarisierten Kontext geradezu als dysfunktional, weil sie als etwas gesehen wird, was den ganzen Betrieb nur aufhält. Wenn im Zuge solcher Kapitalisierung der ärztlichen

Tätigkeit die Behandlung nur noch unter dem Gesichtspunkt einer betrieblichen Investition beurteilt wird, dann verliert die ärztliche Betreuung ihren ursprünglichen und eigentlichen Sinn. Vor dem Hintergrund eines grundlegenden Unverständnisses der Entscheidungsträger für die soziale Zielsetzung der Medizin findet momentan eine problematische Überformung medizinischer Rationalität durch eine betriebswirtschaftliche Logik statt. Wie die politisch zu verantwortende Umwertung der gesamten Medizin konkret aussieht, sei im Folgenden anhand von fünf problematischen Vorannahmen umrissen.

2 Produktionslogische Umwertung der Werte in der Medizin

2.1 Bürokratische Normierung

Die Normen des ökonomisierten Systems stammen aus der industriellen Massenproduktion. Bedingt durch eine dementsprechende vereinfachende Vorstellung von pflegerischer und ärztlicher Betreuung wird in den Köpfen der Verantwortlichen die Leistung der Pflegenden und Ärzte reduziert auf das Anbieten standardisierter Behandlungsschablonen. Dabei wird vorausgesetzt, dass alle Herausforderungen im Umgang mit Patienten einfach typisiert und nach einem strikten Regelwerk bewältigt werden können. Ideal einer solchen technokratischen Herangehensweise ist es, zunächst eine typisierende Problemdeutung vorzunehmen, um dann die auf ein Musterproblem heruntergebrochene Wirklichkeit durch stereotypes Handeln – am besten in Form von Algorithmen – zu lösen. Eine solche Konzeption steht in Zusammenhang mit einer politischen Ideologie, die das Handeln der Heilberufe über bürokratische Normierung restlos steuerbar machen möchte. Dass sich überhaupt eine solche Steuerungsfantasie herausbilden konnte, hängt mit einer heimlichen Neudefinition der Ärzte zu Ingenieuren für den Menschen zusammen. Das ist einer der vielen eklatanten Denkfehler, die die gegenwärtige Wirklichkeit der Medizin bestimmen. Gerade weil man irrtümlich davon ausgeht, dass die Behandlung von Patienten einer Technik am Objekt gleichkommt, übernimmt man nicht nur eine Qualitätssicherung, die ursprünglich für den ingenieurwissenschaftlichen Kontext konzipiert war, sondern – viel gravierender – man unterwirft die gesamte Medizin einer Checklisten-Rationalität, die zu verhängnisvoller Überformalisierung, Überregulierung und Bürokratisierung führt. Im Zuge der Bürokratisierung erfolgt eine numerische Wirklichkeitskonstruktion, die sukzessiv zu einem radikalen Umbau der Legitimationsstrukturen führt, dergestalt, dass nicht mehr soziale Werte, sondern sich nackte Zahlen als Legitimationsquelle medizinisch-pflegerischen Handelns in den Vordergrund schieben. Nicht die Orientierung an einem sozialen Ziel gilt als Rechtfertigung des Handelns, sondern die Maximierung der Zahl, und was nicht gezählt werden kann, gilt als wertlos.

Die Verbürokratisierung der modernen Medizin führt somit zu einer Abwertung nicht-instrumenteller Verhaltensrationalitäten und Entscheidungskriterien und somit genau der Gesichtspunkte, die für Personen in Heilberufen bei ihrer Berufswahl und Sozialisation motivationsleitend und identitätsstiftend waren. Es wird der Anschein erzeugt, als sei ein System jenseits der betriebswirtschaftlichen Zweck-Mittel-Logik ein von Grund auf dysfunktionales System. Diese Fiktion beruht auf der unausgesprochenen Überzeugung, dass nur die betriebswirtschaftliche Logik Funktionierendes hervorbringen könne. Dass pflegerisches und ärztliches Denken nach eigenen Prinzipien verfährt, wird vollkommen ausgeblendet, ja direkt negiert. Die Hegemonialmacht betriebswirtschaftlichen Denkens führt sukzessive zu einer Delegitimierung aller nicht-instrumentellen Rationalitätsformen. Auf diese Weise droht der soziale Gehalt der ärztlichen Tätigkeit aus dem Bewusstsein der Ärzte verdrängt zu werden.

Im durchbürokratisierten System steht die detaillierte Regulierung an der Stelle der kreativen Lösung, das deduktive Ableiten an der Stelle des induktiven Erschließens. Im Hintergrund steht das Konzept standardisierter Routineübungen. Dass es zu solch einer ausgeprägten Bürokratisierungsspirale kommen konnte, liegt an einem weiteren folgenschweren Gedankenfehler: Aus der Erkenntnis, dass die Dokumentation des Messbaren etwas Sinnvolles ist, wird kurzerhand geschlossen, dass alles Sinnvolle auch dokumentierbar sein müsse.

Mit der Etablierung einer betriebswirtschaftlichen Formallogik werden nicht nur Abläufe, sondern ganz subtil auch Werte vorgegeben (Maio 2018). Durch den betriebswirtschaftlichen Zuschnitt findet eine Umwertung der Werte statt; hochgeschätzt werden formalisierungsaffine Werte wie Regelmäßigkeit und Reibungslosigkeit, unterschätzt und aus dem Wahrnehmungsmuster verbannt werden alle interaktionsbezogenen und beziehungsstabilisierenden Werte. Gefördert wird somit nicht Kreativität und individuelle Anpassung, sondern das Repetitive, nicht das Singuläre, sondern das Standardisierte, nicht das Besondere, sondern das Gewöhnliche. Finale Folge ist die Beförderung eines Trends zur Entdifferenzierung medizinisch-pflegerischen Denkens.

2.2 Negativierung der Zeit

Unter der Perspektive einer industriellen Produktionslogik wird die personalintensive Kontaktzeit zum Patienten als ein zu minimierender Aufwand betrachtet; der Ruf nach Effizienzsteigerung ist im Grunde nichts anderes als eine Legitimation der Verknappung von Zeit. Das mag unter produktionstechnischem Gesichtspunkt auch rational erscheinen, denn es ist selbstverständlich, dass man in der Industrie versucht, ein Ergebnis mit einem Minimum an Aufwand zu erzielen. In der Industrie liegt der einzige Wert, der generiert wird, im Produkt selbst, das verkauft werden kann. Den Weg zum Produkt zu beschleunigen oder abzukürzen ist unter dieser Prämisse auch tatsächlich rational, weil man damit den Ressourcenverbrauch minimieren kann. Überträgt man nun diese Denkweise auf die Behandlung von kranken Menschen, so gerät derjenige, der sich Zeit nimmt und somit Ressourcen verbraucht, automatisch in Verdacht, nämlich in den Verdacht der Verschwendung, in den Verdacht der Ineffizienz. Innerhalb einer produktionstechnischen Logik findet also nicht nur eine Verknappung, sondern geradezu eine Negativierung der aufgewendeten Zeit statt; den Ärzten wird systematisch ein schlechtes Gewissen eingeimpft, wenn sie sich Zeit nehmen, Zeit für ein beruhigendes Gespräch, Zeit für eine zweite Erklärung, Zeit für ein Zeichen der Hoffnung, Zeit für ein persönliches Signal des Mitfühlens. Und genau an diesem Punkt ist unschwer zu erkennen, wie unangemessen der Versuch der Angleichung des ärztlichen Berufs an die Gesetzlichkeiten der produzierenden Industrie ist. Denn in der Medizin ist die Zeit, also die Kontaktzeit, die Sprechzeit, die Zeit zum Aufbau einer Vertrauensbeziehung, gerade nicht ein zu minimierender Verbrauch wie in der Industrie, sondern sie ist genau das Gegenteil, nämlich die zentrale Investition in eine erfolgreiche Therapie. Nur über die Kontaktzeit kann der Patient am Therapieprozess beteiligt werden, mitgenommen werden auf einem oft mühsamen Weg, auf dem er Orientierung, Ermunterung und motivierende Gespräche braucht. Gerade in der Medizin hat die Zeit tatsächlich einen Mehrwert. Spart man an der Kontaktzeit, verringert man die Chancen der Therapie. Die zeitverknappende Ökonomisierung und Industrialisierung der Medizin ist daher keine Steigerung von Effizienz, sondern ein Abbau der Ermöglichungsbedingungen von Medizin. Die gegenwärtigen Anreize sind daher nicht effizienzfördernd, sondern im Gegenteil geradezu kontraproduktiv für die Verwirklichung einer guten Medizin.

Etwas Grundlegendes wird hier deutlich: In den Neunzigerjahren des 20. Jahrhunderts meinte man, man müsse alle Krankenhäuser in Wirtschaftsunternehmen umfunktionieren, weil – so das Credo damals wie heute – sich nur so eine weitere Kostenerhöhung im Gesundheitswesen endlich stoppen lasse. Abgesehen davon, dass es eine Kostenexplosion im Gesundheitswesen nur in den Medien, aber nicht in der Realität gab (die Kosten sind nie explodiert, sondern sind nur langsam aber stetig gestiegen, wie in anderen Lebensbereichen auch, siehe Braun und Kühn 1998), hatte diese Umfunktionierung der Krankenhäuser von sozialen Einrichtungen hin zu profanen Wirtschaftsunternehmen nicht zur Folge, dass man damit die Kosten eindämmte. Vielmehr ließ die politisch zu verantwortende Umstellung die Kosten nun erst recht in die Höhe schnellen, weil die Anreize so sind, dass nur das gemacht wird, was auch viel Geld bringt bzw. auch viel Geld kostet. In der Konsequenz verlagerte sich der Schwerpunkt der medizinischen Arbeit auf das, was Geld bringt, nämlich Eingriffe, Eingriffe und nochmals Eingriffe. Eine betriebswirtschaftlich konzipierte Medizin ist – allein, was die Kosten betrifft – nicht nur unsinnig und unangemessen, sondern auch unwirtschaftlich. Aber sie ist unsinnig auch in Bezug auf die durch die Verbetriebswirtschaftlichung aufgezwungenen Einsparungen. Abgebaut wurde die Kontaktzeit, die Sprechzeit, die Zuwendungszeit (Braun et al. 2009). So meinte man, die Abläufe endlich effizienter gemacht zu haben, und feierte dies als Meilenstein des Fortschritts. Aber diese Effizienz-Rhetorik verstellt den Blick auf die Wirklichkeit. Tatsächlich wurde nämlich mit dem Einzug der Logik eines Wirtschaftsunternehmens eingespart, aber zum Leidwesen aller am falschen Ende. Das, was unter dem Schlagwort der Effizienzsteigerung eingespart wurde, ist die Zeit für den Patienten, und das ist eine unvernünftige Einsparung. Dass dennoch alles teurer geworden ist, obwohl die Patienten nur noch durchgeschleust werden, macht die Tragik und vor allem die Irrationalität der Durchökonomisierung der Medizin aus. Damit zeigt sich in aller Deutlichkeit, dass die Kapitalisierung eines sozialen Bereichs keine vernünftige Lösung sein kann. Die Zeit, sie ist das erste Opfer eines solchen blinden Ökonomisierungsschubs. Das ist verhängnisvoll für die Heilberufe, vor allem aber für die Patienten.

2.3 Linearisierung von Komplexität

Nach einem produktionstechnischen Paradigma ist die Therapie zu verstehen als Aufeinanderfolge von Wenn-dann-Entscheidungen. Produktionslogisch ergibt sich die Therapie nicht als Resultat eines Reflexionsprozesses, sondern sie ist eindeutig aus objektiven Befunden ableitbar. Nicht Kreativität kommt hier zum

Zuge, sondern Stringenz und Stromlinienförmigkeit. Die Wirklichkeit wird in lineare Modelle überführt und Komplexität durch binäre Entscheidungsmodi aufgelöst. Damit wird die Vorstellung einer Therapieentscheidung als Algorithmus etabliert. Den Heilberufen wird suggeriert, dass sie umso effizienter und qualitätsvoller arbeiten, je mehr sie sich an die vorgegebenen Algorithmen und an die dafür vorgesehenen, normierten Abläufe halten und je mehr sie ihre Therapie nach festen Schemata vorausplanen. Das streng planmäßige Vorgehen wird zum alles beherrschenden Ideal. Das entspricht der Produktionslogik, nach der die Schematisierung und die absolute Regelbefolgung das qualitätssichernde Kriterium darstellt. Produktionslogisch gesehen muss es sich so verhalten, weil es hier um das Hervorbringen eines Produktes geht, das bereits am Anfang der Herstellung festgelegt, also vorgegeben ist. Nach dem industriellen Paradigma wird strikt daran bemessen, inwiefern die Umsetzung einer Norm erfolgt, die in Form eines Algorithmus schon zuvor feststeht. Letztes Ziel einer an dieses Paradigma angepassten Therapie ist die Sicherung des reibungslosen Funktionierens des Prozesses.

Diese Reibungslosigkeit ist jedoch teuer erkauft. Wenn nämlich der Plan zum Ideal wird, dann folgt daraus, dass der einzelne Patient diesem Plan unweigerlich untergeordnet und somit normiert wird. Das DRG-System begünstigt die Tendenz, die Abläufe nicht am Patienten auszurichten, sondern den Patienten den vorgegebenen Ablaufschemata anzupassen.

Prozesse kann man optimieren, das ist unbestritten, und das sollte man auch tun. Die Optimierung der Prozesse bildet jedoch nicht den Kern der Behandlung von kranken Menschen. Prozessoptimierung ist vielmehr nur der Hintergrund, vor dem die eigentliche Therapie erst ermöglicht werden kann. Wenn man dagegen die Rationalität der Prozessoptimierung auf die Therapie überträgt, sitzt man einem Kategorienfehler auf, der eben deshalb, weil das produktionstechnische Paradigma implizit bleibt, allzu leicht übersehen wird.

Umso wichtiger ist es, sich klarzumachen, dass das Ideal der industriellen Produktion die eingefahrene Routine ist, der geordnete Ablauf des Immer-Gleichen. Überträgt man dieses Ideal auf die Medizin, bestreitet man indirekt den Sinn der Begegnung mit dem individuellen Patienten. Wird aber die Berücksichtigung von Individualität zur Verschwendung und zur Ineffizienz umstilisiert und die Routinisierung zum Ideal erhoben, muss das als Ansatz zur sukzessiven Demotivierung der in Heilberufen tätigen Personen gelten – schließlich sind diese in aller Regel für einen solchen Umgang mit Menschen nicht angetreten. Was also unter dem Vorwand der Effizienzsteigerung und gar der Qualitätssicherung auf den Weg gebracht wird, trägt letztlich bei zum sukzessiven Abbau der echten Qualität, denn echte Qualität in der Medizin ist die Qualität der tentativen und behutsamen

Anpassung der Therapieschritte an den individuellen Patienten und dessen jeweilige Situation. Das aber ist genau das Gegenteil einer industriellen Produktion.

Entscheidend in der Medizin ist das Handeln in der Unmittelbarkeit und das Ernstnehmen der unmittelbaren Erfahrung. Es geht um ein schrittweises, dialogisches und exploratives Handeln, das situationsorientiert und nicht schematisch erfolgt. Wollte man demgegenüber beim Ideal der Planmäßigkeit verharren, hätte man sich notwendig über die Individualität des Menschen hinweggesetzt. Will man aber dem Menschen in seiner Unverwechselbarkeit tatsächlich gerecht werden, so muss man eine Rationalität verinnerlicht haben, die sich nicht dem Schema, sondern der Singularität verschreibt. Es geht – bei aller notwendigen Kenntnis von überindividuellen Regelmäßigkeiten – immer auch um das Herausfinden des der Situation Gemäßen, um das Erspüren des konkret Erforderlichen, um die immer neue Abstimmung. Nicht starre Regelbefolgung ist also gefragt, sondern Individualisierung durch Sensibilität, Feinsinn, Fingerspitzengefühl.

2.4 Desintegration von Ganzheit

Auf dem Boden eines produktionstechnischen Rationalitätsmusters werden die Abläufe in den Kliniken zerstückelt, und häufig wird ein Management implementiert, das den reibungslosen Ablauf zu garantieren hat. Im Interesse der ‚Produktivitätssteigerung' wird für viele Phasen des Behandlungsablaufs zu Beginn jeweils eine Formulierung des Handlungsziels gefordert; das Erreichen dieser vorab festgelegten Ziele wird durch vielfältige Mechanismen kontrolliert. Die gesamte Medizin wird somit taylorisiert, ihr Blick wird vom Ganzen abgelenkt und stattdessen auf die Erreichung kleinteiliger Handlungsziele gerichtet. Die Industrialisierung der Medizin geht somit unweigerlich einher mit der Ablösung eines ganzheitlichen Behandlungsziels durch eine bewusst geforderte Kultur der Desintegration. Die moderne Medizin darf nicht mehr ganzheitlich denken, sondern sie wird zum desintegrativen Denken regelrecht angehalten. Je mehr sie sich mit Scheuklappen auf die Erfüllung der kleinteiligen Ziele stürzt, desto mehr wird sie belohnt und als effizient und wettbewerbsfähig gepriesen. Nirgendwo macht sich die Umwertung der Werte in der Medizin so bemerkbar wie in dieser politisch geforderten Abkehr vom integrativen Denken. Wenn nämlich das große Ziel, dem Patienten gerecht zu werden, in eine Vielzahl von Teilzielen zerlegt wird und bei der Auswahl dieser Teilziele allein der Gesichtspunkt der konkreten Bestimmbarkeit, der Objektivierbarkeit und der Operationalisierbarkeit entscheidend ist, dann wird die ganzheitliche Behandlung des Patienten reduziert auf ein reines Planungsproblem, auf ein

Managementproblem, das zu seiner Behebung lediglich der pragmatischen Ausbuchstabierung von schematisch zu vollziehenden Handlungsvollzügen im Sinne einer reflexionsfreien Fließbandproduktion bedarf.

In diese Durchstrukturierung mischt sich ein unreflektierter Machbarkeitsglaube (alles ist machbar, wenn man nur die richtigen Prozesse plant). Hinzu kommt – und das ist noch gravierender – eine simplifizierte Vorstellung von dem, worum es in der Medizin eigentlich geht. Die konzeptionelle Voraussetzung der fließbandartigen Organisation ist eine unangemessene Rationalitätsvorstellung, die Rationalität mit Unterkomplexität verwechselt und auf diese Weise die tatsächlich komplexen Entscheidungssituationen in der Medizin am Ende umfunktioniert in triviale Planungsprobleme. Dass man bei dieser Trivialisierung der Herausforderungen, die der Umgang mit Patienten mit sich bringt, ein Planungsprogramm vorgibt, das dem eigentlichen Anliegen des Patienten und auch dem Anliegen der Heilberufe zuwiderläuft, wird vollkommen ignoriert. Irgendwann gewöhnt man sich so sehr an diesen technizistischen Umgang mit hilfsbedürftigen Menschen, dass man gar nicht mehr merkt, wie sich das gesamte Denken in der Medizin Zug um Zug vom ganzheitlichen Anspruch entfernt hat.

2.5 Delegitimierung des Nichtmessbaren

Eine verhängnisvolle Implikation der Ausrichtung der Medizin an industriellen, produktionstechnischen Leitbildern liegt in der ausschließlichen Orientierung an Bewertungskategorien wie Exaktheit, Berechenbarkeit, Quantifizierbarkeit. So wichtig diese Bewertungsmodi für die Medizin auch sein mögen, wenn sie zu allein leitenden Kategorien erhoben werden, dann greift eine positivistische Grundeinstellung Platz, die sich in ihrer Verabsolutierung am Ende gegen das wendet, was Medizin ausmacht. Denn mit der Grundorientierung am positivistischen Ideal erfolgt unweigerlich eine Abwertung aller Wahrnehmungs- und Wissensformen, die sich dem Postulat der Exaktheit und Quantifizierbarkeit widersetzen oder es relativieren. Ausgeblendet werden also die Zwischentöne, die Schattierungen, die Uneindeutigkeit, die Ambivalenz. Es war kein Geringerer als Theodor W. Adorno, der den Fehler positivistischen Denkens darin sah, dass der Positivist „aus Liebe zu Klarheit und Exaktheit das verfehlt, was er erkennen will" (Adorno 2003, S. 548). Im Zuge der Übernahme produktionslogischer Kategorien erfolgt nicht nur eine Abwertung, sondern vor allem eine *Delegitimierung* des Nicht-Quantifizierbaren. Mit Delegitimierung ist gemeint, dass das Nicht-Quantifizierbare in den Bereich des bloß Spekulativen und Unwissenschaftlichen verbannt wird. So besteht die Gefahr, dass die Medizin sich unter dem Produktionsparadigma einem einseitigen Wissenschaftsideal verschreibt und dabei zunehmend verkennt, dass die alleinige Orientierung am Quantifizierbaren schon eine reduktionistische Vorentscheidung darüber enthält, wie Wirklichkeit zu sein hat.

Mit den dargelegten Umwertungen der modernen Medizin unter der Herrschaft rein betriebswirtschaftlicher Logik soll etwas Grundlegendes verdeutlicht werden. Durch die unreflektierte Übernahme produktionstechnischer Rationalitätsmuster findet eine Überformalisierung und damit eine bedrohliche Verarmung der Kultur der Medizin statt. Der Zwang zur Dokumentation und die politisch anvisierte Vergütung nach dokumentierbaren Parametern führt unweigerlich zu einer Überproduktion von Daten und zugleich zu einer Selektion der Wirklichkeitserfahrung. Die Nachweispflichtigkeit verändert nicht nur Verhalten und Abläufe, sie verändert vor allen Dingen die Wahrnehmung, sie verändert die Grunddisposition der Heilberufe. Selbstverständlich kann auf Kontrolle nicht verzichtet werden, aber je stärker eine politisch gesteuerte und überbordende Kontrolle über die Medizin verhängt wird, desto mehr wird die Aufmerksamkeit der Heilberufe umgelenkt auf das Dokumentierbare und Kontrollierbare. Die Orientierung an partikularen Parametern zieht alle Aufmerksamkeit auf sich und lässt keinen Raum für das Nicht-Messbare. Diejenigen, die sich diesem Postulat widersetzen, geraten unweigerlich in die Defensive und sehen sich nicht nur dem Vorwurf der Ineffizienz, sondern noch gravierender dem Vorwurf der Beliebigkeit und der Unwissenschaftlichkeit ausgesetzt.

Die Heilberufe haben es aber unweigerlich damit zu tun, dass sie das Formalisierbare mit dem Lebensweltlichen zusammenführen müssen, und wenn das Lebensweltliche delegitimiert wird, weil es nicht in die Parameter der Eindeutigkeit passt, dann entzieht sich die Medizin selbst das Standbein, das sie als Medizin trägt. Allein nach Zahlen wird man nicht helfen können, weil man allein nach Zahlen schlichtweg den kranken Menschen nicht verstehen kann. Die Medizin braucht eben beides: Evidenz und Beziehung. Sie braucht Zahlen, sie braucht Statistik, sie braucht externe Evidenz, aber mit dieser Evidenz allein wird sie ratlos bleiben, denn Aufgabe der Medizin ist ja nicht, Algorithmen umzusetzen, sondern ihre Aufgabe besteht darin, eine Antwort auf die Not des Patienten zu finden, und diese Antwort findet sich nicht auf dem Reißbrett, sondern sie muss kreativ erschlossen werden in der Begegnung mit dem Patienten. Medizin ist eine Disziplin, die ihre Leistung in der direkten Interaktion vollzieht und ihre Qualität ist die Qualität der gelingenden Interaktion im Hier und Jetzt; ihre Qualität ist die Qualität der Beziehung. Dazu braucht die Medizin zwar Regeln, aber sie braucht mehr als Regeln, sie braucht Raum für das Entstehen einer Vertrauensbeziehung, sie braucht Atmosphäre, sie braucht innere Ruhe, sie braucht innere Freiheit, um sich ohne Scheuklappen auf den einzelnen Patienten einzulassen. Nur dann kann Interaktion wirklich gelingen.

In den vier beispielhaft genannten Umwertungen der Werte in einer industrialisierten Medizin zeichnet sich eine verhängnisvolle Entwicklung ab, bei der das Eigentliche der Medizin von einer produktionslogischen Denkweise zunehmend verdrängt wird. Daher ist es umso wichtiger, neu darauf zu reflektieren, was das Besondere der Medizin ausmacht und worin ihre spezifische Arbeitsweise besteht.

3 Medizin als Komplexitätsbewältigungskompetenz

Die eigentliche Könnerschaft der Medizin besteht im Umgang mit Komplexität, sie setzt Komplexitätsbewältigungskompetenz voraus, die ihrerseits nichts anderes bedeutet als Problemlösungskompetenz. Diese Kompetenz, Komplexität im Sinne des Patienten zu erfassen und in eine gute Lösungsstrategie umzumünzen, hat mit der Fähigkeit zu tun, das Gesamtproblem des Patienten zu erfassen, und zwar mit der Fähigkeit zum synthetischen Denken, mit der Fähigkeit zum integrativen Denken. Der Arzt muss und kann kein vorab plan- und prüfbares, perfektes Produkt abliefern; seine Arbeit vollzieht sich vielmehr in der Verbindung von Aktion *am* und Interaktion *mit* dem Patienten.

Mit diesen Überlegungen soll verdeutlicht werden, dass sich die Güte ärztlicher Behandlung nicht nur nach der notwendigen handwerklichen Könnerschaft bemisst, sondern im Wesentlich davon abhängt, ob die direkte Interaktion mit dem Patienten gelingt. Denn pflegerische und ärztliche Arbeit kann nur in der erwähnten Verbindung von Aktion am und Interaktion mit dem Patienten gelingen. Pflegerisch und ärztlich zu arbeiten bedeutet gerade nicht das strikte Umsetzen eines vorgegebenen Plans, sondern es bedeutet, eine unmittelbare und passende Reaktion auf die Befindlichkeit des Patienten zu finden, auf seine Gemütslage, auf seine Bedürfnisse in seiner Situation des Jetzt und Hier. Medizin ist daher ein Prozess der immer wieder neuen Adaptation; sie ist jederzeit herausgefordert, sich der Besonderheit des Patienten, seiner Situation und seines Umfeldes anzunehmen. Das Entscheidende in der Medizin ist somit das interaktiv-dialogische Vorgehen. Dieses unabdingbar dialogische Vorgehen kann nur verwirklicht werden durch die Implementierung impliziter Wissensformen wie Erfahrungswissen, Beziehungswissen und Interaktionswissen. Ohne diese impliziten Wissensformen ist der Kern der ärztlichen Betreuung nicht zu verwirklichen, nämlich die professionelle Begleitung, die immer auch eine zwischenmenschliche Begleitung sein muss.

So wird am Ende deutlich, dass die Könnerschaft des Arztes gerade nicht darin liegen kann, lineare Entscheidungswege zu gehen, sondern seine Könnerschaft liegt darin, Komplexität angemessen zu bewältigen. Jeder Patient bringt Komplexität mit sich, Komplexität seiner Vorgeschichte, Komplexität seiner Lebensgeschichte, Komplexität seiner momentanen Situation, Komplexität seiner Perspektiven. Diese Komplexität zu erfassen, erfordert ein bestimmtes Wissen, das mit dem Begriff der ärztlichen Kunst erfasst war, das aber mit der heutigen Vorstellung einer industrialisierten Medizin sukzessive verlernt wird. Es ist nämlich ein interpretatives, kontextuelles, hermeneutisches Wissen. Medizin als praktische Wissenschaft zu betreiben bedeutet, über eine solche Wissensbasis zu verfügen, die es erlaubt, das theoretische Sachwissen so mit einem praktischen Handlungswissen zu verbinden, dass am Ende vermittels einer zu erlernenden praktischen Urteilskraft eine ärztliche Therapieempfehlung steht, die dann wissenschaftlich solide ist, wenn sie der Individualität des Patienten gerecht wird.

4 Schlussfolgerungen

Die Behandlung in der Medizin ist von Grund auf eine verständigungsorientierte Arbeit, die nicht in der Umsetzung von Ablaufprotokollen aufgehen kann. Gute pflegerische und ärztliche Behandlung kann eben nicht reduziert werden auf die Optimierung der Prozessqualität, sondern Prozessqualität muss in den Dienst der entscheidenden Beziehungsqualität gestellt werden, denn ohne die Qualität der Beziehung kann auch das beste Behandlungsarrangement nicht fruchten. Daher ist es umso wichtiger, sich neben dem Dokumentierten gerade der nicht bezifferbaren Leistung der Pflegenden und Ärzte neu zu vergewissern und sich gegen eine produktionslogische Umformung der Medizin zu wehren. Der Pflegeberuf wie der Arztberuf ist ein gemeinwohlorientierter Beruf, dessen Hauptcharakteristikum in der Ausrichtung auf das Wohl der den Heilberufen anvertrauten Personen liegt. Es gehört daher zur Verantwortung dieser sozialen Berufe dazu, sich gegen eine privatwirtschaftliche Vereinnahmung und gegen eine kontraproduktive Deprofessionalisierung ihrer Tätigkeit zur Wehr zu setzen. Allen begrifflich und strukturell vorgenommenen Umwertungen der Werte in der Medizin zum Trotz gilt es, sich zu vergegenwärtigen, dass Medizin kein Wirtschaftsunternehmen ist, kein Produktionsbetrieb und kein Marktfaktor. Medizin ist professionelle Hilfe durch gelingende Interaktion auf der Basis von wissenschaftlicher Expertise in Verknüpfung mit verstehender Zuwendung. Deswegen sollte die Medizin gerade heute im Zeitalter ausgeprägter ökonomischer Überformungstendenzen entschieden dafür kämpfen, dass in ihrem Bereich nicht primär produktionstechnische Werte gefördert werden, sondern vor allem beziehungsstabilisierende Werte wie Aufmerksamkeit, Umsicht, Geduld, Reflexivität, Feinsinn und tiefe Wertschätzung für jeden Patienten. Diesen zentralen Schlüssel zum Erfolg pflegerischer und ärztlicher Betreuung darf man in unserer durchökonomisierten Zeit nicht aus dem Auge verlieren.

Literatur

Adorno, T. W. (2003). Zur Logik der Sozialwissenschaften. In T. W. Adorno (Hrsg.), *Soziologische Schriften I. Gesammelte Schriften* (Bd. 8, S. 547–565). Frankfurt a. M.: Suhrkamp.
Braun, B., Buhr, P., Klinke, S., Müller, R. & Rosenbrock, R. (2009). *Pauschalpatienten, Kurzlieger und Draufzahler – Auswirkungen der DRGs auf Versorgungsqualität und Arbeitsbedingungen im Krankenhaus*. Bern: Huber.
Maio, G. (2018). *Werte für die Medizin. Warum die Heilberufe ihre eigene Identität verteidigen müssen*. München: Kösel.

Ethik als Führungsaufgabe: Perspektiven für einen ethisch vertretbaren Umgang mit dem zunehmenden Kostendruck in den deutschen Krankenhäusern

Georg Marckmann

Zusammenfassung

Angesichts der Alterung der Bevölkerung und weiteren medizinischen Innovationen werden sich die Krankenhäuser auf anhaltend schwierige finanzielle Rahmenbedingungen einstellen müssen. Dabei besteht bereits jetzt erheblicher Handlungsbedarf, da der über die letzten Jahre angestiegene Kostendruck nicht nur die Patientenversorgung durch Über- und Unterversorgung beeinträchtigt, sondern auch das Krankenhauspersonal zunehmend belastet. Der vorliegende Beitrag zeigt auf, dass eine Bewältigung der Herausforderungen nur dann gelingen kann, wenn entsprechende Maßnahmen auf den verschiedenen Ebenen des Gesundheitssystems – Gesundheitspolitik, Krankenhausmanagement, Einzelfallentscheidungen – ergriffen werden. Die Bemühungen müssen dabei von der Einsicht geleitet werden, dass Ökonomie und Ethik nicht länger als Antipoden gegeneinandergestellt werden dürfen. Vielmehr muss die Berücksichtigung ethischer Vorgaben zu einem integralen Bestandteil des Krankenhausmanagements werden. Dieses Wertemanagement stelle eine wesentliche Aufgabe des Führungspersonals im Krankenhaus dar. Zudem erläutert der Beitrag, welcher Handlungsoptionen sich auf Ebene der gesundheitspolitischen Rahmenbedingungen der Krankenversorgung und bei den ärztlichen Entscheidungen im Einzelfall ergeben.

G. Marckmann (✉)
Institut für Ethik, Geschichte und Theorie der Medizin, Ludwig-Maximilians-Universität München, München, Deutschland
E-Mail: marckmann@lmu.de

© Springer Fachmedien Wiesbaden GmbH, ein Teil von Springer Nature 2019
A. Dieterich et al. (Hrsg.), *Geld im Krankenhaus*,
https://doi.org/10.1007/978-3-658-24807-9_10

1 Einleitung

Mit der Umstellung auf ein pauschaliertes Vergütungssystem mittels Diagnosis Related Groups (DRGs) mit regulierten Preisen sind die deutschen Krankenhäuser in den letzten Jahren finanziell zunehmend unter Druck gekommen. Dies war von der Politik auch so beabsichtigt, um die in Deutschland vorhandenen Überkapazitäten zu reduzieren und die Effizienz der stationären Versorgung zu erhöhen. In der Folge ging die Anzahl der Krankenhäuser kontinuierlich zurück, die Anzahl der behandelten Fälle stieg bei sinkenden Verweildauern. Der steigende finanzielle Druck in den Krankenhäusern zeigte aber auch negative Auswirkungen auf die Patientenversorgung und die Mitarbeiter in den Krankenhäusern. Entscheidungen über den Einsatz medizinischer Maßnahmen werden durch finanzielle Überlegungen beeinflusst, es droht eine „Ökonomisierung" medizinischer Entscheidungen mit betriebswirtschaftlich motivierter Über- und Unterversorgung. Die Krankenhausärzte sehen sich vermehrt mit ethischen Entscheidungskonflikten konfrontiert. Die steigende Arbeitsverdichtung belastet zunehmend die Mitarbeiter, was sich in einer sinkenden Arbeitszufriedenheit, erhöhtem Krankenstand und mehr Burn-out-Fällen manifestiert. Es droht eine fatale Abwärtsspirale da die Überlastung des Personals die wirtschaftliche Leistungsfähigkeit der Krankenhäuser schwächt. In der Folge drohen für die Versorgung zentrale Werte wie Patientenorientierung oder Wertschätzung der Mitarbeiter verloren zu gehen. Der vorliegende Beitrag geht der Frage nach, wie diesem zunehmenden Spannungsverhältnis zwischen Ethik und Ökonomie im Krankenhaus vertretbar umgegangen werden kann. Er rekapituliert dabei zunächst noch einmal die aktuellen Rahmenbedingungen und erörtert dann vor allem, welche Handlungsspielräume es innerhalb der Krankenhäuser gibt, unter nicht optimalen systemischen Voraussetzungen die Werteorientierung der Patientenversorgung zu stärken und der zunehmenden Ökonomisierung medizinischer Entscheidungen entgegen zu treten. Die zentrale These wird dabei lauten, dass die Berücksichtigung ethischer Vorgaben zu einer Führungsaufgabe auf den verschiedenen Entscheidungsebenen des Krankenhauses werden muss.

2 Rahmenbedingungen der Gesundheitsversorgung

Vor allem aufgrund der guten wirtschaftlichen Lage befinden sich die gesetzlichen Krankenkassen in einer vergleichsweise guten finanziellen Situation. Es ist aber davon auszugehen, dass sich diese Rahmenbedingungen durch die demografische

Entwicklung und medizinische Innovationen mittelfristig deutlich verschlechtern werden. Grund hierfür ist vor allem der steigende Altenquotient, der die Einnahmebasis der umlagefinanzierten gesetzlichen Krankenversicherung (GKV) mittelfristig deutlich schwächen dürfte. Wenn die in den 1960er Jahren zahlreich geborenen ‚Babyboomer' in Rente gehen, verschlechtert sich das Verhältnis zwischen Erwerbstätigen und Rentnern in der GKV, sodass es immer weniger erwerbstätige Versicherte gibt, die mit ihren Beitragsüberschüssen die Deckungslücken zwischen Einzahlungen und Ausgaben bei den Rentnern schließen können. Gleichzeitig werden die Ausgaben der GKV durch häufig hochpreisige medizinische Innovationen weiter steigen und den finanziellen Druck auf das GKV-System noch zusätzlich erhöhen. Dabei gibt es gute – auch ethische – Gründe, die Ausgaben für die medizinische Versorgung nicht immer weiter steigen zu lassen (Marckmann 2008). Der Gesundheitssektor konkurriert mit anderen Bereichen wie Bildung, Umweltschutz oder soziale Sicherung um begrenzte öffentliche Finanzmittel. Weitere Erhöhungen der Gesundheitsausgaben können folglich nur mit Einschränkungen in anderen sozialstaatlichen Bereichen erkauft werden. Dies wäre nicht nur per se ethisch problematisch, sondern hätte zudem negative Auswirkungen auf die Gesundheit der Bevölkerung, da bspw. Bildung und sozialer Status sowie Arbeits- und Umweltbedingungen erheblichen Einfluss auf die Mortalität und Morbidität der Menschen haben. Mehr Geld ins System kann folglich keine wirkliche Lösung für die drohenden Finanzierungsprobleme der GKV sein.

Die gesundheitspolitischen Bemühungen um eine Begrenzung der Gesundheitsausgaben sind deshalb – prima facie – auch gerechtfertigt. Im Ergebnis werden sich deshalb nicht nur die Krankenhäuser in Deutschland auf anhaltend schwierige finanzielle Rahmenbedingungen einstellen müssen; der ethisch vertretbare Umgang mit begrenzt verfügbaren Ressourcen dürfte zu einer Daueraufgabe im deutschen Gesundheitswesen werden. Es gehört zu den großen Versäumnissen der Gesundheitspolitik, dass sie keine Maßnahmen ergreift bzw. entwickelt, um die drohenden, seit langem bekannten Herausforderungen für die Finanzierung der GKV-Versorgung zu bewältigen. Angesichts der zunehmenden Diskrepanz zwischen medizinisch sinnvoll Möglichem und solidarisch Finanzierbarem wäre es dringend geboten, über Priorisierungen in der Gesundheitsversorgung nachzudenken (Zentrale Kommission zur Wahrung ethischer Grundsätze in der Medizin und ihren Grenzgebieten (Zentrale Ethikkommission) bei der Bundesärztekammer 2007). Der Verweis auf das Versagen der nationalen Gesundheitspolitik entlastet die nachgeordneten Entscheidungsebenen im Gesundheitswesen jedoch nicht von ihrer Verantwortung, im Rahmen ihrer Möglichkeiten einen Beitrag zu einer medizinisch begründeten, ethisch vertretbaren und ökonomisch sinnvollen

Mittelverwendung beizutragen. Dies ist auch bei der vorliegenden Diskussion über Lösungsperspektiven für den stationären zu berücksichtigen. Zunächst erscheint es aber geboten, noch einen näheren Blick auf die Auswirkungen des zunehmenden finanziellen Drucks in den Krankenhäusern zu werfen.

3 Auswirkungen des zunehmenden finanziellen Drucks in den Krankenhäusern

Inzwischen mehren sich die empirischen Belege, dass der zunehmende finanzielle Druck in den Krankenhäusern nicht spurlos an der Patientenversorgung vorübergeht. In einer eigenen repräsentativen Umfrage unter Krankenhausärzten in der Kardiologie und Intensivmedizin gaben 77 % der Teilnehmer an, in den letzten 6 Monaten aus Kostengründen eine für den Patienten nützliche Maßnahme nicht durchgeführt zu haben (Strech et al. 2009). Einer anderen Umfrage unter Chefärzten, Geschäftsführern und Pflegedienstleitungen zufolge resultieren Einschränkungen vor allem in den Bereichen Pflege und Zuwendung (Reifferscheid et al. 2014). Besonders problematisch erscheinen diese Leistungseinschränkungen angesichts der ebenfalls verbreiteten Überversorgung, die nicht nur die Gesundheitsausgaben unnötig steigern, sondern zudem die Patienten vermeidbaren Belastungen und gesundheitlichen Risiken aussetzen. Fast die Hälfte der im Rahmen der Mitgliederbefragung zu „Klug entscheiden" der Deutschen Gesellschaft für Innere Medizin gab an, dass diese Überversorgung (v. a. in den Bereichen Bildgebung, Labordiagnostik und apparativ-technische Therapie) – neben der Sorge vor Behandlungsfehlern und dem Druck Patienten – auch durch die Erzielung zusätzlicher Erlöse begründet seien (Fölsch et al. 2016). Angesichts dieser Überversorgung ist es bemerkenswert, dass die von uns befragten Ärzte mehrheitlich keine Einsparmöglichkeiten im ärztlichen Bereich sahen.

Der zunehmende finanzielle Druck in den Krankenhäusern geht am ärztlichen Personal nicht spurlos vorüber. Über drei Viertel der antwortenden Ärzte gab an, der zunehmende Kostendruck beeinträchtige ihre Arbeitszufriedenheit und belaste das Vertrauensverhältnis zwischen Patienten und Ärzten (Strech et al. 2009). In Tiefeninterviews berichteten die Ärzte eine zunehmende Leistungsverdichtung und Personalabbau, verbinden mit willkürlichen Entscheidungen und Unehrlichkeit gegenüber den Patienten sowie emotionalem Stress und Gefühlen der Überforderung (Strech et al. 2008). Interessant ist in diesem Zusammenhang, dass die Sichtweisen zwischen Ärzten und Geschäftsführern ganz erheblich divergieren: Während ein großer Anteil der Ärzte bejaht, dass aus wirtschaftlichen Motiven Patienten ins Krankenhaus aufgenommen werden, die nicht unbedingt stationär versorgt werden müssen, für Patienten gesondert abrechenbare, aber medizinisch nicht notwendige Leistungen erbracht werden, Patienten operativ behandelt werden, obgleich eine konservative Therapie angemessen wäre, und finanziell lukrative medizinische Abteilungen und Verfahren bevorzugt ausgebaut werden, obgleich dies nicht immer dem medizinischen Bedarf entspricht, verneinen dies die befragten Geschäftsführer (Wehkamp und Naegler 2017). Was diesen unterschiedlichen Einschätzungen zugrunde liegt, kann im Rahmen des vorliegenden Beitrags nicht näher erörtert werden. Es bleibt allerdings festzuhalten, dass sich hier – unabhängig von den genauen Ursachen – Rahmenbedingungen manifestieren, die für eine *gemeinsame* Suche nach Lösungsansätzen nicht gerade förderlich sind.

Auch im Pflegebereich manifestiert sich der zunehmende finanzielle Druck in den Krankenhäusern. Der internationalen RN4CAST-Studie zufolge hat sich der Anteil der Pflegenden, die unzufrieden mit ihrer Arbeitssituation sind und die an emotionaler Erschöpfung leiden, seit 1999 mehr als verdoppelt.[1] Dabei variiert der Anteil der Pflegenden, die unzufrieden mit ihrer Arbeitssituation sind, ganz erheblich von Krankenhaus zu Krankenhaus und auch die Burnout-Rate korreliert (negativ) mit der Qualität der Arbeitsumgebung (u. a. Arbeitsklima, Zusammenarbeit zwischen Ärzten und Pflegenden, Mitsprache beim Krankenhausmanagement, Unterstützung durch das Management). Diese Befunde weisen darauf hin, dass es die Krankenhäuser auch unter den gegebenen angespannten finanziellen Rahmenbedingungen durchaus Handlungsspielräume haben, durch eine entsprechende Gestaltung der Arbeitsbedingungen die Belastungen für das Pflegepersonal etwas zu reduzieren. Verschiedene empirische Untersuchungen belegen, dass eine Verschlechterung des Personalschlüssels und ein niedrigerer Anteil an höher qualifizierten Pflegekräften die Mortalität und die Morbidität der Patienten erhöht (Aiken et al. 2002; Needleman et al. 2002). Dabei hängt auch hier der Effekt von der Arbeitsumgebung ab: Bei einer schlechten Arbeitsumgebung verringert sich die Mortalität der Patienten gar nicht, wenn man die Arbeitsbelastung um einen Patienten je Pflegekraft senkt (Aiken et al. 2011).

Für den weiteren Gang der Argumentation bleibt festzuhalten: Der zunehmende finanzielle Druck in den Krankenhäusern beeinträchtigt – nach Einschätzung der befragten Ärzte – die Patientenversorgung durch betriebswirtschaftliche motivierte Über- und Unterversorgung und belastet das ärztliche und pflegerische Personal. Es droht eine fatale Abwärtsspirale, da schlechte

---

[1] http://www.rn4cast.eu/ (Zugriff: 21.07.2018).

Motivation und erhöhter Krankenstand des Personals die Qualität und die Wettbewerbsfähigkeit des Krankenhauses schwächen, was den ökonomischen Druck auf das Krankenhaus weiter erhöht. Die empirischen Untersuchungen geben aber auch Hinweise darauf, dass die Belastungen für das Personal und auch potenzielle negative Auswirkungen von der Gestaltung der Arbeitsumgebung abhängen.

4 Bewertung des zunehmenden finanziellen Drucks

Verschiedene Autoren haben die deutlich spürbaren und auch empirisch belegten negativen Auswirkungen des zunehmenden finanziellen Drucks auf die Krankenhäuser auch aus ethischer Perspektive kritisiert. Noch vor Einführung der DRGs kritisierten Kühn und Simon als eine der ersten die „Ökonomisierung" der Patientenversorgung im Krankenhaus (Kühn und Simon 2001). Weitere Autoren folgten (Heubel 2010; Leidner 2009; Manzeschke 2011), Maio warnt vor einer „ökonomischen Überformung der Medizin" (Maio 2012). Verschiedene Organisationen und Kommissionen haben sich dem Thema angenommen, wie beispielsweise der Deutsche Ethikrat (Deutscher Ethikrat 2016) oder die Bundesärztekammer (Bundesärztekammer 2015). Dass die aktuellen Zustände in den deutschen Krankenhäusern medizinisch, ethisch und auch ökonomisch nicht vertretbar sind, erscheint wenig kontrovers. Allerdings stellt sich im Anschluss die weitaus schwierigere Frage, wie diese Zustände wirksam geändert werden können.

Hierzu erscheint es sinnvoll, zunächst noch einmal einen Blick auf die Ursachen der prekären finanziellen Lage der Krankenhäuser zu werfen. Vielfach wird hierfür ein freies Wirken ökonomischer Kräfte verantwortlich gemacht, die Situation sei ein Ergebnis eines zunehmend wettbewerblich organisierten Krankenhausmarktes. So plausibel diese Diagnose auf den ersten Blick auch sein mag, es lohnt sich ein tiefer gehender Blick auf die Ursachen der Probleme. Dabei wird deutlich, dass der Kostendruck in den deutschen Krankenhäusern nicht primär auf frei wirkende ökonomische Kräfte, sondern auf politische Vorgaben zurückzuführen sind.[2]

---

[2]Wesentliche Impulse für die folgenden Überlegungen verdanke ich einem Redebeitrag von Rüdiger Strehl auf der öffentlichen Tagung des Deutschen Ethikrats am 22.10.2014 in Dresden zum Thema: „Vom Krankenhaus zum kranken Haus? Klinikalltag zwischen ethischem Anspruch und Kostendruck." Vgl. die online verfügbare Simultanmitschrift auf den Seiten des Deutschen Ethikrats: https://www.ethikrat.org/weitere-veranstaltungen/ (Zugriff 23.07.2018).

Zu allererst ist hier der politische Grundsatz der Beitragssatzstabilität anzuführen (für den es, wie oben ausgeführt, durchaus gute Gründe gibt), der die verfügbaren finanziellen Ressourcen der GKV begrenzt und zu einer Knappheit in den verschiedenen Versorgungsbereichen – und damit auch im Krankenhausbereich – führt. Zudem gibt es eine freie Preisbildung bei den Produktionsfaktoren (u. a. Löhne und Gehälter, Energiekosten, Arzneimittel), während die Abgabepreise für die Krankenhäuser durch die Relativgewichte und den unzureichend angepassten Basisfallpreis festgelegt wird. Damit wird das ökonomische Grundprinzip außer Kraft gesetzt (das in allen anderen marktlich organisierten Wirtschaftsbereichen gilt), dass Faktorpreissteigerungen über höhere Abgabepreise der Produkte weitergegeben werden können. Hinzu kommt, dass die Länder ihren Verpflichtungen für die Investitionsfinanzierungen im Rahmen der dualen Krankenhausfinanzierung in den letzten Jahren nur unzureichend nachgekommen sind. Die Krankenhäuser werden dadurch dazu genötigt, Erlöse aus den DRGs – systemwidrig – für notwendige Investitionen zu nutzen. In der Landeskrankenhausplanung wurde es versäumt, die unzweifelhaft vorhandenen Überkapazitäten im Krankenhausbereich bedarfsgerecht zu eliminieren. Bekannte (!) Fehlanreize im deutschen DRG-System, die zu Über- und Unterversorgung führen, wurden nicht korrigiert. Im Ergebnis muss man folglich konstatieren: Die *primäre* Ursache des Kostendrucks in den Krankenhäusern liegt nicht in einer zügellosen Dominanz ökonomischer Rationalität, sondern in einem Politikversagen auf verschiedenen Ebenen begründet. Dies ist bei der Bewertung der aktuellen Situation und insbesondere bei der Sache nach möglichen Lösungsansätzen zu berücksichtigen. Auf Ebene der einzelnen Krankenhäuser führen diese politisch zu verantwortenden Rahmenbedingungen gleichwohl dazu, dass betriebswirtschaftliche Erwägungen einen sehr hohen Stellenwert bekommen und medizinisch-ethische Erwägungen zu dominieren drohen.

Des Weiteren erscheint es sinnvoll, noch einen näheren Blick auf das Verhältnis von Ethik und Ökonomie zu werfen. Angesichts der Dominanz betriebswirtschaftlicher Erwägungen im Krankenhaus erscheint die Forderung naheliegend, die Ethik *gegenüber* der Ökonomie zu stärken. Diese Strategie vermag jedoch weder konzeptionell noch pragmatisch richtig zu überzeugen (Marckmann und Maschmann 2014). Zum einen ist die Ethik *konzeptionell* kein Gegenpol zur Ökonomie, im Gegenteil: In ethischen Prinzip der Nutzenmaximierung konvergieren Ethik und Ökonomie, da es gleichermaßen ethisch wie ökonomisch geboten ist, mit den begrenzt verfügbaren Ressourcen einen möglichst großen Ertrag bzw. einen bestimmten Ertrag mit einem möglichst geringen Ressourcenaufwand zu erzielen. Allerdings sind bei ethischen Erwägungen noch andere Prinzipien zu berücksichtigen, sodass die Ethik in ihrem normativen Gehalt deutlich über die

Ökonomie hinausgeht. Aus diesem Grund können durchaus Spannungsverhältnisse oder Konflikte zwischen ethischen und ökonomischen Anforderungen entstehen, z. B. zwischen der Effizienz der medizinischen Versorgung und dem Versorgungsbedarf des einzelnen Patienten. Eigentlich handelt es sich hierbei konzeptionell aber nicht um einen Konflikt zwischen Ethik und Ökonomie, sondern um einen binnenethischen Konflikt zwischen individual- und gerechtigkeitsethischen Verpflichtungen. In *pragmatischer* Hinsicht ist zum anderen die Gefahr groß, dass die Ethik als „Gegenspieler" der Ökonomie im Krankenhaus wenig Wirkung entfachen wird, da der Krankenhausbetrieb einer betriebswirtschaftlichen Logik folgt, in der ethische Überlegungen keinen festen Platz haben. Aus diesem Grund entstehen aktuell auch häufig Konflikte zwischen den betriebswirtschaftlichen Interessen des Krankenhauses bzw. seines Trägers und den ethischen Verpflichtungen gegenüber den Patientinnen und Patienten. Effektive Lösungsstrategien müssen folglich darauf abzielen, die Kluft zwischen betriebswirtschaftlicher und medizinisch-ethischer Perspektive zu verringern, indem die Berücksichtigung zentraler ethischer Wert zu einem integralen Bestandteil des Krankenhaus-Managements wird (vgl. hierzu Abschn. 6).

5   Handlungsoptionen

Aus der bisherigen Analyse wird deutlich, dass es *die* eine, einfache Lösung für die mit dem zunehmenden Kostendruck verbundenen Probleme nicht gibt. Es ergeben sich aber Perspektiven für Handlungsspielräume auf den verschiedenen Ebenen des Gesundheitswesens. Diese sind dabei nicht als Alternativen anzusehen, im Gegenteil: Die Akteure auf allen drei Ebenen – Gesundheitspolitik, Krankenhausorganisation und Einzelfall – müssen ihren Teil dazu beitragen, dass auch unter schwierigen finanziellen Rahmenbedingungen eine bedarfsgerechte Versorgung der Patienten mit akzeptablen Arbeitsbedingungen für das Krankenhauspersonal gewährleistet ist. Aktuell schieben sich die Akteure der verschiedenen Ebenen gerne gegenseitig den ‚Schwarzen Peter' zu: Die Gesundheitspolitiker behaupten, es sei insgesamt genug Geld im System (was möglicherweise sogar stimmt). Dieses müsse auf den nachgeordneten Ebenen des Gesundheitssystems nur richtig eingesetzt werden, dann würden sich die Probleme schon entschärfen, was aber nicht mehr in ihrer Verantwortung liege. Die Geschäftsführer der Krankenhäuser kritisieren (ebenfalls zu Recht) die Unzulänglichkeiten in der Krankenhausfinanzierung und entziehen sich damit der Verantwortung für die aktuell angespannte Situation für Patienten und Personal im Krankenhaus. Und die Ärzte machen auf der Mikroebene die gesundheitspolitischen

Rahmenbedingungen und die Vorgaben der Krankenhausgeschäftsführer für die Über- und Unterversorgung der Patienten und die Belastung des Personals verantwortlich. Dabei steuern sie mit der Indikationsstellung und dem gemeinsamen Entscheidungsprozess mit dem Patienten ganz wesentlich die Inanspruchnahme medizinischer Leistungen und sind damit auch für Über-, Unter- und Fehlversorgung von Patienten verantwortlich. Für die Zukunft der Krankenhäuser erscheint es auch meiner Sicht wesentlich, dass die Akteure im Gesundheitswesen dieses ‚Schwarzer-Peter-Spiel' beenden und erkennen, dass die Herausforderungen der Gesundheitsversorgung nur mit gemeinsamen Anstrengen auf den verschiedenen Ebenen des Systems erfolgreich bewältigt werden können. Im Folgenden werde ich einige Handlungsspielräume auf den drei Ebenen Gesundheitspolitik (Makroebene), Krankenhausorganisation (Mesoebene) und Einzelfall (Mikroebene) aufzeigen. Den Schwerpunkt werde ich dabei auf die Mesoebene legen, d. h. die Handlungsspielräume, die sich auf der Ebene einzelner Krankenhäuser bieten. Dies erscheint aus zwei Gründen sinnvoll: Zum einen erscheint es wenig wahrscheinlich, dass sich die Rahmenbedingungen auf der Makroebene in absehbarer Zeit deutlich ändern werden. Zum anderen erscheint es kaum zumutbar, die Krankenhausärzte allein auf der Mikroebene stärker in die Verantwortung zu nehmen, wenn sie keine entsprechend unterstützenden Rahmenbedingungen auf Ebene der Krankenhausorganisation vorfinden. Umgekehrt können diese förderlichen Rahmenbedingungen im Krankenhaus den einzelnen Arzt dabei unterstützen, patientenorientierte und ressourcenbewusste Entscheidungen im Einzelfall zu treffen.

5.1 Makroebene: Gesundheitspolitische Rahmenbedingungen

Da der zunehmende Kostendruck in den deutschen Krankenhäusern in der Ursache wesentlich auf gesundheitspolitische Vorgaben zurückzuführen ist, ist die Gesundheitspolitik auf Bundes- und Landesebene gefordert, die Rahmenbedingungen für die Krankenhäuser so zu gestalten, dass eine bedarfsgerechte Versorgung der Patienten unter angemessenen Arbeitsbedingungen für das Krankenhauspersonal gewährleistet ist. Hierzu gehört u. a. eine angemessene Investitionsfinanzierung der Länder, eine Anpassung des DRG-Basisfallwerts an die Tarif-, Material und Sachkostenpreise sowie die Korrektur bekannter Fehlanreize im deutschen DRG-System. Eventuell noch vorhandene Überkapazitäten sollten durch eine bedarfsorientierte Krankenhausplanung auf Landesebene abgebaut werden. Einzelne Schritte hat die Politik auch bereits ergriffen, wie aktuell das geplante Pflegepersonal-Stärkungs-Gesetz (PpSG), Eine übergreifende Strategie für eine nachhaltige Finanzierung der Krankenhäuser fehlt aber bislang, insbesondere auch mit Blick auf die sich deutlich verschärfende Finanzsituation der GKV mit Eintritt der Babyboomer in das Rentenalter (vgl. Abschn. 2). Es ist folglich davon auszugehen, dass auch für die Krankenhäuser eher weniger als mehr Finanzmittel zur Verfügung stehen werden und sich die Krankenhäuser deshalb auf absehbare Zeit auf schwierige finanzielle Rahmenbedingungen werden einstellen müssen. Damit werden weitere Strategien auf den nachgeordneten Ebenen – Organisation des Krankenhauses (Mesoebene) und im Einzelfall (Mikroebene) – erforderlich, wie mit dem anhaltenden Kostendruck in einer medizinisch rationalen und ethisch vertretbaren Art und Weise umgegangen werden kann.

5.2 Mesoebene: Wertemanagement im Krankenhaus

Auf der Ebene des Krankenhauses muss sichergestellt werden, dass wichtige Werte für die Patientenversorgung und für den Umgang mit den Mitarbeitern unter dem Kostendruck nicht beeinträchtigt werden. Es reicht dabei nicht aus, an die moralische Verantwortung der Mitarbeiter zu appellieren: „Moral kann im Alltag nur dann systematisch praktiziert werden, wenn sie – nicht in jedem Einzelfall, aber per Saldo – dem Akteur Vorteile bringt, und es ist die Aufgabe der Ordnungspolitik – und des Managements –, die Handlungsbedingungen so zu gestalten, dass Moral im Wettbewerb nicht systematisch ausgebeutet werden kann beziehungsweise durch systematische Fehlanreize erodiert" (Homann 2012). Die Berücksichtigung ethischer Vorgaben muss folglich fest im Krankenhausbetrieb verankert werden, sie muss zu einem integralen Element des Krankenhausmanagements werden (Marckmann und Maschmann 2014; Wehkamp 2015). Dies trägt zudem der bereits erwähnten Tatsache Rechnung, dass es sich bei Ethik und Ökonomie nicht um zwei sich gegenseitig ausschließende Gegenpole handelt. Ein solches Wertemanagement erfordert dabei zwei Schritte. Zunächst ist zu klären, welche Werte die Akteure im Krankenhaus bei Patientenversorgung leiten sollen. Viele Krankenhäuser machen das bereits jetzt in Form eines ‚Leitbildes'. In der Regel fehlt dann aber der notwendige zweite Schritt, die systematische Erfassung und Steuerung der Umsetzung der normativen Vorgaben. Dies führt im Ergebnis dazu, dass die Leitbilder im operativen Geschäft des Krankenhauses keine Wirkung entfalten, die oft öffentlichkeitswirksam proklamierten Werte werden im Alltag nicht gelebt.

5.2.1 Definition der normativen Vorgaben

Die normativen Vorgaben müssen sich wesentlich an den moralischen Verpflichtungen gegenüber den Patienten orientieren, die sich aus den vier klassischen medizinethischen Prinzipien des Wohltuns, des Nichtschadens, der Achtung der Patientenautonomie und der Gerechtigkeit (Beauchamp und Childress 2013; Marckmann 2015) ergeben. Tab. 1 zeigt die ethischen Kriterien, die sich aus den Grundprinzipien für den Krankenhausbereich ableiten lassen, einschließlich ihrer Operationalisierung. Während sich die ersten drei Kriterien auf den einzelnen Patienten beziehen, basieren die weiteren fünf Kriterien auf gerechtigkeitsethischen Erwägungen. Ein angemessener Umgang mit dem Krankenhauspersonal lässt sich darüber hinaus durch das Prinzip des Wohltuns begründen, da zufriedene und motivierte Mitarbeiter die Patienten besser behandeln (können). Sehr wichtig erscheinen zudem faire Entscheidungsprozesse: Die Mitarbeiter sollten über die strategischen Entscheidungen der

Tab. 1 Normative Vorgaben für das Krankenhaus. (Marckmann und Maschmann 2014)

Ethische Kriterien		Operationalisierung
Wohlergehen des Patienten	⇨	Gesundheitlichen Nutzen für Patienten optimieren; Berücksichtigung der Evidenz zu Nutzen & Schadenspotenzialen der Maßnahmen (richtige Indikationsstellung!)
Schaden für den Patienten	⇨	Belastungen & gesundheitliche Risiken durch die Versorgung minimieren
Respekt der Patienten-Autonomie	⇨	Patienten informieren, ihre Wünsche respektieren; Selbstbestimmung fördern; Gesundheitskompetenz stärken
Gerechtigkeit	⇨	Gleicher Zugang zur Versorgung; Patienten gleich behandeln; gesundheitliche Ungleichheiten ausgleichen; zuteilen nach definierten Verfahren & Kriterien
Effizienz	⇨	Ressourcen für Erreichen eines Behandlungsziels minimieren; Wirtschaftlichkeitsreserven in Strukturen & Prozessen mobilisieren
Auswirkungen auf das soziale Umfeld	⇨	Angehörige des Patienten respektvoll behandeln & unterstützen
Auswirkungen auf das Gesundheitspersonal	⇨	Mitarbeiter respektvoll behandeln & führen; physische & psychische Belastungen minimieren; beruflich fördern
Faire Entscheidungsprozesse	⇨	Transparenz, Konsistenz, relevante Begründung, Evidenzbasierung, Partizipationsmöglichkeiten, Offenheit für Revision

Krankenhausleitung informiert werden, die Führungsentscheidungen sollten konsistent sein und auf einer nachvollziehbaren Begründung beruhen. So weit wie möglich sollte es dabei auch Partizipationsmöglichkeiten für das Krankenhauspersonal geben.

Die hier aufgeführten ethischen Kriterien stellen ein normatives Rahmengerüst dar, das die Krankenhäuser noch entsprechend konkretisieren und ggf. ergänzen müssen. Bereits erarbeitete Leitbilder können anhand der normativen Kriteriologie überprüft und ggf. einer Revision unterzogen werden. Mitarbeiter der verschiedenen Berufsgruppen und Hierarchieebenen sollten bei der Erarbeitung der normativen Vorgaben beteiligt werden, damit sie sich mit den Werten besser identifizieren und damit zu einem Bestandteil der Krankenhauskultur werden können.

5.2.2 Management der Umsetzung der normativen Vorgaben

Im zweiten Schritt ist es nun unerlässlich, dass die Krankenhäuser systematisch erfassen, inwieweit die normativen Vorgaben im Alltag der Patientenversorgung auch tatsächlich realisiert werden. Nur wenn die *Umsetzung* der Leitwerte in der Routine des Krankenhaus-Managements fest verankert ist, werden die Kliniken auch unter dem zunehmenden Kostendruck eine patientenorientierte stationäre Versorgung aufrechterhalten können. Die methodische Herausforderung bei diesem Wertemanagement besteht dabei darin, dass es sich bei den normativen Vorgaben wie Patienten- und Mitarbeiterorientierung oder der sorgsame Umgang mit begrenzt verfügbaren Ressourcen um schwierig zu objektivierende und zu quantifizierende Faktoren handelt, die vom operativen Controlling in der Regel nicht erfasst werden. Diese weichen, personenbezogenen Faktoren spielen aber insbesondere in der Medizin eine sehr große Rolle, da die Prozesse im Krankenhaus nur begrenzt regel- und standardisierbar sind. Dies gilt für die Indikationsstellung ebenso wie für den Umgang mit Patienten und Mitarbeitern oder mit begrenzten Ressourcen.

Da sich die normativen Vorgaben auf das angemessene Verhalten von Menschen beziehen, kann ihre Erfüllung eigentlich auch nur von Menschen beurteilt werden: Wiederholte Mitarbeiterbefragungen scheinen hier fast alternativlos zu sein: Wie die Führungsqualität ist, wie das Personal die Patienten fachlich behandelt, ob die personellen und materiellen Ressourcen vernünftig eingesetzt werden, kann das Krankenhauspersonal selbst am besten beurteilen. Im Gegensatz zu herkömmlichen Mitarbeiterbefragungen geht es dabei nicht primär darum zu ermitteln, wie wohl sich die Mitarbeiter an ihrem Arbeitsplatz fühlen. Vielmehr sollen mit einem eher schlanken Befragungsinstrument führungsrelevante Informationen darüber gewonnen werden, wie die vorgegebenen Werte im Krankenhausalltag umgesetzt werden. Nicht das ‚Ich', sondern das ‚Wir' steht im

Vordergrund. Die Befragungen des Personals sollen dabei Patientenbefragungen nicht ersetzen, sondern müssen sie ergänzen: Schließlich können Patienten wesentliche Aspekte eines werteorientierten Managements – z. B. Führungsqualität, Umgang mit Ressourcen, fachliche Exzellenz – nicht oder nur eingeschränkt beurteilen.

Die Mitarbeiter werden nur dann die gewünschten Informationen liefern, wenn sie spüren, dass die Befragung von dem ernsthaften Bemühen der Krankenhausleitung getragen ist, die Realisierung zentraler Werte für die Patientenversorgung zu verbessern. Die Befragung muss folglich in ein übergreifendes Management-Konzept eingebunden sein, bei dem mit entsprechenden Maßnahmen wie Klimazirkel, Fortbildungen, Definition von Zielvorgaben, Anreizsysteme etc. auf identifizierte Schwachpunkte reagiert wird. Allein das Herstellen von Transparenz über die unzureichende Realisierung der normativen Vorgaben dürfte schon einen gewissen Effekt haben. Eine erneute Mitarbeiterbefragung muss dann prüfen, ob die ergriffenen Maßnahmen wirksam waren. Die Werthaltungen und Verhaltensweisen der Mitarbeiter können auch als ‚innere Qualität' der Organisation bezeichnet werden, bei der das Krankhaus als produktives *soziales* System konzeptualisiert wird (Rechkemmer 2015). Sie kann der ‚äußeren Qualität' des Krankenhauses gegenübergestellt werden, die u. a. mittels Outcome-Daten wie beispielsweise Komplikationsraten (Ergebnisqualität) oder die Personalausstattung (Strukturqualität) gemessen wird. In gewisser Weise stellt die ‚Innere Qualität' die operationalisierte Ethik im Krankenhaus dar. Bei der Umsetzung der normativen Vorgaben kommt den Führungspersonen auf den verschiedenen Ebenen eine herausragende Bedeutung zu, da sie wesentlich das Klima im Krankenhaus und in den verschiedenen Abteilungen bestimmen: Ethik muss zu einer wesentliche Führungsaufgabe im Krankenhaus werden (Wehkamp 2015).

5.2.3 Betriebswirtschaftliche Effekte des Wertemanagements

Angesichts der schwierigen finanziellen Rahmenbedingungen dürften viele Krankenhäuser zurückhalten sein, in ein solches Wertemanagement zu investieren. Dabei wäre es durchaus denkbar, dass das Krankenhaus auch im Wettbewerb von einer stärkeren Berücksichtigung ethischer Leitwerte profitieren könnte (Marckmann und Maschmann 2014). Da sich die Werte von grundlegenden medizinethischen Prinzipien ableiten, wird die ethische Qualität der Patientenversorgung verbessert, insbesondere die Patientenorientierung. Dies könnte das Krankenhaus für die Patienten attraktiver machen. Ganz wesentliche Effekte dürften sich aber vor allem auch auf der Ebene der Mitarbeiter ergeben: Diese sind aufgrund des wertschätzenden Umgangs untereinander, insbesondere der mitarbeiterorientierten Führung besser motiviert, leistungsfähiger und bringen eigenen Ideen in die Organisation des Krankenhauses ein. Zudem dürfte ein konsequent werteorientiertes Krankenhaus sich bei der Gewinnung von gut qualifiziertem Personal leichter tun. Bislang liegen meines Wissens aber noch keine empirischen Studien vor, die die betriebswirtschaftlichen Effekte eines Wertemanagements untersucht haben. Aus dem nicht-medizinischen Bereich gibt es allerdings Hinweise darauf, dass Unternehmen mit einer ‚ethik-orientierten' Führung tatsächlich auch hinsichtlich der wirtschaftlichen Leistungsfähigkeit profitieren (Peus et al. 2010). ‚Mehr Ethik' könnte sich also tatsächlich auszahlen. Aufgrund der konzeptionellen Plausibilität und des Eigenwertes der normativen Vorgaben erscheint es aber auch ohne direkten Nachweis positiver ökonomischer Effekte geboten, Methoden des Wertemanagements im Krankenhaus weiter zu entwickeln, zu praktizieren und zu evaluieren. Sofern sich durch entsprechende Vorteile im Wettbewerb kein ausreichender Anreiz für die Krankenhäuser ergibt, ein Wertemanagement zu etablieren, wäre hier eine entsprechende Regulierung erforderlich, um das ethisch Gebotene rechtsverbindlich umzusetzen.

5.3 Mikroebene: Ärztliche Entscheidungen im Einzelfall

Ärzte steuern mit ihrer Indikationsstellung und der gemeinsamen Entscheidungsfindung mit dem Patienten ganz wesentlich die Inanspruchnahme medizinischer Leistungen. Sie tragen deshalb eine erhebliche Verantwortung für patientenorientierte und gleichzeitig ressourcenbewusste Entscheidungen im Einzelfall. Sie können sich dieser Verantwortung nicht entziehen, auch wenn die Rahmenbedingungen auf der Makro- und Mesoebene des Gesundheitswesens verschiedene Defizite aufweisen. Es ist unbestritten, dass das deutsche DRG-System verschiedene Fehlanreize beinhaltet. Diese sind aber nur Anreize und keine definitiven Vorgaben für ärztliche Entscheidungen. Man kann also von den Akteuren auf der Mikroebene durchaus erwarten, dass sie sich nicht in ihren professionellen Urteilen in einer unangemessenen Art und Weise von den (v. a. finanziellen) Anreizen beeinflussen lassen. Die bereits erwähnte Mitgliederbefragung der Deutschen Gesellschaft für Innere Medizin (DGIM) bestätigt einmal mehr, dass im Zuständigkeitsbereich von Internisten Überversorgung stattfindet, die nicht nur die Gesundheitsausgaben unnötig steigert, sondern zudem auch die Patienten verunsichern oder sogar schaden kann (Fölsch et al. 2016). Hier stehen die Ärzte in der Verantwortung, sich von den Fehlanreizen und dem ‚Druck der Patienten' nicht verleiten zu lassen, mehr oder weniger als die jeweils gebotenen medizinischen Leistungen durchzuführen.

Es ist in diesem Zusammenhang zu begrüßen, dass die Fachgesellschaften sich mit verschiedenen Initiativen wie „Choosing wisely"[3] oder „Gemeinsam klug entscheiden"[4] sich dem Problem der Überversorgung annehmen und Empfehlungen erarbeiten, in welchen Situationen medizinische Maßnahmen nicht eingesetzt werden sollten, weil sie keinen nachgewiesenen Zusatznutzen für den Patienten bieten (Strech et al. 2014). Darüber hinaus wird diskutiert, ob ein neuer Eid für Ärzte eine angemessene Antwort auf die zunehmende Ökonomisierung medizinischer Entscheidungen sein könnte.[5] Die Deutsche Gesellschaft für Innere Medizin (DGIM) und der Berufsverband der Deutschen Internisten (BDI) haben einen Klinik Codex „Medizin vor Ökonomie" verabschiedet, um „dem Ökonomisierungsprozess eine auf ärztlicher Ethik und Werten beruhende Haltung im Arbeitsalltag entgegenzustellen" (Schumm-Draeger et al. 2017). Auch diese ‚Rückenstärkung' für die ärztliche Ethik ist grundsätzlich zu begrüßen. Allerdings könnte vielleicht noch deutlicher gemacht werden, dass Ärztinnen und Ärzte auch eine über den individuellen Patienten hinausgehende Verantwortung für einen vernünftigen Einsatz begrenzt verfügbarer Ressourcen tragen. Die Medizin der Ökonomie kategorisch vorzuziehen ist auf den ersten Blick naheliegend, wird aber der Komplexität der aktuellen Rahmenbedingungen wahrscheinlich nicht gerecht. Vielmehr müssten sich Ärzte überlegen, wie sie Ressourcenerwägungen in einer ethisch vertretbaren Art und Weise in ihren Entscheidungen berücksichtigen können (Marckmann und in der Schmitten 2011). Wie bereits erwähnt, gibt es hier durchaus Konvergenzen mit den traditionellen ärztlich-ethischen Verpflichtungen. Dabei ist aber zu betonen: Ärzte benötigen hierfür ein politisch legitimiertes Mandat und entsprechende rechtliche Rahmenbedingungen.

6 Fazit

Angesichts der aktuellen und zukünftigen Rahmenbedingungen mit einer alternden Bevölkerung und weiter fortschreitenden Innovationsprozessen werden sich die deutschen Krankenhäuser auf absehbare Zeit auf schwierige finanzielle Rahmenbedingungen einstellen müssen. Die resultierenden Herausforderungen – mehr

---

[3] http://www.choosingwisely.org (Zugriff 04.08.2018).
[4] https://www.awmf.org/medizin-versorgung/gemeinsam-klug-entscheiden.html (Zugriff 04.08.2018).
[5] https://www.zeit.de/2015/46/aerzte-medizin-oekonomie-hippokratischer-eid-patienten (Zugriff 04.08.2018).

Patienten mit mehr Behandlungsmöglichkeiten mit tendenziell weniger Geld zu versorgen – werden sich nur bewältigen lassen, wenn auf den verschiedenen Ebenen des Gesundheitswesens entsprechende Schritte unternommen werden. Die entsprechenden Akteure sind gleichermaßen sind der Verantwortung und dürfen diese nicht weiter auf die jeweils anderen Ebenen abschieben. Die Gesundheitspolitik auf nationaler und Länderebene muss die bekannten Fehlanreize im DRG-System weiter reduzieren, die Finanzierung der Krankenhausversorgung durch angemessene Investitionsfinanzierungen und Steigerungen des Basisfallwerts verbessern und mit einer bedarfsorientierten Landeskrankenhauspolitik vorhandene Überversorgungen abbauen. Die Krankenhäuser müssen ihrerseits die vorhandenen Handlungsspielräume nutzen und mit einem konsequenten Wertemanagement dafür Sorge tragen, dass zentrale Leitwerte für eine patientenorientierte Versorgung und für den Umgang mit den Mitarbeitern durch den zunehmenden Kostendruck nicht beeinträchtigt werden. Dies kann nicht nur die Versorgung der Patienten und die Zufriedenheit der Mitarbeiter verbessern, sondern zudem die wirtschaftliche Leistungsfähigkeit der Krankenhäuser stärken. Die Ärzte auf der Mikroebene schließlich tragen eine wesentliche Verantwortung dafür, dass die Entscheidungen im Einzelfall nicht unangemessen von betriebswirtschaftlichen Überlegungen beeinflusst werden und dass begrenzt verfügbare finanzielle, materielle und personelle Ressourcen bedarfsorientiert und sparsam eingesetzt werden. Die ‚eine', einfache Lösung wird es für die Herausforderungen im Gesundheitswesen nicht geben. Umso wichtiger ist es, dass die Akteure im Gesundheitswesen ihre eigene Verantwortung erkennen und wahrnehmen und sich über die verschiedenen Ebenen des Systems hinweg verständigen, wie die verfügbaren, in diesem Beitrag aufgezeigten Handlungsspielräume klug genutzt werden können: Vor allem im Interesse der Patienten, aber auch im Interesse des Gesundheitspersonals und der Versichertengemeinschaft.

Literatur

Aiken, L. H., Clarke, S. P., Sloane, D. M., Sochalski, J., & Silber, J. H. (2002). Hospital nurse staffing and patient mortality, nurse burnout, and job dissatisfaction. *JAMA, 288*(16), 1987–1993.

Aiken, L. H., Cimiotti, J. P., Sloane, D. M., Smith, H. L., Flynn, L., & Neff, D. F. (2011). Effects of nurse staffing and nurse education on patient deaths in hospitals with different nurse work environments. *Medical Care, 49*(12), 1047–1053.

Beauchamp, T. L., & Childress, J. F. (2013). *Principles of biomedical ethics*. New York: Oxford University Press.

Bundesärztekammer. (2015). Stellungnahme „Medizinische Indikationsstellung und Ökonomisierung". *Deutsches Ärzteblatt, 112*(18), A836.
Deutscher Ethikrat. (2016). *Patientenwohl als ethischer Maßstab für das Krankenhaus. Stellungnahme.* Berlin: Deutscher Ethikrat.
Fölsch, U. R., Faulbaum, F., & Hasenfuß, G. (2016). MItgliederbefragung zu „Klug entscheiden": Wie Internisten das Problem von Über- und Unterversorgung werten. *Deutsches Ärzteblatt, 113*(13), A604–A606.
Heubel, F. (2010). Therapeutische Interaktion und Funktionslogik des Marktes. In F. Heubel, M. Kettner, & A. Manzeschke (Hrsg.), *Die Privatisierung von Krankenhäusern. Ethische Perspektiven* (S. 165–194). Wiesbaden: VS Verlag.
Homann, K. (2012). Innere Qualität als Produktionsfaktor?! In CGIFOS-Konferenz: *Innere Qualität.* Stuttgart-Hohenheim. CGIFOS Institute.
Kühn, H., & Simon, M. (2001). *Anpassungsprozesse der Krankenhäuser an die prospektive Finanzierung (Budgets, Fallpauschalen) und ihre Auswirkungen auf die Patientenorientierung.* Berlin: Wissenschaftszentrum Berlin für Sozialforschung.
Leidner, O. (2009). Wettbewerb im Gesundheitswesen: Was sich nicht rechnet, findet nicht statt. *Deutsches Ärzteblatt, 106*(28–29), A1456–A1460.
Maio, G. (2012). Ärztliche Hilfe als Geschäftsmodell? Eine Kritik der ökonomischen Überformung der Medizin. *Deutsches Ärzteblatt, 109*(16), A804–A807.
Manzeschke, A. (2011). Die effiziente Organisation. Beobachtungen zur Sinn- und Seinskrise des Krankenhauses. *Ethik in der Medizin, 23,* 271–282.
Marckmann, G. (2008). Gesundheit und Gerechtigkeit. *Bundesgesundheitsblatt Gesundheitsforschung Gesundheitsschutz, 51*(8), 887–894.
Marckmann, G. (2015). Grundlagen ethischer Entscheidungsfindung in der Medizin. In G. Marckmann (Hrsg.), *Praxisbuch Ethik in der Medizin* (S. 3–14). Berlin: Medizinisch Wissenschaftliche Verlagsgesellschaft.
Marckmann, G, in der Schmitten, J. (2011). Wie können Ärzte ethisch vertretbar Kostenerwägungen in ihren Behandlungsentscheidungen berücksichtigen? Ein Stufenmodell. *Ethik in der Medizin 23*(4), 303–314.
Marckmann, G., & Maschmann, J. (2014). Zahlt sich Ethik aus? Notwendigkeit und Perspektiven des Wertemanagements im Krankenhaus. *Zeitschrift für Evidenz, Fortbildung und Qualität im Gesundheitswesen, 108*(2–3), 157–165.
Needleman, J., Maschmann, P., Mattke, S., Stewart, M., & Zelevinsky, K. (2002). Nurse-staffing levels and the quality of care in hospitals. *New England Journal of Medicine, 346*(22), 1715–1722.
Peus, C., Kerschreiter, R., Frey, D., & Traut-Mattausch, E. (2010). What is the value? Economic effects of ethically-oriented leadership. *Journal of Psychology, 218*(4), 198–212.
Rechkemmer, K. (2015). Innere Qualität in Einrichtungen des Gesundheitswesens. In G. Marckmann (Hrsg.), *Praxisbuch Ethik in der Medizin* (S. 245–256). Berlin: Medizinisch Wissenschaftliche Verlagsgesellschaft.
Reifferscheid, A., Pomorin, N., & Wasem, J. (2014). *Umgang mit Mittelknappheit im Krankenhaus: Rationierung und Überversorgung medizinischer Leistungen im Krankenhaus?* Essen: Lehrstuhl für Medizinmanagement, Universität Duisburg-Essen.
Schumm-Draeger, P.-M., Kapitza, T., Mann, K., Fölsch, U. R., & Müller-Wieland, D. (2017). Ökonomisierung in der Medizin: Rückhalt für ärztliches Handeln (Klinik Codex „Medizin vor Ökonomie"). *Deutsches Ärzteblatt, 114*(49), A2338–A2340.

Strech, D., Börchers, K., Freyer, D., Neumann, A., Wasem, J., & Marckmann, G. (2008). Ärztliches Handeln bei Mittelknappheit. Ergebnisse einer qualitativen Interviewstudie. *Ethik in der Medizin, 20*(2), 94–109.

Strech, D., Danis, M., Löb, M., & Marckmann, G. (2009). Ausmaß und Auswirkungen von Rationierung in deutschen Krankenhäusern. Ärztliche Einschätzungen aus einer repräsentativen Umfrage. *Deutsche Medizinische Wochenschrift, 134,* 1261–1266.

Strech, D., Follmann, M., Klemperer, D., Lelgemann, M., Ollenschlager, G., Raspe, H., et al. (2014). When Choosing Wisely meets clinical practice guidelines. *Zeitschrift für Evidenz, Fortbildung und Qualität im Gesundheitswesen, 108*(10), 601–603.

Wehkamp, K. (2015). Ethik als Führungs- und Management-Aufgabe. In G. Marckmann (Hrsg.), *Praxisbuch Ethik in der Medizin* (S. 257–264). Berlin: Medizinisch Wissenschaftliche Verlagsgesellschaft.

Wehkamp, K.-H., & Naegler, H. (2017). Ökonomisierung patientenbezogener Entscheidungen im Krankenhaus. Eine qualitative Studie zu den Wahrnehmungen von Ärzten und Geschäftsführern. *Deutsches Ärzteblatt, 114*(47), 797–804.

Zentrale Kommission zur Wahrung ethischer Grundsätze in der Medizin und ihren Grenzgebieten (Zentrale Ethikkommission) bei der Bundesärztekammer. (2007). Priorisierung medizinischer Leistungen im System der Gesetzlichen Krankenversicherung (GKV). *Deutsches Ärzteblatt, 104*(40), A2750–A2754.

Die Bedeutung des DRG-Systems für Stellenabbau und Unterbesetzung im Pflegedienst der Krankenhäuser

Michael Simon

Zusammenfassung

Im Mittelpunkt des vorliegenden Beitrages steht die Frage nach einem Zusammenhang zwischen der Einführung des DRG-Systems und dem in den Jahren 2002 bis 2007 erfolgten Stellenabbau sowie der seit langem anhaltenden Unterbesetzung im Pflegedienst der Allgemeinkrankenhäuser. Der Beitrag beginnt mit einer Rekonstruktion der Entwicklung seit Ende der 1980er Jahre, damit auch der Ausgangsstand vor Einführung des DRG-Systems einbezogen wird. Dies ist insofern notwendig, weil das DRG-System ausgehend von einer bereits seit längerem bestehenden Unterbesetzung eingeführt wurde. Die Analyse der Auswirkungen des DRG-Systems beginnt mit der Verabschiedung des Fallpauschalengesetzes im Jahr 2002. Zunächst wird die Entwicklung nachgezeichnet, und daran anschließend wird herausgearbeitet, welche Konstruktionselemente des DRG-Systems den Stellenabbau der Jahre 2002 bis 2007 verursacht haben und warum innerhalb des DRG-Systems die Beseitigung der seit langem bestehenden Unterbesetzung nicht möglich ist. Der Beitrag schließt mit der These, dass eine durchgreifende und nachhaltige Verbesserung der Personalsituation im Pflegedienst der Krankenhäuser erst nach einem Ausstieg aus dem DRG-System erfolgen kann.

M. Simon (✉)
Hannover, Deutschland
E-Mail: michael.simon@hs-hannover.de

1 Einleitung

Mit der Verabschiedung des Fallpauschalengesetzes 2002 setzte bundesweit ein Stellenabbau im Pflegedienst der Allgemeinkrankenhäuser ein, wie es ihn in der Geschichte der Bundesrepublik zuvor noch nie gegeben hatte. Innerhalb der fünf Jahre zwischen 2002 und 2007 wurde die Zahl der Vollkräfte (Vollzeitäquivalente) um ca. 33.000 oder mehr als 10 % verringert, davon allein mehr als 10.000 im Jahr 2004, dem letzten Jahr vor der ‚Scharfschaltung' des DRG-Systems. Erst nach Protestaktionen und einer Großdemonstration von ca. 130.000 Krankenhausbeschäftigten im September 2008 reagierte die Politik und stellte finanzielle Mittel für die Schaffung zusätzlicher Stellen im Pflegedienst zur Verfügung. Seit 2008 ist wieder ein leichter kontinuierlicher Stellenzuwachs zu verzeichnen, der bislang allerdings bei weitem nicht ausreicht, die seit langem bestehende Unterbesetzung zu beseitigen. Denn bereits vor Einführung des DRG-Systems war die Situation im Pflegedienst der Krankenhäuser durch eine chronische Unterbesetzung geprägt, die Ende der 1980er Jahre und Anfang der 1990er Jahre unter dem Leitbegriff ‚Pflegenotstand in Krankenhäusern' Thema öffentlicher Diskussionen und Medienberichterstattung war. Darauf wurde 1993 mit der Einführung einer gesetzlichen Regelung zur Personalbemessung reagiert, die jedoch bereits 1996 zunächst ausgesetzt und 1997 vollständig aufgehoben wurde. Der in den Jahren bis 1996 erreichte Personalzuwachs wurde durch einen 1997 einsetzenden und bis 2001 anhaltenden Stellenabbau wieder rückgängig gemacht. Das DRG-System startete folglich ausgehend von einer Unterbesetzung im Pflegedienst. Und diese Unterbesetzung wurde durch einen massiven Stellenabbau bei Einführung der DRGs erheblich verschärft.

Im vorliegenden Beitrag steht die Frage nach einem Zusammenhang zwischen Stellenabbau und Unterbesetzung im Pflegedienst der Allgemeinkrankenhäuser auf der einen und der Einführung des DRG-Systems auf der anderen Seite im Mittelpunkt. Der Beitrag beschränkt sich auf die Entwicklung im Pflegedienst somatischer Stationen der Allgemeinkrankenhäuser, da die psychiatrischen Abteilungen und Fachkrankenhäuser nicht in das DRG-System einbezogen waren. Betrachtet wird der Zeitraum bis 2016, da zum Zeitpunkt der Erstellung des Beitrags Daten der Krankenhausstatistik nur bis zu diesem Jahr vorlagen.

2 Vorbemerkung zur Bedeutung der Personalbesetzung im Pflegedienst für die Qualität der Patientenversorgung

Die Unterbesetzung im Pflegedienst wurde lange Zeit und wird auch heute noch vielfach primär unter dem Aspekt der Arbeitsbelastung des Pflegepersonals diskutiert. Dem liegt in der Regel die Annahme zugrunde, dass eine hohe Arbeitsbelastung zu Arbeitsüberlastung und schließlich zum teilweisen oder vollständigen Ausstieg aus dem Beruf führt. Dieser Ausstieg erfolgt entweder, weil die Gesundheit geschädigt ist, oder um eine Schädigung der eigenen Gesundheit zu verhindern. Dadurch wiederum wird der Beruf unattraktiv und es gelingt immer weniger, geeigneten Nachwuchs zu gewinnen, sodass eine Abwärtsspirale einsetzt. Dieser Prozess wiederum führe zu einem Fachkräftemangel und gefährde zunehmend die Krankenhausversorgung, weshalb schließlich auch politische Interventionen notwendig erscheinen.

Die Sorge um die Gesundheit der Pflegekräfte ist ohne Zweifel berechtigt und zu begrüßen. Das eigentliche Problem ist jedoch nicht die Gefährdung der Gesundheit von Pflegekräften, sondern die Gefährdung der Gesundheit von Patientinnen und Patienten. Diese Bedeutung von Unterbesetzung im Pflegedienst der Krankenhäuser ist in den letzten Jahren auch zunehmend in den Blick der öffentlichen Wahrnehmung und der Gesundheitspolitik gerückt, nicht zuletzt angestoßen durch die Rezeption der internationalen Forschung über den Zusammenhang zwischen der Personalbesetzung im Pflegedienst und der Patientengesundheit. Großen Anteil daran hatten die Ergebnisse einer international vergleichenden Studie, die auch deutsche Krankenhäuser einschloss und unter der Abkürzung RN4CAST bekannt wurde (Aiken et al. 2012a, b; Aiken et al. 2013).

Entgegen der in Deutschland und auch in der Gesundheitspolitik leider immer noch weit verbreiteten Auffassung, Pflege im Krankenhaus bedeute vor allem ‚menschliche Zuwendung', hat eine unzureichende Personalausstattung erheblich schwerwiegendere Auswirkungen als nur einen Mangel an ‚menschlicher Zuwendung'. Eine Vielzahl internationaler Studien ist in den vergangenen Jahrzehnten zu dem Ergebnis gekommen, dass ein Zusammenhang zwischen der Anzahl und Qualifikation des Pflegepersonals und der Qualität der Krankenhausversorgung besteht (zum Überblick vgl. Kane et al. 2007; Shekelle 2013).[1]

---

[1]In einem Teil der internationalen wie auch nationalen Diskussion wird die Existenz eines Zusammenhanges zwischen Personalbesetzung und Patientengesundheit bestritten oder wird die Aussagekraft der vorliegenden internationalen Studien in Zweifel gezogen. Für Deutschland gibt es bislang nur wenige nationale Studien zu diesem Thema, bei denen es sich nur

Ist die Personalausstattung des Pflegedienstes unzureichend, steigt das Risiko schwerer Komplikationen, bis hin zur Erhöhung des Risikos, an einer zu spät erkannten schweren Komplikation zu versterben. Dass es einen solchen Zusammenhang gibt, resultiert aus dem Aufgaben- und Verantwortungsspektrum der Pflegefachkräfte auf Krankenhausstationen. Sie sind es, die Patienten nach einer Operation oder anderen ärztlichen Eingriffen überwachen und als erste die Entwicklung einer Komplikation erkennen, und sie sind es, die durch geeignete präventive Maßnahmen die Entstehung einer Komplikationen wie Lungenentzündung, Thrombose, Blasen- und Niereninfektion, Wundinfektion, Druckgeschwür etc. verhindern. Und auf Intensivstationen sind sie es, die den weit überwiegenden Teil der Patientenversorgung durchführen, einschließlich der Einstellung der Beatmungsmaschinen, Gabe von Infusionen und Medikamenten, der Überwachung der Vitalfunktionen etc.

Wenn im folgenden Beitrag lediglich die Entwicklung der Anzahl der Stellen im Pflegedienst in den Blick genommen wird, dann vor dem oben skizzierten Hintergrund und ausgehend von der Grundannahme, dass die seit mittlerweile ca. drei Jahrzehnten in einem Großteil der deutschen Krankenhäuser zu verzeichnende Unterbesetzung eine beständige Gefährdung der Gesundheit von Krankenhauspatienten ist. Wenn davon auszugehen ist, dass eine unzureichende, nicht bedarfsgerechte Personalbesetzung im Pflegedienst das Risiko schwerer Komplikationen, bis hin zu solchen mit tödlichem Ausgang, erhöht, dann muss auch davon ausgegangen werden, dass bereits eine Vielzahl von Patienten unnötige Komplikationen erlitten hat, und dass es eine unbekannte Zahl vermeidbarer Todesfälle gab und jeden Tag, den die Unterbesetzung andauert, weiter gibt. Insofern besteht dringender politischer Handlungsbedarf.

3 Entwicklung und Ausgangslage vor Einführung des DRG-Systems

Die gegenwärtige personelle Situation im Pflegedienst der Krankenhäuser ist nur vor dem Hintergrund der Entwicklungen der letzten ca. drei Jahrzehnte zu verstehen und angemessen zu beurteilen, denn der Einstieg in das DRG-System erfolgte ausgehend von einer erheblichen Unterbesetzung im Pflegedienst. Darum

---

um sogenannte Sekundärdatenanalysen handelt, die zudem von mangelhafter methodischer Qualität sind. Auf die kontroverse Diskussion und die vorliegenden Studien wird in diesem Beitrag nicht eingegangen, dies ist an anderer Stelle bereits ausführlich erfolgt (Simon 2017).

wird nachfolgend zunächst die Entwicklung seit Ende der 1980er Jahre in der alten BRD und ab 1991 im vereinten Deutschland nachgezeichnet. Ende der 1980er Jahre entwickelte sich in der alten Bundesrepublik unter dem Leitbegriff ‚Pflegenotstand in Krankenhäusern' eine breite gesellschaftliche Diskussion über die unzureichende Personalbesetzung im Pflegedienst (Alber 1990; Botschafter und Moers 1990; Mergner 1990; SVRKAiG 1991; Schmidbauer 1992; Bartholomeyczik 1993).[2] Ausgelöst wurde die Diskussion durch Protestaktionen und Demonstrationen von Pflegekräften in zahlreichen Städten, die damit auf steigende Arbeitsbelastung und unzureichende Personalausstattung hinwiesen. Hintergrund dafür war eine zunehmende Leistungsausweitung und Leistungsverdichtung im Pflegedienst, der kein ausreichender Personalzuwachs gegenüberstand. In der Begründung des Gesundheitsstrukturgesetzes 1992 fasste die damalige Bundesregierung diese Entwicklung wie folgt zusammen:

> Die Diskussion über die Personalsituation im Pflegedienst der Krankenhäuser ist so alt wie die Verhandlungen um die Konzepte zur Ermittlung des Personalbedarfs. Allerdings hat es in den achtziger Jahren mehrere Entwicklungen gegeben, die das Thema Pflege in den Mittelpunkt der sozialpolitischen Auseinandersetzung rückten. Der medizinisch-technische Fortschritt hat zu einer nennenswerten Zunahme diagnostischer und therapeutischer Verfahren geführt, was eine erhebliche Leistungsausweitung in der stationären Pflege zur Folge hatte.
> Darüber hinaus führt die demografische Entwicklung, für die unter anderem auch der medizinisch-technische Fortschritt ursächlich ist, zu einem ständig wachsenden Anteil älterer Menschen; Multimorbidität und chronische Erkrankungen führen ebenfalls zu einer Ausweitung der pflegerischen Leistung. Auch verkürzt sich seit Jahren die durchschnittliche Verweildauer in den Krankenhäusern deutlich bei gleichzeitigem Anstieg der Fallzahl.
> Diese Entwicklungen bedingen insgesamt eine Verdichtung der pflegerischen Arbeit und stellen damit höhere Anforderungen an die Qualifikation der Pflegenden. Da es sich um eine personalintensive Arbeit handelt, die durch andere Produktionsfaktoren kaum ersetzbar ist, muß sich ein gestiegener Pflegeaufwand auch in der Anzahl der eingesetzten Mitarbeiter widerspiegeln (BT-Drs. 3608: 143f.).

Die Bundesregierung reagierte auf die gesellschaftliche Diskussion mit der Einsetzung zweier Expertenkommissionen, die Vorschläge für Verfahren zur Personalbedarfsermittlung im Krankenhaus erarbeiten sollten. Auf Grundlage der von den

---

[2]Der Sachverständigenrat befasste sich in einem Gutachten 1991 unter dem Leitbegriff ‚Pflegenotstand' ausführlich mit der Entwicklung und widmete ihr ein eigenes Kapitel, in dem er insbesondere eine deutliche Verbesserung der Personalausstattung forderte (SVRKAiG 1991, 152–162).

beiden Kommissionen erarbeiteten Vorschläge wurden zwei Rechtsvorschriften erlassen, die 1991 in Kraft gesetzte Psychiatrie-Personalverordnung (Psych-PV) für die psychiatrischen Abteilungen und Krankenhäuser und die 1993 als Teil des Gesundheitsstrukturgesetzes in Kraft gesetzte Pflege-Personalregelung (PPR) für die somatischen Normalstationen. Beide Regelungen enthielten Vorschriften zur Ermittlung des Personalbedarfs und dienten als Grundlage für die Vereinbarung von Stellenplänen im Rahmen der Budgetverhandlungen zwischen Krankenhäusern und Krankenkassen.[3]

Die Bundesregierung ging davon aus, dass die Anwendung der PPR zur Schaffung von insgesamt ca. 26.000 zusätzlichen Stellen gegenüber dem Jahr 1991 führen würde (BT-Drs. 3608: 71). Davon seien im Vorgriff auf die Inkraftsetzung der PPR im Jahr 1992 bereits 13.000 vereinbart worden, sodass noch 13.000 Stellen für die Zeit ab 1993 verblieben. Die auf Grundlage der PPR ermittelten und vereinbarten zusätzlichen 13.000 Stellen sollten in vier Stufen schrittweise in den Jahren 1993 bis 1996 eingerichtet werden.

Im Jahr 1995 meldeten die Krankenkassen, dass die Zahl von 13.000 Stellen für die Jahre 1993 bis 1996 bereits überschritten sei und forderten die Politik auf, zu intervenieren, um weitere Ausgabensteigerungen zu verhindern (Simon 1995). Daraufhin wurde die Anwendung der PPR für die Budgetverhandlungen des Jahres 1996 ausgesetzt und kurz darauf die PPR vollständig aufgehoben.

Die Aufhebung der PPR erfolgte zusammen mit einer Verschärfung der 1993 eingeführten Deckelung der Krankenhausbudgets und einer pauschalen Kürzung aller Krankenhausbudgets um 1 % in den Jahren 1997, 1998 und 1999 (zur vertieften Darstellung der Entwicklung vgl. Simon 2007, 2008). Diese drei Änderungen der Krankenhausfinanzierung wirkten sich unmittelbar auf den Pflegedienst aus. Während bis 1996 die Zahl der Vollkräfte im Pflegedienst (ohne Psychiatrie) der Allgemeinkrankenhäuser gestiegen war, setzte 1997 ein Stellenabbau ein. Von den in den Jahren 1993 bis 1996 geschaffenen ca. 16.000 Stellen wurden bis Ende 1999 ca. 11.000 wieder abgebaut, davon allein 6100 im Jahr 1997. Der Stellenabbau wurde auch im Jahr 2000 fortgesetzt (-1875 Vollkräfte) und stoppte erst im Jahr 2001 (+336 Vollkräfte).

Diese Zahlen bilden die Situation im Pflegedienst vor Einführung des DRG-Systems jedoch nur unvollständig ab, denn sie geben keine Auskunft zu der Frage, ob und inwieweit die Mitte der 1990er oder Anfang der 2000er Jahre bestehende Personalbesetzung bedarfsgerecht war. Wie oben erwähnt bestand

---

[3]Zur Funktionsweise der PPR vgl. u. a. Schöning et al. 1995, SVRKAiG 1991.

Anfang der 1990er Jahre weitgehend Konsens, dass die bestehende Personalbesetzung unzureichend war. Einen Anhalt zum Umfang einer Besetzung, die Anfang der 1990er Jahre als bedarfsgerecht zu gelten hatte, bietet eine Hochrechnung der Spitzenverbände der GKV aus dem Jahr 1993, die auf Grundlage der vorliegenden Ergebnisse der PPR-Anwendung zu dem Ergebnis kamen, dass bundesweit ein Personalmehrbedarf von mehr als 20 % bestand (GKV 1993, S. 541). Rechnet man dieses Ergebnis auf den gesamten Pflegedienst der Allgemeinkrankenhäuser (ohne Psychiatrie) hoch, resultiert daraus für das Jahr 1993 eine Soll-Besetzung in Höhe von ca. 350.000 Vollkräften. Im Jahr 2001 lag die Ist-Besetzung im Pflegedienst der Allgemeinkrankenhäuser bei ca. 290.000 VK und damit um ca. 60.000 VK niedriger.

4 Die Entwicklung nach Einführung des DRG-Systems

4.1 DRG-Einführung und Stellenabbau

Wie zuvor herausgearbeitet, war der Stellenabbau im Pflegedienst im Jahr 2001 zum Stillstand gekommen. Dies änderte sich mit der Vorlage des Fallpauschalengesetzes im Herbst 2001 und seiner Verabschiedung im Frühjahr 2002. Je konkreter die Konturen des DRG-Systems wurden und je näher der Zeitpunkt seiner Einführung und vor allem seiner ‚Scharfschaltung'[4] kam, desto deutlicher wurde für einen Großteil der Kliniken die Notwendigkeit, ihre Kosten zu senken. Im Rahmen informeller, auf freiwilliger Teilnahme beruhender Projekte hatten Kliniken bereits im Jahr 2000 begonnen, fallbezogene Ist-Kosten und Leistungen miteinander zu vergleichen, um in Erfahrungen zu bringen wo das jeweils eigene Krankenhaus im Vergleich zu anderen Kliniken lag (vgl. u. a. Schmitz et al. 2001a, b). Die Bedeutung dieses Wissens erschließt sich insbesondere daraus, dass GKV-Spitzenverband (GKV-SV), PKV-Verband und DKG Mitte 2000 vereinbart hatten, dass die deutschen DRG-Fallpauschalen auf Grundlage der durchschnittlichen Ist-Kosten der Krankenhäuser kalkuliert werden sollten.

---

[4]Mit ‚Scharfschaltung' wurde in der Fachdiskussion der Zeitpunkt bezeichnet, an dem aus der Abrechnung von DRG-Fallpauschalen Verluste und Gewinne entstehen konnten. Dieser Zeitpunkt wurde durch das Fallpauschalengesetz schließlich auf den 01.01.2005 festgesetzt.

Die informellen Projekte zum Kostenvergleich boten aufgrund der fehlenden Repräsentativität der Daten bestenfalls einen groben Hinweis auf die Position des eigenen Krankenhauses im Verhältnis zu anderen Kliniken. Als jedoch die ersten Landesbasisfallwerte und ersten krankenhausindividuellen Basisfallwerte für das Jahr 2003 vereinbart wurden, war für alle Krankenhausleitungen erkennbar, wo das eigene Krankenhaus im Vergleich zum Landesbasisfallwert stand, der als Referenzgröße für die Absenkung oder Anhebung der einzelnen Krankenhausbudgets ab 2005 dienen würde. Lag der eigene Basisfallwert über dem Landesbasisfallwert, gehörte das Krankenhaus zu den ‚Verlierern', weil sein Basisfallwert und damit sein Budget nach der ‚Scharfschaltung' abgesenkt würde. Lag der krankenhausindividuelle Basisfallwert unter dem Landesbasisfallwert gehörte es zu den ‚Gewinnern', weil sein Budget schrittweise auf das Niveau des Landesdurchschnitts angehoben würde.

Die zu erwartende Budgetabsenkung und daraus resultierenden Defizite vor Augen musste die Krankenhausleitung eines ‚Verlierer-Krankenhauses' bereits vor dem Zeitpunkt der ‚Scharfschaltung' am 01.01.2005 beginnen, die Kosten zu senken, um das zu erwartende Defizit zu vermeiden oder zumindest zu reduzieren. Die zu erwartenden Defizite beliefen sich teilweise auf bis zu 20–30 % eines Krankenhausbudgets.[5] Ein Defizit in dieser Größenordnung bedeutete das kurzfristige wirtschaftliche Aus, wenn es keinen Träger gab, der bereit und in der Lage war, ein solches Defizit zu decken. Die dafür erforderlichen Summen waren allerdings viele Kommunen und Länder nicht bereit oder in der Lage aufzubringen. Die bereits in den 1990er Jahren aufgekommene und zunehmend häufiger geführte Diskussion über die Privatisierung öffentlicher, insbesondere kommunaler Krankenhäuser erhielt durch diese Entwicklung erheblichen Aufschwung, und bereits im Vorfeld der DRG-Einführung setzte ein Privatisierungsschub in bis dahin nicht gekanntem Ausmaß ein (DZ Bank 2006).

Dieses Szenario bildete den Hintergrund für einen im Jahr 2002 einsetzenden erneuten Personalabbau im Pflegedienst, der deutlich über den der zweiten Hälfte der 1990er Jahre hinausging. Bundesweit wurde die Zahl der Vollkräfte im Pflegedienst (ohne psychiatrische Abteilungen) in Allgemeinkrankenhäusern im Jahr 2002 um ca. 7900 reduziert, 2003 um 6300, 2004 um 10.300, 2005 um 4700 und 2006 um 3800. Im Jahr 2007 wurden lediglich noch 380 Vollkräfte abgebaut.

Insgesamt wurde der Pflegedienst in Allgemeinkrankenhäusern in den Jahren 2002 bis 2007 um ca. 33.000 Vollkräfte reduziert. Lag die Ist-Besetzung 2001,

---

[5]Die für die Ausgestaltung des DRG-Systems zuständigen Beamten des BMG gingen davon aus, das DRG-System werde zu „Budgetkorrekturen führen, die im Einzelfall Größenordnungen von 10, 20 oder mehr Prozent erreichen können" (Baum und Tuschen 2000, S. 451).

vor DRG-Einführung, noch um ca. −60.000 VK unter dem für 1993 ermittelten Besetzungssoll von 350.000 VK, so waren es 2007 folglich bereits mehr als −90.000 VK. Ab 2008 setzte bundesweit erstmals seit 1996 wieder ein leichter Zuwachs ein, der mit einem Zuwachs von ca. 19.000 Vollkräften bis 2016 jedoch nicht ausreichte, den Stellenabbau der Jahre 2002 bis 2007 auszugleichen, geschweige denn die Soll-Besetzung des Jahres 1993 zu erreichen.[6]

Bundesweit betrachtet hat der stärkste Stellenabbau offensichtlich unmittelbar vor der Scharfschaltung des DRG-Systems stattgefunden und erreichte seinen Höhepunkt im Jahr 2004. Dies ist vor allem durch die oben dargelegten Gründe erklärbar. Da bereits vor 2005 absehbar war, welches Krankenhaus eine Budgetabsenkung zu erwarten hatte, mussten Krankenhausleitungen möglichst vor der Scharfschaltung die notwendigen Kostensenkungen vornehmen. Zudem spielte eine Rolle, dass noch bis kurz vor Ende 2004 Budgetabsenkungen in unbegrenztem Umfang vorgesehen waren. Erst auf Verlangen des Bundesrates und durch Entscheidung des Vermittlungsausschusses wurde eine sogenannte ‚Kappungsgrenze' in das Gesetz aufgenommen, die die jährlichen Budgetabsenkungen in den ersten Jahren nach der ‚Scharfschaltung' auf ein relativ niedriges Niveau begrenzte. Dies dürfte auch erklären, dass der Stellenabbau 2005 und 2006 deutlich niedriger ausfiel als noch 2004, und dass er 2007 weitgehend zum Stillstand kam.

Der Stellenabbau im Pflegedienst führte nicht nur zu einer erheblichen Erhöhung der Arbeitsbelastung, sondern auch zu einer verstärkten Abwanderung von Pflegefachkräften aus den Krankenhäusern, einerseits weil sie dort keinen Arbeitsplatz mehr fanden, andererseits aber auch um der steigenden Arbeitsbelastung und den daraus resultierenden Gefahren für die eigene Gesundheit zu entgehen. Im Zeitraum der Jahre 1999 bis 2013 wechselten ca. 25.000 Krankenpflege- und Kinderkrankenpflegekräfte in die ambulante Pflege ab und knapp 8000 in Pflegeheime.[7] Der weitaus größte Teil davon im Zeitraum direkt vor

---

[6]Bei diesen Zahlen ist zu bedenken, dass es sich um Werte für alle Allgemeinkrankenhäuser in Deutschland handelt. Es ist davon auszugehen, dass der Stellenabbau nicht überall und in gleichem Maße erfolgte und dass es zum Teil deutliche Unterschiede zwischen den einzelnen Krankenhäusern gab und gibt. Und auch wenn die Zahl für Deutschland seit 2008 kontinuierlich gestiegen ist, so schließt dies nicht aus, dass es in einem Teil der Kliniken weiterhin Stellenabbau gab und auch gegenwärtig noch gibt.

[7]Diese Zahlen ergeben sich aus einem Vergleich der Entwicklung der Zahl der Kranken- und Kinderkrankenpflegekräfte in Krankenhäusern, ambulanten und stationären Pflegeeinrichtungen. Da Kranken- und Kinderkrankenpflegekräfte nicht in ambulanten und stationären Pflegeeinrichtungen ausgebildet werden, sondern fast ausschließlich in Krankenhäusern, lässt sich aus dem Zuwachs der Zahl dieser Beschäftigten in ambulanten und stationären Pflegeeinrichtungen auf entsprechende Wanderungsbewegungen schließen.

und nach Einführung des DRG-Systems. Dies zu erwähnen ist nicht zuletzt auch angesichts der gegenwärtigen Diskussion über die zunehmenden Probleme von Krankenhäusern bei der Gewinnung von Pflegefachkräften wichtig. Durch den Stellenabbau und die Verschlechterung der Arbeitsbedingungen im Pflegedienst wurden mehrere Zehntausend Pflegefachkräfte aus den Krankenhäusern sozusagen ‚vertrieben', die gegenwärtig, da ein Umdenken im weiten Teilen des Krankenhausmanagements eintritt, fehlen und offensichtlich nur schwer für eine Rückkehr zu gewinnen sind.

Die ‚Vertreibung' der Pflegefachkräfte erfolgte auf vielfältige Weise (Simon 2008). So wurden Krankenpflege- und Kinderkrankenpflegeschülerinnen und -schüler nach der Ausbildung nicht übernommen, teilweise betraf dies sogar ganze Abschlussklassen. Um Personalkosten durch flexibleren Personaleinsatz senken zu können, wurden in den Jahren ab 2003 im Pflegedienst vielfach nur noch befristete Arbeitsverhältnisse und Teilzeitstellen angeboten. Hinzu kamen die verschiedenen Maßnahmen der Personalkostensenkung, die alle oder den größten Teil der Krankenhausbeschäftigten betrafen, wie Kürzung von Gehaltsbestandteilen, Abschluss von Notlagentarifen oder der vollständige Ausstieg aus einem Tarifverbund; alles Maßnahmen, die in der Regel mit Gehaltseinbußen verbunden waren und zur Abwanderung von Pflegefachkräften beitrugen.

4.2 Ein erstes Pflegeförderprogramm als Reaktion auf Protestaktionen und Großdemonstration

Diese Situation bildete den Hintergrund für eine zunehmende Unzufriedenheit der Beschäftigten, nicht nur im Pflegedienst, sondern in allen Dienstarten. Es fanden ab 2007 zahlreiche bundesweite Protestaktionen statt, und eine bundesweite Unterschriftensammlung gegen die Verschlechterung der Arbeitsbedingungen im Pflegedienst erbrachte mehr als 185.000 Unterschriften (DBfK und ver.di 2008). Im Zentrum der Unterschriftensammlung unter dem Motto „Uns reicht's!" stand die Forderung nach einem Ende des Stellenabbaus und nach verbindlichen Vorgaben zur Personalbesetzung. Mitte 2008 wurde ein Aktionsbündnis „Rettung der Krankenhäuser" gegründet, das sowohl von der Gewerkschaft ver.di und Pflegeverbänden als auch der DKG, dem Marburger Bund, dem Deutschen Städtetag und der Vereinigung Kommunaler Arbeitgeberverbände getragen wurde. Das Bündnis organisierte eine zentrale Demonstration am 25. September 2008 in Berlin, an der ca. 130.000 Krankenhausbeschäftigte teilnahmen.

Die damalige rot-grüne Bundesregierung reagierte darauf, indem sie in das Krankenhausfinanzierungsreformgesetz (KHRG) 2009 ein ‚Pflegeförderprogramm' zur Schaffung zusätzlicher Stellen im Pflegedienst aufnahm (§ 4 Abs. 10 KHEntgG i.d.F. des KRHG). Mit insgesamt 660 Mio. EUR sollten in den drei Jahren 2009 bis 2011 ca. 17.000 zusätzliche Stellen ‚gefördert' werden. Das Programm wurde als ‚Förderprogramm' bezeichnet, weil es keine vollständige Finanzierung zusätzlicher Stellen vorsah, sondern nur eine ‚Förderung' in Höhe von 90 % der Personalkosten. Die fehlenden 10 % musste das jeweilige Krankenhaus aus eigenen Mitteln aufbringen, wenn es die ‚Förderung' durch die GKV und PKV in Anspruch nehmen wollte. Durch die ‚Eigenbeteiligung' in Höhe von 10 % wurde ein Hürde für die Inanspruchnahme der Mittel aufgebaut, die geeignet war, insbesondere Kliniken mit wirtschaftlichen Problemen von der Beteiligung an diesem Programm abzuhalten.

Die Teilfinanzierung erfolgte in den drei Jahren der Laufzeit des Programms über krankenhausindividuelle Zuschläge auf Fallpauschalen und Zusatzentgelte. Damit verstieß die Konstruktion des Pflegeförderprogramms eindeutig gegen Grundprinzipien des DRG-Systems, das eigentlich nur Vergütungen in Form einheitlicher, für alle Krankenhäuser in gleicher Höhe geltender Pauschalen vorsehen sollte. Das Programm wich auch noch mit weiteren Bestimmungen von den Grundsätzen des DRG-Systems ab. So war Voraussetzung für die Inanspruchnahme der Fördermittel die Vorlage einer Vereinbarung des Krankenhauses mit dem jeweiligen Personal- oder Betriebsrat über die Mittelverwendung, die Mittel des Programms waren einer strengen Zweckbindung unterworfen, und die zweckentsprechende Mittelverwendung musste den Krankenkassen durch Testat eines unabhängigen Wirtschaftsprüfers nachgewiesen werden. Nicht zweckentsprechend verwendete Mittel waren zurückzuzahlen.

Das Programm lief Ende 2011 aus und die bis dahin von den Krankenhäusern abgerufenen Mittel waren ab 2012 in die Systematik des DRG-Systems zu überführen. Dies erfolgte zum einen durch die Einführung von Zusatzentgelten für besonders pflegeaufwendige Patienten, die seitdem auf Grundlage eines neu eingeführten Verfahrens zur Ermittlung hoch pflegeaufwendiger Fälle gezahlt werden.[8] Das damit erreichbare Finanzvolumen war jedoch sehr gering, da noch nicht einmal 2 % der Fälle die Bedingungen für die Abrechnung von Zusatzentgelten erfüllten. Und so wurde der überwiegende Teil der Mittel über eine Erhöhung der Landesbasisfallwerte an die Krankenhäuser ausgezahlt. Damit wurde das Pflegeförderprogramm zwar in eine ‚systemkonforme' Form gebracht, zugleich aber ein absurdes Ergebnis bewirkt und das Ziel des Programms im Grunde ad absurdum geführt. Durch die Einberechnung der Mittel

---

[8] Pflegekomplexmaßnahmen-Score (PKMS).

des Programms in die Landesbasisfallwerte wurden die Fördermittel an alle Krankenhäuser in gleicher Höhe verteilt. Kliniken, die bis 2011 Mittel abgerufen und damit zusätzliche Stellen geschaffen hatten, erhielten dadurch ab 2012 nur noch einen Bruchteil dessen, was sie 2011 zur Finanzierung zusätzlicher Stellen erhalten hatten. Andere Kliniken erhielten hingegen zusätzliche Mittel, obwohl sie überhaupt keine zusätzlichen Stellen geschaffen oder zwischenzeitlich sogar Stellen abgebaut hatten.

Das Pflegeförderprogramm der Jahre 2009 bis 2011 hatte die Schaffung von bis zu 17.000 zusätzlichen Stellen im Pflegedienst der Allgemeinkrankenhäuser zum Ziel (ohne Psychiatrie). Dieses Ziel wurde weit verfehlt. Eine Auswertung des GKV-Spitzenverbandes zur Umsetzung des Programms ergab auf Grundlage der Daten der Budgetvereinbarungen, dass insgesamt nur 15.300 zusätzliche Stellen vereinbart wurden (GKV-Spitzenverband 2013, S. 2). Die amtliche Krankenhausstatistik weist für die drei Jahre der Laufzeit des Programms im Pflegedienst der Allgemeinkrankenhäuser jedoch deutschlandweit lediglich einen Zuwachs von ca. 8000 Vollkräften aus.

Wie die Differenz zwischen 15.300 und 8000 zu erklären ist, bleibt letztlich unbekannt. Es bieten sich allerdings zwei Erklärungsansätze an. Zum einen dürfte davon auszugehen sein, dass parallel zum Stellenzuwachs in einem Teil der Krankenhäuser in einem anderen Teil der Kliniken weiterhin Stellen abgebaut wurden. Zum anderen wurden die Mittel des Förderprogramms offenbar nicht nur für zusätzliche Stellen auf Station verwendet, sondern auch für Stellen im Funktionsdienst (OP, Anästhesie, Funktionsdiagnostik, Ambulanzen etc.). Dafür spricht, dass während der drei Jahre des Programms die Zahl der Stellen im Funktionsdienst um ca. 6500 Vollkräfte anstieg. Die Verwendung der Mittel für Pflegepersonal im Funktionsdienst entsprach zwar nicht der Intention des Gesetzgebers, da das Programm zur Verbesserung der Situation auf den Stationen dienen sollte, sie war jedoch legal, da das Gesetz die Mittelverwendung nicht auf den Bereich der Stationen beschränkt hatte.

Nach dem Auslaufen des ersten Pflegeförderprogramms ging der Stellenzuwachs im Pflegedienst deutlich zurück. Waren im Jahr 2011 noch ca. 3500 Vollkräfte zusätzlich eingestellt worden, stieg die Zahl der Vollkräfte 2012 nur noch um 776. In den Jahren 2013 bis 2015 pendelte sich der Zuwachs auf jährlich ca. 1400 bis 1700 Vollkräfte ein, was einem jährlichen Zuwachs von ca. 0,5 % entsprach. Mit solchen Zuwachsraten war eine durchgreifende und nachhaltige Verbesserung der Arbeitssituation im Pflegedienst der Allgemeinkrankenhäuser nicht zu erreichen.

4.3 KHSG 2016: Pflegestellen-Förderprogramm, Pflegezuschlag und Expertenkommission

In den folgenden Jahren häuften sich Medienberichte über die Lage im Pflegedienst der Krankenhäuser, die anhand konkreter Situationen und Interviews mit Pflegekräften eindrucksvoll die chronische Überlastung belegten. Allerdings zeigten weder die Regierungskoalition von CDU/CSU und FDP (2009–2013) noch die Große Koalition aus CDU/CSU und SPD (2013–2017) Bereitschaft zu einer politischen Intervention, die geeignet wäre, die Situation tatsächlich und durchgreifend zu verbessern. Zwar hatte die SPD 2013 durchgesetzt, dass in den Koalitionsvertrag der neu gebildeten Großen Koalition auch die Ankündigung von Maßnahmen zur Verbesserung der Situation aufgenommen wurde, die daraufhin ergriffenen Maßnahmen waren jedoch ungenügend.

In das 2016 beschlossene Krankenhausstrukturgesetz (KHSG) wurden mehrere Maßnahmen aufgenommen, die eine Verbesserung der Situation bewirken sollten. Es wurde ein erneutes Förderprogramm für drei Jahre (2016–2018) aufgelegt, diesmal ‚Pflegestellen-Förderprogramm' genannt. Das Programm war eine Kopie des ersten, allerdings nur mit der Hälfte des Finanzvolumens des ersten. Statt 220/330/660 Mio. EUR wurden lediglich 110 Mio. EUR im ersten Jahr, 220 Mio. im zweiten und 330 Mio. EUR im dritten Jahr bereitgestellt. Auch diesmal handelte es sich nur um eine ‚Förderung' der Personalkosten in Höhe von 90 %. Anders als noch im ersten Programm wurde allerdings eindeutig klargestellt, dass das Geld nur für die Personalkosten von Pflegefachkräften auf ‚bettenführenden Stationen' verwendet werden durfte.

Mit 330 Mio. EUR waren maximal ca. 6000 Stellen zu ‚fördern', also nicht mehr als ca. 4–5 Stellen pro Krankenhaus. Eine eindeutig zu geringe Zahl angesichts der mittlerweile auch in den Medien breit diskutierten Situation im Pflegedienst der Krankenhäuser. Dies war auch der Koalition bewusst und darum wurde die Summe der bereitzustellenden Mittel durch eine weitere Maßnahme erhöht. Ein bereits seit 2013 gezahlter sogenannter ‚Versorgungszuschlag' in Höhe von bundesweit 500 Mio. jährlich wurde in einen ‚Pflegezuschlag' umgewandelt. Da die Umwandlung nicht mit einer Zweckbindung verbunden wurde, blieb es jedoch lediglich bei dem Appell der Politik an die Krankenhausleitungen, das Geld auch tatsächlich für Pflegestellen auszugeben. Wie wenig fruchtbar ein solcher Appell ist, zeigte sich bereits im Jahr 2016. Mit 500 Mio. EUR wären ca. 10.000 Vollzeitstellen finanzierbar gewesen. Die Zahl der Vollkräfte im Pflegedienst (ohne Psychiatrie) der Allgemeinkrankenhäuser stieg 2016 jedoch nur um 3400.

Dass die Zahl der Vollkräfte nur um ca. 3400 anstieg, dürfte mehrere Ursachen gehabt haben. Zunächst handelte es sich bei den 500 Mio. EUR des

‚Pflegezuschlages' nicht um neue und zusätzlich bereit gestellte Mittel, sondern lediglich um die Umbenennung eines bereits seit mehreren Jahren gezahlten Zuschlags. Diese Mittel waren folglich zu einem erheblichen Teil bereits für andere Zwecke gebunden. Zum anderen finden Krankenhäuser seit einigen Jahren auf dem Arbeitsmarkt kaum noch dreijährig ausgebildete Krankenpflege- und Kinderkrankenpflegekräfte. Dieses Problem wird unter dem Leitbegriff ‚Fachkräftemangel' mittlerweile auch öffentlich diskutiert.

5 Zwischenbetrachtung: Entwicklung und Stand der Unterbesetzung

An dieser Stelle soll eine kurze Zwischenbetrachtung erfolgen, die sich mit der Frage befasst, wie hoch die gegenwärtige Unterbesetzung im Pflegedienst einzuschätzen ist. Da es anders als in den Jahren 1993 bis 1996 kein bundesweit einheitliches Verfahren zu Ermittlung des Pflege- und Personalbedarfs für den somatischen Bereich gibt, kann man sich dieser Frage nur über Schätzungen annähern. Auch wenn dies ein unsicherer Weg ist, der keine präzisen und zuverlässigen Ergebnisse erbringen kann, so erscheint es doch sinnvoll, möglichst plausible Schätzungen durchzuführen, um das Ausmaß der Probleme zumindest abschätzen zu können.

Wie bereits erwähnt, wurde 1993 mit der Pflege-Personalregelung (PPR) ein Verfahren zur Ermittlung des Pflege- und Personalbedarfs auf somatischen Normalstationen eingeführt. Die PPR verpflichtete die Krankenhäuser, zur Vorbereitung der Budgetverhandlungen den Krankenkassen die Ergebnisse der Patienteneinstufungen nach PPR zu übermitteln. Diese ersten Daten führten die Spitzenverbände der GKV zusammen und kamen zu dem Ergebnis, dass aufgrund der PPR 1993 ein Personalmehrbedarf von mehr als 20 % bestand (GKV 1993, S. 541).[9]

---

[9]Dieses Ergebnis wurde nicht breit veröffentlicht. Die GKV-Spitzenverbände teilten es ihren jeweiligen Mitgliedskassen nur in einem internen Papier zur Vorbereitung der im Herbst 1993 anstehenden Budgetverhandlungen mit. Publik wurde das Ergebnis nur dadurch, dass die DKG dieses interne Papier in Heft 12/1993 ihrer Zeitschrift „Das Krankenhaus" veröffentlichte. Es sei hier noch darauf hingewiesen, dass die GKV-Spitzenverbände ihren Mitgliedskassen empfahlen, die von den Krankenhäusern vorgelegten PPR-Ergebnisse nicht anzuzweifeln oder durch den MDK überprüfen zu lassen, weil es keine Anhaltspunkte für systematische fehlerhafte Patienteneinstufungen gab. Insofern gingen die GKV-Spitzenverbände offensichtlich davon aus, dass der ermittelte Wert von mehr als 20 % Personalmehrbedarf auf validen Daten basierte.

Die Bedeutung des DRG-Systems ...

		Soll-Ist-Vergleich ohne Berücksichtigung der Leistungsentwicklung	
1993	Soll-Besetzung gemäß PPR		350.000
	Ist-Besetzung		289.000
	Soll-Ist-Differenz		−61.000
1994-1996	Stellenzuwachs		+16.000
1997-2001	Stellenabbau		−14.000
2001	Ist-Besetzung		291.000
	Differenz: Soll-Besetzung 1993/Ist-Besetzung 2001		−59.000
2002-2007	Stellenabbau		−33.000
2007	Ist-Besetzung		258.000
	Differenz: Soll-Besetzung 1993/Ist-Besetzung 2007		−92.000
2008-2016	Stellenzuwachs		+19.000
2016	Ist-Besetzung		277.000
	Differenz: Soll-Besetzung 1993/Ist-Besetzung 2016		−73.000
		Berücksichtigung eines erhöhten Personalbedarfs durch höheren Leistungsumfang	
+10 %	Soll-Besetzung 1993		350.000
	10 % höherer Personalbedarf durch Leistungszuwachs		35.000
	Erhöhte Soll-Besetzung		385.000
	Differenz zwischen Soll und Ist 2016		−108.000
+20 %	Soll-Besetzung 1993		350.000
	20 % höherer Personalbedarf durch Leistungszuwachs		70.000
	Erhöhte Soll-Besetzung		420.000
	Differenz zwischen Soll und Ist 2016		−143.000

Abb. 1 Personalbesetzung im Pflegedienst der Allgemeinkrankenhäuser (ohne psychiatrische Abteilungen). (Quelle: Statistisches Bundesamt; eigene Berechnungen)

Geht man davon aus, dass auch in dem nicht von der PPR erfassten Nachdienst der Normalstationen und auf Intensivstationen ein ähnlich hoher Personalmehrbedarf bestand, entsprach dies insgesamt einem Personalmehrbedarf für 1993 in Höhe von mehr als 60.000 Vollkräften. Die Ist-Besetzung für Normal- und Intensivstationen lag 1993 bei ca. 290.000 Vollkräften, die Sollbesetzung somit bei geschätzt ca. 350.000 Vollkräften.[10]

Verwendet man diese Zahl als Referenzgröße und Vergleichswert für die gegenwärtige Personalbesetzung, so lässt sich das Ausmaß der gegenwärtigen Unterbesetzung abschätzen. Während die geschätzte Soll-Besetzung des Jahres 1993 bei ca. 350.000 Vollkräften lag, weist die Krankenhausstatistik für den Pflegedienst der Allgemeinkrankenhäuser ohne Psychiatrie im Jahr 2016 lediglich ca. 277.000 Vollkräfte aus. Die Ist-Besetzung des Jahres 2016 lag somit um ca. 73.000 Vollkräfte unter dem Soll des Jahres 1993 (Abb. 1).

---

[10]Bei diesen Berechnungen wird das Ergebnis der GKV-Hochrechnung „mehr als 20 %" auf 20 % reduziert, da in dem internen Papier der GKV-Spitzenverbände nur von ‚mehr als' die Rede ist, ohne genauere Angabe, wie viel ‚mehr' es war.

Dabei ist jedoch noch nicht die Leistungsentwicklung seit 1993 berücksichtigt, die mit hoher Wahrscheinlichkeit zu einer deutlichen Erhöhung des Pflegebedarfs und somit auch des Personalbedarfs geführt hat:[11]

- Von 1993 bis 2016 ist die Zahl der vollstationären Fälle in Allgemeinkrankenhäusern um ca. 27 % gestiegen.
- Der Anteil älterer und insbesondere hochaltriger Patienten ist überproportional gestiegen. 1994 waren ca. 30 % aller vollstationären Fälle 65 Jahre und älter, 2016 waren es bereits mehr als 43 %. Unter ihnen stieg die Zahl der hochaltrigen und somit in der Regel besonders pflegeaufwendigen Patienten überdurchschnittlich. Die Zahl der Patienten mit 75 Jahren und älter nahm 1994 bis 2016 um 146 % zu, ihr Anteil stieg von 14,8 % auf 27,8 %.
- In den letzten ca. 15 Jahren ist zudem ein erheblicher Anstieg der Zahl der ambulant operierten Patienten sowie der vor-, teil- und nachstationären Fälle zu verzeichnen. Zwischen 2002 und 2016 stieg die Zahl der ambulanten Operationen um 240 %, der vorstationären Fälle um knapp 300 %, der nachstationären Fälle um knapp 50 % und der teilstationären Fälle um ca. 80 %.[12] Auch diese Patienten müssen häufig auf Normalstationen von den Pflegekräften ‚nebenbei' mit versorgt werden.
- Zwar ist die Zahl der Belegungstage im Zeitraum 1993 bis 2016 um ca. ein Viertel gesunken, bei den entfallenen Belegungstagen hat es sich zumeist aber um Tage vor einer Operation oder am Ende eines Krankenhausaufenthaltes gehandelt, und somit um Verweildauertage mit in der Regel relativ geringem Pflegebedarf.

Im Saldo der hier genannten Entwicklungen verbleibt 2016 gegenüber 1993 ein deutlicher Leistungszuwachs und somit auch ein deutlich höherer Personalbedarf. Geht man davon aus, dass die Leistungsentwicklung im Saldo eine Erhöhung des Personalbedarfs um 10 % zur Folge hatte, so erhöht sich das Ausgangs-Soll auf insgesamt ca. 385.000 Vollkräfte (VK). Die Ist-Besetzung des Jahres 2016 lag um ca. 108.000 VK darunter (Abb. 1). Geht man davon aus, dass die Leistungsentwicklung im Saldo einen Personalmehrbedarf von 20 % zur Folge hatte, resultiert daraus eine Soll-Besetzung in Höhe von ca. 420.000 VK und eine Unterbesetzung im Jahr 2016 in Höhe von ca. 143.000 VK oder 50 % der Ist-Besetzung. Diese

---

[11]Die unterschiedlichen Ausgangsjahre resultieren daraus, dass in der Krankenhausstatistik nicht für alle Kennzahlen Daten ab dem Jahr 1993 verfügbar sind.

[12]Daten zur Zahl dieser Fälle liegen erst ab dem Jahr 2002 vor.

Werte mögen sehr hoch erscheinen, dabei ist jedoch zu bedenken, dass die in den letzten Jahren in zahlreichen Medienberichten geschilderten teilweise dramatischen Verhältnisse auf Krankenhausstationen nicht mit Soll-Ist-Abweichungen in Höhe weniger Prozente zu erklären sind.

Dafür sprechen auch die Ergebnisse der bislang einzigen in Deutschland in den letzten Jahren publizierten Personalbedarfsermittlung auf Grundlage der PPR.[13] Im kommunalen Berliner Großkrankenhaus Neukölln ergab die Auswertung der PPR-Patienteneinstufungen einer unfallchirurgischen Station für das zweite Halbjahr 2016, dass die Soll-Besetzung gemäß PPR im Durchschnitt nur zu 38,7 % erreicht wurde (Bombosch 2018). Teilweise war nur ein Fünftel des gemäß PPR erforderlichen Personals auf Station. Die Unterbesetzung lag somit im Durchschnitt bei ca. 60 % und erreichte an einzelnen Tagen sogar Werte von bis zu 80 %.

6 Zur Frage eines kausalen Zusammenhangs zwischen DRG-System und Stellenabbau im Pflegedienst

Im vorhergehenden Teil des vorliegenden Beitrags wurde die Entwicklung unmittelbar vor, während und nach Einführung des DRG-Systems nachgezeichnet. Die Darstellung beschränkte sich weitgehend darauf, die zeitliche Parallelität von DRG-Einführung und Stellenabbau aufzuzeigen. Eine zeitliche Parallelität ist jedoch kein hinreichender Beleg für einen kausalen Zusammenhang. Nachfolgend soll darum herausgearbeitet werden, dass ein kausaler Zusammenhang nachweisbar ist, und durch welche Regelungen das DRG-System einen Stellenabbau verursacht oder befördert hat. Ein kausaler Zusammenhang lässt sich vor allem an den folgenden Konstruktionsbestandteilen des DRG-Systems nachweisen:

1. Orientierung der DRG-Fallpauschalen an den Durchschnittskosten
2. Kalkulationsmethodik des DRG-Systems
3. Konstruktion des DRG-Systems als System zur Deckelung der Gesamtausgaben und
4. fehlende Transparenz über Personalbesetzung und Mittelverwendung.

---

[13]Zwar wurde die PPR zum 01.01.1997 als Grundlage für die Budgetverhandlungen aufgehoben, sie wird seitdem aber von einer Vielzahl Kliniken weiterhin für interne Zwecke, vor allem der Personaleinsatzplanung, weiterhin angewendet. Zudem gibt das DRG-Kalkulationshandbuch den Einsatz der PPR bei der Ermittlung der Personalkosten des Pflegedienstes auf Normalstationen auch heute noch als Standardinstrument vor (InEK 2016).

Darüber hinaus befördert das DRG-System eine Umverteilung von Mitteln innerhalb der Krankenhäuser, und zwar zulasten der nicht ‚erlösrelevanten' Bereiche, zu denen der Pflegedienst gehört.

6.1 Die Orientierung der DRG-Fallpauschalen an Durchschnittskosten

Von zentraler Bedeutung für den Stellenabbau der Jahre 2002 bis 2007 waren zwei zusammengehörende Konstruktionselemente: a) die Kalkulation der DRG-Fallpauschalen auf Grundlage der durchschnittlichen Ist-Kosten aller Krankenhäuser und b) die Vorgabe, dass die krankenhausindividuellen Basisfallwerte ab 2005 schrittweise an einen Landesbasisfallwert anzugleichen waren, der auf Grundlage der Durchschnittskosten aller Krankenhäuser eines Bundeslandes ermittelt wurde. Wie oben bereits dargelegt, war die politisch gewollte Folge dieser Konstruktion, dass ein Großteil der Krankenhäuser mit einer teilweise erheblichen Budgetabsenkung rechnen musste. Um wirtschaftlich zu überleben, waren diese Kliniken gezwungen, massive Kostensenkungen vorzunehmen. Das erforderliche Einsparpotenzial war in einer so personalintensiven Organisation wie den Krankenhäusern nur durch Einsparungen bei den Personalkosten zu erreichen. Die Personalkosten des Pflegedienstes waren die größte Einzelposition der Personalkosten und boten somit das größte Einsparpotenzial. Insofern folgte der Stellenabbau im Pflegedienst der Konstruktionslogik des DRG-Systems.

Durch die Orientierung der Fallpauschalen an den Durchschnittskosten ist das DRG-System zugleich auch ein Umverteilungssystem von bis dahin unbekanntem Ausmaß. Geht man davon aus, dass insgesamt ca. 10–20 % der Gesamtausgaben neu verteilt, den ‚Verlierer-Krankenhäusern' genommen und den ‚Gewinner'-Krankenhäusern gegeben wurden, dann ergibt dies für das Jahr 2005 bei ca. 61 Mrd. EUR Gesamtausgaben ein Umverteilungsvolumen von ca. 6–12 Mrd. EUR. Das Geld, das den ‚Verlierern' auf dem Weg von Budgetkürzungen genommen und den ‚Gewinnern' auf dem Weg von Budgetanhebungen gegeben wurde, hätte sicherlich gereicht, in den ‚Gewinner'-Krankenhäusern zusätzliche Stellen im Pflegedienst einzurichten. Warum aber sollten diese Kliniken mehr Pflegepersonal einstellen, wenn sie bis dahin mit der vorhandenen Personalbesetzung ‚ausgekommen' waren? Wie an der Krankenhausstatistik leicht ablesbar, floss das umverteilte Geld nicht in zusätzliche Pflegestellen.

6.2 Die Kalkulationsmethodik des DRG-Systems

Ein sehr wesentlicher Einflussfaktor für den Stellenabbau im Pflegedienst ist die Kalkulationsmethodik zur Ermittlung der durchschnittlichen fallbezogenen Ist-Kosten, die Grundlage der Festlegung der Bewertungsrelationen sind. Diese Logik soll hier kurz für die Ermittlung der fallbezogenen Personalkosten des Pflegedienstes auf Normalstationen erläutert werden (zu den Vorgaben des Kalkulationshandbuches vgl. InEK 2002, S. 120 f., 2007, S. 132–135). Die fallbezogenen Personalkosten des Pflegepersonals auf Normalstationen sind gemäß Kalkulationshandbuch auf Grundlage eines Pflegeklassifikationssystems zu ermitteln. Als Standardinstrument ist die Pflege-Personalregelung (PPR) vorgegeben. Die nachfolgenden Erläuterungen beziehen sich deshalb auf die PPR.[14]

Für die Ermittlung der fallbezogenen Personalkosten sind die zu versorgenden Patienten täglich nach PPR in eine der neun PPR-Pflegestufen einzustufen. Jede PPR-Pflegestufe ist mit einem bestimmten vordefinierten Minutenwert hinterlegt, der somit für die Kostenkalkulation verwendet wird. Die PPR-Minuten aller Patienten pro Jahr werden addiert und die daraus resultierende Summe dient als Divisor für die Gesamtpersonalkosten des Pflegepersonals auf Normalstationen.[15] Das Ergebnis der Division der Gesamtpersonalkosten durch die Summe der PPR-Minuten wird als „Kosten je PPR-Minute" für die Berechnung des Anteils der Pflegepersonalkosten an den einzelnen DRG-Fallpauschalen verwendet, indem die für die Patienten der betreffenden DRG ermittelten PPR-Minuten mit dem Geldbetrag „Kosten je PPR-Minute" multipliziert werden.

Die Bedeutung dieser Methodik für den Stellenabbau ergibt sich vor allem aus der Verwendung der Gesamtpersonalkosten.[16] Da es sich bei den Gesamtpersonalkosten um die Kosten der Ist-Besetzung handelt, wirkt sich ein Stellenabbau direkt auf die Höhe der „Kosten je PPR-Minute" und damit auch direkt auf die Höhe des Kostenanteils an den DRGs aus. Dies soll hier kurz an einem

---

[14]Ein anderes Verfahren darf nur nach vorheriger Genehmigung durch das InEK eingesetzt werden.

[15]Version 2.0 des Kalkulationshandbuches gab die Division aller PPR-Minuten des Krankenhauses durch die Gesamtpersonalkosten vor, ab Version 3.0 waren die PPR-Minuten und Personalkosten der einzelnen Station zu verwenden. Hier wird das Verfahren gemäß Version 2.0 vorgestellt, weil es Grundlage für die Kalkulation der DRG-Versionen 2005 bis 2009 war.

[16]Dabei ist unerheblich, ob es sich um die Gesamtpersonalkosten je Krankenhaus oder je Station handelt.

abstrakten Beispiel erläutert werden. Wenn die Höhe der Personalkosten im Vorjahr bei 100 lag und die Summe der PPR-Minuten ebenfalls bei 100, dann ergab sich daraus ein Wert von 1,0 für die „Kosten je PPR-Minute". Sinken nun im Folgejahr die Personalkosten aufgrund eines Stellenabbaus auf 90 und bleibt die Summe der PPR-Minuten gleich, so sinken die „Kosten je PPR-Minute" auf 0,9 (90/100 = 0,9). Der gleiche Effekt stellt sich ein, wenn zwar die Gesamtpersonalkosten gleich bleiben, aber durch zusätzliche oder schwerere Fälle die Summe der PPR-Minuten erhöht wird. Auch in diesem Fall sinkt der Wert „Kosten je PPR-Minute" und folglich auch der Anteil der Pflegepersonalkosten an den betreffenden DRG-Fallpauschalen.

Der abgesenkte Wert geht in die Kalkulation der DRGs des übernächsten Jahres ein. Es ist das übernächste Jahr, weil die Kosten des laufenden Jahres erst nach Ablauf des Jahres an das InEK übermittelt und erst nach Aufbereitung und Berechnungen durch das InEK in die Bewertungsrelationen des dann folgenden Jahres eingehen können.[17]

Die Konstruktionslogik des DRG-Systems führt nun aber nicht dazu, dass aufgrund des Stellenabbaus auch die DRG-Fallpauschalen sinken. Dies ergibt sich insbesondere daraus, dass Bewertungsrelationen nicht mit den ermittelten durchschnittlichen Ist-Kosten identisch sind, sondern mehrere Rechenschritte zwischen gemessenen Kostenwerten und den letztlich von den Vertragsparteien GKV-SV, PKV und DKG vereinbarten Bewertungsrelationen liegen. Vor allem aber ist das DRG-System seit 2006 so konstruiert, dass die Gesamtsumme der Bewertungsrelationen für Deutschland (Casemix) konstant gehalten wird. Ein sinkender Anteil der Pflegepersonalkosten führt folglich nicht zur Absenkung aller DRGs, sondern zu einer Neuverteilung der Mittel. Denn: Wenn das Gesamtvolumen der Ausgaben und des Casemix konstant gehalten wird, führt das Absinken eines Kostenanteils dazu, dass die übrigen Kostenanteile entsprechend des eingesparten Volumens erhöht werden. Kosteneinsparungen im Pflegedienst führen folglich zur Erhöhung des Kalkulationsanteils anderer Kostenarten und Kostenbereiche.

Dieser Mechanismus hat aber zunächst einmal nur Relevanz für die Kalkulationsdaten, nicht jedoch für die konkrete Situation in den Krankenhäusern. Für die Situation in der Krankenhauspraxis erlangt dieser Mechanismus jedoch dann Bedeutung, wenn – wie es seit Jahren zunehmend der Fall ist – die Erlöse aus Fallpauschalen auf Grundlage der Kostenanteile in den Fallpauschalen intern verteilt werden. Das InEK veröffentlicht jedes Jahr die Kalkulationsergebnisse insgesamt

---

[17]InEK: Institut für das Entgeltsystem im Krankenhaus. Es ist für die Durchführung der jährlichen DRG-Kalkulationsrunden zuständig.

und differenziert für alle Kostenanteile für jede einzelne DRG in einem sogenannten „G-DRG-Report-Browser" (für das Datenjahr 2017 vgl. InEK 2018). Die darin ausgewiesenen Kostenanteile für die einzelnen Kostenarten und Kostenbereiche werden von einem erheblichen Teil der Krankenhausleitungen als Orientierungswerte für die interne Verteilung von Erlösen auf die verschiedenen Abteilungen und zur Berechnung von Stellenplänen für einzelne Dienstarten verwendet (Stoeff und Wagner 2012; Kutscher 2008, vgl. u. a. Frieling et al. 2008).[18]

Wenn die interne Erlösverteilung auf Grundlage der in der InEK-Kostenmatrix ausgewiesenen Kostenanteile erfolgt, resultiert daraus für eine vom Stellenabbau betroffene Berufsgruppe eine ‚Abwärtsspirale', vorausgesetzt diese Vorgehensweise wird von den Kalkulationskrankenhäusern in gleichem Umfang angewendet wie in der Grundgesamtheit aller Krankenhäuser, wovon mit hoher Wahrscheinlichkeit auszugehen ist. Als ‚Abwärtsspirale' kann die Wirkung insofern bezeichnet werden, als Stellenabbau zur Absenkung des Kostenanteils führt, die Absenkung des Kostenanteils wiederum zum Maßstab für die Stellenbesetzung gemacht wird, was zu einer Reduzierung der Mittel führt, die weiteren Stellenabbau notwendig erscheinen lässt, der zu einer weiteren Absenkung des Kostenanteils führt etc. Eine solche Abwärtsspirale ist jedoch keine zwingende Notwendigkeit. Ausschlaggebend sind die Entscheidungen des Krankenhausmanagements. Allerdings folgt ein solches Vorgehen grundsätzlich der Logik des DRG-Systems, die eine Absenkung all der Kosten verlangt, die über dem Niveau der Fallpauschalen liegen. Es darf als folgerichtig gelten, wenn dieser Grundsatz auch auf einzelne Kostenarten angewendet wird.

Der vorstehend skizzierte Mechanismus funktioniert allerdings nicht nur in Richtung einer Abwärtsspirale, sondern auch in die andere Richtung. Sowie dem Pflegedienst zusätzliche Mittel zur Verfügung gestellt werden, beispielsweise durch die Pflegeförderprogramme, und neue Stellen besetzt werden, steigt der Pflegeanteil an den DRGs. Hier ist der Blick aber primär auf die Frage nach den Einflüssen des DRG-Systems auf den Stellenabbau der Jahre 2002 bis 2007 gerichtet. Und im Fall eines Stellenabbaus führt der beschriebenen Mechanismus zu den angesprochenen Wirkungen.

Zudem ist die Zuführung zusätzlicher Mittel, wie im Fall der Pflegeförderprogramme, systemwidrig und ein Bruch der Systemlogik. Die DRG-Konstruktionslogik lässt eigentlich nur die Fortschreibung der ermittelten durchschnittlichen

---

[18]Die Verwendung der InEK-Kostendaten für die interne Mittelverteilung oder Stellenplanberechnung wird allerdings auch kritisiert und es wird – zurecht – darauf hingewiesen, dass die Daten der InEK-Kostenmatrix für diese Zwecke nicht geeignet sind (Siebers et al. 2008).

Ist-Kosten zu. Hätte die Politik das DRG-System so weiterlaufen lassen wie vor dem ersten Pflegeförderprogramm, hätte das System die oben skizzierte Abwärtsspirale fortgesetzt und einen letztlich grenzenlosen Stellenabbau provoziert. Allein dies zeigt bereits, dass ein solches Vergütungssystem gefährlich für die Krankenhausversorgung ist. Es verfügt über keinerlei Stoppregeln oder Grenzen für einen einmal gestarteten Stellenabbau. Die zerstörerische Wirkung dieses Systems konnte und kann nur durch systemwidrige Eingriffe der Politik begrenzt oder gestoppt werden.

6.3 Die Deckelung der Gesamtausgaben für Krankenhausbehandlung

Ein weiterer zentraler Einflussfaktor ist die Funktion des DRG-Systems als System zur Deckelung der Krankenhausausgaben. Der zentrale Mechanismus, mit dem eine Begrenzung der jährlichen Veränderungen der Krankenhausausgaben erreicht wird, ist die Anbindung der Landesbasisfallwerte an einen Richtwert. Bis 2015 war dies – in eindeutiger Fortsetzung der Deckelung des GSG – die Veränderungsrate nach § 71 SGB V. Zudem sah das Regelungssystem mehrere Mechanismen vor, die faktisch eine Art ‚Gesamtvergütung' in Anlehnung an das System der vertragsärztlichen Vergütung bewirken. Die wichtigste Teilregelung war die Vorgabe, dass bei der Vereinbarung der Landesbasisfallwerte die voraussichtliche Leistungsentwicklung zu berücksichtigen sei, damit die Gesamtausgaben je Bundesland nicht stärker steigen als die Veränderungsrate nach § 71 SGB V.

Durch die Begrenzung auf die Veränderungsrate nach § 71 SGB V wurde die jährliche Erhöhung der Landesbasisfallwerte auf einem Niveau gedeckelt, das zumeist nicht ausreichte, die Personalkostensteigerungen aufgrund von Tarifvereinbarungen oder strukturellen Veränderungen der Personalbesetzung (z. B. höhere Qualifikation) zu decken. Dies lag vor allem daran, dass die beitragspflichtigen Einnahmen der GKV-Mitglieder aufgrund der unterproportionalen Lohn- und Gehaltsentwicklung, anhaltender Arbeitslosigkeit und eines wachsenden Niedriglohnbereiches seit langem deutlich hinter der allgemeinen wirtschaftlichen Entwicklung zurückblieben. Die Folge war ist Auseinanderdriften von Tarifentwicklung und Landesbasisfallwerten, die im Krankenausbereich als ‚Tarif-Erlös-Schere' bezeichnet wird und immer wieder Anlass für die Absenkung der Personalkosten war (VUD 2018).

Auch dieses Problem zwang die Politik mehrfach zu Interventionen, beispielsweise indem durch Gesetzesänderungen die teilweise Berücksichtigung von Tariferhöhungen vorgeschrieben wurde. An diesem Punkt ist festzuhalten, dass derartige Interventionen, wie auch die oben erwähnten, systemwidrig sind, da sie Konstruktionsregeln punktuell außer Kraft setzen. Der DRG-Konstruktionslogik nach dürften Tarifsteigerungen nur mit zwei Jahren Verzögerung und auch nur in dem Umfang in die Kalkulation der DRGs einfließen, wie sie im Durchschnitt der Kostenwerte der Kalkulationskrankenhäuser in Erscheinung treten.

In einer solchen Konstruktionslogik ist immanent angelegt, dass Kliniken mit überdurchschnittlichen Tarifsteigerungen diese nur zum Teil erstattet erhalten und Kliniken mit unterdurchschnittlichen Tariferhöhungen mehr Geld erhalten als sie zur Deckung der Tarifsteigerungen brauchen. Ein solches System ‚belohnt' Tarifausstieg und untertarifliche Entlohnung und ‚bestraft' Tariftreue und Zahlung tariflicher Gehälter.

6.4 Die fehlende Transparenz über Personalbesetzung und Mittelverwendung

Es muss davon ausgegangen werden, dass der Stellenabbau im Pflegedienst nicht nur in Verlierer-Krankenhäusern und nicht nur als Reaktion auf drohende oder bestehende Kostenunterdeckungen und Verluste erfolgte. Seit Jahren wird beispielsweise darüber diskutiert, dass Stellen im Pflegedienst auch aus anderen Gründen abgebaut wurden. Als einer der zentralen Gründe gilt gemeinhin die unzureichende Investitionsförderung der Länder. Um dringend notwendige Investitionen vornehmen zu können, für die das Land keine oder keine ausreichenden Mittel zur Verfügung stellt, bleibt im Grunde nur der Weg, diese Investitionen aus ‚Eigenmitteln' zu finanzieren, wie es im Krankenhausbereich formuliert wird. Diese Eigenmittel stammen in der Regel aus Einsparungen, vor allem bei den Personalkosten.

Als weitere Ursache für den Stellenabbau müssen im Fall der privaten Kliniken die Renditeerwartungen privater Investoren in Rechnung gestellt werden. Um sie erfüllen zu können, muss die betreffende Klinik ihre Kosten unter das Niveau senken, das durch die DRG-Fallpauschalen vorgegeben ist. Und das geht in einem personalkostenintensiven Betrieb wie einem Krankenhaus in der Regel nur durch Senkung der Personalkosten.

Auch der Stellenabbau zur ‚Erwirtschaftung' von Eigenmitteln für Investition oder zur Befriedigung der Renditeerwartungen des gewinnorientierten Trägers steht in engem Zusammenhang zum DRG-System. Mit dem DRG-System wurde das ‚Selbstkostendeckungsprinzip' endgültig abgeschafft. Die Abschaffung sollte ausdrücklich dazu führen, dass den Krankenhäusern nicht nur Verluste entstehen – das war bereits durch die 1993 eingeführt Deckelung erreicht –, es sollten auch Gewinne entstehen und dem jeweiligen Krankenhaus dauerhaft verbleiben können (Baum und Tuschen 2000, S. 450). Dies ist nur möglich, wenn die Krankenhäuser den Krankenkassen ihre Einnahmen und Kosten und somit auch ihre Überschüsse und Verluste nicht offenlegen müssen. Das aber war zentraler Bestandteil des Selbstkostendeckungsprinzips nach KHG 1972. Jedes Krankenhaus war verpflichtet, den Krankenkassen für die anstehenden Budgetverhandlungen einen detaillierten Kosten-Leistungsnachweis (KLN) vorzulegen. Auch nach mehreren Reformen der Krankenhausfinanzierung bestand noch in den 1990er Jahren die Verpflichtung zur Offenlegung der internen Kostenstrukturen, in der neugefassten Bundespflegesatzverordnung 1995 war es die Pflicht zur Vorlage einer Leistungs- und Kalkulationsaufstellung (BPflV 1995, Anlage 3). Mit Einführung des DRG-Systems entfiel diese Pflicht.

Damit entfiel auch die Transparenz über die Kostenstrukturen und den Stellenplan des Pflegedienstes.[19] Vor dem DRG-System – und noch genauer zur Zeit der Geltung der PPR – konnten die Krankenkassen auf Grundlage des KLN die Entwicklung des Stellenplans im Pflegedienst kontrollieren. Im Fall eines Stellenabbaus und einer Verwendung der für den Pflegedienst vorgesehenen Mittel für andere Zwecke konnten sie in den Budgetverhandlungen Vergütungskürzungen durchsetzen. Seit Einführung des DRG-Systems haben die Krankenkassen keinen Einblick mehr in die Kostensituation der Krankenhäuser und können weder die Entstehung von Gewinnen noch die Kürzung des Pflegebudgets zugunsten von Investitionsvorhaben erkennen.

Dies ist auch der Hintergrund dafür, dass die Bereitstellung zusätzlicher Mittel im Rahmen der beiden Pflegeförderprogramme mit einer ausdrücklichen Zweckbindung, einer Nachweispflicht über die zweckentsprechende Mittelverwendung und einer Rückzahlungspflicht im Fall nicht zweckentsprechender Mittelverwendung verbunden wurde. Die beiden Pflegeförderprogramme waren ‚Selbstkostendeckungsprinzip in Reinform', gingen sogar noch darüber hinaus, weil das Selbstkostendeckungsprinzip weder eine Zweckbindung noch eine Rückzahlungspflicht vorsah. Es sei hier der Hinweis erlaubt, dass derselbe GKV-Spitzenverband auf diesen Vorschriften bestand, der ansonsten eine Rückkehr zum Selbstkostendeckungsprinzip entschieden ablehnt, insbesondere bei der Finanzierung der Pflegepersonalkosten (Leber 2018).

---

[19]Dagegen könnte eingewendet werden, dass jedes Krankenhaus verpflichtet ist, im Qualitätsbericht Angaben über die Personalbesetzung im Pflegedienst zu machen. Diese Angaben sind jedoch sehr ungenau und die Richtigkeit der Angaben ist vielfach sehr zweifelhaft (Beck und Becker 2007, Siebers et al. 2008).

6.5 DRG-System und die interne Umschichtung von Mitteln

Wie bereits erwähnt, gab es seit Einführung des DRG-Systems nicht nur Stellenabbau, sondern auch Stellenzuwächse. Zudem war der Pflegedienst keineswegs der am stärksten von Stellenabbau und Verschlechterungen der Arbeitsbedingungen betroffene Bereich. Während im Pflegedienst der Allgemeinkrankenhäuser die Zahl der Vollkräfte in den Jahren 2002 bis 2007 um $-10,7\%$ reduziert wurde, erfolgte beim Klinischen Hauspersonal (z. B. Reinigungsdienst) ein Stellenabbau um $-37,1\%$, im Wirtschafts- und Versorgungsdienst um $-27,8\%$ und im Technischen Dienst um $-12,3\%$ (StBA lfd. Jge.). Andere Bereiche hingegen wurden im selben Zeitraum ausgebaut. So wurde die Zahl der Vollkräfte im Ärztlichen Dienst um 14,1 % und im Funktionsdienst um 3,7 % erhöht.

Betrachtet man den Zeitraum bis 2016 insgesamt so werden die Unterschiede noch deutlicher erkennbar. Die Gesamtzahl der Vollkräfte in Allgemeinkrankenhäusern lag 2016 um 4,3 % über dem Wert des Jahres 2001. Unterhalb dieser Gesamtzahl gab es jedoch sehr unterschiedliche Entwicklungen. Im Ärztlichen Dienst wurde die Zahl der Vollkräfte um 42,8 % erhöht, im Funktionsdienst um 27,8 %, im Medizinisch-technischen Dienst um 14,6 % und im Verwaltungsdienst um 8,3 %. Beim Klinischen Hauspersonal wurde die Zahl der Vollkräfte hingegen um $-54,6\%$ reduziert, im Wirtschafts- und Versorgungsdienst um $-44,4\%$ und im Technischen Dienst um $-21,4\%$. Offensichtlich hat es unter den Bedingungen des DRG-Systems erhebliche Verschiebungen zwischen den verschiedenen Berufsgruppen und Dienstarten gegeben.

Auch diese Unterschiede stehen in einem direkten Zusammenhang zur Konstruktion des DRG-Systems. Durch das DRG-System wurden die ärztlichen Leistungen, die apparativen Leistungen der Funktionsdiagnostik und die Leistungen des OP-Bereiches zum zentralen Kriterium für die Zuordnung der Patienten zu einzelnen DRG-Fallgruppen und damit zum maßgeblichen Kriterium für die Zahlung von Fallpauschalen. Die genannten Bereiche wurden – um es in der Fachsprache des DRG-Systems auszudrücken – zu den wichtigsten ‚erlösrelevanten' Bereichen. Die personelle Ausstattung des ärztlichen Dienstes, Funktionsdienstes und Medizinisch-technischen Dienstes ist zentraler Faktor, von dem abhängt, ob und welche DRGs erbracht und abgerechnet werden können. Diese Bereiche waren zwar bereits zuvor von hoher Bedeutung für die Patientenversorgung, durch das DRG-System erhielten sie aber einen erheblichen Bedeutungszuwachs, der weit über das Maß hinausging, das vor dem DRG-System üblich war. Wobei zu bedenken ist, dass bereits 1996 mit dem

‚Neuen Entgeltsystem' ein erster Versuch zur Einführung eines umfassenden Fallpauschalensystems gestartet war und auch bereits damals für einen Teil der Behandlungen Fallpauschalen und pauschalierte Sonderentgelte abzurechnen waren. Der Verwaltungsdienst ist insofern besonders ‚erlösrelevant', als ihm in der Regel die Medizincontroller und Kodierfachkräfte zugeordnet sind, zu deren Aufgaben die Überwachung der medizinischen Leistungserbringung sowie die korrekte Kodierung gehören. Darüber hinaus sind Teile der Verwaltung auch deshalb besonders ‚erlösrelevant', weil sie für die Rechnungstellung, die vielfachen Rechtsstreitigkeiten mit den Kassen über richtige oder falsche Rechnungen und die Eintreibung unbeglichener Rechnungen zuständig sind.

Die anderen Bereiche wie der Pflegedienst auf Normalstationen, das Klinische Hauspersonal, der Wirtschafts- und Versorgungsdienst sowie der Technische Dienst haben seit Einführung des DRG-Systems – zugespitzt formuliert – keine Erlösrelevanz, sie sind lediglich ‚Kostenfaktor', den es zu minimieren gilt. Dass dies für den Pflegedienst mittlerweile nicht mehr uneingeschränkt gilt, hat nicht mit der Konstruktion des DRG-Systems zu tun, sondern mit einer gewandelten Wahrnehmung in Gesellschaft und Politik. Für die anderen, zu den Verlierern der internen Umverteilungsprozesse gehörenden Bereiche, steht ein solcher Umdenkprozess noch aus. Immerhin gibt es erste Ansätze, indem beispielsweise die Bedeutung eines hauseigenen Reinigungsdienstes für die Infektionsprävention begonnen wird anzuerkennen.

7 Zur Kritik DRG-entlastender Erklärungsansätze

Im vorliegenden Beitrag wird argumentiert, dass es einen kausalen Zusammenhang zwischen dem DRG-System und dem Stellenabbau der Jahre 2002 bis 2007 sowie der anhaltenden Unterbesetzung im Pflegedienst gibt. In weiten Teilen der gesundheitspolitischen Diskussion und auch in Teilen der wissenschaftlichen Diskussion wird ein solcher kausaler Zusammenhang zum DRG-System jedoch bestritten und werden Stellenabbau und Unterbesetzung auf andere Ursachen zurückgeführt. So wird behauptet, die im internationalen Vergleich hohe Bettendichte und Krankenhaushäufigkeit, Fallzahlsteigerungen sowie die seit langem unzureichende Investitionsförderung der Länder seien für Stellenabbau und Unterbesetzung verantwortlich (GKV-Spitzenverband 2014, 2015; Zander et al. 2017; Geraedts 2017; vgl. u. a. Busse 2018).

Diese Erklärungsansätze können jedoch bei genauerer Betrachtung nicht überzeugen. Ein gemeinsames Problem ist zunächst einmal, dass sie grundsätzlich keine Erklärung für den erfolgten Stellenabbau bieten können, und insbesondere die Frage nicht beantworten können, warum gerade in den Jahren 2002 bis 2007 und insbesondere unmittelbar vor Einführung des DRG-Systems ein so starker Stellenabbau im Pflegedienst einsetzte, und warum im Pflegedienst Stellen abgebaut wurden, während im selben Zeitraum im ärztlichen Dienst und Funktionsdienst zusätzliche Stellen geschaffen wurden.

Bereits bei einfacher Betrachtung der Längsschnittdaten zeigt sich zudem, dass es keine Korrelationen im Sinne einer Parallelität zwischen der Entwicklung der Zahl der Vollkräfte im Pflegedienst und den angeführten anderen Einflussfaktoren gibt. So ist beispielsweise die Zahl der Betten in Allgemeinkrankenhäusern von 1991 bis 2016 um ca. 25 % gesunken. Aber statt einer Entlastung des Pflegepersonals ist vielmehr eine deutlich stärkere Belastung feststellbar. Dies ist insofern nicht überraschend, als für die Entwicklung der Arbeitsbelastung nicht die Zahl der aufgestellten Betten, sondern die Zahl und der Zustand der Patienten und die Art und Zahl der für sie und an ihnen erbrachten Leistungen entscheidend sind. Zudem wurde im Betrachtungszeitraum die Zahl der Vollkräfte reduziert, was bereits bei gleichbleibender Bettenzahl und gleichbleibendem Leistungsanfall zu steigender Arbeitsbelastung und Unterbesetzung führt. Wenn es einen kausalen Zusammenhang zwischen Bettenkapazitäten und Personalbesetzung geben würde, dann müsste die Erhöhung der Bettenzahlen ein adäquates Mittel zur Behebung des Pflegenotstandes sein, denn schließlich gab es früher mehr Betten und war damals die Arbeitsbelastung niedriger. Was natürlich eine absurde Vorstellung ist. Damit soll nur gezeigt werden, wie wenig durchdacht der hier angesprochene DRG-entlastende Erklärungsansatz ist.

In einer anderen DRG-entlastenden Argumentation wird die gestiegene Fallzahl als Ursache der Probleme genannt. Sicherlich ist die Fallzahlentwicklung ein wesentlicher Einflussfaktor für steigende Arbeitsbelastungen, sie kann aber nicht erklären, warum trotz Fallzahlsteigerung Personal abgebaut wurde. Auch ist damit nicht erklärbar, warum dieser Stellenabbau nicht in allen Jahren erfolgte, sondern nur in einem Teil der Jahre. Und das ist, wie gezeigt, für die Zeit ab 2002 nur durch den Einfluss des DRG-Systems zu erklären. Es hat allerdings eine gewisse Plausibilität, dass durch eine Senkung der Fallzahlen eine Entlastung des Pflegepersonals erreicht werden könnte. Das ist aber ein Vorschlag zur Lösung des Problems, und kein Ansatz zur Klärung der Ursachen des Problems.

Zudem führt auch der Vorschlag, zur Entlastung des Pflegepersonals die Fallzahlen zu senken, beispielsweise indem medizinisch nicht notwendige Operationen unterbleiben, zum DRG-System zurück. Zu erinnern ist daran, dass das DRG-System ein Fallpauschalensystem ist. Reduziert ein Krankenhaus seine Fallzahlen, erzielt es weniger Einnahmen und muss folglich seine Kosten senken, und die bestehen zum weit überwiegenden Teil aus Personalkosten und die wiederum vor allem aus den Personalkosten des Pflegedienstes. Solange das DRG-System fortbesteht, bietet folglich auch ein solcher Vorschlag keine Lösung des Problems. Er kann erst nach einem Ausstieg aus dem DRG-System zu den erwünschten Ergebnissen führen.

Sehr weit verbreitet ist die Auffassung, die unzureichende Investitionsförderung der Länder sei Ursache für den Stellenabbau im Pflegedienst. Aber auch dieser Erklärungsansatz hält einer kritischen Prüfung nicht stand. Die Investitionsquote, definiert als Summe der Investitionsförderung nach KHG im Verhältnis zu den Gesamtausgaben, wurde zwischen 1991 und 2016 kontinuierlich abgesenkt (DKG 2018, S. 78). In diesem Zeitraum fand im Pflegedienst jedoch sowohl Stellenzuwachs (1991 bis 1996, 2008 bis 2016) als auch Stellenabbau statt (1997 bis 2007). Wäre die unzureichende Investitionsquote Ursache des Stellenabbaus, hätte es in diesem Zeitraum keinen Stellenzuwachs geben dürfen.

Davon unberührt ist es weitgehend unbestritten, dass nach Einführung des DRG-Systems Personalkosten eingespart wurden, um Investitionen finanzieren zu können, die die Länder nicht oder nicht ausreichend förderten. Aber auch dieser Umstand reicht nicht zur Erklärung des Stellenabbaus im Pflegedienst. Es bleibt die Frage, warum der Stellenabbau ausgerechnet nach Einführung der DRGs erfolgte. Auch diese Frage führt – wie oben bereits dargelegt – zum DRG-System zurück und zwar vor allem deshalb, weil mit Einführung des DRG-Systems das Selbstkostendeckungsprinzip abgeschafft wurde und es dadurch ermöglicht wurde, Personalkostenanteile zur Finanzierung von Investitionen einzusetzen, ohne dass dies offengelegt werden musste und somit von den Krankenkassen auch nicht zu verhindern war.

Es bleibt somit festzuhalten, dass die DRG-entlastenden Erklärungsansätze nicht überzeugen können und bei genauerer Betrachtung zur Ausgestaltung der Krankenhausfinanzierung und somit auch zum DRG-System als Ursache der Probleme zurückführen.

8 Schlussbetrachtung

Als Ergebnis der Rekonstruktion der Entwicklung und Analyse der Wirkungsweise des DRG-Systems kann festgestellt werden, dass ein kausaler Zusammenhang zwischen der Einführung des DRG-Systems und dem Stellenabbau der Jahre 2002 bis 2007 nachweisbar ist. Zwar lag die Letztentscheidung über den Stellenabbau bei den jeweiligen Krankenhausleitungen, vom DRG-System gingen jedoch – um es mit einem in der gesundheitspolitischen Diskussion üblichen Begriff auszudrücken – massive ‚Anreize' für einen Stellenabbau aus.

Dass seit 2008 ein leichter Stellenzuwachs zu verzeichnen ist, widerlegt diese These nicht. Im Gegenteil, wie die Analyse der beiden Pflegeförderprogramme zeigte, handelte es sich bei beiden Programmen um einen Bruch der Konstruktionslogik des DRG-Systems. Zentrale Funktionsregeln des DRG-Systems wurden während der drei Jahre der Laufzeit der Programme außer Kraft gesetzt, und es wurde partiell und vorübergehend das Selbstkostendeckungsprinzip wieder eingeführt. Dabei wurde das Selbstkostendeckungsprinzip in einer Rigorosität angewendet, wie es sie vor der DRG-Einführung nicht gegeben hatte. Das 1972 eingeführte Selbstkostendeckungsprinzip kannte weder die Verpflichtung zu einer Vereinbarung zwischen Krankenhaus und Arbeitnehmervertretung, noch eine Zweckbindung der Pflegesätze oder den Nachweis der zweckentsprechenden Mittelverwendung oder eine Rückzahlungspflicht bei nicht zweckentsprechender Mittelverwendung. Die Rückkehr zum Selbstkostendeckungsprinzip und rigorose Anwendung war notwendig, weil die bereitgestellten Mittel ansonsten mit hoher Wahrscheinlichkeit zu einem Großteil für andere Zwecke verwendet worden wären, nicht jedoch zur Finanzierung zusätzlichen Pflegepersonals auf Station.

Wie im vorliegenden Beitrag aufgezeigt, führt die dem DRG-System immanente Funktionslogik zu einer kontinuierlichen internen Umverteilung von Mitteln in Richtung sogenannter ,erlösrelevanter' Bereiche, zu denen der Pflegedienst auf Station eindeutig nicht oder nur in sehr geringe Maße gehört. Erlösrelevant sind in dem an ärztlichen diagnostischen und therapeutischen Leistungen ausgerichteten DRG-System vor allem der ärztliche Dienst, der Funktionsdienst und auch der Verwaltungsdienst.

Wie im Beitrag aufgezeigt, ist der Konstruktionslogik des DRG-Systems ein starker Druck in Richtung einer Abwärtsspirale der nicht ,erlösrelevanten' Bereiche immanent. Diese Abwärtsspirale war und ist nur durch politische Interventionen aufzuhalten, die zentrale Funktionsregeln des Systems außer Kraft setzen. Ohne diese politischen Interventionen hätte sich die Abwärtsspirale im Pflegedienst mit hoher Wahrscheinlichkeit auch nach 2008 fortgesetzt. Mit solchen systemwidrigen ad-hoc Interventionen kann die Abwärtsspirale jedoch immer nur punktuell und zeitlich befristet gestoppt werden. Eine Lösung des Grundproblems ist damit nicht zu erreichen.

Immer wieder neue ,Programme' aufzulegen, durch die zusätzliches zweckgebundenes Geld in das System gegeben wird, kann keine überzeugende und nachhaltige Lösung sein. Diese Einsicht scheint sich auch bei den Gesundheitspolitikern der großen Koalition durchzusetzen. Deutliche Zeichen dafür waren die Einrichtung einer Expertenkommission ,Pflegedienst im Krankenhaus' im Jahr 2016 und die Mitte 2017 getroffene Entscheidung für die Einführung von ,Pflegepersonaluntergrenzen' zum 1. Januar 2019.

Anfang 2018 ging die neu gebildete große Koalition noch einen Schritt weiter und kündige die Ausgliederung der Personalkosten des Pflegedienstes aus den DRG-Fallpauschalen und deren Finanzierung über eine gesonderte ‚Pflegepersonalkostenvergütung' an (CDU/CSU/SPD 2018, S. 100). Mehr noch: Die angekündigte Pflegepersonalkostenvergütung soll auf Grundlage der Selbstkosten der Krankenhäuser vereinbart werden. Würde diese Ankündigung tatsächlich Gesetz, und die Finanzierung des Pflegedienstes auf das Selbstkostendeckungsprinzip umgestellt, könnte erstmals eine Maßnahme greifen, die das Potenzial hat, eine tatsächliche und nachhaltige Verbesserung der Personalsituation zu bewirken. Allerdings könnte sie dieses Potenzial nur dann entfalten, wenn die Einführung gesonderter Pflegepersonalkostenvergütungen auf Grundlage des Selbstkostendeckungsprinzips ein erster Schritt im Rahmen eines Ausstiegs aus dem DRG-System wäre. Bleibt das DRG-System unangetastet weiter bestehen, ist zu erwarten, dass die Ausgliederung der Pflegepersonalkosten nur eine vorübergehende Episode und ein kurzzeitiger ‚Ausreißer' ist, der nach wenigen Jahren wieder vollständig in das DRG-System zurückgeführt wird.

Eine durchgreifende und nachhaltige Verbesserung der Personalsituation im Pflegedienst der Krankenhäuser wird erst dann zu erreichen sein, wenn das DRG-System insgesamt abgeschafft und durch ein neues Finanzierungssystem ersetzt wird, das die Finanzierung einer bedarfsgerechten Personalbesetzung im Pflegedienst und auch in den anderen Dienstarten zum Ziel hat und auch tatsächlich gewährleistet.

Literatur

Aiken, L. H., Sermeus, W., Van den Heede, K., Sloane, D. M., Busse, R., McKee, M., Bruyneel L., Rafferty, A. M., Griffiths, P., Moreno-Casbas, M. T., Tishelman, C., Scott, A., Brzostek, T., Kinnunen J., Schwendimann, R., Heinen M., Zikos, D., Sjetne, I. S., Smith H. L., & Kutney-Lee, A. (2012a). Patient safety, satisfaction, and quality of hospital care: Cross sectional surveys of nurses and patients in 12 countries in Europe and the United States. http://www.bmj.com/content/344/bmj.e1717. Zugegriffen: 16. Dez. 2016.

Aiken, L. H., Sloane, D. M., Bruyneel L., Van den Heede, K., & Sermeus W. (2012b). Nurses' reports of working conditions and hospital quality of care in 12 countries in Europe. http://dx.doi.org/10.1016/j.ijnurstu.2012.11.009. Zugegriffen: 1. Aug. 2015.

Aiken, L. H., Sloane, D. M., Bruyneel, L., Van den Heede, K., & Sermeus, W. (2013). Nurses' reports of working conditions and hospital quality of care in 12 countries in Europe. *International Journal of Nursing Studies, 50,* 143–153.

Alber, J. (1990). Ausmaß und Ursachen des Pflegenotstandes in der Bundesrepublik. *Staatswissenschaften und Staatspraxis, 1*(3), 335–362.

Bartholomeyczik, S. (1993). Arbeitssituation und Arbeitsbelastung beim Pflegepersonal im Krankenhaus. In B. Badura, G. Feuerstein, & T. Schott (Hrsg.), *System Krankenhaus. Arbeit, Technik und Patientenorientierung* (S. 83–99). Weinheim: Juventa.

Baum, G., & Tuschen, K.-H. (2000). Die Chancen nutzen. Überlegungen zu den ordnungspolitischen Rahmenbedingungen des neuen DRG-Entgeltsystems. *Führen und wirtschaften im Krankenhaus, 17*(5), 449–460.

Beck, U., & Becker, A. (2007). Personalbedarfsermittlung im Krankenhaus – Orientiert an Leistungen oder Erlösen? *Das Krankenhaus, 99*(9), 850–855.

Bombosch, F. (2018). Pflegenotstand – Interne Zahlen belegen dramatische Lage in Klinikum Neukölln. https://www.berliner-zeitung.de/berlin/pflegenotstand-interne-zahlen-belegen-dramatische-lage-in-klinikum-neukoelln-30086890. Zugegriffen: 28. Apr. 2018.

Botschafter, P., & Moers, M. (1990). Pflegewissenschaft und Pflegenotstand. *Jahrbuch für kritische Medizin, 15*, 123–139.

Busse, R. (2. August 2018). „Wir müssen weniger Patienten stationär behandeln" Interview mit Reinhard Busse. *FAZ*, S. 19.

CDU/CSU/SPD. (2018). Ein neuer Aufbruch für Europa. Eine neue Dynamik für Deutschland. Ein neuer Zusammenhalt für unser Land. Koalitionsvertrag zwischen CDU, CSU und SPD. https://www.spd.de/fileadmin/Dokumente/Koalitionsvertrag/Koalitionsvertrag_2018.pdf. Zugegriffen: 7. Febr. 2018.

DBfK, Deutscher Berufsverband für Pflegeberufe, und Vereinte Dienstleistungsgewerkschaft ver.di. (2008). Über 185.000 Menschen bekräftigen: Uns reicht's! Wir wehren uns gegen Stellenabbau und unzumutbare Arbeitsbedingungen in der Pflege. Presseinformation. http://uns-reichts.info/downloads/PM_unsreichts_05062008.pdf.

DKG, Deutsche Krankenhausgesellschaft. (2018). Bestandsaufnahme zur Krankenhausplanung und Investitionsfinanzierung in den Bundesländern. Stand: Juni 2018. https://www.dkgev.de/media/file/89001.2018-07-05_PM-Anlage_DKG_Bestandsaufnahme_KH-Planung_Investitionsfinanzierung_2018_final.pdf. Zugegriffen: 10. Juli 2018.

DZ Bank. (2006). *Kliniken-Privatisierungswelle. Branchenstudie*. Frankfurt a. M.: DZ Bank.

Frieling, M., Beck, U., & Becker, A. (2008). Personalkennzahlen als Instrument der Unternehmenssteuerung. Erprobtes Modell der Kennzahlenentwicklung am Beispiel des Ärztlichen Dienstes. *Das Krankenhaus, 100*(1), 45–49.

Geraedts, M. (2017). Personalausstattung der Krankenhäuser: Entwicklungen der letzten 25 Jahre. In J. Klauber, M. Geraedts, H.-P. Friedrich, & J. Wasem (Hrsg.), *Krankenhaus-Report 2017. Zukunft gestalten* (S. 79–94). Stuttgart: Schattauer.

GKV, Arbeitsgemeinschaft der Spitzenverbände der gesetzlichen Krankenkassen. (1993). Umsetzungshinweise der Spitzenverbände der GKV zu den Budget- und Pflegesatzverhandlungen 1994 vom 26.10.1993 (wörtlicher Abdruck). *Das Krankenhaus, 85*(12), 539–549.

GKV-Spitzenverband. (2013). Abschlussbericht des GKV-Spitzenverbandes zum Pflegesonderprogramm gemäß § 4 Abs. Satz 12 KHEntgG (Förderjahre 2009 bis 2011). http://www.gkv-spitzenverband.de/media/dokumente/presse/pressemitteilungen/2013/PM_2013-07-08_2013_06_28_PSP_4_Bericht_final.pdf. Zugegriffen: 8. Juli 2013.

GKV-Spitzenverband. (2014). Der Strukturfonds ist ein bisschen sehr klein. Statement des GKV-Spitzenverbandes vom 15.12.2014. https://www.gkv-spitzenverband.de/presse/pressemitteilungen_und_statements/pressemitteilung_203918.jsp. Zugegriffen: 24. Juni 2015.

GKV-Spitzenverband. (2015). Die Klinikreform – Ein teurer Einstieg in Veränderungen. Pressemitteilung vom 29.04.2015. https://www.gkv-spitzenverband.de/media/dokumente/presse/pressemitteilungen/2015_1/2015-04-29_Klinikreform_-_ein_kleiner_Schritt_in_die_richtige_Richtung.pdf. Zugegriffen: 28. Juni 2015.

InEK, Institut für das Entgeltsystem im Krankenhaus. (2002). Kalkulation von Fallkosten. Handbuch zur Anwendung in Krankenhäusern. Version 2.0. 31. Januar 2002. http://www.gdrg.de/service/download/veroeff_2007/Kalkulationshandbuch_Version3.pdf. Zugegriffen: 30. Juli 2007.

InEK, Institut für das Entgeltsystem im Krankenhaus. (2007). Kalkulation von Fallkosten. Handbuch zur Anwendung in Krankenhäusern. Version 3.0. 10. Juli 2007. http://www.gdrg.de/service/download/veroeff_2007/Kalkulationshandbuch_Version3.pdf. Zugegriffen: 30. Juli 2007.

InEK, Institut für das Entgeltsystem im Krankenhaus. (2016). Kalkulation von Fallkosten. Handbuch zur Anwendung in Krankenhäusern. Version 4.0. 10. Oktober 2016. http://www.g-drg.de/Kalkulation2/DRG-Fallpauschalen_17b_KHG/Kalkulationshandbuch. Zugegriffen: 10. Dez. 2017.

InEK, Institut für das Entgeltsystem im Krankenhaus. (2018). G-DRG-Report-Browser 2017. https://www.g-drg.de/Datenbrowser_und_Begleitforschung/G-DRG-Report-Browser/G-DRG-Report-Browser_2017. Zugegriffen: 20. Mai 2018.

Kane, R. L., Shamliyan, T., Mueller, C., Duval, S., & Wilt, T. J. (2007). The association of registered nurse staffing levels and patient outcomes. *Systematic Review and Meta-Analysis. Medical Care, 45*(12), 1195–1204.

Kutscher, J. (2008). Methoden der Personalbedarfsberechnung. *Arzt und Krankenhaus, 81*(11), 329–332.

Leber, W.-D. (2018). DRGs nach dem Meteoriteneinschlag. https://www.bibliomedmanager.de/zeitschriften/artikeldetailseite-ohne-heftzuweisung/35048-drgs-nach-dem-meteoriteneinschlag/. Zugegriffen: 20. Apr. 2018.

Mergner, U. (1990). Arbeitsbelastungen in der Krankenpflege: Oberflächlicher Konsens, begrenztes Wissen und unzulängliche Veränderungen. *Jahrbuch für kritische Medizin, 15,* 140–166.

Schmidbauer, W. (Hrsg.). (1992). *Pflegenotstand – Das Ende der Menschlichkeit*. Reinbeck: Rowohlt.

Schöning, B., Luithlen, E., & Scheinert, H. (1995). *Pflege-Personalregelung. Kommentar mit Anwendungsbeispielen für die Praxis* (2. Auflage). Stuttgart: Kohlhammer

Schmitz, H., Lüngen, M., & Lauterbach, K. W. (2001a). Ist ihr Krankenhaus ausreichend auf DRG vorbereitet? *Führen und wirtschaften im Krankenhaus, 18*(5), 458–459.

Schmitz, H., Lüngen, M., & Lauterbach, K. W. (2001b). Ist-Kosten und Leistungsdaten von 200 Krankenhäusern im Vergleich. Der f&w Krankenhaus-Kompass: Jahresauswertungen 2000. *Führen und wirtschaften im Krankenhaus, 18*(5), 455–456.

Shekelle, P. G. (2013). Nurse–patient Ratios as a patient safety strategy. A systematic review. *Annals of Internal Medicine, 158*(5), 404–410.

Siebers, L., Helling, J., Fiori, W., Bunzemeier, H., & Roeder, N. (2008). Krankenhausinterne DRG-Erlösverteilung auf der Basis der InEK-Daten – Möglichkeiten und Grenzen. *Das Krankenhaus, 100*(1), 35–44.

Simon, M. (1995). Aufhebung der Pflege-Personalregelung geplant. *Die Schwester Der Pfleger, 34*(12), 1110–1114.

Simon, M. (2007). Stellenabbau im Pflegedienst der Krankenhäuser: Eine Analyse der Entwicklung zwischen 1991 und 2005. http://www.fakultaet5.fh-hannover.de/de/aktivitaeten/efh_papers/index.php. Zugegriffen: 25. Febr. 2008.

Simon, M. (2008). *Personalabbau im Pflegedienst der Krankenhäuser. Hintergründe – Ursachen – Auswirkungen.* Bern: Huber.

Simon, M. (2017). Möglichkeiten und Grenzen wissenschaftlicher Forschung zur Frage eines Zusammenhangs zwischen der Personalbesetzung im Pflegedienst und der Ergebnisqualität deutscher Krankenhäuser. Ein Diskussionsbeitrag. https://f5.hs-hannover.de/fileadmin/media/doc/f5/personen/simon_michael/Simon_2017_Pflegepersonal_Ergebnisqualitaet_in_deutschen_KH.pdf. Zugegriffen: 20. Apr. 2018.

StBA, Statistisches Bundesamt. (lfd. Jge.). *Grunddaten der Krankenhäuser.* Wiesbaden: Statistisches Bundesamt.

Stoeff, D., & Wagner, K. (2012). Die G-DRG-Kostenmatrix des InEK – Ein Werkzeug für Krankenhausmanager (II). *Personalbedarfsberechnung anhand der G-DRG-Kostenmatrix. Das Krankenhaus, 104*(7), 693–698.

SVRKAiG, Sachverständigenrat für die Konzertierte Aktion im Gesundheitswesen. (1991). *Das Gesundheitswesen im vereinten Deutschland. Jahresgutachten 1991.* Baden-Baden: Nomos.

VUD, Verband der Universitätsklinika Deutschlands. (2018). Tarif-Erlös-Schere 2006–2015. https://www.uniklinika.de/gesundheitspolitische-themen/pflege-in-den-universitaetsklinika-die-lage/-lightbox/5/. Zugegriffen: 20. Juni 2018.

Zander, B., Köppen, J., & Busse, R. (2017). Personalsituation in deutschen Krankenhäusern in internationaler Perspektive. In J. Klauber, M. Geraedts, H.-P. Friedrich, & J. Wasem (Hrsg.), *Krankenhaus-Report 2017. Zukunft gestalten* (S. 61–78). Stuttgart: Schattauer.

Qualität trotz oder wegen der DRG?

Max Geraedts

Zusammenfassung

DRG können sich durch Spezialisierungstendenzen positiv, durch Fallzahlsteigerungen sowie Weglassen von Leistungsinhalten aber auch negativ auf die Qualität der Patientenversorgung auswirken. Um die Frage zu beantworten, wie sich die Qualität der stationären Versorgung in Deutschland unter den DRG entwickelt hat, werden im Beitrag Daten der Krankenhausstatistik, Studien aus Deutschland zu DRG-Effekten, Daten der gesetzlichen Qualitätssicherung und zu den gleichzeitig eingeführten Mindestmengen analysiert. Dabei wird ein gemischtes Bild deutlich: mit der DRG-Einführung waren zum einen Personalreduktionen, Fallzahlsteigerungen, Veränderungen des Codierverhaltens und der Eingriffsarten hin zu höher bewerteten DRG assoziiert. Zum anderen lassen die Qualitätssicherungsdaten überwiegend positive Veränderungen der von den Krankenhäusern berichteten Qualität erkennen, wobei aber fast ausschließlich medizinische Prozesse und Kurzzeitergebnisse fokussiert werden. Bei einigen DRG, für die Mindestmengen gelten, zeigen sich Hinweise auf strategische Indikationsausweitungen, die die Qualitätssicherung jedoch bisher genauso wenig erfasst wie Langzeitergebnisse, Schnittstellenprobleme und von Patienten selber berichtete Ergebnisse.

M. Geraedts (✉)
Institut für Versorgungsforschung und Klinische Epidemiologie/Medizin, Philipps-Universität Marburg, Marburg, Deutschland
E-Mail: geraedts@uni-marburg.de

1 Einleitung

Schon bei der Einführung der Fallpauschalen und Sonderentgelte im Jahr 1994 war den gesetzlichen Krankenkassen als Vertreter ihrer Beitragszahler klar, dass sich eine pauschale Vergütung von Krankenhausleistungen negativ, aber auch positiv auf die Qualität der medizinischen Versorgung auswirken kann.

Zum einen können Fallpauschalen Anreize zur Qualitätsminderung auslösen: Ein Krankenhaus erzielt kurzfristig einen höheren Gewinn, wenn eine pauschal vergütete Leistung mit geringerem Ressourceneinsatz als üblich erbracht werden kann, ohne dass die Patienten eine Qualitätsminderung sicher feststellen können. Zudem kann der Gewinn dadurch gesteigert werden, dass diejenigen Leistungen vermehrt erbracht werden, bei denen die Erlöse in besonderem Maße die entstandenen Kosten übertreffen. Deshalb pochten die Krankenkassen vermehrt darauf, dass die pauschal vergüteten Leistungen mit den vormals zunächst auf freiwilliger Basis eingeführten Maßnahmen der sogenannten externen, einrichtungsübergreifenden Qualitätssicherung einer systematischen, nun bundesweit verpflichtenden Qualitätsüberprüfung unterzogen werden sollten. Letztlich kam es zu einer stetigen Übernahme der in einzelnen Bundesländern etablierten Qualitätsvergleiche, bis ab dem Jahr 2001 durch das damalige Bundesinstitut für Qualitätssicherung (BQS) die inzwischen gesetzlich etablierte, bundesweit verpflichtende externe Qualitätssicherung (eQS) in Form jährlicher Berichterstattungen umgesetzt wurde.

Zum anderen waren an die Einführung der Fallpauschalen aber auch Hoffnungen auf eine systemische Qualitätsverbesserung geknüpft. Dabei ging man davon aus, dass die Pauschalen zu einer Konzentration der Leistungen in dafür besonders geeigneten Krankenhäusern führten und unwirtschaftliche sowie qualitativ minderwertig arbeitende Krankenhäuser aus dem Markt ausscheiden würden. Die höheren Fallzahlen der verbleibenden Krankenhäuser könnten nach dem „Übung macht den Meister"-Prinzip eine bessere Patientenversorgung garantieren. Dieses Prinzip bildet auch die Basis für die ab dem Jahr 2004 eingeführten Mindestmengen für bestimmte, in Krankenhäusern durchgeführte medizinische Prozeduren. Parallel zur Einführung der DRG war auch mit dieser gesundheitspolitischen Maßnahme die Hoffnung einer systemischen Qualitätsverbesserung und einer langfristigen Veränderung der Krankenhausstruktur in Deutschland verbunden. Jedoch wird wie bei den DRG auch bei den Mindestmengen als mögliche negative Auswirkung eine Ausweitung der Indikationsstellung zur Fallzahlsteigerung diskutiert. Bei einer Betrachtung der Qualität der Versorgung unter DRG sollte also auch die Entwicklung bei den Mindestmengen berücksichtigt werden.

Eine erste umfassende Analyse der Auswirkungen der DRG-Einführung in Deutschland haben Rau, Roeder und Hensen zum Ende der Konvergenzphase im Jahr 2009 vorgelegt (Rau et al. 2009). In Bezug auf die Qualität der Versorgung kamen die verschiedenen Autoren dieses Sammelbandes zu einem gemischten Bild: Während die Vertreter der Krankenhausgesellschaft und der Krankenkassen keine negativen Auswirkungen der DRG-Einführung auf die Qualität der Versorgung sahen, konstatierten Vertreter der medizinischen Fachgesellschaften sowie der Pflege negative Auswirkungen auf die Arbeitsbelastung, die Weiterbildung und die Personalausstattung. Schlüssige empirische Erkenntnisse zur Qualitätsentwicklung unter den DRG ließen sich zu diesem frühen Zeitpunkt der Einführung allerdings noch nicht ableiten. Nachdem inzwischen knapp zehn Jahre seit den in diesem Sammelband zusammengefassten Analysen vergangen sind, lohnt sich ein erneuter Blick auf die inzwischen vorliegenden Erkenntnisse zu möglichen positiven oder aber negativen Entwicklungen der Qualität der stationären Versorgung in Deutschland. Dazu werden im Folgenden zunächst einige zentrale Entwicklungsparameter der stationären Versorgung zusammengefasst. Anschließend werden exemplarische Erkenntnisse aus Studien vorgestellt, die Auswirkungen der DRG auf die stationäre Versorgung und deren Qualität analysiert haben. Weiterhin wird die Entwicklung der Qualität der Versorgung auf der Basis der Daten aus der externen Qualitätssicherung und in Bezug auf die Mindestmengen auf der Basis der Daten aus der gesetzlichen Qualitätsberichterstattung dargestellt. Abschließend wird in einem kurzen Fazit auf die im Titel des Beitrags genannte Frage eingegangen.

2 Entwicklung zentraler Parameter der stationären Versorgung unter DRG

Um mögliche Auswirkungen der DRG auf die stationäre Behandlungsqualität einschätzen zu können, sollen zunächst einige Entwicklungsparameter der Krankenhausversorgung betrachtet werden. Basis dieser Betrachtungen, die in Tab. 1 im Überblick dargestellt sind, bilden die Grunddaten zu den Krankenhäusern des Statistischen Bundesamtes (Stat. BA 2018). Dabei wird der Zeitraum seit der Einführung der bundesweiten Krankenhausstatistik 1990/1991 betrachtet und der jeweilige Ausgangswert mit dem letzten Jahr vor der verpflichtenden Einführung der DRG (2003), dem ersten Jahr nach dem Abschluss der Konvergenzphase (2009) und mit dem letzten berichteten Jahr (2016) verglichen.

Während die Zahl der Krankenhäuser und Betten um 19 bzw. 25 % sank, stieg im Beobachtungszeitraum die Fallzahl von 14,6 auf 19,5 Mio. (+34 %) an.

Tab. 1 Entwicklung der stationären Versorgung 1991–2016. (Quelle: Statistisches Bundesamt (1992, 2004, 2010, 2017)

	1991	2003	2009	2016	1991/2016
Krankenhäuser	2411	2197	2084	1951	−19 %
Betten	665.565	541.901	503.341	498.718	−25 %
Fallzahl	14576.613	17295.910	17817.180	19532.779	+34 %
Prozeduren	–	31938.990	45026.389	58613.822	(+84 %)[a]
- Operationen	–	11615.460	14360.493	16755.574	(+44 %)[a]
Verweildauer (d)	14,0	8,9	8,0	7,3	−48 %
Auslastung (%)	84,1	77,6	77,5	77,9	−7,4 %
Ärztliches Personal (VK)	95.208	114.105	131.227	158.148	+66 %
Nicht-ärztliches Personal (VK)	780.608	709.834	676.647	722.371	−7,5 %
Stat. Krankenhauskosten (Mrd.)	37420.709	55664.518	67189.765	87837.117	+117 %
Kosten pro Fall (€)	2567	3218	3771	4497	+75 %

[a]Vergleich 2003/2016

Diese Fallzahlsteigerung korreliert sehr eng mit der vom Statistischen Bundesamt berichteten, gleichzeitigen Zunahme des Bevölkerungsanteils der über 60-jährigen von 20 auf 27 % im gleichen Zeitraum.

Gleichzeitig sank die durchschnittliche Verweildauer um 48 % von 14 auf nun 7,3 Tage. Die Entwicklung der erst seit der Einführung der DRG genau erfassten Anzahl der Operationen und Prozeduren zeigt alleine in den letzten 15 Jahren eine Steigerung um 44 bzw. 84 %. Somit werden mehr Fälle behandelt und pro Fall mehr Operationen bzw. Prozeduren in einem auf die Hälfte reduzierten Zeitraum erbracht. Positiv ausgedrückt kann man von einer immensen Produktivitätssteigerung sprechen, wobei die radikale Verweildauerreduktion bei gleichzeitig nicht so starker Reduktion der Krankenhäuser und Bettenkapazitäten im Beobachtungszeitraum zwischen 1991 und 2003 eine Verminderung der Auslastung um etwa 7 % verursacht hat, die seither unter DRG Bedingungen konstant bei knapp 78 % liegt. Die Leistungssteigerungen wurden im Beobachtungszeitraum jedoch nicht mit einem gleichförmigen Zuwachs an Personal erzielt. Stattdessen nahm nur die Zahl ärztlicher Mitarbeiter entsprechend zu (+66 %), während beim nichtärztlichen Personal nach einem kurzfristigen Personalaufwuchs eine längere Phase der Personalreduktion festzustellen war, die erst in den letzten Jahren – zumindest im Bereich der Pflegekräfte – wieder umgekehrt wurde. Trotzdem ist das Personalausstattungsniveau von vor 25 Jahren bei den Pflegekräften immer noch nicht wieder erreicht; die Zahl der pro Pflegekraft zu betreuenden Fälle stabilisiert sich nach einem kontinuierlichen Anstieg erst in den letzten Jahren (Abb. 1 und 2). Zur Anzahl ärztlicher Arbeitskräfte muss erläutert werden, dass hierbei auch die Umsetzung der EU Arbeitszeitrichtlinie eine wesentliche Rolle spielte, die zu einer starken Verminderung der durchschnittlichen Arbeitszeit von Krankenhausärzten geführt hat (Geraedts 2017).

Während einige der beobachteten Entwicklungen kontinuierlich im Beobachtungszeitraum stattfanden, gilt dies nicht für die stationäre Kostenentwicklung. Die nominalen Gesamtkosten der stationären Versorgung stiegen zwischen 1991 und 2016 um 117 % und die Kosten pro Fall um 75 %. Nachdem die Preissteigerung in diesem Zeitraum einen Faktor von 1,5 ausmachte, muss festgestellt werden, dass sich die stationären Versorgungskosten überdurchschnittlich entwickelt haben. Dabei stiegen die Kosten pro Fall in der ersten Hälfte des Beobachtungszeitraums (1991–2003), also vor dem DRG Zeitalter, um rund 650 € auf rund 3200 €, während die Kostensteigerung seit der Einführung der DRG in der zweiten Hälfte des Beobachtungszeitraums (ab 2004) nochmals rund 1300 € umfasste. Das mit der DRG-Einführung erhoffte Abbremsen der Kostensteigerungen im stationären Sektor hat also empirisch nicht nur nicht stattgefunden, vielmehr kam es zu einer Beschleunigung der Kostensteigerung.

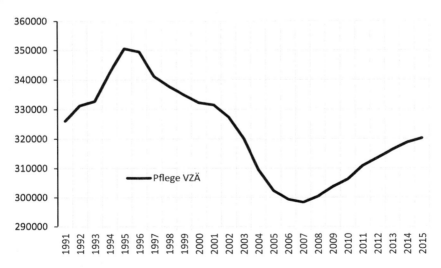

Abb. 1 Entwicklung der Anzahl an Pflegekräften in Krankenhäusern 1991–2015 (Vollzeitäquivalente). (Quelle: Statistisches Bundesamt 1992–2016)

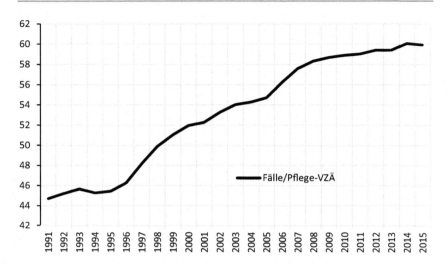

Abb. 2 Entwicklung der Fälle pro Pflegekraft (Vollzeitäquivalente) in Krankenhäusern 1991–2015. (Quelle: Statistisches Bundesamt 1992–2016)

Ob diese Kostensteigerung damit zu erklären ist, dass auf der Basis des medizinisch-technischen Fortschritts einerseits und der demografischen Alterung andererseits immer mehr Patienten für sie angemessene, die Lebensqualität und Lebensdauer positiv beeinflussende Maßnahmen erhielten oder aber Hinweise auf eine Überversorgung in Assoziation mit der DRG-Einführung vorliegen, kann auf der Basis dieser Zahlenreihen nicht beurteilt werden.

3 Hinweise auf DRG-assoziierte Versorgungsveränderungen aus der Literatur

Angesichts der tief greifenden Veränderungen, die Krankenhäuser im Zuge der DRG-Einführung erfuhren, verwundert die geringe Anzahl an Studien, die Assoziationen der DRG-Einführung mit der stationären Versorgung in Deutschland und deren Qualität untersucht haben. Einige Beispiele sollen im Folgenden Erwähnung finden. Nimptsch (2016) widmete sich dem Codierverhalten der Krankenhäuser im Zuge der DRG-Einführung. Auf der Basis der DRG-Statistik von 2005–2012 stellte sie fest, dass sich das Codierverhalten der Krankenhäuser im Untersuchungszeitraum stark verändert hat. Die Autorin konnte am Beispiel der Fälle, die mit einer der Hauptdiagnosen Herzinsuffizienz, Pneumonie, Schlaganfall oder

Hüftfraktur stationär behandelt worden waren, nachweisen, dass sich erstens die Zahl der codierten Nebendiagnosen insgesamt stark erhöht hatte. Zweitens war offensichtlich, dass genau diejenigen Nebendiagnosen besonders häufig zusätzlich codiert worden waren, die im DRG-System zu einem höheren Entgelt führten. Solche Nebendiagnosen, die nicht finanzrelevant waren, wurden sogar seltener codiert.

Eine besonders beeindruckende Studie zum Einfluss des DRG-Systems auf die Codierung des Geburtsgewichts von Frühgeborenen stammt von Jürges und Köberlein (2015). Mithilfe von Daten der offiziellen Geburtsstatistik und aus der externen Qualitätssicherung konnten sie nachweisen, dass das codierte Geburtsgewicht der Frühgeborenen seit Einführung der DRG überzufällig häufig genau unterhalb der jeweils hoch erlösrelevanten Schwellenwerte lag.

Biermann und Geissler (2016) untersuchten die Zahl der Beatmungsfälle und Beatmungsstunden im Zeitverlauf, ebenfalls auf der Basis der DRG-Statistik von 2005–2012. Sie stellten eine Zunahme dieser, im DRG-System lukrativen Fälle und der durchschnittlichen Beatmungsstunden pro Fall fest. Obwohl gerade an der Schwelle der im DRG-System relevanten Zahl von 96 Stunden Beatmungsdauer eine überzufällige Zunahme der Patientenfälle festzustellen war, schlussfolgerten die Autoren, dass es keine budgetrelevante Ausdehnung der Beatmungsdauer gegeben habe, weil bei den darüber liegenden Schwellenwerten keine solche Zunahme zu erkennen war. Dagegen wiesen Stachura et al. (2015) auf die Gefahr hin, dass bei Intensivpatienten die Entscheidung für einen ethisch und rechtlich gerechtfertigten Therapieabbruch aufgrund der im DRG-System relevanten Schwellenwerte für Beatmungsstunden hinausgezögert werden könnte, um höhere Erlöse zu erzielen. In der untersuchten Population des eigenen Krankenhauses konnten die Autoren diese Entscheidungsbeeinflussung jedoch nicht nachweisen.

Bauer et al. (2014) nutzten die DRG-Daten der Jahre 2003–2015 für eine Analyse der Eingriffsarten und Eingriffshäufigkeiten im Bereich der urologischen Steintherapie. Dabei stellten sie eine Fallzahlsteigerung um 12 % fest, während sich gleichzeitig das Erlösvolumen um 37 % vermehrte. Diese Steigerung der Erlöse ließ sich auf eine Veränderung der Eingriffsarten zurückführen, wobei die im DRG-System besser vergüteten Eingriffsarten auf Kosten der weniger gut vergüteten Eingriffe vermehrt durchgeführt wurden. Zu einem ähnlichen Fazit kamen auch Felder et al. (2013), die alle zwischen 2006 und 2010 abgerechneten stationären Fälle untersuchten und dabei feststellten, dass die Fallzahlsteigerungen unter DRG nur marginal durch demografische Effekte, vor allem aber dadurch zu erklären waren, dass besondere Steigerungen bei den Eingriffen zu verzeichnen waren, mit denen Krankenhäuser die größten Gewinne erzielen konnten.

Jauß et al. (2010) nutzten Abrechnungsdaten aus den Jahren 2003–2006 und verglichen die Verweildauer und den Zustand bei Entlassung von Schlaganfallpatienten im Jahr vor der verpflichtenden Einführung der DRG mit den drei Folgejahren. Die Autoren belegten eine signifikante Verkürzung der Verweildauer, jedoch keine Zunahme des Anteils schwer behinderter Patienten bei der Entlassung, woraus sie folgerten, dass „die Einführung des DRG-Vergütungssystems nicht mit einer Zunahme „blutiger Entlassungen" verbunden war". Zu einer anderen Schlussfolgerung gelangten von Eiff et al. (2011), die die Auswirkungen der Einführung der DRG auf die Rehabilitation untersuchten. Die Autoren wiesen nach, dass die Patienten seit der DRG-Einführung zu einem früheren Zeitpunkt nach der Operation und in einem schlechteren Zustand in die Rehabilitation aufgenommen wurden.

Zuletzt soll noch die Studie von Zander et al. (2013) angeführt werden, die sich den Veränderungen der stationären Versorgung unter DRG-Bedingungen aus der Perspektive von Krankenpflegekräften gewidmet haben. Die Autoren nutzten gleichförmige Umfragen unter Krankenpflegekräften aus den Jahren 1998/1999 und 2008/2009, um deren Einschätzung der Qualität der Versorgung vor und nach der Einführung der DRG zu untersuchen. Die Pflegekräfte konstatierten eine unzureichende Personalausstattung, die mit einer Verschlechterung der Qualität der Versorgung einhergegangen sei und gleichzeitig eine stärkere Berufsunzufriedenheit und Verausgabung zur Folge hatte.

Insgesamt lässt sich also festhalten, dass die beispielhaft angeführten Studien auf Veränderungen der stationären Versorgung unter DRG-Bedingungen hinweisen, die sowohl das Codierverhalten als auch Therapieentscheidungen betreffen und zu einer Optimierung der Erlöse führen sollen sowie zumindest subjektiv die Qualität der Versorgung negativ beeinflusst haben. Empirische Belege für eine objektiv gemessene Verschlechterung der Qualität der stationären Versorgung unter DRG, die sich an Parametern wie der Effektivität der eingesetzten Prozeduren oder aber der Rate an Komplikationen und der Sterblichkeit der Patienten messen ließe, sind darunter nicht zu finden.

4 Entwicklung der stationären Versorgungsqualität im Spiegel der externen Qualitätssicherung

Eine Datenquelle, die längsschnittliche Betrachtungen der Qualität der stationären Versorgung in Deutschland erlaubt, stellt die sogenannte externe Qualitätssicherung (eQS) dar. Wie bereits erwähnt, müssen alle Krankenhäuser Deutschlands, die bestimmte, zumeist operative Leistungen erbringen, strukturierte Dokumentationen elektronisch abgeben, die letztlich auf der Bundesebene zusammengeführt werden. Der Zweck der eQS hat sich dabei über die Jahre stark verändert. Zunächst als freiwillige Maßnahme zur Unterstützung des internen Qualitätsmanagements von Krankenhäusern gedacht, stehen heute steuernde Funktionen im Vordergrund: Die im Rahmen der eQS berechneten Qualitätsindikatoren haben inzwischen zum Teil Planungsrelevanz für die Landeskrankenhausplanung und bilden die Basis für qualitätsorientierte Zu- oder Abschläge. Genauso wie sich der Zweck der eQS mit den Jahren verändert hat, haben auch vielfältige Veränderungen bei den erhobenen Daten stattgefunden. Zum einen wurde die Zahl der Leistungsbereiche, in denen Qualitätsvergleiche stattfanden, zunächst stark ausgeweitet, später dann wieder reduziert. Zum anderen betrug die Zahl der bundesweit ausgewerteten Qualitätsindikatoren 2004 genau 212, erreichte ihren Höhepunkt mit mehr als 416 im Jahr 2014 und sank dann wieder auf 238 Indikatoren, die im Jahr 2016 ausgewertet wurden. Diese Zahl soll in den nächsten Jahren noch weiter reduziert werden. Die ständigen Änderungen betrafen aber nicht nur die Zahl der Leistungsbereiche und Indikatoren, sondern auch die Indikatoren selbst. Dies führt dazu, dass viele Indikatoren über die Jahre hinweg nicht vergleichbar sind, da die zugrunde liegenden Rechenregeln verändert wurden. Allgemein wird davon ausgegangen, dass für bundesweite Vergleiche brauchbare Daten sowieso erst seit dem Jahr 2004 vorliegen, wobei die Zahl der seit 2004 eingesetzten, hundertprozentig vergleichbaren Indikatoren nicht berichtet wird.

Weitere Veränderungen ergaben sich beim Fokus der Qualitätsprüfungen. Während anfangs nur die medizinische Prozessqualität und eventuelle Komplikationen während des Krankenhausaufenthaltes dokumentiert wurden, werden inzwischen vermehrt Kurzzeitergebnisse und bei einigen Leistungsbereichen (z. B. Transplantationen) auch längerfristige Ergebnisse bewertet. Derzeit entwickelt das Institut für Qualitätssicherung und Transparenz im Gesundheitswesen (IQTIG) Patientenbefragungen für zwei Leistungsbereiche, mit denen die Dimension der von Patienten berichteten Ergebnisse (patient reported outcomes, PRO/– measures, PROM) in Zukunft berücksichtigt werden soll. Trotzdem ist festzuhalten, dass bei der eQS viele wichtige Aspekte der Versorgungsqualität fehlen: so z. B. das Schnittstellenmanagement mit Daten zu frühzeitigen Entlassungen und der Überleitung in die Nachsorge/Reha, mögliche Folgen der Rationierung wie eine mangelhafte psychosoziale Zuwendung und Langzeitergebnisse der Versorgung, die die Funktionalität und nicht nur das Überleben berücksichtigen. Im Vordergrund der Qualitätssicherung steht weiterhin die Prozessqualität medizinischer Prozeduren im Krankenhaus.

Im Folgenden wird für beispielhafte Indikatoren, die über den Großteil der Jahre 2003–2016 vergleichbar erfasst wurden, die Entwicklung der prozentualen

Indikatorausprägungen tabellarisch und grafisch dargestellt. Die Indikatoren wurden so gewählt, dass sie das Spektrum der in der eQS erfassten Leistungsbereiche, Qualitätsindikatoren und Qualitätsdimensionen repräsentieren. Die Indikatoren helfen dabei, unterschiedliche Aspekte der Qualität der stationären Versorgung zu bewerten. Der Indikator „Pädiater anwesend bei Frühgeborenen" aus dem Leistungsbereich „Geburtshilfe" bewertet, ob eine als notwendig erachtete strukturelle Voraussetzung für die Versorgung von Frühgeborenen erfüllt ist. Dem gleichen Leistungsbereich zugehörig bewertet der Prozess-Indikator „Antenatale Corticoidtherapie bei Frühgeborenen", ob ein wichtiger Behandlungsschritt zur Förderung der Lungenreifung erfolgt ist. Aus dem Leistungsbereich „Gynäkologie" bewertet der Prozess-Indikator „Antibiotikaprophylaxe bei Hysterektomien" die Leitlinienkonformität bei dieser Operation. Der Indikator wurde seit 2013 nicht mehr geführt. Als Ergebnisindikator wird zum einen der Indikator „Erreichen des Interventionsziels bei PCI" dargestellt, der bewertet, ob ein ausreichender Blutfluss mit einer perkutanen Koronarintervention wiederhergestellt werden konnte. Der Ergebnisindikator „Reintervention bei Cholecystektomien" erfasst zum anderen, in wie vielen Fällen kurzfristig eine erneute Operation notwendig war, was typischerweise auf Komplikationen oder Fehler bei der ersten Operation hindeutet. Zuletzt werden zwei Indikatoren berichtet, mit denen die Korrektheit der Indikationsstellung zu einem Eingriff überprüft wird. Zum einen handelt es sich um die Indikation zur Implantation einer Kniegelenksendoprothese und zum anderen die Indikation zu einer Herzschrittmacherimplantation bei einer Verlangsamung des Herzrhythmus.

In einer groben Übersicht kann man feststellen, dass sich fünf von sieben der hier dargestellten Indikatoren in den Jahren der Konvergenzphase der DRG-Einführung stärker verbessert haben und seit dem Jahr 2009 bzw. 2010 nur noch marginale Verbesserungen festzustellen sind. Die Indikatoren zur Reintervention bei Cholecystektomien und zur Herzschrittmacherimplantation verharrten dagegen auf einem konstant hohen Niveau (Tab. 2).

Ob diese Qualitätsverbesserung eine Auswirkung der DRG-Einführung war, kann durch die einfache Betrachtung der Zeitreihe nicht bewiesen werden; eher sind Zweifel an dieser Schlussfolgerung angebracht. Fakt ist, dass im gleichen Zeitraum weitere relevante gesundheitspolitische Maßnahmen stattfanden, die die Indikatorausprägungen beeinflusst haben können. So wurden ab dem Jahr 2006 immer mehr Qualitätsindikatoren im Rahmen der 2004 eingeführten Qualitätsberichterstattung der Krankenhäuser berichtspflichtig. Die Krankenhäuser mussten zu diesen Qualitätsindikatoren die jeweiligen Ausprägungen also öffentlich darstellen, die Zahlen waren also nicht mehr anonym. Beginnend mit 30 Qualitätsindikatoren im Jahr 2006 stieg die Anzahl der berichtspflichtigen Indikatoren

Tab. 2 Entwicklung der Indikatorausprägungen von sieben beispielhaften Qualitätsindikatoren der externen Qualitätssicherung in Deutschland zwischen 2003 und 2016. (Quelle: eQS-Berichte der Institutionen BQS, AQUA, IQTIG)

Indikator/Jahr	2003	2004	2005	2006	2007	2008	2009	2010	2011	2012	2013	2014	2015	2016
Pädiater anwesend bei Frühgeborenen %		73,8	79,0	88,3	91,4	94,0[a]	92,6[a]	94,5	95,3	95,6	95,5	95,7	95,9	96,1
Antenatale Corticoidtherapie bei Frühgeborenen %	63,9	62,1	70,9	79,1	89,6	92,9[a]	92,6[a]	95,0	93,8	95,7	96,1	96,4	95,6	96,3
Antibiotikaprophylaxe bei Hysterektomien %	80,8	82,0	85,8	90,0	92,7	94,4	95,8	96,4	96,7	96,4	–	–	–	–
Erreichen des Interventionsziels bei PCI	85,7	89,4	92,4	93,2	93,3	94,0	93,9	94,1	94,1	94,4	94,4	94,6	94,9	–
Keine Reintervention bei Cholecystektomien (100-X) (laparoskopisch, ASA 1–3) %		98,8	98,9	98,9	99,0	99,0	99,0	99,1	99,1	98,8	98,8	98,7	–	–
Indikation korrekt bei Erstimplantation einer Kniegelenksendoprothese %	78,9	82,2	83,6	86,2	89,4	92,7	94,2	95,3	95,9	96,1	96,6	96,9	96,6	97,4
Indikation korrekt zur Herzschrittmacherimplantation bei bradykarden Ryhthmusstörungen %	96,3	96,6	97,0	87,3	89,9	95,5	96,1	96,1	96,1	96,6	96,6	96,8	95,6	88,6[b]

[a] = Validität der Prozentwerte aufgrund eines Softwarefehlers nicht gegeben; [b] = wegen veränderter Rechenregel nicht vergleichbar mit Vorjahren

schon für das Jahr 2012 auf 289 an. Eine Analyse der Entwicklung der Qualitätsindikatorausprägungen bei den öffentlich berichtspflichtigen Indikatoren im Vergleich zu den nicht berichtspflichtigen Indikatoren ergab starke Hinweise dafür, dass die öffentliche Qualitätsberichterstattung die beschleunigte Qualitätsverbesserung dieser Indikatoren bewirkt hat (Kraska et al. 2016).

Zudem bleibt ein allgemeines Unbehagen bei der Interpretation dieser Indikatorausprägungen, das auf der Tatsache beruht, dass es sich hierbei um Selbstangaben der Krankenhäuser handelt. Insbesondere seit der Einführung einer verpflichtenden öffentlichen Berichterstattung der Indikatorausprägungen besteht die Gefahr, dass Krankenhäuser dazu neigen könnten, Falschangaben zu machen, da der Ruf des Krankenhauses gefährdet sein könnte. Nun kann man argumentieren, dass alle Krankenhäuser den gleichen Anreiz erfahren, sodass zwar nicht die absoluten Ausprägungen der Indikatoren, aber zumindest trotzdem noch existierende Unterschiede zwischen Krankenhäusern und längsschnittliche Betrachtungen interpretiert werden können. Zudem werden Stichproben der elektronisch für die eQS übermittelten Daten anhand der Krankenakten extern validiert, wobei jedoch nur jeweils ein Bruchteil aller erhobenen Daten diesem Prozess unterliegen.

Dass die Indikatoren der eQS nur mit Vorsicht zu interpretieren sind, kann gerade an dem oben berichteten Indikator zur Indikationsstellung für eine Kniegelenksendoprothese belegt werden, der bis 2014 nicht nur der öffentlichen Berichterstattung, sondern zudem einer für diese Leistung 2006 eingeführten Mindestmengenregelung unterlag. Auf dieses Beispiel wird im nächsten Abschnitt eingegangen. Hierbei wird deutlich, dass die Ausprägung dieses Indikators anscheinend wesentliche Veränderungen der Indikationsstellung nicht erfasst.

5 Entwicklungen bei Eingriffen mit Mindestmengen

Die Entwicklung der Qualität der Versorgung unter DRG kann nicht ohne eine gleichzeitige Betrachtung anderer wesentlicher gesundheitspolitischer Maßnahmen im stationären Sektor verstanden werden, die auf die Qualität der Versorgung zielen. Eine dieser wesentlichen Maßnahmen ist in Deutschland die Einführung der Mindestmengen im Jahr 2004. Seitdem mussten zunächst bei fünf Eingriffsarten minimale Eingriffszahlen erreicht werden, um den Eingriff durchführen zu dürfen. Diese fünf Eingriffsarten waren komplexe Eingriffe an der Bauchspeicheldrüse oder der Speiseröhre sowie Nieren-, Leber- und Stammzelltransplantationen. Im Jahr 2006 kamen noch Kniegelenkstotalendoprothesen

(Knie-TEP) und 2010 die Versorgung von Früh- und Neugeborenen mit einem Geburtsgewicht von weniger als 1250 g hinzu.

Die Rationale der Einführung von Mindestmengen besteht vereinfacht gesagt im bereits genannten „Übung macht den Meister"-Prinzip. Sowohl international als auch national liegt inzwischen eine Vielzahl von Publikationen vor, die meistens einen positiven Effekt einer höheren Fallzahl auf die Qualität der Gesundheitsversorgung – zumeist gemessen anhand der Sterblichkeit – nachweisen (Morche et al. 2016, Nimptsch und Mansky 2017). Gleichzeitig mit der Qualitätssteigerung erhofft man sich wie bei den DRG eine Zentralisierung der Versorgung. Ebenfalls vergleichbar zu den potenziellen Nebenwirkungen der DRG, die u. a. in der oben berichteten Fallzahlsteigerung mit eventueller Überversorgung bestehen, muss auch bei Eingriffen, für die Mindestmengen eingeführt werden, mit Nebenwirkungen gerechnet werden. Eine dieser Nebenwirkungen besteht in einer Indikationsausweitung zur Fallzahlsteigerung: Krankenhäuser, die voraussichtlich eine Mindestmenge nur knapp verfehlen, könnten bemüht sein, entweder selber eine Operation vorzunehmen, die man ansonsten aufgrund der Komplexität an ein besser ausgerüstetes Krankenhaus verwiesen hätte oder durch eine Indikation zur Operation auch bei nicht zwingenden Fällen die noch fehlenden Fälle im Verlauf des Jahres zu operieren.

Nachdem lange Zeit eine solche Wirkung kaum nachweisbar war, verdichten sich inzwischen die Hinweise, dass auch mit solchen negativen Auswirkungen gerechnet werden muss. Die vorliegenden Erkenntnisse zur Wirkung der Mindestmengen in Deutschland können wie folgt zusammengefasst werden. Eine Konzentration der Leistungen sowie ein Ausscheiden der Krankenhäuser unterhalb der Mindestmengen lässt sich bisher nicht feststellen (Lüngen et al. 2009; de Cruppé et al. 2015a). Stattdessen sind bei einigen der betroffenen Prozeduren kontinuierliche Fallzahlsteigerungen zu beobachten, die sowohl in Krankenhäusern mit Fallzahlen oberhalb als auch in Krankenhäusern mit Fallzahlen unterhalb der Mindestmengen anfallen (de Cruppé et al. 2015a, de Cruppé et al. 2018). Dabei gibt es sowohl Krankenhäuser, die solche Eingriffe durchführen und immer oberhalb oder unterhalb der Mindestmengen liegen, aber insbesondere bei den Bauchspeicheldrüsen- und Speiseröhreneingriffen auch rund ein Drittel Krankenhäuser, die die Mengenvorgaben wechselnd in einem Jahr einhalten und in einem anderen Jahr verfehlen (de Cruppé und Geraedts 2015). Betrachtet man die bei den Mindestmengen geltenden Ausnahmeregelungen, dann wird deutlich, dass auch diese nur zum Teil richtlinienkonform beachtet werden. Der Gemeinsame Bundesausschuss hat beispielsweise festgelegt, dass ein Unterschreiten der Mindestmenge begründet werden muss und etwa beim Aufbau neuer Leistungsbereiche oder einer personellen Neuausrichtung einer Abteilung Übergangszeiträume von

36 bzw. 24 Monaten gelten. Wer diese Ausnahmetatbestände geltend macht, sollte jedoch danach die Mindestmenge erreichen. Eine kürzlich vorgelegte Analyse der Ausnahmetatbestände zeigt nun, dass rund ein Drittel der Krankenhäuser, die die Mindestmengen unterschreiten, gar keine Gründe angeben und 20–50 % der Häuser, die für sich die Übergangszeiträume geltend machen, danach die Mindestmenge trotzdem nicht erreichen, jedoch weiterhin diese Leistungen erbringen (de Cruppé et al. 2018).

Den Verdacht auf eine mögliche Indikationsausweitung in Assoziation mit den Mindestmengen verdeutlicht eine Analyse der Fallzahlen bei den Knie-TEP. Abb. 3 zeigt die Entwicklung der Fallzahlen bei Knie-TEP-Erstimplantationen. Neben der Anzahl der pro Jahr durchgeführten Knie-TEP sind in der Grafik noch die Anzahl der jeweils diese Operation durchführenden Krankenhausstandorte und der Erfüllungsgrad des Qualitätsindikators „korrekte Indikationsstellung zur Knie-TEP" dargestellt. Bei der Zahl der Eingriffe sieht man ab dem Jahr 2004 bis zum Jahr 2008 einen starken Anstieg von rund 110.000 auf knapp 150.000 Eingriffe pro Jahr. Diese Eingriffszahl blieb dann in etwa konstant bis zum Jahr 2011. In den Jahren 2012–2014 wurden etwa 20.000 Eingriffe pro Jahr weniger durchgeführt. 2015 kam es dann wieder zu einem immensen Anstieg der Fallzahlen auf über 134.000 und 2016 auf knapp 147.000. Im gleichen Zeitraum

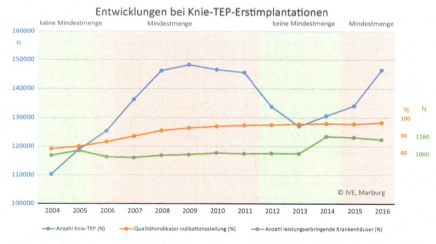

Abb. 3 Entwicklung der Fallzahlen bei Kniegelenks-Totalendoprothesen, der operierenden Krankenhäuser und des Qualitätsindikators zur Indikationsstellung in den Jahren 2004–2016. (Quelle: eQS-Berichte der Institutionen BQS, AQUA, IQTIG)

berichteten die Krankenhäuser, dass sich der Erfüllungsgrad des Qualitätsindikators zur Indikationsstellung über alle Häuser hinweg von rund 82 % auf zuletzt 97 % kontinuierlich verbessert hat. Zudem blieb die Zahl der diesen Eingriff durchführenden Krankenhäuser im Beobachtungszeitraum relativ konstant bei etwa 1000 Krankenhäusern bis zum Jahr 2013. In den Jahren 2014–2016 berichteten etwa 130 Standorte mehr, dass sie diesen Eingriff durchführten. Hierbei handelt es sich jedoch nicht um eine tatsächliche Zunahme der den Eingriff vornehmenden Krankenhäuser, sondern um einen Dokumentationseffekt. Der Gemeinsame Bundesausschuss verlangt zwar seit der Einführung der öffentlichen Qualitätsberichterstattung, dass Krankenhäuser für jeden Standort, der einen Eingriff durchführt, einen Qualitätsbericht liefern müssen. Jedoch haben über Jahre hinweg viele Krankenhäuser, die über mehrere Standorte verfügen, nicht für jeden Standort einen Bericht abgegeben, sondern einen gemeinsamen über alle Standorte hinweg (Kraska et al. 2015). Ab 2014 müssen Krankenhäuser, die keine korrekte, standortbezogene Berichterstattung nachweisen, Strafzahlungen leisten. Dieses Risiko scheint nun zur Korrektur der Zahl der berichtenden Standorte geführt zu haben.

Diese Entwicklungen müssen vor dem Hintergrund der jeweils gültigen Richtlinien zu den Mindestmengen sowie der DRG-Einführung interpretiert werden. Wie für andere Eingriffe mit einem für viele Krankenhäuser positiven Deckungsbeitrag stieg auch die Zahl der Knie-TEP in den Jahren der DRG-Einführung stark an. Gleichzeitig wirkte als zweiter Anreiz seit dem Jahr 2006 die Mindestmenge von 50 Eingriffen, die jedes Krankenhaus schaffen musste, um den Eingriff überhaupt durchführen zu dürfen und eigentlich auch vergütet zu bekommen. Den Fallzahlanstieg können zum Teil auch die demografische Alterung und der technische Fortschritt begründen, jedoch nicht in dieser Höhe. Besonders frappierend ist die Tatsache, dass zwischen 2012 und 2014 plötzlich rund 20.000 Eingriffe weniger notwendig gewesen sein sollten. Nun hat man nicht davon gehört, dass es in diesem Zeitraum zu einem Engpass bei der Lieferung von Endoprothesen gekommen wäre. Was jedoch in diesem Zeitraum die Indikationsstellung beeinflusst haben kann, ist der rechtliche Rahmen. Nachdem einige Kliniken gegen die Mindestmenge bei Knie-TEP geklagt hatten, hatte das LSG Berlin-Brandenburg geurteilt, dass für diesen Eingriff die in der Richtlinie verlangte Evidenz zum Zusammenhang zwischen der Menge durchgeführter Eingriffe und deren Qualität nicht gegeben war. Daraufhin wurde die Mindestmenge für die Knie-TEP vom Gemeinsamen Bundesausschuss ausgesetzt. Nach einem Urteil des Bundessozialgerichtes von Ende 2014, das feststellte, dass die auch vom BSG 2012 angeführten Zweifel an der Rechtmäßigkeit der Mindestmenge nun ausgeräumt seien, wurde die Mindestmenge für das Jahr 2015 wieder in Kraft gesetzt. Zwischenzeitlich hatte der Gemeinsame Bundesausschuss die entsprechende Richtlinie (Mindestmengenregelung) insofern geändert, als die Hürde für die früher geforderten wissenschaftlichen Belege für den Zusammenhang zwischen der Qualität und der Menge abgemildert wurde: anstatt einen Katalog von Leistungen zu beschließen, … „bei denen die Qualität des Behandlungsergebnisses in besonderem Maße von der Menge der erbrachten Leistungen abhängig ist", heißt es jetzt nur noch … „bei denen die Qualität des Behandlungsergebnisses von der Menge der erbrachten Leistungen abhängig ist".

Letztlich scheint es also so zu sein, dass der nicht mehr vorhandene Druck, unbedingt 50 Eingriffe zu schaffen, um eine entsprechende Vergütung zu erhalten, zu einer engeren Indikationsstellung geführt hat. Die Wiedereinführung der Mindestmenge bei gleichzeitiger Androhung, dass die von den Krankenkassen über viele Jahre nicht durchgängig verweigerte Vergütung für Eingriffe unterhalb der Mindestmenge nun tatsächlich nicht mehr gewährt wird, scheint dann wieder eine wesentlich breitere Indikationsstellung bedingt zu haben. Gleichzeitig ist noch zu bedenken, dass ab 2016 Knie-Arthroskopien bei Gonarthrosen im ambulanten Sektor nur noch in Ausnahmefällen vergütet wurden, wodurch laut Aussagen des Bundesverbandes für Arthroskopie e. V. eine Verlagerung in den stationären Sektor und gleichzeitig radikalere, endoprothetische Versorgung ausgelöst worden sei (BVASK 2017).

Bemerkenswert ist, dass der Qualitätsindikator, der die Korrektheit der Indikationsstellung überprüfen soll, diese Entwicklungen in keiner Weise widerspiegelt. Ob andere Indikations-Indikatoren die Versorgungsrealität besser abbilden, kann nur gehofft werden.

Insgesamt kann also festgestellt werden, dass die parallel zu den DRG eingeführten Mindestmengen in gleicher Weise wie die DRG einen Anreiz zur Mengenausweitung auslösen, der ebenfalls empirisch nachweisbar ist. Betrachtet man die Qualität der Versorgung bei denjenigen Eingriffen, die mit einer höheren Frequenz durchgeführt werden, also nicht bei den Transplantationen, dann können auf der Basis der externen Qualitätssicherungsdaten nur Aussagen zum Bereich der Kniegelenksendoprothetik und zur Versorgung von Frühgeborenen gemacht werden. Hier weisen die Daten nicht auf eine Verschlechterung der Qualität, stattdessen in einigen Bereichen sogar auf eine Verbesserung der Qualität der Versorgung hin. Dass diese Daten jedoch mit Vorsicht zu interpretieren sind, konnte am Beispiel der Indikationsstellung zu Knie-TEP dargelegt werden.

6 Fazit

Mit der Einführung der DRG hat sich die stationäre Versorgung in Deutschland stark verändert, wobei der Effekt der DRG selber durch die gleichzeitige Einführung anderer, die stationäre Versorgung ebenfalls beeinflussende gesundheitspolitische Maßnahmen schwer zu isolieren ist. Die erhoffte Reduktion der stationären Versorgungskosten sowie Spezialisierung und Zentralisierung im Krankenhausbereich hat nicht stattgefunden. Besonders auffällig sind jedoch die Reduzierung der Verweildauer bei gleichzeitiger Fallzahlsteigerung und Reduktion der Personalausstattung, insbesondere im Bereich der Pflege. Diese Produktivitätssteigerung wird von den betroffenen Berufsgruppen als erhöhter Leistungsdruck wahrgenommen, der sich negativ auf die Qualität der Versorgung auswirken würde. Schaut man sich die wenigen Daten zur Qualität der Versorgung an, dann scheint sich diese parallel zur Einführung der DRG nicht verschlechtert zu haben. Zumindest anhand der Daten der externen Qualitätssicherung zeigt sich ab dem Jahr der verpflichtenden Abrechnung nach DRG 2004 in den meisten Bereichen eine gleichbleibende oder zunehmende Versorgungsqualität. Die aufgezeigten Hinweise auf eine Indikationsausweitung zur Fallzahlsteigerung und eine Verschiebung hin zu komplexeren, besser vergüteten Eingriffsarten lassen jedoch vermuten, dass negative Auswirkungen der DRG auf die Qualität der Versorgung anzunehmen sind, die mit den vorhandenen Maßnahmen zur Qualitätssicherung nicht erfasst werden. Darüber hinaus werden wichtige Aspekte der Versorgungsqualität bisher gar nicht bewertet: insbesondere fehlen Bewertungen von Langzeitergebnissen der Versorgung, die die Funktionalität und nicht nur das Überleben berücksichtigen, Bewertungen an den Schnittstellen der Versorgung, wie der Überleitung in die Nachsorge sowie die Dimension der von Patienten berichteten Ergebnisse. Um eine sichere Patientenversorgung auch unter den Anreizwirkungen der DRG zu garantieren, sollte die gesetzliche Qualitätssicherung daher entsprechend nachgebessert werden.

Literatur

Bauer, J., Kahlmeyer, A., Stredele, R., & Volkmer, B. G. (2014). Harnsteintherapie im stationären Bereich in Deutschland. Entwicklung des G-DRG-Systems. *Der Urologe, 53*(12), 1764–1771. https://doi.org/10.1007/s00120-014-3720-0.

Berufsverband für Arthroskopie e. V. (BVASK). (2017). Zahl der Knieprothesen steigt rasant nach Verbot der Arthroskopie bei Kniearthrose. *Pressemitteilung* vom 27.11.2017. http://www.bvask.de/aktuelles/articles/zahl-der-knieprothesen-steigt-rasant-nach-verbot-der-arthroskopie-bei-kniearthrose.html. Zugegriffen: 1. Mai 2018.

Biermann, A., & Geissler, A. (2016). Beatmungsfälle und Beatmungsdauer in deutschen Krankenhäusern – Eine Analyse von DRG-Anreizen und Entwicklungen in der Beatmungsmedizin. *Der Anästhesist, 65*(9), 663–672. https://doi.org/10.1007/s00101-016-0208-x.

Cruppé, W. de, & Geraedts, M. (2015). Wie konstant halten Krankenhäuser die Mindestmengenvorgaben ein? Eine retrospektive, längsschnittliche Datenanalyse der Jahre 2006, 2008 und 2010. *Zentralblatt für Chirurgie*, Februar. https://doi.org/10.1055/s-0034-1383371.

Cruppé, W. de, & Geraedts, M. (2018). Mindestmengen unterschreiten, Ausnahmetatbestände und ihre Konsequenzen ab 2018. Komplexe Eingriffe am Ösophagus und Pankreas in deutschen Krankenhäusern im Zeitverlauf von 2006 bis 2014. *Zentralblatt für Chirurgie*, März. https://doi.org/10.1055/a-0573-2625.

Cruppé, W. de, Malik, M., & Geraedts, M. (2015). Minimum volume standards in german hospitals: Do they get along with procedure centralization? A retrospective longitudinal data analysis. *BMC Health Services Research, 15*, 279. https://doi.org/10.1186/s12913-015-0944-7.

Felder, S., Mennicken, R., & Meyer, S. (2013). Die Mengenentwicklung in der stationären Versorgung und Erklärungsansätze. In J. Klauber, M. Geraedts, F. Friedrich, & J. Wasem (Hrsg.), *Krankenhaus-Report 2013 – Schwerpunkt: Mengendynamik: Mehr Menge, mehr Nutzen?* (S. 109–795). Stuttgart: Schattauer.

Geraedts, M. (2017). Personalausstattung der Krankenhäuser: Entwicklungen der letzten 25 Jahre. In J. Klauber, M. Geraedts, F. Friedrich, & J. Wasem (Hrsg.), *Krankenhaus-Report 2017 – Schwerpunkt: Zukunft gestalten* (S. 79–94). Stuttgart: Schattauer.

Jauß, M., Hamann, G. F., Claus, D., Misselwitz, B., Kugler, C., & Ferbert, A. (2010). Abrechnung mittels Fallpauschalen beim Hirninfarkt – Führte dies zu Entlassungen in klinisch schlechterem Zustand? *Der Nervenarzt, 81*(2), 218–225. https://doi.org/10.1007/s00115-009-2910-2.

Jürges, H., & Köberlein, J. (2015). What explains DRG upcoding in neonatology? The roles of financial incentives and infant health. *Journal of Health Economics, 43*(September), 13–26. https://doi.org/10.1016/j.jhealeco.2015.06.001.

Kraska, R. A., Cruppe, W. de, & Geraedts, M. (2015). Probleme bei der Verwendung von Qualitätsberichtsdaten für die Versorgungsforschung. Gesundheitswesen (Bundesverband der Ärzte des öffentlichen Gesundheitsdienstes), August. https://doi.org/10.1055/s-0035-1555953.

Kraska, R. A., Krummenauer, F., & Geraedts, M. (2016). Impact of public reporting on the quality of hospital care in Germany: A controlled before-after analysis based on secondary data. *Health Policy (Amsterdam, Netherlands), 120*(7), 770–779. https://doi.org/10.1016/j.healthpol.2016.04.020.

Lüngen, M., Rath, T., Schwartze, D., Büscher, G., & Bokern, E. (2009). Konzentrationstendenzen in der stationären onkologischen Versorgung nach Einführung von Diagnosis-Related Groups in Deutschland. *Gesundheitswesen (Bundesverband der Ärzte des öffentlichen Gesundheitsdienstes), 71*(12), 809–815. https://doi.org/10.1055/s-0029-1215569.

Morche, J., Mathes, T., & Pieper, D. (2016). Relationship between surgeon volume and outcomes: A systematic review of systematic reviews. *Systematic Reviews, 5*(1), 204. https://doi.org/10.1186/s13643-016-0376-4.

Nimptsch, U. (2016). Disease-specific trends of comorbidity coding and implications for risk adjustment in hospital administrative data. *Health Services Research, 51*(3), 981–1001. https://doi.org/10.1111/1475-6773.12398.

Nimptsch, U., & Mansky, T. (2017). Hospital volume and mortality for 25 types of inpatient treatment in German hospitals: Observational study using complete national data from 2009 to 2014. *BMJ Open 7*(9). https://doi.org/10.1136/bmjopen-2017-016184.

Rau, F., Roeder, N., & Hensen, P. (Hrsg.). (2009). *Auswirkungen der DRG-Einführung in Deutschland. Standortbestimmung und Perspektiven*. Stuttgart: Kohlhammer.

Stachura, P., Oberender, P., Bundscherer, A. C., & Wiese, C. H. R. (2015). The possible impact of the German DRGs reimbursement system on end-of-life decision making in a surgical intensive care unit. *Wiener Klinische Wochenschrift, 127*(3–4), 109–115. https://doi.org/10.1007/s00508-014-0638-x.

Statistisches Bundesamt. (1992–2018). *Gesundheit – Grunddaten der Krankenhäuser* (Fachserie 12, Reihe 6.1.1. Ausgaben 1991–2017). Wiesbaden: Statistisches Bundesamt. https://www.destatis.de. Zugegriffen: 11. Feb. 2019.

von Eiff, W., Schüring, S., Greitemann, B., & Karoff, M. (2011). REDIA – Auswirkungen der DRG-Einführung auf die Rehabilitation REDIA. *Die Rehabilitation, 50*(4), 214–221. https://doi.org/10.1055/s-0031-1275720.

Zander, B., Dobler, L., & Busse, R. (2013). The introduction of DRG funding and hospital nurses' changing perceptions of their practice environment, quality of care and satisfaction: Comparison of cross-sectional surveys over a 10-year period. *International Journal of Nursing Studies, 50*(2), 219–229. https://doi.org/10.1016/j.ijnurstu.2012.07.008.

Das Elend der Fallpauschalen und Modelle zu ihrer Überwindung

Verbraucherzentrale Hamburg und Hamburger Bündnis für mehr Personal im Krankenhaus

Christoph Kranich

> **Zusammenfassung**
>
> Die Fallpauschalen sind die Haupt-Ursache des Pflegenotstands. Sie haben auch die Privatisierung der Krankenhäuser erst attraktiv gemacht, die das seit Jahrzehnten durchgesetzte Grundprinzip des Gesundheitssystems in Deutschland noch deutlicher zeigt: die Orientierung an ökonomischen Anreizen statt am Bedarf der Patienten. Doch es gibt Gegenwehr: Beschäftigte und Bürger schließen sich in Gewerkschaften und Bündnissen zusammen und fordern ein Gesundheitswesen, das sich an ihnen orientiert, anstatt das nur werbewirksam in Hochglanzbroschüren zu schreiben. Und es gibt Modelle, die zusammengebracht und weiterentwickelt werden müssten: Krankenhäuser in der Hand der Beschäftigten oder der Bürger; neue Modelle solidarischer Absicherung im Krankheitsfall; Initiativen, die die Medizin vorwiegend sozial begreifen… Wenn die Politik wirklich „verstanden" hat, wie der gegenwärtige Gesundheitsminister vollmundig behauptet, gibt es viel zu tun.

Eine Patientensicht oder -meinung zu den Fallpauschalen gibt es nicht – Patienten wissen in aller Regel gar nicht, was das ist. Aber ihre Auswirkungen sind für Patienten direkt spürbar: der Leistungsdruck, unter dem Pflegende stehen; die Bevorzugung technisch-medizinischer Prozeduren und die Vernachlässigung von Gespräch und

C. Kranich (✉)
Hamburg, Deutschland
E-Mail: kranich@vzhh.de

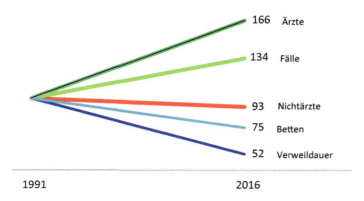

Abb. 1 Verdichtung der Pflege im Krankenhaus 1991 bis 2016, indexiert. (Quelle: Statistisches Bundesamt 2018, eigene Darstellung)

Zuwendung; und nicht selten Versäumnisse in Behandlung und Pflege. Auch bleibt Kranken oft nicht verborgen, dass Krankenhäuser seit Einführung der Fallpauschalen geneigt sind, Patienten möglichst früh zu entlassen und ein freies Bett möglichst schnell wieder mit einem lukrativen Krankheitsbild zu füllen, um in möglichst kurzer Zeit eine neue, möglichst hohe Pauschale kassieren zu können. Dass Patienten heute doppelt so schnell wie noch vor 25 Jahren „durchgeschleust" und baldmöglichst durch neue ersetzt werden, schafft immer gefährlichere Situationen für Patienten wie für Pflegende.

Seit Anfang der 90er Jahre wurde die Verweildauer in deutschen Krankenhäusern halbiert und die Bettenzahl um ein Viertel verringert. Gleichzeitig hat sich die Zahl der behandelten „Fälle" (kranke Menschen, Patienten) um ein Drittel und die Zahl der Ärzte um zwei Drittel erhöht – die nichtärztlichen Mitarbeiter, zu denen auch die Pflegenden gehören, sind dabei jedoch weniger geworden (Abb. 1). Dadurch wurde die Arbeit vor allem in der Pflege so verdichtet, dass sie für die Pflegenden immer unzumutbarer und für Patienten immer gefährlicher wird und der Pflegenotstand heute in aller Munde ist.

1 Probleme der Kranken

Für die Patienten entstehen durch diese Entwicklung drei Problemkreise: schlechte Pflege im Krankenhaus, also deutliche Unterversorgung; zugleich aber überflüssige Behandlungen, die nur durchgeführt werden, weil sie mit einer gut bezahlten Fallpauschale assoziiert sind, also Überversorgung; und unzureichende Weiterbehandlung und -betreuung nach der immer früheren Entlassung aus dem Krankenhaus, weil die dafür nötigen ambulanten Strukturen nicht mitentwickelt wurden.

Dass die Pflegenden am Ende ihrer Leistungsfähigkeit sind und die Patienten immer häufiger darunter leiden müssen, braucht nicht belegt zu werden, es ist in aller Munde, spätestens seit der mutige Krankenpflegeschüler Alexander Jorde die Kanzlerin im Herbst 2017 in der ARD-Wahlarena damit konfrontiert hat. In Deutschland sind die Pflegekräfte im Krankenhaus für zweieinhalbmal so viele Patienten verantwortlich wie in Norwegen oder den USA (Simon und Mehmecke 2017). Dabei trifft die Härte des Pflegenotstands mehr die gesetzlich als die privat versicherten Patienten, wie die eindrückliche Schilderung eines Privatpatienten zeigt, der in der Klinik eines großen Krankenhauskonzerns nach einer Operation zwei Tage auf „Normalstation" verbringen musste, bis sein Privatzimmer frei wurde:

> Dass ich nach der OP nicht auf das vorher gebuchte Zimmer auf der Privatstation kam, war kein Problem – doch in dem mir ersatzweise zugewiesenen Zimmer auf einer ‚normalen' Station fehlte es an allen Ecken und Enden: So waren nahezu alle Pfleger und Schwestern, die mich betreuten, Vertretungen und Abordnungen von anderen Stationen. Die Box für die Latex-Handschuhe an der Wand war komplett leer; Blutlachen und Erbrochenes wurden nicht mit Putzzeug, sondern mit Windeln o.ä. aufgewischt, blutige Mullbinden ca. 24 Stunden nicht gewechselt. – Als ich nach zwei Tagen doch auf die Privatstation, ganz oben im Gebäude, wechseln konnte, tat sich eine völlig andere Welt auf: Alles war reichlich vorhanden und bestens ausgestattet – welch ein Kontrast zwischen ‚unten' und ‚oben'! (Hamburger Bündnis 2018).

Auch der zweite Problemkreis, die Orientierung handelnder Akteure am ökonomischen Gewinn auf Kosten des Patientenwohls, ist bereits in aller Munde, einerseits durch Analysen wie die von Michael Simon (z. B. in diesem Sammelband), aber auch in der breiteren Öffentlichkeit, seit zwei emeritierte Professoren vertrauliche Interviews mit 60 Chefärzten und Krankenhausmanagern veröffentlicht haben (Naegler und Wehkamp 2018). Sie belegen, dass bundesweit Patienten aus Kostengründen ohne medizinischen Grund im Krankenhaus behandelt werden. Das System gehe zulasten der Patienten und der Medizin und auch das Krankenhauspersonal stehe unter enormem Druck, in der Branche gebe es strukturelle Steuerungsschwächen und Fehlanreize, so das Fazit der Studienautoren.

Naegler und Wehkamp konnten ihre Interviews nur führen, weil sie die Namen der befragten Ärzte nicht veröffentlichen. Nur selten kommen auch Namen ans Tageslicht wie Mitte April 2018 in Hamburg, wo der Geschäftsführer eines MVZ des Asklepios-Konzerns seine beiden Ärzte sogar schriftlich angewiesen hatte, täglich mindestens 20 „Interventionen" im Herzkatheterlabor durchzuführen, andernfalls würden ihnen pro nicht erfolgtem Eingriff 300 EUR vom Gehalt abgezogen (Hirschbiegel 2018).

Da muss man doch fragen: Wie ist eine zwar gut gemachte, aber unnötige Operation vor dem Gewissen des Arztes, des geschäftsführenden Ökonomen und vor allem vor dem Patienten – und, nicht zu vergessen, vor der Solidargemeinschaft der Krankenversicherten – zu verantworten? Genau genommen wäre doch jede mutwillig aus finanziellen Gründen, ohne medizinische Indikation und ohne entsprechende Aufklärung der Betroffenen durchgeführte Operation ein strafrechtlich zu ahndendes Vergehen gegenüber der Menschenwürde und dem Selbstbestimmungsrecht des Patienten. Eigentlich müsste das gesamte System der Fehlanreize in der Krankenhausmedizin vor den Strafrichter – und die Politiker, die es den Krankenhäusern vor Jahrzehnten verordnet haben und die bis auf wenige längst nicht mehr dabei sind.

Der dritte Problemkreis ist die Weiterbetreuung der Patienten. Die starke Reduzierung der Verweildauer hätte erfordert, dass Politik und Selbstverwaltung die Weiterbehandlung der immer früher, im Extremfall sogar „blutig" entlassenen Patienten im ambulanten Bereich im gleichen Maße verbessern. Aber die Anschlussversorgung durch ambulante Krankenpflege, Haushaltshilfe und ärztliche Betreuung, vor allem auch durch ärztliche Hausbesuche, ist keineswegs im selben Umfang weiter- und mitentwickelt worden. Für viele Patienten ergibt sich damit eine Versorgungslücke nach der Entlassung. Die Politik bemüht sich zwar in fast jeder Gesundheitsreform von neuem, diese Lücke zu schließen, bisher allerdings nur mit sehr mäßigem Erfolg. Sie erlässt per Gesetz immer detailliertere Vorschriften für die frühzeitige Weiterbetreuung nach dem Krankenhausaufenthalt, zuletzt 2015 mit sehr deutlichen und weitgehenden Regelungen in § 39 Abs. 1a Satz 9 SGB V (und in dessen Folge, durch ein notwendig gewordenes Schiedsverfahren fast zwei Jahre verspätet, 2017 im Rahmenvertrag Entlassmanagement). Neben einem schon bei Aufnahme zu erstellenden „Entlassplan" und einem bei Bedarf „differenzierten Assessment" sowie der Möglichkeit, Verordnungen für die erste Woche nach Entlassung auszustellen, ist auch ein „Entlassbrief" für den Patienten vorgesehen, den dieser, anders als für Arztbriefe üblich, am Tag der Entlassung ausgehändigt bekommen soll. Das könnte ein erster Durchbruch werden bei der Überbrückung des Grabens zwischen Krankenhaus und dem Leben in der Welt danach. Noch ist es allerdings zu früh, um absehen zu können, ob der ermutigend klingende Satz „Der Patient und seine Bedürfnisse stehen im Zentrum der Bemühungen aller an der Versorgung beteiligten Personen" (§ 2 Abs. 2 Rahmenvertrag Entlassmanagement) unter den herrschenden Bedingungen bloße Sprechblasenpolitik bleibt, wie so viele derartige Statements, oder ob er wirklich Chancen hat, sich gegen die Vorherrschaft der Ökonomie im Krankenhaus durchzusetzen und Grundlage einer neuen Kultur der Patientenorientierung zu werden. Viel wird auch davon abhängen, ob nicht nur die Krankenhäuser, sondern auch die Krankenkassen bereit sind, die Weiterbehandlung wirklich patientenorientiert zu organisieren, denn auch sie sind durch Fehlanreize des Wettbewerbs von ökonomischen Erwägungen getriebene Organisationen und daran interessiert, aufwendige Mitglieder eher zum Kassenwechsel anzuregen als zu halten.

2 Probleme der Pflege

Durch die Fehlanreize der Fallpauschalen entsteht ein großes Problem für das nichtärztliche Krankenhauspersonal, das seit deren Einführung hauptsächlich als Kostenfaktor gesehen und immer weiter abgebaut wurde. Ärzte bringen Geld, indem sie lukrative Operationen und Behandlungen durchführen; das Pflegepersonal und auch andere nichtärztliche Mitarbeiter kosten dagegen nur Geld, das unter ökonomischen Gesichtspunkten gern versucht wird einzusparen. Allein für die Krankenhauspflege wird geschätzt, dass inzwischen bundesweit 70.000 bis 100.000 Stellen fehlen (verdi 2013; Simon 2015). Das scheint nur auf den ersten Blick viel – hätte die Zahl der Pflegekräfte im selben Maße zugenommen wie die der Ärzte, nämlich von 1991 bis 2016 um zwei Drittel (Abb. 1), wären im nichtärztlichen Bereich mehr als 500.000 zusätzliche Stellen geschaffen worden (Abb. 2).

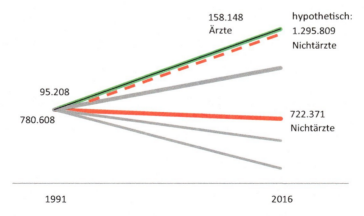

Abb. 2 Hypothetische Zunahme der Nichtärzte, absolute Zahlen. (Quelle: Statistisches Bundesamt 2018, eigene Darstellung)

Der Pflegeberuf ist durch die Verdichtung der Arbeit so unattraktiv geworden, dass freie Stellen nicht besetzt werden können und unklar ist, woher zusätzliche Pflegekräfte kommen sollen, wenn denn eines Tages die erforderlichen Stellen geschaffen werden sollten. Es bedarf enormer Anstrengung, die Pflege wieder zu einem attraktiven Beruf zu machen, der von jungen Leuten gerne gewählt wird, in den Ausgestiegene zurückkehren und in dem diejenigen, die wegen der hohen Belastung in Teilzeit geflüchtet sind, wieder auf Vollzeit aufstocken. Das Anwerben ausländischer Arbeitskräfte sollte nicht dazu benutzt werden, die Grundprobleme zu verschleiern und nachhaltige Lösungen weiter aufzuschieben. Viel wichtiger für ein neues Image des Pflegeberufs sind beispielsweise wirksame Interessenvertretung, bessere Bezahlung, mehr Aufstiegs-Chancen und nicht zuletzt verstärkte Kooperation und Durchlässigkeit zwischen den Ausbildungsgängen an Krankenpflegeschulen und Hochschulen.

3 Gegenmaßnahmen und Gegenwehr

Die Gefahren der zu frühen Entlassung und mangelnden Nachbehandlung von Patienten wurden schon in den 1980er Jahren erkannt, als die Vorläufer der DRG eingeführt wurden, die Fallpauschalen und Sonderentgelte. Ihren Nebenwirkungen wurde schon damals durch Maßnahmen der Qualitätssicherung zu begegnen versucht, die sogenannte Externe stationäre und jetzt als ihr Nachfolger die Sektorenübergreifende Qualitätssicherung haben da ihren Ursprung (Sektorenübergreifende Qualitätssicherung 2018).

Qualitätssicherung prüft aber nur einen von drei wichtigen Aspekten: die medizinische Behandlungsqualität. Zwei weitere, mindestens ebenso wichtige Dimensionen erfasst sie nicht: erstens die Indikation, also ob eine Behandlung wirklich notwendig ist, und zweitens die Qualität von Pflege und menschlicher Betreuung. Das sind aber genau die Bereiche, in denen es durch die Fallpauschalen zu Fehlversorgung kommt. Durch sie entsteht gleichzeitig Überversorgung, indem Unnötiges getan wird, weil es Geld bringt, und Unterversorgung, indem Nötiges unterlassen wird, weil es Geld kostet. Operationen und Eingriffe bringen Geld (und sind sogar am erfolgreichsten am Gesunden, also ohne medizinische Indikation); gute Pflege sowie menschliche und soziale Betreuung sind Kostenfaktoren, an denen gespart wird.

Seit 2016 entstehen in immer mehr Städten und Bundesländern Bündnisse, die sich für mehr Personal und eine bessere Patientenversorgung einsetzen. Nachdem das *Berliner Bündnis für mehr Personal im Krankenhaus* im Februar 2018 eine „Volksinitiative für gesunde Krankenhäuser" gestartet hat, mit der das Land Berlin zu gesetzlichen Personalvorgaben im Landeskrankenhausgesetz veranlasst werden soll (Berliner Bündnis 2018), hat kurz darauf auch das gleichnamige *Hamburger Bündnis* Unterschriften gesammelt – in nur drei Wochen fast 30.000 – und eine Volksinitiative eingereicht. Auch hier soll das Landeskrankenhausgesetz um Vorschriften für Personalbemessung ergänzt werden, da die Initiatoren den zaghaften Versuchen auf Bundesebene, die Situation in der Pflege zu verbessern, nicht vertrauen (Hamburger Bündnis 2018). Obwohl das Krankenhausfinanzierungsgesetz den Ländern ausdrücklich erlaubt, den Krankenhäusern zusätzliche Qualitätsanforderungen aufzuerlegen, und beispielsweise Hamburg das in Form von Mindestpersonalvorgaben auch bereits getan hat, u. a. für Gefäß-, Herz- und Thoraxchirurgie (Hamburg.de GmbH & Co. KG 2018), wird dort dem Bürgerbündnis entgegengehalten, das zu regeln sei Sache des Bundes und es zu finanzieren nicht die des Hamburger Steuerzahlers.

Auf Bundesebene wird tatsächlich einiges unternommen: § 137i SGB V verpflichtet die Spitzenverbände der Krankenhäuser und Krankenkassen, sich auf eine Mindestpersonalbemessung für „pflegesensitive Bereiche" zu verständigen. Wissenschaftler bezweifeln allerdings, dass es diese Bereiche überhaupt gibt (Simon 2018). So plant der Koalitionsvertrag zwischen CDU/CSU und SPD vom 14.03.2018 auch gleich eine Ausdehnung auf alle Krankenhausabteilungen. Aber nach den bisherigen Zwischenergebnissen der Verhandlungen ist zu erwarten, dass nur die ganz schlechte Qualität auf das Niveau der durchschnittlich schlechten angehoben wird. Und es wird sogar befürchtet, dass Mindestpersonalgrenzen diejenigen Krankenhäuser, die bisher mit mehr Personal arbeiten, veranlassen könnten, ihr Niveau auch auf das Mindestmaß abzusenken – sozusagen Schulnote 4, gerade noch ausreichend, als Maßstab für alle.

In der Altenpflege ist die Situation noch dramatischer als in der Krankenpflege. Für 2030 wird ein Mehrbedarf von 500.000 Stellen prognostiziert (Rothgang et al., 2018), das ist ein Vielfaches des für die Krankenpflege Angenommenen. Da wirkt es lächerlich, wenn der Koalitionsvertrag von 2018 für 13.600 Pflegeheime 8000 zusätzliche Stellen als wirksame Sofortmaßnahme verspricht, das sind 0,6 Stellen pro Einrichtung. Auch die geplante Aufstockung auf 13.000 Stellen, die der Gesundheitsminister im Mai 2018 verkündete, entspricht gerade knapp einer zusätzlichen Pflegekraft pro Einrichtung.

Von den Beschäftigten in der Altenpflege ist leider bisher noch weniger eigene Bemühung um Verbesserung ihrer Situation zu sehen als in der Krankenpflege. Pflegekräfte scheinen hier noch mehr auf individuelles Helfen bis zur Selbstaufgabe ausgerichtet zu sein als auf politischen Kampf für guten Lohn und gute Arbeitsbedingungen. Schon deshalb wäre es auch hier Aufgabe der Politik, ihre Situation von außen so gut zu regulieren, dass Menschenwürde und Selbstbestimmung für die Menschen in den Pflegeeinrichtungen nicht gefährdet werden.

4 Königsweg gesucht

Egal ob Fallpauschalen, tagesgleiche Pflegesätze oder andere Systeme zur Anwendung kommen: Alles hängt davon ab, ob sie für eine gute Patientenversorgung eingesetzt werden, das eigentliche Ziel eines Gesundheitssystems – oder für die Gewinnmaximierung der Akteure, eine Art unerwünschte Nebenwirkung. Die Fallpauschalen eignen sich vermutlich am besten, um die Nebenwirkung zur Hauptwirkung zu machen. Gesundwerden wird dem Reichwerden oder -bleiben untergeordnet, allerdings wird das Patientenwohl in jeglicher Außenkommunikation umso stärker als angeblich einzige Bemühung betont und beworben („Bei uns steht der Mensch im Mittelpunkt"). Akteure sind dabei nicht nur Ärzte und Ökonomen in den Krankenhäusern, sondern auch Krankenkassen und Politiker, die der Meinung sind, eine Überzahl an Krankenhäusern müsse durch deren gnadenlosen Wettbewerb dezimiert werden, was dann auf dem Rücken der Patienten und des Personals geschieht.

Nötig wären neue Wege, um wenigstens im Gesundheitswesen eine Umkehr einzuleiten, eine Abkehr vom Egoismus und vom Streben nach persönlicher Nutzenmaximierung, den Grundlagen unseres Wirtschafts- und Gesellschaftssystems. Ich meine kein Zurück zur staatlichen Gesundheitsverwaltung in traditionell eher trägen Ämtern und Behörden. Es muss einen dritten Weg geben jenseits von Profitgier (Markt) und bloßer Verwaltung (Staat): eine Organisation des Gesundheitswesens in gesellschaftlicher Verantwortung seiner Nutzer, die die Vorteile beider bisherigen Wege vereint und deren Nachteile vermeidet (Abb. 3).

Wie wäre es damit, das ganze Gesundheitssystem aus dem kapitalistischen Wettbewerb herauszulösen und neben der staatlichen Planung einer wirklich öffentlichen Kontrolle durch seine Nutzer zu unterstellen? Vielleicht in Form einer Genossenschaft, wo die Mitglieder gleichzeitig Mitverwalter und Mitverantworter sind und dadurch leichter das Gemeinwohl im Blick haben können als große Verwaltungsapparate oder gewinnorientierte Konzerne? Oder könnte es helfen, Patientenräte einzurichten, die ständig das Handeln der Akteure kontrollieren und überwachen, ob es an den Bedürfnissen der Patienten orientiert ist?

Ansätze zur Mitwirkung von Patienten gibt es. Doch die 2004 eingeführte Patientenbeteiligung in Gremien des Gesundheitswesens (§ 140 f. SGB V) ist nur der erste von mindestens hundert nötigen Schritten, vielleicht ist sie sogar ein Irrweg. Patienten haben bisher weder Stimmrecht noch Verantwortung und sie werden auf ihre Aufgaben überhaupt nicht vorbereitet. Wir brauchen mehr, vielleicht auch etwas ganz anderes: echte Mitgestaltung und Verantwortung der Nutzer, der ‚Verbraucher', für die Gestaltung ihrer Gesundheitsversorgung.

Abb. 3 Ein dritter Weg im Gesundheitswesen jenseits von Markt und Staat?

Allerdings kann die Verwaltung eines Krankenhauses wohl nicht so organisiert werden wie die einer Wohnungsbau-Genossenschaft, wo die Genossen jahrzehntelang selbst wohnen, oder etwa eines Bauernhofs im Rahmen der ‚solidarischen Landwirtschaft', wo einige hundert Menschen durch ihre Anteile die Existenz eines Hofes und das Leben der Bäuerinnen und Bauern sichern und dafür ein Anrecht auf deren Produkte erwerben. Krankheit trifft uns ganz anders als Hunger: nicht gleichmäßig und planbar, nicht akzeptiert als selbstverständlicher Bestandteil des Lebens (Kranich 1993). Die Kollektive müssen größer sein; eine Motivation von Menschen für die gemeinsame Bewältigung von Krankheit und Lebenskrisen ist viel schwieriger herstellbar als für den kollektiv getragenen Anbau von Gemüse. Denn anders als Leben und Landwirtschaft ist Krankheit etwas Unerwünschtes, nichts, auf das jemand stolz wäre.

Eigentlich sind die Krankenkassen solche Kollektive von Versicherten, die sich gemeinsam darum kümmern könnten, alles für ihren Krankheitsfall vorzuhalten und zu organisieren. Oder besser: die Krankenkassen waren einmal solche

Selbsthilfevereinigungen. Heute sind auch sie zu ökonomiegetriebenen Unternehmen degeneriert, die ihre Mitglieder als ‚Kunden' bezeichnen und entweder umwerben (wenn sie jung und gesund sind) oder vergraulen (wenn sie älter und kränker werden und nicht eine der 80 Krankheiten haben, für die die Kasse im Risikostrukturausgleich mehr Geld bekommt). Sie eignen sich nicht mehr für eine Organisierung von Patienten und Bürgern, die ihre Gesundheitsversorgung mitgestalten und vielleicht sogar in die eigenen Hände nehmen wollen.

5 Wegweiser und Leuchttürme

Trotz dieser vielen Schwierigkeiten und Hürden gibt es nicht wenige Ansätze, die Gesundheitsversorgung und sogar ganze Krankenhäuser den geldgierigen großen Playern wegzunehmen und in eigener Verantwortung zu organisieren. Einige Beispiele möchte ich hier vorstellen.

5.1 Krankenhaus in Bürgerhand: das Bürgerspital

Das Einbecker Bürgerspital gGmbH wurde 2013 von wohlhabenden Familien der kleinen Stadt in Niedersachsen und von den engagierten Mitarbeitern vor der Insolvenz gerettet (Einbecker Bürgerspital ist insolvent 2017), nachdem verschiedene Träger das 1970 errichtete 100-Betten-Haus nicht hatten wirtschaftlich führen können. Neben der Grundversorgung in innerer Medizin und allgemeiner Chirurgie bietet das Haus als Besonderheit eine Palliativstation mit traditioneller chinesischer Medizin (TCM), für die es mit der Universität Göttingen zusammenarbeitet und überregionale Reputation genießt. Wie schwierig allerdings die Finanzierung so eines Bürgerkrankenhauses ist, zeigt nicht nur die Spendenaktion für 100 neue Betten, die das Spital 2015 ausrief – erfolgreich, mehr als 100.000 EUR wurden gespendet, damit Patienten wie Personal durch den zeitgemäßen Standard elektrisch verstellbarer Betten entlastet werden (Einbecker Bürgerspital 2018). Weitere Probleme quälen das kleine Haus bis heute, etwa ständige Auseinandersetzungen innerhalb der Gesellschafter oder der dauerhafte Gehaltsverzicht der Mitarbeiter, der von den Gewerkschaften als erzwungen bezeichnet wird. Nach einer erneuten Insolvenz 2017 hat sich jetzt offenbar ein Investor gefunden, der auf den bisher geschaffenen Strukturen aufbauen will – ob dabei der besondere Charakter des Bürgerspitals erhalten wird, bleibt abzuwarten (Bertram 2016).

5.2 Krankenhaus von unten: Initiative in Hamburg

Auch in Hamburg plant eine Initiative ein „Integratives Bürgerkrankenhaus", das Selbstverwaltung mit Patientenorientierung und besonderer Kompetenz in Komplementärmedizin verbinden will (Victor Thylmann Gesellschaft e. V. 2018). Die Initiative geht von ehemaligen Patienten und Mitarbeitern einer Station für integrative Medizin aus, die jahrzehntelang am Allgemeinen Krankenhaus und späteren Asklepios-Klinikum Hamburg-Rissen bestanden, für den privaten Träger jedoch offenbar nicht lukrativ genug gearbeitet hatte. „Wir wünschen uns ein ganzheitliches medizinisches Konzept, welches den Menschen umfassend in seiner körperlichen, seelischen und spirituellen Dimension berücksichtigt. Denn es gibt so viele ‚Gesundheiten', wie es Menschen gibt" heißt es auf der Homepage der Initiative. Eigentlich ein Thema, das sehr viele Menschen heute bewegt, für das jedoch im Rahmen der Ökonomisierung der Medizin wenig Umsetzungs-Chancen bestehen. Trotzdem sind die Ziele der Initiative hoch gesteckt: Konzept und Leitbild sollen von den Mitarbeitenden gemeinsam entwickelt werden; die therapeutischen Teams wollen die Ausgestaltung ihrer Arbeitsprozesse selbst übernehmen; Patienten sollen durch einen unabhängigen Patientenrat eingebunden werden; und nicht zuletzt soll das Angebot Allen zur Verfügung stehen, unabhängig von ihrem Versichertenstatus.

5.3 Krankenhäuser mit besonderem therapeutischem Angebot

Krankenhäuser der besonderen Therapierichtungen sind häufig Gründungen interessierter Communities, also von Bürgerbewegungen mit gleichgerichteten Interessen. Beispiele sind etwa die neun anthroposophischen Kliniken, die im Kliniknetzwerk AnthroMed zusammengeschlossen sind (AnthroMed 2018), möglicherweise auch etliche der 15 Kliniken mit homöopathischem Angebot, die der Deutsche Zentralverein homöopathischer Ärzte ausweist (Kliniken mit homöopathischer Versorgung 2018).

Eines der interessantesten Beispiele ist das Krankenhaus in der westfälischen Kleinstadt Herdecke (Gemeinschaftskrankenhaus Herdecke 2018). Der Gründungsimpuls entstand schon in den 40er Jahren des letzten Jahrhunderts, verwirklicht wurde er aber erst 1969 mit dem ersten gern als ‚klassenlos' etikettierten Reformkrankenhaus. Dort gab und gibt es keine Chefärzte, sondern allenfalls Leitende Ärzte, die ihre Privatliquidationen an das Krankenhaus abführten, um Investitionen zu ermöglichen. Das neue Haus war damals revolutionär: Ärztliche Teams, die eine kollegiale Leitung bilden und gemeinsam die rechtliche und wirtschaftliche Verantwortung übernehmen; das ganze Gesundheitssystem sollte vom Patienten aus gedacht werden und nicht von Verwaltungs- oder Profilierungsbedürfnissen innerhalb der Medizin. Dabei blieb es jedoch nicht: Auch die Universität Witten-Herdecke als erste deutsche nichtstaatliche Universität ist demselben Impuls entsprungen. Diese Gründungen gingen zwar von engagierten Ärzten aus, wurden aber von einer überzeugten Community getragen, die sich aktiv für eine ganzheitlichere Medizin und eine humanere Gesellschaft einsetzte.

5.4 Krankenhaus in Mitarbeiter-Hand

Das Krankenhaus der Stadt Spremberg hat bei der Patientenbefragung durch die Weisse Liste den Spitzenwert aller ostdeutschen Krankenhäuser erreicht (Krankenhaus Spremberg 2018). Es ist bereits seit 1997 zu 51 % im Besitz eines Fördervereins, dem 80 % der Mitarbeiter angehören, die restlichen 49 % gehören der Stadt Spremberg. Dadurch sind die Mitarbeiter zu Miteigentümern geworden – was eine ganz andere Verbundenheit mit ihrem Krankenhaus erzeugt. Durch etwa zehn Prozent niedrigere Gehälter konnte die Personaldecke aufgestockt und die Zufriedenheit von Personal und Patienten erheblich gesteigert werden. Die Geschäftsführerin des Hauses empfindet sich als Beauftragte der Mitarbeiter, ihrer Kolleginnen und Kollegen, denen es nicht primär um wirtschaftliche Ziele, sondern um gute Arbeit und zufriedene Patientinnen und Patienten geht (Voß 2017, Wimalasena 2017). Anders als z. B. in Herdecke stand hinter dieser Gründung kein weltanschauliches oder besonderes therapeutisches Ziel; die Gelegenheit zur Übernahme der Mehrheitsanteile durch den Förderverein ergab sich vor 20 Jahren durch die Zahlungsunfähigkeit der bisherigen Anteilseigner, sozusagen als einzige Möglichkeit, das Haus überhaupt weiterzuführen. Dadurch wird der besondere Impuls nicht nur von visionären Ärzten, sondern von einer großen Mehrheit auch der nichtärztlichen Mitarbeitenden getragen.

5.5 Sozialmedizinische Ganzheitlichkeit

Die *Poliklinik Veddel* in Hamburg ist kein Krankenhaus, sondern ein stadtteilorientiertes Gesundheitszentrum, das sich als gemeinnütziger Verein bewusst einem sozialmedizinischen Ansatz verschreibt. Neben primärmedizinischer Versorgung sollen auch Prävention, Sozialberatung und Evaluation ihren Platz bekommen. Die Initiatoren suchen „eine zeitgemäße Gesundheitsversorgung, die sowohl den individuellen Bedürfnissen und Problemlagen von Patient_innen sowie den gesellschaftlichen Verhältnissen, die gesund oder krank machen, Rechnung trägt" (Poliklinik Veddel 2018). Der Blick auf das Spannungs- und Wechselverhältnis zwischen Individuum und Gesellschaft war auch maßgebend für die Wahl eines der vernachlässigtsten Hamburger Stadtteile, die Veddel südlich der Innenstadt am Rand der Elbinsel Wilhelmsburg. Es geht den Gründern um „die Reduktion sozialer Ungleichheit auf gesamtgesellschaftlicher Ebene genauso wie die Verbesserung und Neuorientierung der Gesundheitsversorgung im Stadtteil". Ziel ist, „eine integrierte Versorgungsstruktur aufzubauen, die erstens primärmedizinische Versorgung mit Sozial- und Gesundheitsangeboten verbindet, um auf individuelle Erkrankungen und Problemlagen zu reagieren; zweitens ein darüber hinausgehendes Gruppenangebot (Weiterbildung, Empowerment) zu etablieren und drittens Strukturen der gesellschaftlichen Partizipation im Stadtteil zu schaffen, die eine unmittelbare Beteiligung an der konkreten Ausgestaltung des Stadtteilgesundheitszentrums ermöglichen und weiterführende Perspektiven für ein selbstbestimmtes und gesundes Leben eröffnen." Durch diese umfassende sozialmedizinische und gesellschaftspolitische Perspektive weist dieser Ansatz weit über den einer rein ambulanten oder rein stationären Behandlungseinrichtung hinaus.

5.6 Krankenkassen: back to the roots?

Auch eine Krankenkasse hat einst den Versuch unternommen, sich auf die Wurzeln der GKV zu besinnen und ihre Mitglieder als tragende Säulen stärker zu Wort kommen zu lassen. Nach ihrer Gründung, der Fusion dreier Betriebskrankenkassen, hat die Hamburger *Securvita* Krankenkasse in den 90er Jahren mehrere Versichertenforen in größeren Städten abgehalten und ihre Mitglieder zur Mitdiskussion und Mitgestaltung aufgerufen. Die Resonanz war jedoch nur von kurzer Dauer, eine basisdemokratischere Struktur als die anderer Kassen ist daraus nicht entstanden. Bekannter wurde die Krankenkasse durch ihre Auseinandersetzungen mit der Aufsichtsbehörde über die Erstattung von Behandlungsmethoden der besonderen Therapierichtungen. Heute ist sie überdies eine der teuersten Krankenkassen – die Komplementärmedizin zieht vermutlich nicht nur gesundheitsbewusste Menschen an, die wenig Kosten erzeugen, sondern stärker noch die, denen die sogenannte Schulmedizin nicht richtig helfen konnte und die dadurch besonders hohe Ansprüche an eine Krankenkasse stellen.

5.7 Krankenversicherung neu erfinden

Jenseits der GKV ist es offenbar leichter möglich, das Prinzip Krankenkasse neu zu erfinden. Freie Solidargemeinschaften für Gesundheit sind Vereine, die ihre Gesundheitsabsicherung selbst in die Hand nehmen, ein dritter Weg zwischen GKV und PKV (Bundesarbeitsgemeinschaft von Selbsthilfeeinrichtungen – Solidargemeinschaften im Gesundheitswesen 2018, Solidago 2018). In dezentralen kleinen Gemeinschaften organisieren sie sich weitestgehend ehrenamtlich, mit eigenen Entscheidungsrechten und zusätzlich vernetzt in bundesweiten Zusammenschlüssen. Sie versuchen seit Jahrzehnten, die persönliche Solidarität der Mitglieder sowohl für eine umfassende Versorgung im Krankheitsfall als auch als Mittel gegen übermäßige Inanspruchnahme der Leistungen zu nutzen und zu pflegen. Bundesweit sind gegenwärtig etwa 10.000 Menschen auf diese Weise solidarisch verbunden, die meisten von ihnen sichern ihr Krankheitsrisiko ausschließlich auf diesem Weg. Meist sind die Menschen in kleineren Gruppen von bis zu 20 Mitgliedern zusammengeschlossen, dadurch entsteht persönliche Beziehung und Verantwortung für sich selbst wie auch für die Anderen.

Noch nicht endgültig entschieden scheint die Frage, ob die Solidargemeinschaften der seit 2007 geltenden Krankenversicherungspflicht genügen, denn ihre Mitglieder haben keinen ganz klar definierten Rechtsanspruch auf Leistungen; darüber muss das Bundessozialgericht noch endgültig urteilen. Allerdings werden sie von der Aufsichtsbehörde (BaFin) offenbar als „anderweitige Absicherung im Krankheitsfall" bereits anerkannt.

An der Medizinischen Hochschule Hannover wird gegenwärtig eine der Solidargemeinschaften exemplarisch evaluiert: „Ziel des Forschungsprojekts ist es, die Besonderheiten von Freien Solidargemeinschaften zu untersuchen. Zum einen werden die Motive für die Mitgliedschaft näher beleuchtet: Wo werden die Vorteile gegenüber der bestehenden (gesetzlichen oder privaten) Krankenversicherung gesehen, aber auch wo liegen eventuelle Probleme für das Funktionieren von Solidargemeinschaften und wie können sie überwunden werden? Zum anderen werden Gesundheitsthemen aufgegriffen: Wie gesund sind die Mitglieder, was ist Ihnen wichtig für Ihre Gesundheit und wie nehmen Sie Ihre Gesundheitsversorgung wahr? Weiterhin soll ein Vergleich mit (ansonsten vergleichbaren) Versicherten einer gesetzlichen Krankenversicherung im Hinblick auf die Leistungsinanspruchnahme sowie auf Umfang und Struktur der Krankheitskosten vorgenommen werden." (Krauth 2018) Die Ergebnisse liegen noch nicht vor.

6 Patientenkompetenz vonnöten

Ein großes Hindernis für solche neuen Wege ist, dass die meisten Patienten keine Kompetenz 1) im Umgang mit ihrer Krankheit, 2) mit ihren Ärzten, 3) mit Gleichbetroffenen und 4) mit dem Gesundheitssystem entwickelt haben. Diese vier Stufen der Patientenkompetenz müssen Menschen – Gesunden wie Kranken – zur Verfügung stehen, wenn sie ein Krankenhaus oder gar ein ganzes Gesundheitssystem mitgestalten wollen. Sie bauen aufeinander auf: Wer mit seiner Krankheit nicht umgehen kann, wer den partnerschaftlichen Kontakt zu Ärzten nicht schafft, wer sich unter anderen Menschen mit derselben Krankheit, z. B. in einer Selbsthilfegruppe, nicht bewegen kann, wird auf der höchsten Stufe, der partizipativen Systemgestaltung, kein gutes Bild abgeben können (Kranich 2004).

Bisher wird Patientenkompetenz kaum systematisch gelehrt und vermittelt. Für den Umgang mit Krankheit und mit einer Selbsthilfegruppe gibt es hier und dort Anleitungen und Schulungen, aber für partnerschaftlichen Arztkontakt und für Systemgestaltung so gut wie keine. Alle vier Stufen müssten konzeptionell ausgebaut und in Bildungsstätten vermittelt und geübt werden.

7 Ausblick

Wie wäre es, wenn alle hier schlaglichtartig vorgestellten Initiativen, vom Stadtteilgesundheitszentrum über Krankenhäuser in Mitarbeiter- oder Bürgerhand bis hin zum Neuerfinden einer Krankenkasse, sich zusammentäten und gemeinsam an einem Gesundheitswesen arbeiten, das im Dienst der Menschen statt des Kapitals steht? Bisher ist das reine Utopie. Jede Initiative hat andere ideologische Grundlagen (manche vielleicht auch gar keine), jede ist aus anderen Gründen an anderen Orten entstanden. Es lohnt sich aber, sie zusammenzudenken, vielleicht auch, sie zusammenzubringen.

Oder ist die heutige globalisierte Welt resistent gegen die konkreten und individuellen Interessen der Bürger und Verbraucher? Ist die Ökonomisierung unserer Gesellschaften schon so weit vorangeschritten, dass nur noch Großkonzerne und ihre CEOs die Richtung angeben, in die wir uns entwickeln dürfen?

Mir scheint eine wirkliche und nicht nur folgenlos proklamierte Orientierung an den Bedürfnissen und Bedarfen von Patienten nur noch durch eine ganz große Neuorientierung unserer Werte möglich zu sein. Die betrifft dann nicht mehr nur das Gesundheitssystem, sondern unser Verhältnis zur Wirtschaft, zur Gesellschaft, zur Welt. Gesundheitsfragen dürfen niemals isoliert von allen anderen

Feldern der Gesellschaft gedacht werden, proklamierte schon die Weltgesundheitsorganisation in ihrer Ottawa-Charta (WHO 1986). Schon weil viele Krankheiten in diesen anderen Feldern entstehen: durch Unfälle im Verkehr, durch Umweltgifte, am Arbeitsplatz und durch alltägliche persönliche Unvernunft. Aber auch weil die Auswirkungen von Krankheit und inadäquater Behandlung auf alle anderen Felder bemerkenswert sind. Wie viele Behinderungen könnten wir vermeiden, wenn wir den Verkehr in Stadt und Land vernünftiger gestalten würden? Wie lebenswert wäre Kranksein, wenn wir dabei menschliche Begleitung und Unterstützung erhielten und nicht nur medizinische Behandlung mit notdürftiger Satt-und-Sauber-Pflege?

Wer ermittelt eigentlich den wirklichen Bedarf der Patienten? Wie viele Krankenhäuser und Ärzte ein Land braucht, wird heute nicht empirisch ermittelt, sondern aus jahrzehntealten Zahlen oder aus ökonomischen Erwägungen einfach fortgeschrieben. Welche Wartezeit auf einen ambulanten Facharzt-Termin oder in der Notaufnahme eines Krankenhauses ist akzeptabel? So etwas kann durch gesellschaftlichen Konsens festgelegt werden. Ein Blick über den Tellerrand: Auch beim Hartz-IV-Regelsatz gibt es solche Diskussionen. Kann man davon leben, ohne sich bei einer karitativen Tafel zusätzlich versorgen zu müssen? Hat der erwerbslose Mensch das Recht, auch für Nahverkehr, Kultur, Bildung ein paar Euro zu bekommen?

Bei Gesundheitsleistungen wird immer so getan, als werde alles Notwendige geleistet und bezahlt, wie es vom Sozialgesetz vorgesehen ist. Doch das erleben Versicherte und Patienten anders. Notwendiges wird immer wieder verweigert – und Überflüssiges bezahlt, weil es Profit und Einkommen bringt. Darüber sollte offener gesprochen werden. Gesunde sollten sich frühzeitig entscheiden, wie sie einst krank werden und irgendwann sterben wollen: gut behandelt, gepflegt, betreut und auch seelisch-geistig versorgt oder nur so, dass die Vernachlässigung gerade nicht auffällt. Die Krankenversicherten dieses Landes – und das sind alle – brauchen wieder ein Bewusstsein für die (beim gesetzlichen mehr, beim privaten weniger) solidarische, umverteilende Funktion des Solidarsystems der Krankenversicherungen.

Mein Fazit: Solange es allen nur ums Geld geht, wird jede Reform wieder mehr Neben- als Hauptwirkungen entfalten. Vielleicht nicht sofort, aber im Laufe der Zeit werden alle Akteure lernen, wie sie das neue System noch besser für ihre Interessen nutzen können. Und es wird wieder eine politische Reform an den Schrauben drehen, und so weiter.

Wer Visionen hat, soll zum Arzt gehen, soll Helmut Schmidt gesagt haben. Ein schönes Wort. Ich würde kontern: Wer keine Visionen hat, soll bitte keine Funktionen in Politik und Selbstverwaltung des Gesundheitswesens übernehmen!

Denn dort brauchen wir Menschen mit Visionen und Tatkraft, die das System radikal reformieren können und sich nicht nur für die Reichen und Gesunden einsetzen, sondern vor allem für die Armen und Kranken. Für sie ist das Gesundheitssystem viel wichtiger, denn wer arm ist, stirbt zehn Jahre früher. Das muss nicht sein.

Literatur

AnthroMed gemeinnützige GmbH. (2018). AnthroMed Kliniknetzwerk. http://www.anthromed.de/de/kliniknetzwerk/. Zugegriffen: 21. Mai 2018.

Berliner Bündnis für mehr Personal im Krankenhaus. (2018). http://www.mehr-krankenhauspersonal.de/. Zugegriffen: 15. Apr. 2018.

Bertram, F. (2016). Bürgerspital: Streit zwischen Gesellschafter-Gruppen. Einbecker Politik-Blog. https://einbeckerpolitik.wordpress.com/tag/einbecker-buergerspital/page/2/. Zugegriffen: 21. Juli 2018.

Bundesarbeitsgemeinschaft von Selbsthilfeeinrichtungen – Solidargemeinschaften im Gesundheitswesen e. V. (BASSAG). (2018). http://www.bassg.de/.

CDU, CSU und SPD. (2018). Ein neuer Aufbruch für Europa. Eine neue Dynamik für Deutschland. Ein neuer Zusammenhalt für unser Land. Koalitionsvertrag zwischen CDU, CSU und SPD 19. Legislaturperiode. Bundesregierung.de. https://www.bundesregierung.de/Content/DE/_Anlagen/2018/03/2018-03-14-koalitionsvertrag.pdf;jsessionid=FDD95B42F1D0A5724B4C080BDD054600.s1t1?__blob=publicationFile&v=2. Zugegriffen: 15. Apr. 2018.

Einbecker Bürgerspital ist insolvent. (2017). HAZ (Hannoversche Allgemeine Zeitung) Ausgabe vom 14. August. http://www.haz.de/Nachrichten/Der-Norden/Uebersicht/Einbecker-Buergerspital-ist-insolvent.

Einbecker Bürgerspital. (2018). http://einbecker-buergerspital.de/. Zugegriffen: 15. Apr. 2018.

G-BA (Gemeinsamer Bundesausschuss). Sektorenübergreifende Qualitätssicherung. (2018). https://www.g-ba.de/institution/themenschwerpunkte/qualitaetssicherung/einrichtungsuebergreifend/sektorenuebergreifend/. Zugegriffen: 21. Juli 2018.

Gemeinschaftskrankenhaus Herdecke. (2018). https://www.gemeinschaftskrankenhaus.de/startseite/. Zugegriffen: 15. Apr. 2018.

Hamburger Bündnis für mehr Personal im Krankenhaus. (2018). http://www.pflegenotstand-hamburg.de. Zugegriffen: 15. Apr. 2018.

Hamburg.de GmbH & Co. KG. (2018). Hamburg legt Standarts für ärztliche und pflegerische Versorgung bei komplexen Krankenhausbehandlungen fest. http://www.hamburg.de/pressearchiv-fhh/10491530/2018-02-20-bgv-qualitaetsverordnung/. Zugegriffen: 15. Apr. 2018.

Hirschbiegel, Thomas. (2018). Chef zwingt Ärzte zu Eingriffen. Hamburger Morgenpost Ausgabe vom 12. April. 2018. https://www.mopo.de/hamburg/chef-zwingt-aerzte-zu-eingriffen-schwere-vorwuerfe-gegen-herz-zentrum-30008998. Zugegriffen: 15. Apr. 2018.

Kliniken mit homöopatischer Versorgung. (2018). DZVhÄ (Deutscher Zentralverein homöopatischer Ärzte e. V.). https://www.homoeopathie-online.info/kliniken-mit-homoeopathischer-versorgung/. Zugegriffen: 21. Mai 2018.

Kranich, C. (1993). Warum gibt es keine Patienten-Bewegung? In Der mündige Patient – Eine Illusion? Orientierung und Unterstützung im Gesundheitswesen, (Hrsg.) C. Kranich und C. Müller, 13–15. Frankfurt a. M.: Mabuse. http://kronenkranich.de/Werke/DerMuendigePatient.pdf.

Kranich, C. (2004). Patientenkompetenz – Was müssen Patienten wissen und können? Bundesgesundheitsbl – Gesundheitsforsch – Gesundheitsschutz 2004 47,950–956. https://doi.org/10.1007/S.00103-004-0908-2. http://kronenkranich.de/Werke/041000_Patientenkompetenz_BundesGesundheitsBlatt.pdf.

Krankenhaus Spremberg. (2018). Geschichte des Krankenhauses Spremberg. https://krankenhaus-spremberg.de/unser-krankenhaus/geschichte.

Krauth, C. (2018). Evaluation von freien Solidargemeinschaften für Gesundheit am Beispiel der Solidago – Bundesverband Solidargemeinschaft für Gesundheit e. V. MHH Hannover (Medizinische-Hochschule Hannover). https://www.mh-hannover.de/solidago.html.

Michael, S., & Mehmecke, S. (2017). Nurse-to-Patient Ratios. Ein internationaler Überblick über staatliche Vorgaben zu einer Mindestbesetzung im Pflegedienst der Krankenhäuser. Düsseldorf: Hans-Böckler-Stiftung. http://www.boeckler.de/pdf/p_fofoe_WP_027_2017.pdf. Zugegriffen: 15. Apr. 2018.

Naegler, H., & Wehkamp, K.-H. (2018). *Medizin zwischen Patientenwohl und Ökonomisierung*. Berlin: Medizinisch-wissenschaftliche Verlagsgesellschaft.

Poliklinik Veddel. (2018). http://www.poliklinik1.org/start. Zugegriffen: 15. Apr. 2018.

Rahmenvertrag Entlassmanagement. (2017). Gültig seit 1. Oktober. http://www.kbv.de/media/sp/Rahmenvertrag_Entlassmanagement.pdf. Zugegriffen: 15. Apr. 2018.

Rothgang, H., Müller, R., & Unger, R. (2018). Pflegereport 2030. Bertelsmann-Stiftung. https://www.bertelsmann-stiftung.de/de/unsere-projekte/pflege-vor-ort/projektthemen/pflegereport-2030/. Zugegriffen: 15. Apr. 2018.

Simon, M. (2015). Unterbesetzung und Personalmehrbedarf im Pflegedienst der allgemeinen Krankenhäuser. Eine Schätzung auf Grundlage verfügbarer Daten. Hochschule Hannover, Fakultät V – Diakonie, Gesundheit und Soziales, 2. ergänzte Aufl. https://f5.hs-hannover.de/fileadmin/media/doc/f5/personen/simon_michael/Simon__2015__Unterbesetzung_im_Pflegedienst__2._Auflage_.pdf. Zugegriffen: 15. Apr. 2018.

Simon, M. (2018). Pflegepersonaluntergrenzen, Pflegepersonalkostenvergütungen, vollständige Refinanzierung von Tarifsteigerungen: Anmerkungen zum Koalitionsvertrag zwischen CDU, CSU und SPD vom 7.02.2018. https://f5.hs-hannover.de/fileadmin/media/doc/f5/personen/simon_michael/Simon_2018_Anmerkungen_zum_Koalitionsvertrag.pdf. Zugegriffen: 15. Apr. 2018.

Solidago – Bundesverband Solidargemeinschaft für Gesundheit e. V. (2018). https://solidago-bund.de/.

Statistisches Bundesamt (Destatis). (2018). Ärztliches und nichtärztliches Personal in Krankenhäusern. https://www.destatis.de/DE/ZahlenFakten/GesellschaftStaat/Gesundheit/Krankenhaeuser/Tabellen/PersonalKrankenhaeuserJahre.html. Zugegriffen: 15. Apr. 2018.

Verdi (Vereinte Dienstleistungsgewerkschaft). (2013). Personalcheck: Die bittere Wahrheit. https://gesundheit-soziales.verdi.de/themen/mehr-personal/++co++613712f0-c165-11e6-83d5-525400940f89. Zugegriffen: 15. Apr. 2018.

Victor Thylmann Gesellschaft e. V. (2018). Initiative Bürgerkrankenhaus. https://www.initiative-buergerkrankenhaus.de/index.html. Zugegriffen: 15. Apr. 2018.

Voß, S. (2017). Beschäftigte übernehmen ein Krankenhaus. Deutschlandfunk. 1.2.2017. https://www.deutschlandfunkkultur.de/modell-fuer-die-zukunft-beschaeftigte-uebernehmen-ein.1001.de.html?dram:article_id=377833. Zugegriffen: 21. Juli 2018.

WHO (Weltgesundheitsorganisation). (1986). Aktives gesundheitsförderndes Handeln erfordert: Eine gesundheitsfördernde Gesamtpolitik entwickeln. Ottawa-Charta zur Gesundheitsförderung,1986, S. 3. www.euro.who.int/__data/assets/pdf_file/0006/129534/Ottawa_Charter_G.pdf. Zugegriffen: 15. Apr. 2018.

Wimalasena, J. (2017). Das Krankenhaus der Mitarbeiter. Die taz (tageszeitung) Ausgabe vom 24.April.2017. https://www.taz.de/Archiv-Suche/!5399431&s=spremberg/. Zugegriffen: 15. Apr. 2018.

Teil III
Die Beharrungskraft des DRG-Systems und mögliche Auswege

Das deutsche DRG-System: Weder Erfolgsgeschichte noch leistungsgerecht

Michael Simon

Zusammenfassung

Der Beitrag hinterfragt die These, das deutsche DRG-System sei eine ‚Erfolgsgeschichte' weil es die mit der DRG-Einführung verbundenen Ziele erreicht habe. Die vom Gesetzgeber vorgegebenen Ziele werden vorgestellt und es wird für jedes Ziel der Grad der Zielerreichung analysiert. Es wird zudem geprüft, ob und inwieweit das DRG-System, wie von seinen Protagonisten behauptet, ein ‚leistungsorientiertes' Vergütungssystem ist, in dem der Grundsatz ‚Geld folgt der Leistung' bzw. ‚Gleicher Preis für gleiche Leistung' verwirklicht wird. Die kritische Überprüfung führt zu dem Ergebnis, dass das deutsche DRG-System weder die vorgegebenen Ziele erreicht hat noch als leistungsgerecht gelten kann.

1 Einleitung

Ungeachtet der zahlreichen Hinweise auf Fehlentwicklungen, die auch Gegenstand der Beiträge des vorliegenden Bandes sind, gilt das deutsche DRG-System in der gesundheitspolitischen Diskussion weitgehend unbestritten als „Erfolg" (Tuschen 2011, S. 18) und seine Entwicklung als „Erfolgsgeschichte" (Leber und Wolff 2013, S. 58). Die DRG-Einführung sei „der größte Modernisierungsschub in der

---

M. Simon (✉)
Hannover, Deutschland
E-Mail: michael.simon@hs-hannover.de

© Springer Fachmedien Wiesbaden GmbH, ein Teil von Springer Nature 2019
A. Dieterich et al. (Hrsg.), *Geld im Krankenhaus*,
https://doi.org/10.1007/978-3-658-24807-9_14

deutschen Krankenhausversorgung seit Jahrzehnten" (Leber und Wolff 2013, S. 56) und die DRG-Fallpauschalen seien „vorbildlich" (Stackelberg 2014).

Die Bewertung des DRG-Systems als ‚Erfolgsgeschichte' wird in der Regel damit begründet, dass die bei Einführung des Systems durch den Gesetzgeber vorgegebenen Ziele erreicht seien. Eine der Eigenheiten dieser bereits seit über einem Jahrzehnt anhaltenden Diskussion ist der Umstand, dass die Bewertung und die Begründung der Bewertung in der Regel unhinterfragt akzeptiert, übernommen und reproduziert werden. Bislang wurden nur vereinzelt Zweifel angemeldet, ob die vorgegebenen Ziele tatsächlich alle erreicht wurden.[1] Diese Zweifel und Hinweise auf nicht erreichte Ziele schafften es jedoch nicht in das Zentrum des Wahrnehmungshorizontes der maßgeblichen Gesundheitspolitikerinnen und -politiker. Und so besteht zwar die Bereitschaft der jeweiligen Regierungsfraktionen, die eine oder andere ‚Nachbesserung' am System vorzunehmen, eine grundsätzliche Infragestellung des DRG-Systems wird jedoch abgelehnt.

Der vorliegende Beitrag hinterfragt die These von der ‚Erfolgsgeschichte' des deutschen DRG-Systems und geht der Frage nach, ob die vom Gesetzgeber vorgegebenen Ziele tatsächlich erreicht wurden und wenn ja, in welchem Maße. Die kritische Prüfung beschränkt sich darauf, von den vorgegebenen Zielen auszugehen und ihren Zielerreichungsgrad festzustellen. Eine Erörterung der Frage, ob und inwieweit die vorgegebenen Ziele aus einer übergeordneten, gemeinwohlorientierten Perspektive positiv zu bewerten sind, ist nicht Gegenstand dieses Beitrages. Die Überprüfung beschränkt sich darauf, der immanenten Logik des DRG-Systems zu folgen.

Zu den im vorliegenden Beitrag diskutierten Themen existiert eine kaum überschaubare Vielzahl an Publikationen. Der Beitrag beschränkt sich auf Veröffentlichungen und Statements zentraler und maßgeblicher Akteure der Krankenhauspolitik, in diesem Fall der für die Ausgestaltung des Krankenhausfinanzierungsrechts zuständigen Beamten des BMG (Baum, Rau, Tuschen), führende Vertreter des GKV-Spitzenverbandes (Leber, Stackelberg) und der Deutschen Krankenhausgesellschaft (Baum).[2]

---

[1]So wiesen Mitarbeiterinnen des Statistischen Bundesamtes in einer Veröffentlichung aus dem Jahr 2009 beispielsweise darauf hin, dass sich der Rückgang der durchschnittlichen Verweildauer nach Einführung des DRG-Systems nicht verstärkt, sondern verlangsamt hat (Spindler und Bölt 2009). Und der GKV-Spitzenverband stellte 2016 enttäuscht fest, der angestrebte Abbau von Krankenhauskapazitäten sei nicht erreicht worden (GKV-Spitzenverband 2016, S. 3).
[2]Georg Baum erscheint in dieser Aufzählung sowohl aufseiten des BMG als auch der DKG, da er bis 2005 Unterabteilungsleiter im BMG war und von dort direkt zur DKG wechselte und deren Hauptgeschäftsführer wurde.

Im ersten Teil des Beitrages werden die durch Gesetz vorgegebenen Ziele für das DRG-System vorgestellt. Danach wird für jedes Ziel der Grad der Zielerreichung analysiert. Im zweiten Teil des Beitrags wird geprüft ob und inwieweit das DRG-System, wie von seinen Protagonisten behauptet, ein ‚leistungsorientiertes' Vergütungssystem ist, in dem der Grundsatz ‚Geld folgt Leistung' bzw. ‚Gleicher Preis für gleiche Leistung' verwirklicht wird. Der Beitrag schließt mit einer kurzen Zusammenfassung der zentralen Ergebnisse.

2   Ziele des DRG-Systems und Grad der Zielerreichung

Zu den Zielen des deutschen DRG-Systems gibt es eine Vielzahl an Vorstellungen und Meinungen. Maßgeblich haben jedoch die Ziele zu sein, die in den Begründungen der beiden für die DRG-Einführung entscheidenden Gesetze genannt wurden. Die Grundsatzentscheidung für die Umstellung der Krankenhausfinanzierung auf ein vollständiges und umfassendes DRG-Fallpauschalensystem war Bestandteil des GKV-Gesundheitsreformgesetzes (GKV-GRG) 2000. Die Umsetzung des Grundsatzbeschlusses und konkrete Ausgestaltung des DRG-Systems erfolgte mit dem Fallpauschalengesetz (FPG) 2002.

Der Mitte 1999 vorgelegte Entwurf des GKV-GRG 2000 enthielt für den Krankenhausbereich drei miteinander verbundene zentrale Reformen: die Einführung eines landesweiten Gesamtbetrages nach dem Vorbild der Gesamtvergütung in der ambulanten ärztlichen Versorgung, die Einführung eines vollständigen Fallpauschalensystems und die Umstellung von der dualen auf eine monistische Finanzierung. Auf diese drei Reformbestandteile bezogen wird in der Begründung des GKV-GRG 2000 festgestellt:

> Mit diesem Gesetz werden weitreichende Strukturveränderungen im Krankenhausbereich und eine Reduzierung der Bettenzahlen angestrebt. Sie sind Voraussetzung dafür daß die Beitragssätze in der Gesetzlichen Krankenversicherung in Zukunft stabil gehalten werden können (BT-Drs. 14/1245, S. 113).

Diese Passage enthält eine eindeutige Zielhierarchie. Oberstes Ziel ist demnach Beitragssatzstabilität in der GKV. Weitreichende Strukturveränderungen und eine Reduzierung der Bettenzahlen werden als Voraussetzungen für die Einhaltung von Beitragssatzstabilität charakterisiert.

Im Verlauf des Gesetzgebungsverfahrens musste die Einführung einer landesweiten Gesamtvergütung und die Umstellung auf eine monistische Krankenhausfinanzierung auf Verlangen der Bundesratsmehrheit aus dem Gesetzentwurf gestrichen werden. Dennoch blieb das Ziel der Beitragssatzstabilität weiterhin maßgeblich, auch für die Konstruktion des DRG-Systems. Dies stellten die für Ausgestaltung des Krankenhausfinanzierungsrechts zuständigen Beamten des BMG in einem programmatischen Zeitschriftenbeitrag nach Verabschiedung des GKV-GRG 2000 klar:

> Der Grundsatz der Beitragssatzstabilität ist auch für das neue Entgeltsystem unabdingbare ‚Geschäftsgrundlage' (Baum und Tuschen 2000, S. 450).

In der Begründung des Fallpauschalengesetzes 2002 werden deutlich mehr Ziele als im GKV-GRG genannt. Danach sollte das DRG-System zur Erreichung folgender Ziele dienen (BT-Drs. 14/6893, S. 26):

- Beitragssatzstabilität
- weitreichende Strukturveränderungen
- eine stärker am tatsächlichen Bedarf orientierte Entwicklung der Leistungsstrukturen und Leistungskapazitäten
- Transparenz des Leistungsgeschehens
- Verkürzung der Verweildauern
- Förderung der Wirtschaftlichkeit in Krankenhäusern
- bedarfsgerechter und effizienterer Einsatz der Ressourcen in den Krankenhäusern
- mehr Wettbewerb.

Diese Ziele wurden nach Auffassung der Protagonisten des DRG-Systems weitgehend erreicht:

- Das DRG-System habe „verkrustete Strukturen aufgebrochen und zu weitreichenden Veränderungen im Krankenausbereich insgesamt und im einzelnen Krankenhaus geführt" (Tuschen 2011, S. 18).
- Es weise im Hinblick auf die Transparenzziele eine „hervorragende Bilanz" (GKV-Spitzenverband 2016, S. 5; Leber und Wolff 2013, S. 57) aus, da es zu einer deutlichen Erhöhung der Transparenz über die Kosten- und Leistungsstrukturen geführt habe (Tuschen 2011, S. 18; Braun et al. 2008, S. 13; Stackelberg 2009, S. 31).

- Die DRG-Einführung habe stärkere Anreize zur Verweildauerreduzierung gesetzt und dadurch eine Verstärkung des Verweildauerrückgangs bewirkt (Leber und Wolff 2007, S. 81; Stackelberg 2009, S. 31).
- Durch das DRG-System sei die Wirtschaftlichkeit der Krankenhäuser deutlich erhöht worden (Rau et al. 2009, S. 13; GKV-Spitzenverband 2016, S. 5; Leber und Wolff 2013, S. 57; Braun et al. 2008, 15). Das System weise deshalb auch im Hinblick auf die Wirtschaftlichkeitsziele eine „hervorragende Bilanz" aus (Leber und Wolff 2013, S. 57).
- Zudem habe das DRG-System den Wettbewerb zwischen den Krankenhäusern verstärkt (Stackelberg 2009, S. 31; Baum 2009, S. 28).

Im Folgenden soll für jedes der oben genannten Ziele geprüft werden, ob und inwieweit das vorgegebene Ziel tatsächlich erreicht wurde. Dabei werden inhaltlich nahe beieinanderliegende Ziele im Interesse einer vereinfachten Darstellung zusammengefasst.

2.1 Sicherung der Beitragssatzstabilität

Sowohl im GKV-GRG 2000 als auch im FPG 2002 wurde die Sicherung der Beitragssatzstabilität als eines der zentralen Ziele für die Einführung des DRG-Systems genannt. Dies kann die Annahme nahelegen, dass die Entwicklung der Krankenhausausgaben vor der DRG-Einführung die Beitragssatzstabilität in der GKV gefährdet habe. Das war jedoch nicht der Fall. Nachdem die Krankenhausausgaben im vereinten Deutschland infolge der notwendigen Modernisierung ostdeutscher Krankenhäuser kurzzeitig angestiegen waren, blieben sie ab 1994 konstant bei ca. 2,7 % des Bruttoinlandsproduktes (BIP). Die Ausgaben der GKV lagen in diesem Zeitraum gleichbleibend bei ca. 2,2 % des BIP. Weder war vor der Einführung des DRG-Systems ein Anstieg des BIP-Anteils zu verzeichnen, noch nach seiner Einführung ein Absinken. Lediglich von 2008 auf 2009 ist ein sprunghafter Anstieg des BIP-Anteils zu verzeichnen, der allerdings nicht durch einen Ausgabenanstieg verursacht wurde, sondern Folge der Finanzmarktkrise war. Das BIP nahm aufgrund eines Konjunktureinbruchs erstmals in der Geschichte Deutschlands absolut ab, und da die Gesundheitsausgaben diese Bewegung nicht mit vollzogen, stieg der prozentuale Anteil sowohl der Gesundheitsausgaben insgesamt als auch der Krankenhausausgaben. Ab 2009 verlief die Ausgabenentwicklung wie zuvor auch parallel zur Entwicklung des BIP.

Der hier vorgestellte Befund kann die Frage aufwerfen, wie er mit den seit Jahren immer wieder berichteten wirtschaftlichen Problemen von Krankenhäusern in Einklang zu bringen ist. Wie kann es kommen, dass ein erheblicher Teil der Krankenhäuser seit Einführung des DRG-Systems immer wieder über Defizite berichtet, wenn es doch weder eine absolute noch eine relative Absenkung der Krankenhausausgaben gegeben hat? Die Erklärung ist in der Konstruktion des DRG-Systems zu finden. Das DRG-System sollte erklärtermaßen weder zu einer Erhöhung noch zu einer Absenkung der GKV-Ausgaben führen. Ziel der DRG-Einführung war vielmehr eine Umverteilung der verfügbaren Mittel (Baum und Tuschen 2000). Das DRG-System ist auch heute noch, wie es der Geschäftsführer des DRG-Instituts InEK formulierte, ein „Werkzeug zur Umverteilung" (Heimig 2014, S. 167). Das System ist so konstruiert, dass es – auch nach dem Ende der Einführungs- und Konvergenzphase – jedes Jahr die Mittel zu einem bestimmten, allerdings nicht erkennbar gemachten Teil neu verteilt und dadurch immer wieder von Neuem ‚Verlierer' und ‚Gewinner' produziert. Die jährlich neue Umverteilung resultiert aus verschiedenen Mechanismen. Eine zentrale Funktion nimmt dabei die jährliche Veränderung des DRG-Kataloges ein. Indem Fallgruppen neu zugeschnitten und Bewertungsrelationen einzelner DRGs neu festgesetzt werden, werden zugleich auch Erlöse zwischen Krankenhäusern und verschiedenen medizinischen Fachgebieten neu verteilt. In der DRG-Fachdiskussion werden die aus der jährlichen Änderung des DRG-Kataloges resultierenden Auswirkungen auf die Erlösverteilung als ‚Katalogeffekte' bezeichnet (Roeder et al. 2010).

Fazit: Zwar ist nach Einführung des DRG-Systems der Anteil der Krankenhausausgaben am Bruttoinlandsprodukt nicht angestiegen, dies ist jedoch kein ‚Erfolg' der Einführung von DRG-Fallpauschalen. Bereits vor Einführung der DRGs war die Entwicklung der Krankenhausausgaben parallel zur Entwicklung des BIP verlaufen und von den Krankenhausausgaben folglich keine Gefahr für die Beitragssatzstabilität ausgegangen.

2.2 Weitreichende Strukturveränderungen

Die Begrifflichkeit „weitreichende Strukturveränderungen" wurde weder in den betreffenden Gesetzesbegründungen noch in späteren Publikationen der zuständigen Beamten des BMG näher spezifiziert. Es blieb somit unklar, was damit gemeint war. Es kann aber wohl davon ausgegangen werden, dass damit vor allem das Ziel einer deutlichen Reduzierung der Krankenhauskapazitäten und vor allem der Zahl der Krankenhausbetten gemeint ist.

Dieses Ziel wurde eindeutig nicht erreicht, wie ein Blick in die Daten der Krankenhausstatistik zeigen kann (GBE o. J.). Der Bettenabbau war vor

Einführung des DRG-Systems deutlich stärker als danach. Während im Zeitraum 1991 bis 2004 die Zahl der Betten in Allgemeinkrankenhäusern durchschnittlich pro Jahr um 1,5 % sank, nahm sie im Zeitraum 2005 bis 2016 durchschnittlich nur um 0,7 % pro Jahr ab.

Auch die Zahl der Krankenhäuser konnte durch die Einführung des DRG-Systems nicht im angestrebten Umfang reduziert werden. Eine Untersuchung im Auftrag des GKV-Spitzenverbandes ergab, dass die Krankenhausstatistik für die Jahre 2003 bis 2012 zwar insgesamt 204 Krankenhäuser weniger ausweist, es sich dabei aber nur in 74 Fällen (36 %) um Schließungen handelte (Preusker et al. 2014). Bei den übrigen Fällen existierte das Krankenhaus weiter, allerdings nicht mehr als eigenständiges Krankenhaus, sondern als Teil eines Zusammenschlusses mehrerer Kliniken. Bei den 74 tatsächlich geschlossenen Krankenhäusern handelte es sich zudem nur um sehr kleine Kliniken mit im Durchschnitt lediglich ca. 70 Betten.

In der Begründung des Fallpauschalengesetzes 2002 wird zudem der Anspruch erhoben, das DRG-System würde zu einer „stärker am tatsächlichen Bedarf orientierten Entwicklung der Leistungsstrukturen und Leistungskapazitäten führen" (BT-Drs. 14/6893, S. 26). Ein solcher Anspruch entbehrt jeglicher Grundlage in der Konstruktion des DRG-Systems, denn das DRG-Fallpauschalensystem verfügt über keinerlei Mechanismus zur Ermittlung oder Messung des bevölkerungsbezogenen Versorgungsbedarfes. Hinter dem zitierten Anspruch steht letztlich die marktradikale Vorstellung, dass ‚Unternehmen', die nicht kostendeckend arbeiten können, ‚aus dem Markt ausscheiden' müssen. Dies legten die für die Konstruktion des DRG-Systems zuständigen Beamten des BMG auch in einer programmatischen Veröffentlichung zum DRG-System offen. Wenn es im DRG-System nicht kostendecken arbeiten könne,

> wird ein Krankenhaus die Leistungserbringung einstellen müssen. Das kann grundsätzlich durch marktwirtschaftliche Prozesse (wer wirtschaftlich nicht mehr kann, muss aufhören) (…) erreicht werden (Baum und Tuschen 2000, S. 459).

Einziges Kriterium für den Verbleib in oder das Ausscheiden aus einem solchen ‚Markt' ist in dieser Logik die Rentabilität. Selbst hartgesottene Marktliberale dürften allerdings Probleme haben zu beweisen, dass mit einem solchen Mechanismus eine bedarfsgerechte Krankenhausversorgung gewährleistet werden kann.

In einem Punkt hat die Einführung des DRG-Systems allerdings sehr wohl ‚weitreichende Strukturveränderungen' bewirkt. Bereits ab Mitte der 1990er Jahre war ein – wenn auch noch leichter – Anstieg der Zahl der Betten in privaten Allgemeinkrankenhäusern zu beobachten, der in den Jahren 2003 bis 2007 deutlich zunahm. Im Jahr 2000 lag der Anteil privater Träger am Bettenbestand der Allgemeinkrankenhäuser[3] noch bei 7,4 % und stieg bis 2002 auf 8,3 %. Nach Verabschiedung des Fallpauschalengesetzes 2002 setzte eine zuvor nicht gekannte Dynamik ein. Der Anteil sprang innerhalb eines Jahres auf 9,4 % im Jahr 2003 und stieg bis 2012 auf 17,2 %. Danach flachte der Privatisierungstrend merklich ab, was sowohl auf eine Verbesserung der Ertragslage der kommunalen und freigemeinnützigen Krankenhäuser infolge von Änderungen des Krankenhausfinanzierungsrechts zurückzuführen war und als auch auf eine Besserung der Haushaltslage vieler Kommunen.

Bereits 2008 wurde in einer international vergleichenden Studie festgestellt, dass in keinem anderen europäischen Land in den vorhergehenden 15 Jahren so viele Krankenhäuser privatisiert wurden wie in Deutschland. Der Anteil privater gewinnorientierter Kliniken hatte damals bereits fast das Niveau der USA erreicht (Böhlke und Schulten 2008; Böhlke et al. 2011).

Die deutliche Zunahme des Anteils privater Träger ging überwiegend auf den Verkauf öffentlicher, vor allem kommunaler Krankenhäuser zurück. Ein großer Teil vor allem der kommunalen Kliniken gehörte zu den ‚Verlierern' der Einführung des DRG-Systems, und bereits ab der Vereinbarung der ersten Landesbasisfallwerte im Jahr 2003 zeichnete sich ab, dass sie infolge der Umstellung auf das DRG-System zum Teil erhebliche Budgetkürzungen zu erwarten hatten. Angesichts ihrer vielfach prekären Haushaltslage wollten sich zahlreiche Kommunen von defizitären Kliniken und dem damit verbundenen Haushaltsrisiko trennen und verkauften sie vor allem an private Klinikketten.

Aufseiten privater Investoren und Klinikketten war das Interesse an der Übernahme kommunaler wie auch freigemeinnütziger Krankenhäuser durch die Einführung des DRG-Systems deutlich gestiegen. Die Einführung von Fallpauschalen bot die Chance, durch Kostenreduzierung Gewinne zu erzielen, und die Abschaffung des Selbstkostendeckungsprinzips sorgte dafür, dass entstandene Gewinne dem Krankenhaus verblieben. Allgemeinkrankenhäuser wurden so zu einem attraktiven Anlageobjekt für private Investoren (DZ Bank 2006).

---

[3]Für die hier diskutierte Thematik ist nicht die Zahl der Krankenhäuser insgesamt, sondern die der Allgemeinkrankenhäuser relevant, deren Zahl weitgehend identisch ist mit der Zahl der Kliniken, auf die das DRG-System Anwendung findet. Zu den ‚Krankenhäusern' insgesamt gehören auch ‚Sonstige Krankenhäuser', wie bspw. psychiatrische Kliniken, für die das DRG-System nicht gilt.

Fazit: Das DRG-System hat nicht zu dem insbesondere von den Krankenkassen erhofften stärkeren Abbau von Krankenhäusern und Betten geführt. Es hat allerdings den bereits infolge der Budgetdeckelung ab 1992 zu verzeichnenden Trend zur Privatisierung von Krankenhäusern erheblich verstärkt, und dies vor allem dadurch, dass mit Einführung des DRG-Systems nicht nur die Entstehung von Gewinnen ermöglicht wurde, sondern auch deren dauerhafter Verbleib beim Krankenhaus. Dadurch wurden Allgemeinkrankenhäuser zu attraktiven Anlageobjekten für private Investoren.

2.3 Transparenz der Leistungen und Kosten

Die Frage, ob und in welchem Umfang das Ziel einer Verbesserung der Transparenz über Leistungen und Kosten der Krankenhäuser erreicht wurde, wird zunächst für die Leistungen und anschließend für die Kosten der Krankenhäuser untersucht.

Leistungstransparenz
Zu den Leistungen der Krankenhäuser gibt es mittlerweile ohne Zweifel deutlich mehr und differenziertere Daten als noch vor Einführung des DRG-Systems. Dies steht jedoch in keinem kausalen Zusammenhang zur Einführung von Fallpauschalen. Die deutlich verbesserte Datenlage zu Diagnosen und Leistungen basiert nicht auf den DRG-Kodes, sondern auf Diagnosedaten, die auf Grundlage der internationalen Klassifikation der Diagnosen (ICD) erhoben werden, und auf Leistungsdaten, die in Form von Kodes und sprachlichen Definitionen des deutschen Operationen- und Prozedurenschlüssels (OPS) erhoben und veröffentlicht werden.

Damit diese Daten in den Krankenhäusern erhoben und in amtlichen Statistiken aufbereitet werden, bedarf es keines Fallpauschalensystems. Es bedarf lediglich entsprechender Vorschriften, die die Krankenhäuser verpflichten, ICD- und OPS-Daten an die statistischen Landesämter zu übermitteln. Im Fall der Diagnosedaten gab es entsprechende Rechtsvorschriften auch bereits vor DRG-Einführung. Hauptdiagnosen sind von den Krankenhäusern bereits seit 1985 zu dokumentierten (Tuschen 2011, S. 2). Die Verbesserung der Datenlage resultiert aus entsprechenden Änderungen der Krankenhaus-Statistikverordnung (KHStatV), die auch ohne DRG-Einführung möglich gewesen wären.

Die erhöhte Transparenz der Krankenhausleistungen beruht zudem auf ICD- und OPS-Ziffern und nicht auf DRG-Kodes, dies zeigt sich insbesondere an den Qualitätsberichten der Krankenhäuser, den Leistungsinformationen auf den Internetseiten der Krankenhäuser und den zahlreichen internetbasierten Krankenhausvergleichen. Sie alle arbeiten nicht mit DRG-Kodes, sondern mit ICD- und OPS-basierten Daten.

DRG-Abrechnungskodes sind für Zwecke der Information über Diagnosen und Leistungen ungeeignet, weil sie medizinisch inhomogen sind. DRG-Fallgruppen schließen zum weit überwiegenden Teil sehr unterschiedliche Diagnosen und auch Leistungen ein, denn Ziel der Konstruktion von DRG-Fallpauschalen ist nicht ein möglichst hohes Maß an medizinsicher oder pflegerischer Homogenität, sondern vor allem eine hohe Kostenhomogenität. Fallgruppen werden in erster Linie so zusammengestellt, dass die darin eingeschlossenen Fallkollektive möglichst gleich hohe Kosten aufweisen. Darauf wird an späterer Stelle dieses Beitrags noch näher eingegangen.

Die Existenz des DRG-Fallpauschalensystems ist sogar von Nachteil für Leistungstransparenz. Die ICD- und OPS-Kodes werden in den Krankenhäusern primär für Abrechnungszwecke vergeben, die Nutzung für die Krankenhausstatistik, Qualitätsberichte etc. ist lediglich eine Art ‚Abfallprodukt'. Da die Kodierung für Abrechnungszwecke erfolgt, muss davon ausgegangen werden, dass sie auch von ökonomischen Interessen des Krankenhauses beeinflusst wird. Auf die daraus resultierenden Probleme für die Datenvalidität wurde u. a. auch bereits von Seiten des Statistischen Bundesamtes hingewiesen. Die für die Krankenhausstatistik zuständigen Mitarbeiterinnen stellten klar, dass Daten zu Diagnosen und Prozeduren offensichtlich in starkem Maße beeinflusst seien durch

> die jeweiligen z. T. jährlichen entgeltrelevanten Modifikationen bei den Fallpauschalenkatalogen, Kodierrichtlinien und Abrechnungsregeln und den damit einhergehenden erlösoptimierenden Anpassungsstrategien der Krankenhäuser (Spindler und Bölt 2009, S. 57).

Die Vertrauenswürdigkeit der ICD- und OPS-Kodes wird nicht nur vom Statistischen Bundesamt bezweifelt, sondern in erheblichem Maße auch von den Krankenkassen, wie die zahlreichen Auseinandersetzungen zwischen Krankenhäusern und Krankenkassen um Rechnungen zeigen. Denn dabei geht es in erster Linie um die Frage der Richtigkeit der Kodierung von Diagnosen und Prozeduren. Insofern muss auch hinter die Feststellung, es gäbe mittlerweile eine deutlich höhere Transparenz über Diagnosen und Prozeduren ein Fragezeichen gesetzt werden, da die Validität dieser Daten grundsätzlichen Zweifeln ausgesetzt ist.

Kostentransparenz
Eine Erhöhung der Transparenz der Kosten der Krankenhäuser konnte und kann das DRG-System allein aufgrund seiner Konstruktion nicht bewirken. Vor Einführung des DRG-Systems waren Krankenhäuser verpflichtet, den Krankenkassen für die anstehenden Budgetverhandlungen eine Leistungs- und Kalkulationsaufstellung vorzulegen, die Auskunft auch über die Kostenstrukturen des jeweiligen

Krankenhauses gab (Anlage 3 BPflV 1995). Diese Verpflichtung ist mit Einführung der DRGs entfallen. Die Krankenkassen haben seitdem keinerlei Informationen mehr über die Kostenstrukturen der einzelnen Kliniken. Die Abschaffung jeglicher Transparenz über die krankenhausindividuellen Kostenstrukturen ist Teil der Abschaffung des sogenannten ‚Selbstkostendeckungsprinzips' und eine der zentralen Voraussetzungen dafür, dass erzielte Gewinne nicht offengelegt und somit von den Kassen auch nicht zurückgefordert werden können. Das durch das KHG 1972 eingeführte Selbstkostendeckungsprinzip hatte den Krankenhäusern einen Anspruch auf Deckung der „Selbstkosten eines sparsam wirtschaftenden Krankenhauses" eingeräumt (§ 4 Abs. 1 KHG 1972). Damit verbunden war die Verpflichtung der Krankenhäuser, ihre Kosten den Krankenkassen offenzulegen. So wurden die Kassen in die Lage versetzt, entstandene Gewinne durch Absenkung der Pflegesätze eines zukünftigen Zeitraumes ‚abzuschöpfen'. In einem solchen System sind Krankenhäuser unattraktiv für private Investoren, da die entstandenen Gewinne nicht dem Krankenhaus verbleiben. Eines der zentralen Ziele der seit Mitte der 1980er Jahre betriebenen schrittweisen Umstellung auf ein Fallpauschalensystem war erklärtermaßen, die Entstehung und den Verbleib von Gewinnen in Krankenhäusern zu ermöglichen (BMA 1989, S. III).

Zwar werden in den sogenannten Kalkulationskrankenhäusern die fallbezogenen Kosten erhoben, aber auch diese bieten keine Transparenz über die Kostenstrukturen des jeweiligen Kalkulationskrankenhauses. An das InEK werden keine Daten über einzelne Kostenarten (Personal-, Sachkosten) oder Kostenstellen (Abteilungen etc.) übermittelt, sondern nur die fallbezogenen Kosten für die einzelnen DRGs, die sich aus der Umrechnung der Gesamtpersonal- und -sachkosten auf einzelne DRG-Fälle ergeben.

Zudem ist die Kalkulationsstichprobe seit Anfang an nicht repräsentativ. Was zur Folge hat, dass von den Kalkulationsdaten nicht auf die Kosten der Grundgesamtheit geschlossen werden kann. Die tatsächlichen durchschnittlichen Ist-Kosten sind folglich unbekannt. Dennoch werden die erhobenen Kostendaten zur Grundlage für die Festsetzung der Fallpauschalen genutzt. Das Problem ist seit Anfang an bekannt (Steiner und Jaeger 2007). Zentrale Bedingungen für Repräsentativität sind die Ziehung einer Zufallsstichprobe und eine ausreichend große Stichprobe, damit alle relevanten Gruppen der Grundgesamtheit in ausreichender Zahl erfasst werden. Auf die Ziehung einer Zufallsstichprobe wurde bei der Kalkulation der DRGs jedoch verzichtet, weil davon ausgegangen wurde, dass dann die angestrebte Zahl an Kalkulationskrankenhäusern nicht erreicht worden wäre (ebd.). Zum einen bestand keine Teilnahmepflicht und zum anderen erfüllten nur wenige Kliniken die zu stellenden Anforderungen an die Qualität des betrieblichen Rechnungswesens. Ein erheblicher, vermutlich der überwiegende

Teil der zufällig ausgewählten Kliniken hätte wegen ihres gering entwickelten Rechnungswesens nicht die geforderten Kostendaten in der geforderten Art liefern können. Und so basiert die Kalkulationsstichprobe auf freiwilliger Teilnahme und weist zum Teil bereits bei oberflächlicher Betrachtung erkennbare systematische Verzerrungen auf. Der deutlichste Hinweis ist die weitgehende Nichtbeteiligung privater Kliniken.

Das Problem der fehlenden Repräsentativität geht allerdings deutlich über diesen Aspekt hinaus, denn auch wenn die Stichprobe in Bezug auf Trägerschaft, Krankenhausgröße, regionale Verteilung etc. weitgehend mit der Verteilung in der Grundgesamtheit übereinstimmt, so bleibt doch unbekannt, ob auch die Kostenstrukturen denen der Grundgesamtheit entsprechen. Dies ist der Hintergrund dafür, dass der Geschäftsführer des InEK in einem Interview 2014 auf die Frage nach den größten Schwächen des DRG-Systems antwortete:

> Unsere Unfähigkeit, zu den tatsächlichen Kostenverhältnissen in Deutschland mithilfe der Stichprobe eine Aussage zu treffen (Heimig 2014).

Der Gesetzgeber hat auf das Problem erst ein Jahrzehnt nach Einführung des DRG-Systems reagiert und im Rahmen des Krankenhaus-Strukturgesetzes 2015 die Spitzenverbände verpflichtet, „ein praktikables Konzept für eine repräsentative Kalkulation" zu vereinbaren (§ 17b Abs. 3 KHG). Das daraufhin entwickelte und vereinbarte Konzept sieht zwar eine Verpflichtung der vom InEK zufällig ausgewählten Krankenhäuser zur Teilnahme an der Kalkulationsstichprobe und Geldstrafen für den Fall der Nichtteilnahme vor, ein Teil der ausgewählten privaten Kliniken war aber eher bereit, die relativ geringe Geldstrafe zu zahlen, als ihre Kostendaten offenzulegen.[4]

Fazit: Die verbesserte Datenlage zu Diagnosen und Prozeduren geht nicht auf die Einführung von Fallpauschalen zurück, sondern auf entsprechende Änderungen der Krankenhaus-Statistikverordnung. Die Kostentransparenz wurde durch die Einführung des DRG-Systems sogar eindeutig verschlechtert, da die Pflicht der Krankenhäuser zur Offenlegung ihrer Kostenstrukturen abgeschafft wurde. Die in den Kalkulationskrankenhäusern erhobenen Ist-Kostendaten basieren

---

[4]Der Geschäftsführer des InEK zitierte bei einem Vortrag auf dem Nationalen DRG-Forum 2017 aus einem Brief eines Krankenhauses an das InEK. Darin habe es geheißen: „Uns ist bewusst, dass die ausbleibende Kalkulationsteilnahme in 2017 sanktionsbehaftet ist und sehen daher einer entsprechenden Sanktionierung gem. Anlage 1 Nr. 11 Buchstabe a) ihres Schreibens entgegen" (zit. n. Balling 2017).

nicht auf einer repräsentativen Stichprobenziehung, folglich ist auch heute noch – mehr als ein Jahrzehnt nach DRG-Einführung – unbekannt, ob die so erhobenen Kostendaten überhaupt den tatsächlichen Kostenverhältnissen der Grundgesamtheit aller DRG-Krankenhäuser entsprechen. Vieles spricht dafür, dass die Kalkulationsdaten zum Teil erhebliche systematische Abweichungen von der Grundgesamtheit aufweisen.

2.4 Verkürzung der durchschnittlichen Verweildauer

Auch bei der Entwicklung der Verweildauern hat das DRG-System das gesteckte Ziel nicht erreicht. Im Gegenteil: Nach Einführung des DRG-Systems hat sich der bereits seit Jahrzehnten anhaltende Trend eines kontinuierlichen Verweildauerrückgangs sogar abgeschwächt. Während im Zeitraum 1991 bis 2004 die durchschnittliche Verweildauer vollstationärer Fälle in Allgemeinkrankenhäusern jährlich um durchschnittlich 3,7 % zurückging, waren es im Zeitraum 2005 bis 2016 jährlich nur noch durchschnittlich 1,7 %.

Mehr noch: Diese Zahl bezieht nur die vollstationären Fälle ein. In den letzten ca. 15 Jahren hat jedoch die Zahl der vor-, teil- und nachstationären Fälle sowie der ambulanten Operationen erheblich zugenommen. Dabei dürfte es sich zum weit überwiegenden Teil um Behandlungen gehandelt haben und handeln, die früher im Rahmen eines vollstationären Aufenthaltes durchgeführt wurden und somit in den früheren vollstationären Verweildauertagen enthalten sind. Will man ein wirklichkeitsnahes Bild der Entwicklung erhalten, müsste man die Tage der vor-, teil- und nachstationären Behandlungen den vollstationären hinzurechnen.[5] Eine solche Berechnung ist jedoch mangels verfügbarer Daten über die Verweildauertage der nicht-vollstationären Fälle nicht möglich. Einen ungefähren Anhalt zu den hier angesprochenen Dimensionen bietet jedoch die Fallzahl. Die Zahl der vor-, teil- und nachstationären Fälle ist im Zeitraum 2005 bis 2016 um ca. 180 % gestiegen und lag 2016 bereits bei ca. 4,1 Mio. Fällen pro Jahr. Dies entsprach ca. 34 % der vollstationären Fälle. Angesichts dieser Zahlen erscheint es angebracht

---

[5]Die vor-, teil- und nachstationären Behandlungen unterscheiden sich von vollstationären dadurch, dass sie ohne Übernachtung im Krankenhaus erfolgen. Die Krankenkassen sparen zwar gegenüber vollstationären Behandlungstagen, für die Patienten kann die Umwandlung von zuvor vollstationären Verweildauertagen in vor-, teil- oder nachstationären Tagen mit einer Mehrbelastung verbunden sein, wenn bei jedem Behandlungstag eine längere An- und Abreise anfällt und sie zudem im Krankenhaus längere Wartezeiten in Kauf nehmen müssen.

davon auszugehen, dass die tatsächliche Verweildauer in Krankenhäusern bei Berücksichtigung auch der nicht-vollstationären Behandlungen über dem Wert vor Einführung des DRG-Systems liegt. Dies wirft die Frage auf, wie es dazu kommen konnte und welchen Einfluss das DRG-System darauf hat. Diese Frage kann hier nicht in der notwendigen Gründlichkeit erörtert werden. Es könnten hier nur Hinweise auf kausale Zusammenhänge zum DRG-System gegeben werden.

Ein wichtiger Einflussfaktor für die Entwicklung der Verweildauern insgesamt dürfte die Vorgabe einer unteren Grenzverweildauer (GVD) für jede DRG sein. Wenn diese unterschritten wird, erfolgen Abschläge von der Fallpauschale. Liegt die tatsächliche Verweildauer nur wenig über der unteren GVD, muss das Krankenhaus damit rechnen, dass die zuständige Krankenkasse den Medizinischen Dienst (MDK) einschaltet und versucht die Notwendigkeit der Verweildauerlänge in Zweifel zu ziehen, damit sie Abschläge vornehmen kann. Darauf reagieren Krankenhäuser indem darauf geachtet wird, dass die Verweildauer der Patienten in einem Bereich gehalten wird, der keinen Anlass für MDK-Prüfungen bietet. Insofern wirkt das DRG-System sogar als Hemmnis für weitere Verweildauerreduzierungen.

Ein weiterer Einflussfaktor ist, dass ambulante Operationen und teilstationäre Behandlungen die Möglichkeit der Erzielung von Einnahmen außerhalb des DRG-Systems und zusätzlich zu den Fallpauschalen bieten. Auch vor- und nachstationäre Behandlungen können zusätzlich in Rechnung gestellt werden, allerdings nur wenn die Summe der Behandlungstage aus vor-, voll- und nachstationärer Behandlung die im DRG-Katalog ausgewiesene obere Grenzverweildauer übersteigt. Beide Regelungen können dazu motivieren, die vollstationäre Verweildauer so zu gestalten, dass die Gesamtverweildauer eine Länge erreicht, die zusätzliche Einnahmen ermöglicht.

Fazit: Das DRG-System hat nicht nur den seit Jahrzehnten zu verzeichnenden Rückgang der Verweildauern gebremst, es behindert offensichtlich sogar eine weitere Verweildauerreduzierung.

2.5 Förderung der Wirtschaftlichkeit

Unter den oben zitierten Zielen der Einführung des DRG-Systems nimmt die Verbesserung oder Förderung der Wirtschaftlichkeit der Krankenhäuser sicherlich eine hervorgehobene Stellung ein, vor allem weil mit der Vorstellung einer Erhöhung der Wirtschaftlichkeit die Erwartung verbunden wird, dass die Ausgaben der GKV nicht weiter steigen oder sogar sinken werden (vgl. exempl. Tuschen 2011, S. 21). Wie oben bereits dargelegt, bewirkte die DRG-Einführung jedoch keine Senkung der GKV-Ausgaben, weder relativ zum BIP noch absolut. Sofern die GKV-Ausgaben als Maßstab für ‚Wirtschaftlichkeit' der Krankenhäuser gewählt werden, ist somit keine Verbesserung der Wirtschaftlichkeit der vollstationären Behandlung festzustellen. Da nicht nur der Rückgang der durchschnittlichen Verweildauer, sondern auch die Steigerung Zahl der vollstationärer Fälle nach 2005 hinter der durchschnittlichen jährlichen Entwicklung des Zeitraums vor DRG-Einführung zurückblieb, kann auch nicht mit einer erhöhten ‚Produktivität' bei relativ zum BIP konstanten Gesamtausgaben argumentiert werden. Während die Fallzahl im Zeitraum 1991 bis 2001 im Jahresdurchschnitt um 1,7 % stieg, waren es im Zeitraum 2005 bis 2016 nur noch 1,3 %.

Eine Bestimmung des Zielerreichungsgrades ist bei dem Ziel ‚Wirtschaftlichkeit' allerdings insofern schwierig, als weder der Begriff definiert noch das Ziel operationalisiert und in messbaren Einheiten angegeben wurde. Es bleibt dadurch nicht nur unklar, was mit ‚Wirtschaftlichkeit' gemeint ist, sondern auch an welchen Kennzahlen die Zielerreichung gemessen werden sollte.

Dies ist insofern nicht überraschend, als es weder eine Legaldefinition für ‚Wirtschaftlichkeit im Krankenhaus' gibt, noch eine konsensfähige wissenschaftliche Definition. ‚Wirtschaftlichkeit' ist nichts weiter als ein gesundheitspolitischer Kampfbegriff, der in der Regel eingesetzt wird, ohne dass er definiert und in messbare Einheiten übersetzt wird. Wenn dennoch ein Urteil über die Wirtschaftlichkeit oder Unwirtschaftlichkeit eines Krankenhauses abgegeben wird, dann häufig abgeleitet davon, ob ein Krankenhaus Gewinne oder Verluste erzielt hat. Eine solche Argumentation verwechselt jedoch Wirtschaftlichkeit mit Rentabilität. Darauf hat bereits der ‚Klassiker' der deutschen Krankenhausökonomie Mitte der 1970er Jahre hingewiesen.

> Die Höhe von Gewinn und Verlust bestimmt zwar die Rentabilität, nicht aber die Wirtschaftlichkeit des Krankenhausbetriebes (Eichhorn 1975, S. 21).

Das Fehlen einer konsensfähigen Definition ist seit Jahrzehnten virulent. Eichhorn befasste sich zu Beginn des ersten Bandes seiner Krankenhausbetriebslehre mit der Frage nach einer sachgerechten Definition von ‚Wirtschaftlichkeit im Krankenhaus', konnte sie aber nicht befriedigend beantworten. Zwar stellte er fest:

> Ein Krankenhaus handelt dann wirtschaftlich, wenn es sich bemüht, die in der ärztlich-pflegerischen Zielsetzung festgelegten Leistungen mit einem möglichst geringen Aufwand an Betriebsmitteln (Bau, Einrichtung und Ausstattung), Personal und Sachgütern zu erreichen (Eichhorn 1975, S. 21).

Bei der Frage nach der originären Leistung eines Krankenhauses erreichte er jedoch die Grenzen dessen, was einer betriebswirtschaftlichen Rechnung zugängig ist. Immerhin wies er darauf hin, dass

> die eigentliche Krankenhausleistung nicht in der Zahl der Unterbringungstage, Röntgenaufnahmen, Laboruntersuchungen oder auch Operationen besteht, sondern in der Veränderung des Gesundheitszustandes (oder auch Krankheitszustandes) des Humanfaktors als dem Dienstleistungsobjekt (Eichhorn 1975, S. 15).

Diese Veränderung erschließt sich jedoch nicht den gängigen betriebswirtschaftlichen Kennzahlen. Gemäß KHG besteht die originäre, ‚eigentliche' Leistung eines Krankenhauses darin, dass

> durch ärztliche und pflegerische Hilfeleistung Krankheiten, Leiden oder Körperschäden festgestellt, geheilt oder gelindert werden sollen oder Geburtshilfe geleistet wird (§ 2 KHG Nr. 1).

Die Heilung oder Linderung von Krankheiten oder Körperschäden ist einer zweifelsfreien Quantifizierung und Messung nicht zugänglich. Wenn aber die Leistung nicht operationalisierbar und in quantitativen Maßeinheiten messbar ist, ist auch keine zweifelsfreie Bestimmung der ‚Wirtschaftlichkeit' des einzelnen Krankenhauses oder der Krankenhausversorgung insgesamt möglich.

Anfang der 1980er Jahre gab es einen Versuch des Gesetzgebers, das Problem zu lösen, indem durch das Krankenhaus-Kostendämpfungsgesetz 1981 ein § 19 in das KHG eingefügt wurde, der die Spitzenverbände der GKV und die DKG aufforderte, Grundsätze und Maßstäbe für die Wirtschaftlichkeit im Krankenhaus zu vereinbaren. Nach mehr als 50 Verhandlungsrunden erklärten die Verhandlungspartner schließlich 1988 das endgültige Scheitern der Verhandlungen (Mohr 1988). Damit ging die Zuständigkeit auf die Bundesregierung über, die gemäß § 19 KHG diese Maßstäbe per Rechtsverordnung hätte festlegen sollen. Dies geschah jedoch nicht. Stattdessen wurde durch das Gesundheitsstrukturgesetz 1992 ab dem 01.01.1993 die Entwicklung der Krankenhausbudgets gedeckelt. Dadurch erübrigte sich die Festlegung von Maßstäben für die Wirtschaftlichkeit im Krankenhaus. Die Budgets durften nur noch in dem Maße erhöht werden, wie die beitragspflichtigen Einnahmen der GKV-Mitglieder stiegen. Ob eine solche Steigerung zur Deckung der Kosten einer wirtschaftlichen Betriebsführung ausreichten oder nicht oder diese überstiegen, war irrelevant geworden.

Der 1981 eingefügte § 19 KHG blieb jedoch erhalten. Erst mit der Einführung des DRG-Systems wurde er gestrichen (Art. 2 Nr. 7 Fallpauschalengesetz 2002).

Und diese Streichung weist auch direkt auf eines der Kernprobleme des DRG-Systems hin. Die Höhe der Fallpauschalen richtet sich nicht nach den Kosten einer wirtschaftlichen Betriebsführung. In den Kalkulationskrankenhäusern werden lediglich die tatsächlich angefallenen Ist-Kosten erhoben, ob diese Ergebnis einer wirtschaftlichen Arbeitsweise sind, ist vollkommen unbekannt und auch ohne Belang. Auf Grundlage des Durchschnitts der so ermittelten Ist-Kosten werden die Bewertungsrelationen berechnet, die nach Multiplikation mit einem ‚politisch' gedeckelten und auf Landesebene verhandelten Landesbasisfallwert die für den Einzelfall zu zahlende Fallpauschale ergeben. An keiner Stelle dieses ‚Preisbildungsprozesses' spielt die Frage nach der Wirtschaftlichkeit eine Rolle. Sie ist vollkommen irrelevant. Daraus aber ergibt sich, dass keine Aussage darüber zulässig ist, ob und inwieweit das DRG-System so etwas wie ‚Wirtschaftlichkeit' im Krankenhaus fördern oder verbessern kann. Ein solches System kann lediglich einen massiven Anreiz zu Kostensenkungen setzen. Möglichst niedrige Kosten sind jedoch kein Beleg für die ‚Wirtschaftlichkeit'.

Es bleibt noch zu ergänzen, dass das DRG-System auch noch aus einem anderen Grund nicht dazu in der Lage ist, die Wirtschaftlichkeit der Krankenhäuser zu erhöhen: Die DRG-Fallpauschalen werden vollkommen unabhängig von der Qualität der Leistungen gezahlt. Insofern setzt das DRG-System einen massiven Anreiz zu Senkung der Qualität, vor allem der Strukturqualität (Personaleinsatz). Ein solches Vergütungssystem kann allein aus diesem Grund nicht als geeignet erscheinen, die Wirtschaftlichkeit der Krankenhäuser zu fördern oder zu erhöhen.

Fazit: Das DRG-System verfügt über keinerlei Bezug zu den Kosten einer wirtschaftlichen Betriebsführung und bietet somit keine Grundlage für ein Urteil über die Wirtschaftlichkeit oder Unwirtschaftlichkeit von Krankenhäusern. Insofern kann es auch nicht als Mittel zur Verbesserung der Wirtschaftlichkeit von Krankenhäusern gelten. Das DRG-System setzt lediglich massive Anreize zu einer Absenkung der Kosten unter das Niveau der vorgegebenen Fallpauschalen. Dass dieses Kostenniveau dem einer wirtschaftlichen Betriebsführung entspricht, kann aus den genannten Gründen nicht behauptet werden.

2.6 Mehr Wettbewerb

Zu dem im Fallpauschalengesetz 2002 genannten Ziel einer Ausweitung des Wettbewerbs ist zunächst festzustellen, dass Wettbewerb für sich genommen kein originäres gesundheitspolitisches Ziel sein kann. Wettbewerb kann lediglich Mittel zum Zweck sein, um ein bestimmtes anderes, in der Wertehierarchie höher angesetztes Ziel zu erreichen. Dieses andere, in der Wertehierarchie höher anzusetzende Ziel, wird im Fallpauschalengesetz jedoch nicht genannt. Allgemein wird in der nachfolgenden Diskussion jedoch so argumentiert, mehr Wettbewerb zwischen den Krankenhäusern diene insbesondere einer Verbesserung der Wirtschaftlichkeit und der Qualität der Versorgung. Die Frage der Förderung der Wirtschaftlichkeit durch das DRG-System wurde bereits zuvor erörtert. Auf den Zusammenhang zwischen DRG-System und einem sogenannten ‚Qualitätswettbewerbs' wird nachfolgend eingegangen.

Zunächst einmal ist die Frage zu beantworten, um was die Krankenhäuser in einem verstärkten Wettbewerb konkurrieren sollen. Stellvertretend für zahlreiche andere Akteure der Krankenhauspolitik sei hier einer der für die Gestaltung der Krankenhausfinanzierung zuständigen Beamten des BMG zitiert:

> Die Krankenhäuser müssen somit um die Patienten (Fälle) konkurrieren, wenn sie wirtschaftlich überleben oder erfolgreich sein wollen (Tuschen 2011, S. 18).

Dem liegt offenbar die Vorstellung zugrunde, durch die Einführung des DRG-Fallpauschalensystems seien Krankenhäuser verstärkt zu einem Wettbewerb um Patienten gezwungen worden. Wenn in den letzten ca. 15 Jahren ein zunehmender Wettbewerb zwischen Krankenhäusern um Patienten feststellbar ist, dann resultiert er allerdings nicht aus der Einführung von Fallpauschalen, sondern aus anderen Veränderungen. Die Vorstellung eines Wettbewerbs um Patienten kann nur dann mit der Art der Krankenhausvergütung in einen kausalen Zusammenhang gebracht werden, wenn die Krankenhauswahl von Patienten im Fall planbarer Krankenhausbehandlungen durch die Art der Krankenhausvergütung beeinflusst würde. Dies kann aber in Deutschland allein deshalb nicht der Fall sein, weil Patienten die Vergütung nicht zahlen müssen. Insofern kann von einem Vergütungssystem – und folglich auch einem Fallpauschalensystem – grundsätzlich kein ‚Preissignal' für Patienten ausgehen, um es in der Sprache der Ökonomie auszudrücken.

Wenn Krankenhäuser im Rahmen eines Wettbewerbes um Patienten die Wahlentscheidung von Patienten beeinflussen wollen, dann erfolgt dies in der Regel entweder durch die Bereitstellung von Qualitätsinformationen oder die Beeinflussung niedergelassener Ärzte, damit diese ihren Patienten die eigene Klinik empfehlen. In beiden Varianten sind Informationen über die Qualität der Krankenhausleistungen maßgeblich, es sei denn, die Empfehlung des niedergelassenen Arztes wurde vom Krankenhaus durch finanzielle Zuwendungen ‚gekauft'.

Zwar werden seit ca. 10–15 Jahren zunehmend mehr Qualitätsinformationen der Krankenhäuser veröffentlicht, dieser Prozess steht jedoch in keinem Abhängigkeitsverhältnis zur Zahlung von Fallpauschalen. Die zu verzeichnende Erhöhung der Qualitätstransparenz funktioniert vollkommen unabhängig davon, ob tagesgleiche Pflegesätze oder Fallpauschalen gezahlt werden. Auch der Verweis auf die Verfügbarkeit von Diagnose- und Leistungsdaten in Form von ICD- und OPS-Kodes spricht nicht für einen kausalen Zusammenhang zum DRG-System, wie oben bereits dargelegt wurde.

Wie wenig die Konstrukteure und Befürworter des deutschen DRG-Systems selbst ihren eigenen Begründungen und Legitimationsversuchen für das System Glauben schenken, wird im Fall des Wettbewerbsargumentes nicht nur daran sichtbar, dass Vergütungen für nicht mit den Kassen vereinbarte zusätzliche Fälle zum größten Teil zurückzuzahlen sind, sondern auch an den Regelungen zur Kontrolle und Begrenzung der Fallzahlentwicklung.

Wollte man einen ‚Wettbewerb um Patienten' sich tatsächlich frei entfalten lassen, dürfte es für die einzelnen Krankenhäuser keine Beschränkungen der Fallzahlen geben. In einem solchen System wäre die Fallzahlentwicklung von den Krankenkassen allerdings nicht zu kontrollieren, und starke Fallzahlerhöhungen würden zu deutlichen Ausgabenerhöhungen führen, die wiederum die Beitragssatzstabilität gefährden. Da aber oberstes Ziel im deutschen DRG-System nicht die Förderung eines ‚Wettbewerbs um Patienten', sondern die Begrenzung der Krankenhausausgaben und Beitragssatzstabilität der GKV ist, wurden in das DRG-System von Anfang Mechanismen zur Kontrolle der Fallzahlentwicklung eingebaut.

Seit Einführung des DRG-Systems steht im Mittelpunkt der jährlichen Budgetverhandlungen die detaillierte Vereinbarung von Fallzahlen für einzelne DRGs. Das Krankenhaus muss mit den Krankenkassen nicht nur die Gesamtzahl an Fällen und Einnahmen vereinbaren, sondern detailliert auch, wie viele Fälle von welcher Sorte (DRG) es im nächsten Jahr behandeln darf. Somit ist nicht die Wahlentscheidung von Patienten entscheidendes Kriterium für die zukünftige Fallzahl und den Erfolg im ‚Wettbewerb um Patienten', sondern die Zustimmung der Verhandlungsführer der Krankenkassen in den jährlichen Entgeltverhandlungen. Vor allem sie entscheiden darüber, wie viele Fälle ein Krankenhaus im nächsten Jahr behandeln darf. Zwar kann das Krankenhaus diese Vereinbarung ‚brechen' und nicht vereinbarte Mehrleistungen erbringen. In diesem Fall greifen jedoch Vergütungsabschläge, die seit Anfang an als eine Art ‚Bestrafung' für die Nichteinhaltung der Vereinbarung mit den Krankenkassen fungieren.[6]

---

[6]Krankenhäuser erbringen allerdings trotz dieser ‚Strafen' dennoch gezielt Mehrleistungen, was vor allem darauf zurückgeführt werden kann, dass Mehrleistungen ohne zusätzliches Personal erbracht werden können und somit auch reduzierte Vergütungssätze noch Überschusschancen bieten.

Fazit: Das DRG-System selbst zielt nicht darauf, einen freien Wettbewerb der Krankenhäuser um Patienten entstehen und sich entfalten zu lassen. Im Gegenteil: Die Kontrolle der ‚Mengenentwicklung' durch die Krankenkassen nimmt eine zentrale Stellung in der Konstruktion des DRG-Systems ein. Wenn es dennoch einen Wettbewerb um Patienten gibt, ist dies nicht Folge der Einführung von Fallpauschalen, sondern basiert auf der zunehmenden Bereitstellung von Informationen über die Qualität der Krankenhäuser.

3 Das DRG-System: Ein leistungsorientiertes Vergütungssystem?

Eine zentrale Rolle bei der Begründung der DRG-Einführung spielte und spielt die Behauptung, mit der Einführung des DRG-Fallpauschalensystems würde die Krankenhausfinanzierung endlich auf ein leistungsorientiertes Vergütungssystem umgestellt. In der Begründung des Fallpauschalengesetzes wird das DRG-System als „das neue leistungsorientierte Vergütungssystem" (BT-Drs. 14/6893, S. 27) bezeichnet und Fallpauschalen erscheinen als „leistungsorientierte Vergütung der Krankenhäuser" (BT-Drs. 14/6893, S. 26). Bereits im Jahr 2000 hatten die beiden maßgeblich für das Krankenhausfinanzierungsrecht zuständigen Beamten des BMG in einer programmatischen Veröffentlichung zum geplanten Fallpauschalensystem festgestellt:

> Künftig muss auch innerhalb des Krankenhausbereichs die Zielsetzung ‚Geld folgt Leistung' verwirklicht werden (Baum und Tuschen 2000, S. 453).

Diese Formulierung findet sich fast wortgleich auch in der Begründung des Fallpauschalengesetzes: „Das Geld soll den Leistungen folgen können" (BT-Drs. 14/6893, S. 26).

Auch in der politischen Diskussion über die Erfolge des DRG-Systems nimmt die Bewertung als ‚leistungsgerechtes' Vergütungssystem eine zentrale Stellung ein. Stellvertretend für viele andere Akteure und Publikationen seien hier zwei Zitate aus Veröffentlichungen des Leiters der Abteilung Krankenhäuser des GKV-Spitzenverbandes, Wulf-Dietrich Leber, angeführt:

> Auch die Vergütung erfolgt leistungsgerechter: Geld folgt heute tatsächlich der Leistung (Leber und Wolff 2013, S. 57).

> Das Prinzip ‚Gleicher Preis für gleiche Leistung' ist derzeit auf Landesebene durchgesetzt, so dass die Landesbasisfallwerte die zentrale Preissteuerungsgröße im deutschen Gesundheitswesen sind (Leber und Schmedders 2014, S. 16).

Nach alltagssprachlichem Verständnis kann ein Vergütungssystem dann als ‚leistungsorientiert' oder ‚leistungsgerecht' gelten, wenn es für eine gleiche Leistung eine gleich hohe Vergütung vorsieht. Diesem Verständnis folgen offensichtlich auch solche Feststellungen wie ‚Geld folgt Leistung' oder ‚Gleicher Preis für gleiche Leistung'.

Nachfolgend wird die Behauptung, das DRG-System sei ein ‚leistungsorientiertes' Vergütungssystem, in dem gleiche Vergütungen für gleiche Leistungen gezahlt werden, mit der Wirklichkeit des DRG-Systems abgeglichen. Der Abgleich fördert zutage, dass es sich bei den DRGs in der Regel nicht um ‚gleiche Leistungen' handelt und für gleiche DRGs auch nicht eine gleiche Vergütung gezahlt wird.

3.1 Gleiche Vergütung für ungleiche Leistungen

Damit ein Vergütungssystem als ‚leistungsorientiert' oder ‚leistungsgerecht' gelten kann, muss vor allem eine Bedingung erfüllt sein: Bei den mit einem gleichen Entgelt vergüteten Leistungen muss es sich tatsächlich um Leistungen handeln, die sowohl in ihrer Art als auch ihrem Umfang identisch sind. Diese Bedingung erfüllt das DRG-System nicht. Weder handelt es sich bei den in die DRG-Fallgruppen eingeschlossenen Fallkonstellationen um gleiche oder vergleichbare Leistungen, noch wird für identische DRGs ein einheitlicher ‚Preis' gezahlt.

Zunächst zur Art der Leistungen. DRG-Fallpauschalen basieren auf einem Fallgruppensystem, das die schier unendliche Vielfalt möglicher Kombination unterschiedlicher Diagnosen und Prozeduren und Patientenmerkmale auf eine überschaubare und in der Praxis handhabbare Zahl an Fallgruppen reduziert. Im deutschen DRG-System sind es gegenwärtig ca. 1200 Fallgruppen. Bereits an diesem Punkt wird erkennbar, dass das Vorhaben, ein Vergütungssystem zu schaffen, das für eine ‚gleiche Leistung' ein ‚gleiches Entgelt' vorsieht, allein aus systematisch-logischen Gründen zum Scheitern verurteilt ist. Die Reduzierung ist nur möglich, wenn ‚Ungleiches' zu ‚Gleichem' erklärt wird, indem man eine große Zahl ungleicher Fälle zu einer einzigen Gruppe ‚gleicher Fälle' zusammenfasst. Ein solches System muss die Vielfalt an möglichen Diagnose/Prozeduren-Kombinationen auf eine handhabbare Zahl verringern. Es kann darüber hinaus auch nicht die für die konkrete Behandlung des individuellen Einzelfalles relevanten Einflussfaktoren in ihrer tatsächlichen Vielfalt berücksichtigen, wie beispielsweise die Wünsche und Präferenzen des einzelnen Patienten, die eine humane Medizin sich verpflichtet fühlen sollte, bei Therapieentscheidungen zu beachten. Dieser Kritikstrang soll hier jedoch nicht weiter gefolgt, sondern vielmehr der Blick allein auf die Systemkonstruktion gerichtet und die Kritik sozusagen ‚immanent' geführt werden.

Wenn die unendliche Vielfalt möglicher Fallkonstellationen auf eine überschaubare und praktikable Zahl an Fallgruppen reduziert werden soll, so ist der Verwendungszeck eines solchen Fallgruppensystems von zentraler Bedeutung. Im Fall der Verwendung als Grundlage für ein Fallpauschalensystem rückt dann eine Anforderung an die erste Stelle, die beispielsweise bei einer Verwendung der Fallgruppen für Zwecke der Qualitätssicherung ohne Bedeutung ist. Es ist die Notwendigkeit, dass die zu bildenden Fallgruppen möglichst gleich hohe Kosten aufweisen. Diese Anforderung wird als ‚Kostenhomogenität' bezeichnet. Maßgebliches Kriterium für „Güte der Klassifikation" ist folglich „die Fähigkeit des Entgeltsystems zur Bildung kostenhomogener Klassen" (Leber und Wolff 2007, S. 53).

Die Bedeutung der Kostenhomogenität ergibt sich daraus, dass von Fallpauschalen, die verschiedene und in ihrer Kostenhöhe sehr unterschiedliche Fallkonstellationen mit demselben Betrag vergüten, ein massiver Anreiz zur ‚Risikoselektion' und ‚Rosinenpickerei' ausgehen würde. Betriebswirtschaftlich rational agierende Krankenhäuser werden durch unzureichende Kostenhomogenität der Fallgruppen motiviert, sich auf solche Fallkonstellationen zu beschränken, die unterdurchschnittliche Kosten aufweisen, und Patienten abzuweisen oder sofort weiterzulegen, deren Behandlungskosten absehbar nicht von der betreffenden Fallpauschale gedeckt werden.

Wenn aber Kostenhomogenität oberste Priorität bei der Fallgruppenbildung einzuräumen ist, dann ergibt sich daraus, dass kostenhomogene Fallgruppen in vielen Fällen sowohl medizinisch als auch pflegerisch inhomogen sein werden und zum Teil erhebliche Unterschiede bei den eingeschlossenen Fallkonstellationen und Leistungen aufweisen. Im deutschen DRG-System wird die medizinische Inhomogenität bereits auf der Ebene der sprachlichen Definitionen für die einzelnen Fallgruppen im DRG-Katalog sichtbar.[7] Während die Beschreibungen mittels medizinischer Fachbegriffe gewisse medizinische Vorkenntnisse erfordern, wird die medizinische Inhomogenität auch für medizinische Laien an der Verwendung der Konjunktion ‚oder' leicht erkennbar (vgl. Tab. 1). Eine Vielzahl von DRGs weist in der sprachlichen Beschreibung nicht nur ein ‚oder' auf, sondern drei oder vier oder sogar noch mehr.

Die medizinische Inhomogenität von DRG-Fallgruppen wird auch an den zahlreichen sogenannten „Reste-DRGs" deutlich. Ihre ‚inoffizelle' Bezeichnung in der Fachdiskussion verdanken sie dem Umstand, dass in diesen DRGs Fallkonstellationen zusammengefasst werden, die aus irgendeinem Grund in die anderen DRGs nicht passen. In der Version 2017 gab es in 18 von insgesamt 26

---

[7]Alle hier angesprochenen Dokumente sind zum Download auf der Internetseite des Instituts für das Entgeltsystem im Krankenhaus (InEK) verfügbar (https://www.g-drg.de).

Tab. 1 Auszug aus dem DRG-Katalog für das Jahr 2018

DRG-Kode	Definition
B02A	Komplexe Kraniotomie oder Wirbelsäulen-Operation, mehr als 8 Bestrahlungen oder bei Neubildung des Nervensystems oder intensivmedizinischer Komplexbehandlung > 392/ 368/ – Aufwandspunkte, Alter < 6 Jahre oder mit schwersten CC
B20B	Kraniotomie oder große Wirbelsäulen-Operation mit komplexer Prozedur, Alter > 17 Jahre oder ohne bestehende komplexe Prozedur, mit intraoperativer neurophysiologischem Monitoring oder komplexer Diagnose oder bestehenden Gefäßinterventionen oder Bohrlochtrepanation mit äußerst schweren CC
B79Z	Schädelfrakturen, Somnolenz, Sopor
E02B	Andere Operationsraum-Prozeduren an den Atmungsorganen, Alter > 9 Jahre, mit mäßig aufwendigem Eingriff bei Krankheiten und Störungen der Atmungsorgane oder mehr als ein Belegungstag mit bestimmtem Eingriff an Larynx oder Trachea oder mit äußerst schweren CC
E05B	Andere große Eingriffe am Thorax oder bestimmte Eingriffe zur Entfernung von intrakraniellem Gewebe,[1] ohne bestimmte Eingriffe bei Brustkorbdeformität, ohne äußerst schwere CC, bei bösartiger Neubildung oder Alter < 18 Jahre
E77D	Bestimmte andere Infektionen und Entzündungen der Atmungsorgane mit Komplexbehandlung bei isolationspflichtigen Erregern oder angeborenem Fehlbildungssyndrom oder bestimmter hochaufwendiger Behandlung oder Alter < 10 Jahre

Anmerkung: Diese Zusammenstellung ist Ergebnis einer nur auf zwei Haupt-DRG-Gruppen (Nervensystem, Atmungsorgane) beschränkten willkürlichen Auswahl. Die Liste ließe um hunderte weiterer DRGs erweitern. Um die Lesbarkeit zu verbessern, wurden Abkürzungen in vollständige Formulierungen umgewandelt. Die Abkürzung CC steht für Nebenerkrankungen und/oder Komplexitäten
1) intrakraniell: innerhalb des Schädels. Diese DRG schließt somit Prozeduren sowohl am Brustkorb (Thorax) als auch innerhalb des Schädels ein. Welche dies im Einzelnen sind, ergibt sich aus den für diese DRG in den Kodierrichtlinien angegebenen OPS-Ziffern

DRG-Hauptgruppen Reste-DRGs (InEK 2017, S. 8). Definitionen von Reste-DRGs lauten beispielsweise:

- B82Z: Andere Erkrankungen an peripheren Nerven
- C14Z: Andere Eingriffe am Auge
- E77E: Bestimmte andere Infektionen und Entzündungen der Atmungsorgane, Alter > 9 Jahre

- F21A-D: Andere Operationsraum-Prozeduren bei Kreislauferkrankungen
- F74Z: Thoraxschmerz und sonstige und nicht näher bezeichnete Krankheiten des Kreislaufsystems
- G12A-D: Andere Operationsraum-Prozeduren an den Verdauungsorganen
- H06A-C: Andere Operationsraum-Prozeduren an hepatobiliärem System und Pankreas
- J11A-D: Andere Eingriffe an Haut, Unterhaut und Mamma

Die wirkliche, weit über die an den sprachlichen Umschreibungen erkennbare medizinische Inhomogenität der DRG-Fallgruppen hinausgehende Heterogenität wird an den DRG-Definitionen im jährlich neu vom InEK auf seiner Internetseite veröffentlichten knapp siebentausendseitigen Definitionshandbuch sichtbar (InEK 2018). Es weist zu den einzelnen DRGs teilweise seitenlange zweispaltige Kolonnen unterschiedlicher ICD- und OPS-Kodes aus, die alle zu einer DRG-Fallgruppe zusammengefasst und mit einer DRG-Fallpauschale vergütet werden.

Während sich die Bildung der DRG-Fallgruppen noch an medizinisch-ärztlichen Diagnosen und Prozeduren orientiert, fehlt ein Bezug zu pflegerischen Leistungen bis auf wenige Ausnahmen vollständig. Für die Fallgruppenbildung spielt weder der Pflegebedarf noch der tatsächlich erbrachte Pflegeaufwand je Patient eine Rolle. Diese Eigenschaft weisen DRG-Systeme international auf (Fischer 2002, 2001). Wenn aber die Fallgruppen weder nach dem Pflegebedarf noch dem erbrachten Pflegeaufwand gebildet werden, können Unterschiede des Pflegebedarfs oder Pflegeaufwands bei der Zuordnung von Patienten zu den einzelnen DRGs im Rahmen der Kodierung nicht berücksichtigt werden. Die DRGs schließen somit Patientenkollektive mit sehr unterschiedlichem Pflegeaufwand ein. Unterschiedlicher Pflegeaufwand wird folglich mit ein und derselben Fallpauschale vergütet.

Es kann somit festgestellt werden, dass das DRG-System allein aufgrund der Konstruktion seines Fallgruppensystems nicht leistungsorientiert sein kann und den Grundsatz ‚Geld folgt Leistung' oder ‚Gleicher Preis für gleiche Leistung' nicht verwirklicht.[8]

Für das deutsche DRG-System kann auch noch aus einem anderen Grund nicht der Anspruch erhoben werden, es sei leistungsorientiert oder leistungsgerecht. Die Definitionen der Fallgruppen basiert in Bezug auf die Leistungen allein auf OPS-Kodes, mit denen dokumentiert wird, dass eine bestimmte im OPS-Katalog ausgewiesene Prozedur durchgeführt wurde. In welcher Qualität diese Leistung erbracht wurde, spielt für die Vergütung keine Rolle. Die Höhe der

---

[8] Es sei denn, man interpretiert den Satz als ‚Geld folgt irgendeiner Leistung'.

Vergütung berücksichtigt weder die Strukturqualität noch die Prozessqualität oder die Ergebnisqualität.[9] Wenn aber die Qualität einer Leistung, verstanden als Art und Beschaffenheit dieser Leistung, keinen Einfluss auf die Höhe der Vergütung hat, kann für das betreffende Vergütungssystem bereits allein aus diesem Grund nicht der Anspruch erhoben werden, es sei leistungsorientiert oder leistungsgerecht.

3.2 Ungleiche Vergütung für gleiche DRGs

Auch auf der Seite der gezahlten Vergütungen erfüllt das deutsche DRG-System nicht das Versprechen ‚gleicher Preis für gleiche Leistungen'. Selbst wenn man davon ausgehen würde, die DRG-Fallgruppen wären vollkommen leistungshomogen, erfolgt die Vergütung nicht nach dem Grundsatz ‚gleicher Preis für gleiche Leistungen'.

Zwar weist der DRG-Katalog für jede darin ausgewiesene Fallgruppe eine bundesweit einheitlich geltende Bewertungsrelation aus, die tatsächlich zu zahlende Fallpauschale ergibt sich jedoch erst durch die Multiplikation der Bewertungsrelation mit dem jeweils geltenden Landesbasisfallwert. Die Landesbasisfallwerte waren und sind in ihrer Höhe allerdings sehr unterschiedlich. Die Spanne reichte beispielsweise 2005 von 2639 EUR bis 3085 EUR (vdek 2018).[10] Durch die schrittweise Angleichung an einen bundesdurchschnittlichen Basisfallwert sind diese Unterschiede mittlerweile zwar stark reduziert worden, sie bestehen aber weiterhin. Allein aus den unterschiedlich hohen Landesbasisfallwerten ergibt sich somit, dass im DRG-System bislang bundesweit kein gleicher Preis für gleiche DRGs gezahlt wird.

Ein weiterer Verstoß gegen den Grundsatz ‚gleicher Preis für gleiche Leistung' ist das seit DRG-Einführung zunehmend komplexer gewordene System von Zu- und Abschlägen. Da bereits bei Einführung des DRG-Systems erkennbar war, dass zahlreiche Leistungstatbestände oder Kosten nicht über einheitliche fallbezogene Pauschalen finanziert werden können, gab es von Beginn an Zu- und Abschläge auf die einzelne abzurechnende Fallpauschale. Ein Teil dieser Zu- und Abschläge gilt einheitlich für alle Krankenhäuser, ein erheblicher Teil ist allerdings krankenhausindividuell zu vereinbaren (zum Überblick vgl. AOK-Bundesverband 2018).

---

[9]Eine Ausnahme bilden lediglich einige OPS-Kodes, die gewisse Vorgaben zur Strukturqualität enthalten. Um DRGs mit diesen Kodes abrechnen zu können, muss ein Krankenhaus die im OPS definierten Anforderungen erfüllen.

[10]vor Kappung. Als ‚Kappung' wurde die durch Gesetz vorgegebene Begrenzung der Budgetkürzungen während der Konvergenzphase bezeichnet.

Insgesamt ist die Zahl der Zu- und/oder Abschlagstatbestände in den letzten Jahren kontinuierlich gestiegen. Im Jahr 2011 lag sie beispielsweise noch bei 18, im Jahr 2018 waren es bereits 32 (Leber und Wolff 2011, S. 93–95; AOK-Bundesverband 2018). Da die krankenhausindividuell vereinbarten Zu- und Abschläge dazu führen, dass sich die Entgelthöhe bei gleicher DRG verändert, wird folglich kein einheitlicher Preis für die DRGs gezahlt.

Eine weitere, ökonomisch sehr relevante Abweichung von diesem Grundsatz ergibt sich aus den verschiedenen Vorgaben für eine Vergütungsdegression bei Leistungsausweitungen. Wenn ein Krankenhaus mehr Leistungen erbringt als mit den Krankenkassen vereinbart, sah und sieht das DRG-System verschiedene Mechanismen vor, durch die die zu zahlenden Vergütungen reduziert werden. Hierzu gehört beispielsweise der sogenannte ‚Mehrerlösausgleich', der ein Krankenhaus, das nicht vereinbarte Mehrleistungen erbracht hat, zur Rückzahlung des größten Teils der dadurch erzielten Mehreinnahmen verpflichtet (§ 4 Abs. 3 KHEntgG). Ein ähnlicher Mechanismus war ein mittlerweile nicht mehr erhobener sogenannter ‚Mehrleistungsabschlag' für vereinbarte Mehrleistungen, der 2017 durch einen ‚Fixkostendegressionsabschlag' (FDA) abgelöst wurde (§ 10 Abs. 13 KHEntgG).

Diese Mechanismen führen insofern zu einer Abweichung vom Grundsatz ‚gleicher Preis für gleiche Leistung', als sie entweder zu einer Absenkung des Zahlbetrages je Fallpauschale führen (FDA) oder über die Rückzahlung eines erheblichen Teils von Mehreinnahmen zu einer Absenkung der Vergütung für alle zusätzlichen Leistungen und damit faktisch ebenfalls zu einer Minderung des Zahlbetrages für die einzelne zusätzlich erbrachten DRG.

Als Fazit kann festgehalten werden, dass der Anspruch, das deutsche DRG-System sei leistungsorientiert oder leistungsgerecht, weil es dem Grundsatz folge, ‚gleicher Preis für gleiche Leistung', nicht der Wirklichkeit des DRG-Systems entspricht. Da entscheidendes Kriterium für die Bildung der DRG-Fallgruppen eine möglichst gleiche Höhe der Kosten ist, müsste der Satz „Geld folgt Leistung" korrekterweise umgewandelt werden in „Geld folgt Kosten".

Zumindest einem Teil der maßgeblichen Protagonisten des DRG-Systems scheint auch sehr wohl bewusst zu sein, dass das DRG-System den Grundsatz' gleiche Vergütung für gleiche Leistung' nicht erfüllt, wie das nachfolgende Zitat belegt.

> Der Kern einer Vergütung nach DRG-Fallpauschalen ist die Klassifikation, also die Eingruppierung von unendlich vielen Diagnosen und Prozeduren in eine überschaubare Zahl von Fallgruppen. Dies bedeutet jedoch nicht, dass die Behandlung einer Krankheit, z.B. einer Blinddarmentzündung, seit Einführung der DRGs in Deutschland in allen deutschen Krankenhäusern mit dem gleichen Eurobetrag vergütet wird. Es gibt ein umfangreiches System von Abrechnungsregeln, differenzierenden Basisfallwerten, Zu- und Abschlägen und Ausnahmen, die dazu führen, dass die letztendliche Vergütung vom einfachen Prinzip ‚eine DRG = ein Preis' abweicht (Leber und Wolff 2007, S. 62).

Anzumerken bleibt noch, dass es sich um denselben Wulf-Dietrich Leber handelt, der an anderer Stelle behauptet, im DRG-System sei das „Prinzip ‚Gleicher Preis für gleiche Leistung' (…) durchgesetzt" (Leber und Schmedders 2014, S. 16). Diese Diskrepanz kann nicht durch die zeitliche Differenz und eine mittlerweile erreichte ‚Leistungsgerechtigkeit' erklärt werden. Alle in dem Zitat aus dem Jahr 2007 angeführten ‚Abweichungen' galten auch im Jahr 2014 und teilweise sogar noch stärker als zuvor (z. B. Zu- und Abschläge).

3.3 Abkoppelung der Vergütungen von der Leistungsentwicklung

Abschließend soll noch auf ein zentrales Konstruktionsmerkmal des DRG-Systems hingewiesen werden, das zu einer grundsätzlichen Abkoppelung der Vergütungen von der tatsächlichen Leistungsentwicklung führt und auch führen soll. Das DRG-System ist in erster Linie ein System zur Begrenzung und Deckelung der Krankenhausausgaben. Die DRG-Einführung stand eindeutig unter der Vorgabe, dass Beitragssatzstabilität in der GKV gewahrt wird. Dementsprechend wurde Mitte 2000 vereinbart, dass die DRG-Fallpauschalen auf Grundlage der durchschnittlichen Ist-Kosten der Krankenhäuser kalkuliert werden sollen. Die jährliche Veränderung der Landesbasisfallwerte war von Beginn an auf die Veränderungsrate der beitragspflichtigen Einnahmen der GKV-Mitglieder nach § 71 SGB V begrenzt. Seit dem Jahr 2006 wird bei der jährlichen Weiterentwicklung des DRG-Kataloges darauf geachtet, dass die bundesweite Summe der Bewertungsrelationen gegenüber der Vorversion konstant bleibt. Alle diese Maßnahmen, die letztlich der Kontrolle der Gesamtausgaben dienen, müssen dazu führen, dass weder eine Erhöhung der bundesweiten Fallzahl noch eine Erhöhung des durchschnittlichen Schweregrades zu einer Erhöhung der Gesamtausgaben führen. Damit wirkt das DRG-System insgesamt so, wie die Gesamtvergütung in der ambulanten vertragsärztlichen Versorgung.

Betrachtet man die Konstruktion des DRG-Systems unter der Prämisse, dass es sich um eine modifizierte Form der Gesamtvergütung handelt, so zeigt sich die Richtigkeit dieser These insbesondere an der Funktion des Landesbasisfallwertes. Er dient als zentrale ‚Steuerungsgröße' für die Ausgabenentwicklung. Bei der Vereinbarung des Landesbasisfallwertes sind die Vertragsparteien durch gesetzliche Vorgaben verpflichtet, die zu erwartende Leistungsentwicklung in dem betreffenden Bundesland zu berücksichtigen und den Landesbasisfallwert so zu vereinbaren, dass die Entwicklung der Gesamtausgaben nicht die vorgegebene Obergrenze übersteigt (§ 10 KHEntgG).

Ein solches System einer Quasi-Gesamtvergütung ist von seiner Konstruktion her darauf angelegt, die Vergütungen von der tatsächlichen Leistungsentwicklung abzukoppeln. Für ein solches System kann insofern allein aufgrund dieses zentralen Konstruktionsmerkmals nicht der Anspruch erhoben werden, es sei leistungsorientiert oder leistungsgerecht.

4 Fazit

Das deutsche DRG-System gilt in weiten Teilen der gesundheitspolitischen Diskussion als ‚Erfolg' und seine Entwicklung als ‚Erfolgsgeschichte'. Dieses Urteil wird in der Regel auf die These gestützt, dass das System die ihm vorgegebenen Ziele erreicht habe. Es habe zu weitreichenden Strukturveränderungen geführt, die Transparenz der Leistungen und Kosten im Krankenhausbereich erhöht, die Verkürzung der Verweildauern beschleunigt, die Wirtschaftlichkeit der Krankenhäuser verbessert und zu mehr Wettbewerb geführt. Als eine der wichtigsten Erfolge des DRG-Systems wird zudem angeführt, dass mit den DRG-Fallpauschalen ein ‚leistungsorientiertes' Vergütungssystem eingeführt worden sei, in dem der Grundsatz ‚Geld folgt Leistung' verwirklicht wird und ein ‚gleicher Preis für gleiche Leistungen' gezahlt werde.

Die im vorliegenden Beitrag durchgeführte kritische Prüfung der Systemkonstruktion und verfügbaren Daten führte zu dem Ergebnis, dass diese Thesen und Argumentationen einer kritischen Prüfung nicht standhalten können. Weder wurden die vorgegebenen Ziele erreicht, noch handelt es sich beim deutschen DRG-System um ein ‚leistungsorientiertes' Vergütungssystem, in dem der Grundsatz ‚gleiche Vergütung für gleiche Leistungen' verwirklicht wird.

Literatur

AOK-Bundesverband. (2018). Übersicht zu den Zu- und Abschlägen im Rahmen der Krankenhausabrechnung 2018 nach KHEntgG. https://www.aok-gesundheitspartner.de/imperia/md/gpp/bund/krankenhaus/abrechnung/zuschlaege/zu-abschlaege_drg_020118.pdf. Zugegriffen: 22. Juni 2018.

Balling, S. (2017). InEK unzufrieden mit Kalkulationsstichprobe. https://www.bibliomedmanager.de/news-des-tages/detailansicht/31685-inek-unzufrieden-mit-kalkulationsstichprobe/. Zugegriffen: 10. Dez. 2017.

Baum, G. (2009). Zwischenbilanz aus Sicht der DKG. In F. Rau, N. Roeder, & P. Hensen (Hrsg.), *Auswirkungen der DRG-Einführung in Deutschland. Standortbestimmung und Perspektiven* (S. 25–28). Stuttgart: Kohlhammer.

Baum, G., & Karl-Heinz, T. (2000). Die Chancen nutzen. Überlegungen zu den ordnungspolitischen Rahmenbedingungen des neuen DRG-Entgeltsystems. *führen und wirtschaften im Krankenhaus, 17*(5), 449–460.

BMA, Bundesministerium für Arbeit und Sozialordnung. (1989). *Erfahrungsbericht über die Auswirkungen der Krankenhaus-Neuordnung 1984*. Bonn.

Böhlke, N., Ian, G., & Thorsten, S. (2011). World champions in hospital privatisation: The effects of neoliberal reform on german employees and patients. http://digitalcommons.ilr.cornell.edu/cgi/viewcontent.cgi?article=2058&context=articles. Zugegriffen: 29. Juli 2016.

Böhlke, N., & Schulten, T. (2008). Unter Privatisierungsdruck. *Magazin Mitbestimmung, 6*, 24–27.

Braun, T., Ferdinand, R., & Karl Heinz, T. (2008). Die DRG-Einführung aus gesundheitspolitischer Sicht. Eine Zwischenbilanz. In J. Klauber, B.-P. Robra, & H. Schellschmidt (Hrsg.), *Krankenhaus-Report 2007. Krankenhausvergütung – Ende der Konvergenzphase?* (S. 3–22). Stuttgart: Schattauer.

DZ Bank. (2006). *Kliniken-Privatisierungswelle. Branchenstudie*. Frankfurt a. M.: DZ Bank.

Eichhorn, S. (1975). *Krankenhausbetriebslehre. Theorie und Praxis des Krankenhausbetriebes* (Bd. 1). Stuttgart: Kohlhammer.

Fischer, W. (2001). Homogenität des Pflegeaufwandes gemessen mit LEP innerhalb der AP-DRG. http://www.fischer-zim.ch/artikel/APDRG-LEP-USZ-0110-PCSE-de.htm. Zugegriffen: 15. Aug. 2008.

Fischer, W. (2002). *Diagnosis Related Groups (DRGs) und Pflege. Grundlagen, Codierungssysteme, Integrationsmöglichkeiten*. Bern: Huber.

GBE, Gesundheitsberichterstattung des Bundes. (o. J). Das Infor-mations-system der Gesund-heits-bericht-erstat-tung des Bundes. http://www.gbe-bund.de. Zugegriffen: 22. Juni 2018.

GKV-Spitzenverband. (2016). *Stellungnahme des GKV-Spitzenverbandes vom 07.04.2016 zum Antrag der Fraktion DIE LINKE „Krankenhäuser gemeinwohlorientiert und bedarfsgerecht finanzieren" (Bundestagsdrucksache 18/6326). Stellungnahme zur Anhörung des Bundestagsausschusses für Gesundheit am 13.04.2016. Ausschussdrucksache 18(14)0166(3)*. Berlin: Deutscher Bundestag.

Heimig, F. (2014). "Das Wichtigste ist Verschwiegenheit". Interview mit Frank Heimig, Geschäftsführer des Instituts für das Entgeltsystem im Krankenhaus (InEK). *führen und wirtschaften im Krankenhaus, 31*(2), 166–169.

InEK, Institut für das Entgeltsystem im Krankenhaus. (2017). Abschlussbericht. Weiterentwicklung des G-DRG-Systems für das Jahr 2018. Klassifikation, Katalog und Bewertungsrelationen. Teil I: Projektbericht Siegburg, den 19. Dezember 2017. http://www.g-drg.de/G-DRG-System_2018/Abschlussbericht_zur_Weiterentwicklung_des_G-DRG-Systems_und_Report_Browser/Abschlussbericht_zur_Weiterentwicklung_des_G-DRG-Systems_fuer_2018. Zugegriffen: 10. Apr. 2018.

InEK, Institut für das Entgeltsystem im Krankenhaus. (2018). Definitionshandbuch 2018. Band 1–5. https://www.g-drg.de/G-DRG-System_2018/Definitionshandbuch/Definitionshandbuch_2018. Zugegriffen: 20. Juni 2018.

Leber, W.-D., & Johannes, W. (2007). G-DRG-Entwicklung aus der Sicht der Krankenkassen. In N. Roeder & H. Bunzemeier (Hrsg.), *Kompendium zm DRG-System 2007. News und Trends* (S. 47–83). Düsseldorf: Deutsche Krankenhaus Verlagsgesellschaft.

Leber, W.-D., & Johannes, W. (2011). G-DRG-Entwicklung aus Sicht der Krankenkassen. In N. Roeder & H. Bunzemeier (Hrsg.), *Kompendium zm DRG-System 2011. News und Trends* (S. 61–190). Düsseldorf: Deutsche Krankenhaus Verlagsgesellschaft.

Leber, W.-D., & Wolff, J. (2013). Versichertenorientierte Krankenhausversorgung. *Gesundheits- und Sozialpolitik, 67*(2–3), 56–67.

Leber, W.-D., & Schmedders, M. (2014). Strukturbereinigung und Qualitätssicherung. Krankenhausreform 2015 aus Sicht der GKV. *Gesundheits- und Sozialpolitik, 68*(4–5), 10–18.

Mohr, F. W. (1988). Morbus Neunzehn. *Das Krankenhaus, 80*(10), 452–456.

Preusker, U. K., Markus, M., & Sven, P. (2014). Darstellung und Typologie der Marktaustritte von Krankenhäusern Deutschland 2003–2013. Gutachten im Auftrag des GKV-Spitzenverbandes. http://www.gkv-spitzenverband.de/media/dokumente/krankenversicherung_1/krankenhaeuser/gutachten_marktaustritt_krankenhaeuser/Gutachten_Marktaustritte_KH_07-2014_gesamt.pdf. Zugegriffen: 25. Sept. 2014.

Rau, F., Norbert, R., & Peter, H. (2009). Zum Stand der deutschen DRG-Einführung: Erkenntnisse, Erfahrungen und Meinungen. In F. Rau, N. Roeder, & P. Hensen (Hrsg.), *Auswirkungen der DRG-Einführung in Deutschland. Standortbestimmung und Perspektiven* (S. 9–22). Stuttgart: Kohlhammer.

Roeder, N., Wolfgang, F., & Holger, B. (2010). Bewertung von Katalogeffekten und Beschreibung ihrer Einflussfaktoren im G-DRG-System. Expertise im Auftrag des Zentralinstituts für die kassenärztliche Versorgung in der Bundesrepublik Deutschland. https://www.zi.de/fileadmin/images/content/PDFs_alle/Expertise_G-DRG-Katalogeffekt.pdf. Zugegriffen: 20. März. 2018.

Spindler, J., & Ute, B. (2009). Die Einführung des DRG-Entgeltsystems im Spiegel der Krankenhausstatistik. In F. Rau, N. Roeder, & P. Hensen (Hrsg.), *Auswirkungen der DRG-Einführung in Deutschland. Standortbestimmung und Perspektiven* (S. 43–60). Stuttgart: Kohlhammer.

Stackelberg, J-Mv. (2009). Zwischenbilanz aus Sicht der gesetzlichen Krankenversicherung. In F. Rau, N. Roeder, & P. Hensen (Hrsg.), *Auswirkungen der DRG-Einführung in Deutschland. Standortbestimmung und Perspektiven* (S. 29–31). Stuttgart: Kohlhammer.

Steiner, P., & Christian, J. (2007). Die Entwicklung des G-DRG-Systems aus Sicht der DKG. In H. Bunzemeier (Hrsg.), *Kompendium zm DRG-System 2007. News und Trends* (S. 19–46). Düsseldorf: Deutsche Krankenhaus Verlagsgesellschaft.

Tuschen, K. H. (2011). Entstehung, Darstellung und Bewertung des DRG-Systems sowie Perspektiven der Weiterentwicklung aus bundesweiter Sicht. In N. Roeder & H. Bunzemeier (Hrsg.), *Kompendium zm DRG-System 2011. News und Trends* (S. 1–24). Düsseldorf: Deutsche Krankenhaus Verlagsgesellschaft.

vdek, Verband der Ersatzkassen. (2018). Landesbasisfallwerte 2005–2018. https://www.vdek.com/vertragspartner/Krankenhaeuser/landesbasisfallwerte.html. Zugegriffen: 22. Juni 2018.

von Stackelberg, J-M. (2014). Qualität muss maßgebendes Vergütungskriterium werden. Freie Verträge statt Kontrahierungszwang ebnen den Weg. Interview mit dem stellvertretenden Vorstandsvorsitzenden des GKV-Spitzenverbandes. *Kostenträger Entscheiderbrief,* 2014 (1), S. 1 f.

Die Einführung des pauschalierenden Entgeltsystems für die Psychiatrie und Psychosomatik – Impulse für den DRG-Bereich

Anja Dieterich

Zusammenfassung

Die Psychiatrie, Psychosomatik, Psychotherapie und Kinder- und Jugendpsychiatrie blieben von der DRG-Einführung im Krankenhausbereich im Jahr 2004 ausgenommen. Stattdessen wurde für diese Fächer ab 2013 ein eigenes Vergütungssystem, das Pauschalierende Entgeltsystem für die Psychiatrie und Psychosomatik (PEPP) eingeführt. Im Unterschied zum DRG-Bereich wurde und wird der PEPP-Reformprozess von einer breiten Fachöffentlichkeit kritisch begleitet. In einer beispiellosen Allianz von Akteuren wurde das ursprünglich geplante Entgeltsystem verhindert. Aufgrund der zeitlich versetzten Einführung dienten damals die Auswirkungen der DRGs als Erfahrungshintergrund für die Bewertung des PEPP-Systems. Es stellt sich die Frage, ob es auch umgekehrt für eine kritische Auseinandersetzung um die DRGs hilfreich sein könnte, von den Geschehnissen in der Psychiatrie zu lernen. Der Beitrag analysiert auf Grundlage von Experteninterviews mit Protagonist*innen der PEPP-Kritik die ermöglichenden Faktoren für diese Allianz und diskutiert Möglichkeiten und Grenzen des Transfers zwischen beiden Handlungsfeldern.

A. Dieterich (✉)
Berlin, Deutschland
E-Mail: anja.dieterich@diakonie.de

Angesichts der bekannten Schwächen des DRG-Systems sollte – wenn es denn wegen der Pflegeleistungen geändert wird – das gesamte System auf den Prüfstand. Alles andere wäre Stückwerk. Ein Vorschlag wäre, jährlich ein Budget zu vereinbaren, das auch bei den Krankenhäusern ankommt, und es über die Fallpauschalen leistungsgerecht zu verteilen. Ein ähnlicher Ansatz wurde für das Entgeltsystem in der Psychiatrie gefunden (Verband der Krankenhausdirektoren Deutschlands e. V. 2018).

Düllings, der in den Kliniken „einen gewissen Vertrauensverlust in das DRG-System" konstatiert, nannte zudem das Entgeltsystem für psychiatrische und psychosomatische Einrichtungen als mögliches Vorbild für eine Reform des DRG-Systems. Mit einem Budget ließe sich sicherstellen, dass vereinbarte Leistungsmengen auch tatsächlich im Krankenhaus ankämen (Albert 2018).

Berichte über die Eröffnungsrede der 61. Jahrestagung des Verbands der Krankenhausdirektoren Deutschlands e. V. (VKD) durch VKD-Präsident Josef Düllings am 3. Mai 2018 in Lübeck

1 Die kritische Allianz ‚PEPP muss weg' – ein gesundheitspolitisches Ereignis mit Vorbildfunktion?

Die sogenannten ‚P-Fächer' im Krankenhaus, die Psychiatrie, Psychosomatik, Psychotherapie und Kinder- und Jugendpsychiatrie[1] blieben im Jahr 2004 von der Einführung der Vergütung über Fallpauschalen (DRG) im Krankenhausbereich ausgenommen. Stattdessen wurde für diese Fächer ab 2013 ein eigenes Vergütungssystem, das *Pauschalierende Entgeltsystem für die Psychiatrie und Psychosomatik (PEPP)* eingeführt, dessen Implementationsprozess noch nicht abgeschlossen ist (Details zum Reformprozess s. Kasten).

---

[1] Im Folgenden wird diese Fächergruppe unter dem Begriff ‚Psychiatrie' subsumiert. Im Fokus des Beitrags stehen die psychiatrischen Krankenhäuser und Fachabteilungen, die von PEPP betroffen sind und im Rahmen des SGB V finanziert werden. Zur psychiatrischen Hilfelandschaft gehören außerdem ambulante und stationäre Angebote der Eingliederungshilfe (Finanzierung durch SGB XII), die sich der PEPP-Kritik anschlossen, weil auch sie für ihre Einrichtungen negative Auswirkungen durch die Vergütungsreform befürchteten, also mittelbar betroffen waren. Der Begriff ‚Gemeindepsychiatrie' wird im Folgenden konzeptionell verwendet als Klammer für all diejenigen psychiatrischen Angebote, die sich als lebensweltnah und teilhabe-orientiert verstehen.

Aufgrund der zeitlich versetzten Einführung des neuen Entgeltsystems in der Psychiatrie dienten die Auswirkungen des DRG-Systems als Erfahrungshintergrund für die Bewertung des PEPP-Systems. Von den psychiatrisch Tätigen geschah dies oft in abgrenzender Weise, z. B. dahin gehend, dass Verweildauern in der Psychiatrie nicht standardisierbar seien und ein Diagnosebezug hier nicht sinnvoll sei, deshalb wolle man keine Fallpauschalen, sondern Tagespauschalen etc. Dem Gesetzgeber und den Partnern der gemeinsamen Selbstverwaltung diente das DRG-System auch als Blaupause und Vorlage. Gemeinsam ist den genannten Akteuren, dass Erfahrungen aus der Implementierung des DRG-Systems herangezogen wurden, um dieses Wissen bei der Entwicklung und Bewertung des PEPP-Systems zu nutzen.

Es stellt sich die Frage, ob es auch umgekehrt für eine kritische Auseinandersetzung um das DRG-System – so das Anliegen des vorliegenden Sammelbandes – hilfreich sein könnte, von den Geschehnissen um die Einführung des PEPP-Systems zu lernen.

Im deutlichen Unterschied zur DRG-Einführung wurde und wird der PEPP-Reformprozess von einer breiten Fachöffentlichkeit flankiert, die die Entwicklung und Umsetzung des neuen Vergütungssystems kritisch begleitet. In einer beispiellosen Allianz von Akteuren u. a. in der sogenannten ‚Plattform Entgelt' wurde unter dem Motto ‚PEPP muss weg!' die Einführung des ursprünglich geplanten Entgeltsystems mithilfe von politischer Lobbyarbeit, aber v. a. auch lautstarker Proteste und Öffentlichkeitsarbeit gestoppt. Es ist derzeit noch offen und wird unterschiedlich optimistisch bzw. skeptisch eingeschätzt, was die Alternative in Form des 2016 beschlossenen *Gesetzes zur Weiterentwicklung der Versorgung und der Vergütung für psychiatrische und psychosomatische Leistungen (Psych VVG)* bringen wird. Dennoch lässt sich bereits jetzt festhalten, dass es in der Kritik an PEPP gelungen ist, fachliche (Fachgesellschaften, Patient*innenvertretungen etc.) und gesundheitsökonomisch orientierte Akteure (u.a. Trägerverbände) trotz im Krankenhausbereich oft widerstreitender Interessenlagen und Positionen im Protest zu vereinen, und dass die psychiatrischen Fachakteure einen vergleichsweise großen Gestaltungseinfluss erreichen konnten.

Warum konnte in der Psychiatrie in einer so beeindruckend breiten Allianz agiert werden? Wie ist die vergleichsweise starke Position der Fachakteure zu erklären? Wie konnte es gelingen, hier die Politik zum Umdenken zu bewegen? Wäre das für das DRG-System auch denkbar? Welche Argumente und Strategien lassen sich aus der PEPP-Debatte in eine Kontroverse um die DRGs übertragen und nutzen?

Auch jetzt schon gibt es Prozesse im DRG-Bereich, die als Lerneffekte aus der PEPP-Kritik diskutiert werden können, z. B. der relativ neue Fokus in der Selbstverwaltung auf Daseinsvorsorge und sektorenübergreifende Versorgung

(z. B. Deutsche Krankenhausgesellschaft 2017). Hier könnte ‚angekommen' sein, wie erfolgreich in der Psychiatrie das Argument war, Bestandteil der Daseinsvorsorge zu sein – als Gegenwehr gegen steigenden Ökonomisierungsdruck. Auch die Modifikationen des DRG-Systems im Hinblick auf die Kodierfähigkeit von Komplexbehandlungen und Bestrebungen in Richtung von Personalmindestgrenzen, als Beispiele für eine Korrektur des reinen Leistungsbezuges und für die Rückkehr zur alten Personalrefinanzierungsdebatte können so interpretiert werden. Ebenso könnte dies gelten für das im aktuellen Koalitionsvertrag angekündigte Vorhaben, die Pflegepersonalkosten aus den DRGs herauszunehmen, auch wenn hier sicherlich noch andere Faktoren, wie der Pflegenotstand und zugehörige Proteste sowie die mediale Öffentlichkeit eine Rolle spielen.

Mit dem Interesse, neue Impulse für eine kritische Debatte im DRG-Bereich zu gewinnen, wird im vorliegenden Beitrag der Versuch unternommen, die ermöglichenden Faktoren für die Allianz gegen PEPP genauer zu analysieren, sowie Möglichkeiten und Grenzen des Transfers zwischen beiden Handlungsfeldern zu diskutieren. Vorauszuschicken ist, dass sich hier ein Spektrum verschiedener, teils auch widersprüchlicher Positionen und weiterhin offener Fragen auftut. Eine abschließende Analyse und ‚fertige Antworten' sind in diesem Rahmen nicht leistbar.

Die Grundlage bilden insgesamt sieben Experteninterviews mit Protagonist*innen der Allianz gegen PEPP bzw. aus dem Bereich der Krankenhauspolitik, geführt von Februar bis April 2018.[2]

---

[2] Ich danke sehr herzlich.
Prof. Dr. Jürgen Armbruster, Mitglied des Vorstands der Evangelischen Gesellschaft Stuttgart e. V. und Vorstandsmitglied des Bundesverbandes evangelische Behindertenhilfe e. V.;
Grit Genster, Leiterin des Bereichs Gesundheitspolitik, ver.di;
Dr. med. Iris Hauth, Past-President in der DGPPN, Ärztliche Direktorin, Regionalgeschäftsführerin des Zentrums für Neurologie, Psychiatrie, Psychotherapie und Psychosomatik, Alexianer St. Joseph Berlin-Weißensee GmbH;
Univ.-Prof. Dr. med. Martin Heinze, Professor für Psychiatrie und Psychotherapie und Chefarzt der Hochschulklinik für Psychiatrie und Psychotherapie der Medizinischen Hochschule Brandenburg Theodor Fontane (MHB), Immanuel Klinik Rüdersdorf;
Prof. Dr. med. Thomas Pollmächer, Vorsitzender der Bundesdirektorenkonferenz, Verband leitender Ärztinnen und Ärzte der Kliniken für Psychiatrie und Psychotherapie (BDK) e. V. und Direktor des Zentrums für psychische Gesundheit, Klinikum Ingolstadt;
Dr. Katharina Ratzke, Referentin für Sozialpsychiatrie und Suchthilfe, Diakonie Deutschland;
und **Prof. Dr. Michael Simon,** Hochschule Hannover
für die Bereitschaft zum Interview, ihre Expertise und die hilfreichen Diskussionen und Rückmeldungen.

Fakten zur Entgeltreform in der Psychiatrie
- **DRG-Einführung 2004:** Die Psychiatrie blieb von der Einführung der Vergütung über Fallpauschalen (DRG) im Krankenhausbereich ausgenommen. Dies lag u. a. darin begründet, dass eine realistische Abbildung der Behandlung in diesen Fächern (z. B. Milieutherapie) in einem diagnose- und prozedurenbezogenen Entgeltsystem nicht sinnvoll erschien. Auch die Verweildauern sind hier nicht diagnosebezogen standardisierbar. Krankheitsgeschichten von Patient*innen können auch bei gleicher Diagnose höchst unterschiedlich verlaufen und unterschiedlichen Aufwand und Kosten verursachen. Außerdem ist die Psychiatrie besonders personalintensiv: Personalkosten machen rund 70 % der Kosten einer psychiatrischen Krankenhausbehandlung aus[3]. Dafür gibt es mit der Psychiatrie-Personalverordnung (Psych-PV) seit 1990 verbindliche Personalvorgaben, über die ein großer Teil der Vergütungsverhandlungen bereits vorstrukturiert war. Schließlich war bekannt, dass in anderen Ländern die Einführung von Fallpauschalen auch für die Psychiatrie mit dem einhergehenden Anreiz zu früheren Entlassungen negative Auswirkungen auf die Behandlungsqualität hatte (Schepker 2018).
- **Krankenhausfinanzierungsreformgesetz (KHRG) 2009:** Zuvor wurden die Krankenhausleistungen in der Psychiatrie mit tagesgleichen Pflegesätzen vergütet, die vor Ort verhandelt wurden. Der Gesetzgeber entschied durch die Schaffung des § 17d Krankenhausfinanzierungsgesetz (KHG) im KHRG 2009, auch in diesem Bereich einheitliche Pauschalen einzuführen, aber ein eigenes pauschaliertes Entgeltsystem zu entwickeln, das den Erfordernissen der Fächer besser entsprechen sollte. Es wurde auf Fallpauschalen verzichtet, stattdessen wurden tagesbezogene Pauschalen entwickelt. Erklärtes Ziel des neuen Entgeltsystems war es, den unterschiedlichen Behandlungsaufwand bei „medizinisch unterscheidbaren Patientengruppen" abzubilden, d. h. „leistungsorientiert", aber gleichzeitig praktikabel, d. h. nicht zu differenziert zu sein.

---

[3]Eine 100 %ige Umsetzung der Psych-PV, d. h. eine volle Refinanzierung der Personalkosten und entsprechendes Vorhalten von Personal war jedoch auch vor der Entgeltreform nicht gegeben (kein Ausgleich von Tarifsteigerungen, Quersubventionen in andere Krankenhausabteilungen, restriktive Berechnungen der Mitarbeiterkosten durch die Kostenträger etc.).

- **Psych-Entgeltgesetz 2012:** Das Gesetz zur Einführung eines pauschalierenden Entgeltsystems für psychiatrische und psychosomatische Einrichtungen (PEPP) trat am 1. August 2012 in Kraft. Die Spitzenverbände der Krankenkassen und die Deutsche Krankenhausgesellschaft wurden mit der Einführung des PEPP-Systems entsprechend den gesetzlichen Vorgaben beauftragt. Auf den ersten Vorschlag des Instituts für das Entgeltsystem im Krankenhaus (InEK) im Jahr 2013 konnten sich die Vertragsparteien jedoch nicht einigen.
- **Erster PEPP-Entgeltkatalog 2013:** Der erste PEPP-Katalog wurde im Jahr 2013 per Ersatzvornahme durch das Bundesministerium für Gesundheit in Kraft gesetzt. Seit dem 01.01.2013 können psychiatrische und psychosomatische Krankenhäuser freiwillig nach dem neuen Entgeltsystem abrechnen. Nach der sog. Optionsphase sollte ursprünglich die verpflichtende Teilnahme am PEPP-System ab dem Jahr 2015 erfolgen. Die erste Version des neuen Entgeltsystems ähnelte dem DRG-System in der Konstruktion eines bundesweiten Basisfallwerts mit einem Multiplikator aus einer diagnosebezogenen PEPP-Kategorie, dessen Degression im Behandlungsverlauf zunächst vorgesehen war.
- **2014/2015 vehemente Kritik am PEPP-System:** In Reaktion auf die PEPP-Einführung bildete sich eine breite Allianz von Fachgesellschaften und -verbänden aus Medizin, Pflege und Ökonomie, die sich für die Aufhebung des Systems stark machte und auch ein alternatives budgetbasiertes Konzept vorlegte. Hauptkritikpunkte an PEPP waren: die Unzulänglichkeiten auch eines auf Tagespauschalen bezogenen leistungsorientierten Entgeltsystems hinsichtlich der Besonderheiten psychischer Erkrankungen (z. B. wurden durch die fehlende Strukturkomponente zentralisierte Großkrankenhäusern gefördert, Budgetverluste für Häuser mit dezentralen Strukturen drohten); zu befürchtender massiver Personalabbau, vor allem in der Pflege; unverhältnismäßig hoher Dokumentations- und Administrationsaufwand zulasten der Patient*innenversorgung; hohe IT-Kosten; Fortschreibung der untererfüllten Psych-PV durch Ist-Kosten-Kalkulation (statt Soll-Kosten) durch das Institut für das Entgeltsystem im Krankenhaus (InEK); die Behinderung statt Förderung sektorübergreifender Versorgung und die Gefährdung von Modellprojekten wie den Regional-Budgets.
- **GKV-Finanzstruktur- und Qualitäts-Weiterentwicklungsgesetz (GKV-FQWG) 2015:** Mit diesem Gesetz wurde die Optionsphase erstmalig um zwei Jahre verlängert, d. h. die Umsetzung von PEPP wurde verzögert.

- **Anfang 2016: Bundesgesundheitsminister Gröhe verkündet einen „Kurswechsel" und veröffentlicht „Eckpunkte zur Weiterentwicklung des Psych-Entgeltsystems":** Die Eckpunkte beinhalteten ein Abrücken von den ursprünglich geplanten landesweit einheitlichen Tagesentgelten. Es wurde in Aussicht gestellt, dass Kliniken weiterhin individuelle Budgets vereinbaren können sollten, unter Berücksichtigung regionaler Versorgungsverpflichtungen und krankenhausindividueller Besonderheiten.
- **Gesetz zur Weiterentwicklung der Versorgung und der Vergütung für psychiatrische und psychosomatische Leistungen (PsychVVG) 2016:** Durch das PsychVVG erhielten die pauschalierten Entgelte die Funktion von Abschlagseinheiten auf das Gesamtbudget. Der Basisfallwert wird zukünftig nur noch krankenhausbezogen, nicht mehr bundesweit ermittelt. Die zunächst vorgesehene stufenweise Umstellung der Krankenhausvergütung von krankenhausindividuellen Basisfallwerten auf Landesbasisentgeltwerte entfällt. Neu ist auch eine verbindliche Umsetzung der Personalvorgaben, d. h. dass Krankenhäuser einerseits nachweisen müssen, Gelder, die sie für Personal verhandelt haben, auch vollständig für diesen Zweck verwendet haben bzw. dass sie andererseits die Möglichkeit erhalten, Geld für zusätzliche Stellen zu verhandeln, wenn dies notwendig ist, um die Vorgaben zu erfüllen. Bis 2020 soll der Gemeinsame Bundesausschuss (G-BA) eine neue verbindliche Personalbemessungsgrundlage erarbeiten. Wie diese aussehen wird, ist gegenwärtig offen. Bis zur Bekanntgabe neuer Personalvorgaben durch den G-BA sollen die Psych-PV-Vorgaben 100 %ig umgesetzt sein. Auch die verpflichtende Anwendung, die zunächst ab dem Jahr 2017 erfolgen sollte, wurde mit dem PsychVVG erneut um ein Jahr verschoben: Ab 2018 ist das neue Entgeltsystem verpflichtend anzuwenden, jedoch bis Ende 2019 weiterhin unter budgetneutralen Bedingungen für die einzelnen Krankenhäuser, d. h. unter Anpassung an das bisherige Klinikbudget. Als Basis dient zunächst wie bisher die Psych-PV. Ab 2020 ist eine Budgetlösung geplant, in regionalen Verhandlungen mit den Kostenträgern sollen strukturelle Besonderheiten der Krankenhäuser einbezogen werden. Grundlage der Budgetkalkulation sollen dann die neuen G-BA-Personalvorgaben sein. Ab 2020 soll über einen Krankenhausvergleich eine Anpassung der Budgets vorgenommen werden. Auch hier ist die Ausgestaltung noch nicht konkretisiert. Mit der neu eingeführten stationsäquivalenten Behandlung (StäB) wird eine sektorübergreifende Akutbehandlung auch im häuslichen Umfeld ermöglicht. Auch hier ist die Ausgestaltung derzeit offen.

Insgesamt wird auch das Psych-VVG in den geführten Interviews noch zurückhaltend bewertet. Die praktischen Auswirkungen sind abhängig von der Konkretisierung zentraler Parameter wie der Personalvorgaben. Erst dann wird einschätzbar sein, in welchem Umfang auch in der Psychiatrie ein stärkerer Leistungsbezug durch regional zu kalkulierende PEPP-basierte Budgets die Vergütung prägen wird bzw. inwiefern auch weiterhin Strukturqualität in den Vordergrund gestellt wird.

2 Ermöglichende Faktoren für die PEPP-Allianz

Im Rahmen der ‚Plattform Entgelt' artikulierten sich in den Jahren 2014–2016 gemeinsam rund 21 Verbände.[4] Die Kritik am PEPP-System ging vor allem von den psychiatrisch Tätigen aus, d. h. von den medizinischen, therapeutischen, sozialarbeiterischen und pflegerischen Berufsgruppen, die sich über ihre Fachgesellschaften

---

[4]Hierzu gehörten: Aktion Psychisch Kranke (APK), Arbeitskreis der Chefärztinnen und Chefärzte psychiatrischer und psychotherapeutischer Kliniken an Allgemeinkrankenhäusern in Deutschland (ACKPA), Arbeitskreis der Krankenhausleitungen Psychiatrischer Kliniken Deutschlands (AKP), Bundesarbeitsgemeinschaft der Leitenden Klinikärzte für Kinder- und Jugendpsychiatrie, Psychosomatik und Psychotherapie (BAG KJPP), Bundesarbeitsgemeinschaft leitender Mitarbeiter/innen des Pflege- und Erziehungsdienstes kinder- und jugendpsychiatrischer Kliniken und Abteilungen, Bundesarbeitsgemeinschaft der Träger Psychiatrischer Krankenhäuser, Bundesdirektorenkonferenz, Verband leitender Ärztinnen und Ärzte der Kliniken für Psychiatrie und Psychotherapie (BDK), Bundesfachvereinigung Leitender Krankenpflegepersonen der Psychiatrie (BFLK), Bundesverband der Angehörigen psychisch Kranker (BApK), Deutsche Arbeitsgemeinschaft der Tageskliniken (DATPPP), Deutsche Fachgesellschaft Psychiatrische Pflege (DFPP), Deutsche Gesellschaft für Bipolare Störungen (DGBS), Deutsche Gesellschaft für Gerontopsychiatrie und -psychotherapie (DGGPP), Deutsche Gesellschaft für Kinder- und Jugendpsychiatrie, Psychosomatik und Psychotherapie (DGKJP), Deutsche Gesellschaft für Psychiatrie und Psychotherapie, Psychosomatik und Nervenheilkunde (DGPPN), Deutsche Gesellschaft für Psychosomatische Medizin und Ärztliche Psychotherapie (DGPM), Deutsche Gesellschaft für seelische Gesundheit bei Menschen mit geistiger Behinderung (DGSB), Deutscher Verband der Ergotherapeuten (DVE), Lehrstuhlinhaber für Psychiatrie und Psychotherapie (LIPPs), Verband der Krankenhausdirektoren Deutschlands, Fachgruppe Psychiatrie (VKD), Verband der Universitätsklinika Deutschlands (VUD).

und Berufsverbände öffentlich äußerten. Hinzu kamen Selbsthilfe-, Patient*innen-, Psychiatrie-Erfahrenen- und Angehörigenverbände und auch die eher betriebswirtschaftlich orientierten Trägerverbände. Zusätzlich flankierten u. a. Positionierungen der Verbände der Gemeindepsychiatrie (Deutsche Gesellschaft für soziale Psychiatrie, DGSP), der Gewerkschaften, der Wohlfahrtsverbände und der Deutschen Krankenhausgesellschaft (DKG) die Kritik der Plattform.[5]

Es erscheint als zentraler Erfolgsfaktor, dass es gelungen ist, traditionell auch in der Psychiatrie bestehende Konkurrenzen und Differenzen, wie etwa zwischen einzelnen Fächern (Psychosomatik vs. Psychiatrie), wissenschaftlichen Schulen (biologisch orientierte vs. Sozialpsychiatrie) oder Akteursperspektiven (Ärzt*innen vs. kaufmännische Geschäftsführungen) zu überbrücken, Interessen zu bündeln und zu einer gemeinsamen Handlungsstrategie und einem konzertierten öffentlichen Auftritt zu finden.

> Die waren alle im gleichen Maße betroffen, ja, von einer schlechteren Psychiatrie. Also das Psychiatrie-Entgelt-Gesetz war so bedrohlich für die Inhalte, dass es dann auch egal war, ob man Sozialpsychiater oder konservativer Psychiater oder Psychosomat war, die waren alle gleich bedroht.[6]

Nicht alle Akteure wurden, um Formulierungen aus den Interviews zu verwenden, in diesem Bündnis zur *„Speerspitze der Sozialpsychiatrie"*, manche mussten *„zum Jagen getragen werden"*, *„mussten Kritik erst noch lernen"*, waren zu Beginn *„DRG-gebrieft"*, *„mussten mitmachen, weil die Allianz zu groß wurde und das schlecht ausgesehen hätte"*. Die Beweggründe, sich gegen das PEPP-System zu wenden, differierten: Von gesundheitsökonomischer Seite, d. h. kaufmännischen Geschäftsführungen und deren Verbänden, spielten vorwiegend Aspekte der *„Risikominimierung"* eine Rolle, d. h. das Ziel, unkalkulierbare ökonomische Auswirkungen durch eine Veränderung des Vergütungssystems zu vermeiden. Die psychiatrisch Tätigen nutzten den aktuellen Anlass, um die *„Fachdebatte, wie muss psychiatrische Versorgung in diesem Land aussehen"* einzubringen. Auf Basis einer gemeinsamen Wahrnehmung, dass die neue Gesetzgebung negative Auswirkungen haben würde und dass ein leistungsbezogenes

---

[5]Für einen Überblick über die beteiligten Akteure siehe z. B. die Stellungnahmen zum Referentenentwurf des PsychVVG 2016: https://www.bundesgesundheitsministerium.de/service/gesetze-und-verordnungen/guv-18-lp/stellungnahmen-refe/psychvvg.html#c11797.
[6]Zitate sind, wenn nicht anderweitig ausgewiesen, den zur Vorbereitung dieses Beitrags geführten Expert*inneninterviews entnommen.

Vergütungssystem nicht wünschenswert ist, konnte ein „*kleinster gemeinsamer Nenner*" gefunden werden: PEPP muss weg!

Eine der Grenzen des Bündnisses betraf die Einigung auf mögliche Alternativen zum PEPP-System, d. h. die Erarbeitung von Alternativvorschlägen. Hier griffen weiterhin Differenzen zwischen „*Systemerhaltungskräften der Krankenhausträger*" und „*sozialpsychiatrischem Umgestaltungswillen*". Auch war das Bündnis temporär angelegt, und es wäre wohl fraglich, ob Aktivitäten im gleichen Ausmaß auch weiterhin bzw. erneut abrufbar wären. Andererseits scheint es auch positive Lerneffekte im Sinne einer verbesserten Kooperationskompetenz innerhalb der Psychiatrie zu geben, die bis heute fortwirken, etwa im Bereich der gegenwärtigen Verhandlungen um die stationsäquivalente Behandlung (§§ 115d SGB V) oder einer übergreifenden fachlichen Zusammenarbeit flankierend zum aktuellen G-BA Richtlinienprozess zur Personalbemessung: „*auch hier sitzen wieder alle an einem Tisch*".

In den Interviews wurden mehrere Faktoren und Thesen andiskutiert, warum dieses Bündnis gegen PEPP in der Psychiatrie entstehen konnte und welche Argumente hier offensichtlich so wirkungsvoll eingesetzt werden konnten, dass politisch reagiert wurde und das ursprünglich geplante Vergütungssystem zumindest modifiziert werden musste. Diese werden im Folgenden vorgestellt und erörtert:

a. **Die Psychiatrie ist ein kleines, vergleichsweise homogenes Fach, das für eine ‚besondere' Gruppe von Patient*innen zuständig ist.**

> Wir haben eine Patientengruppe, die zwar nach dem ICD-10-System sich von F1 bis F9 aufspaltet, aber es ist eine Gruppe von Menschen mit psychischen Störungen, das ist natürlich eine andere Situation als wenn Sie einen Fächer von Fachgebieten haben über die ganzen chirurgischen Fachgebiete bis hin zu große Innere, die sich dann nochmal aufteilt und so weiter, da sind ja auch viel mehr Fachgesellschaften beteiligt, viel mehr Verbände beteiligt, das ist natürlich auch dann schwieriger zusammenzukommen und ein gemeinsames Konzept oder ein Gegenkonzept zu entwickeln. Das ist natürlich überschaubarer bei uns, auch von der Anzahl der Player. Das war sicher auch ein Vorteil.

Die begrenzte Zahl der Akteure und auch die relative Homogenität des Themenfeldes machten es einfacher als im DRG-Bereich, sich zu verbünden. Hinzu kommt der ‚besondere' Status psychiatrischer Patient*innen. Der gesellschaftliche Diskurs zur Psychiatrie ist ambivalent. Einerseits sind Stigmatisierungen der Betroffenen vorhanden, andererseits ist ihre besondere Schutzbedürftigkeit breit anerkannt. Die ‚Besonderheit' ist sogar sozialrechtlich festgelegt: Im SGB V[7] ist verankert, dass den spezifischen Bedürfnissen von Menschen mit psychischen Erkrankungen im Gesundheitssystem Rechnung getragen werden muss. Zusätzlich wirkte sich aus, dass im psychiatrischen Bereich eine vergleichsweise starke Patient*innenbewegung vorzufinden ist, die sich aktiv gegen eine Medizin wehrt, mit der die Betroffenen ‚zum Objekt gemacht' werden.

Diese Sachverhalte halfen in der PEPP-Debatte, zu argumentieren, dass auch das Vergütungssystem anders sein muss: Menschen mit psychischen Erkrankungen können in ihren Krankheitsphasen in besonderem Maße verletzlich und schutzwürdig sein. Es ist ethisch fragwürdig, sie Wettbewerbsmechanismen auszusetzen, die eine Logik befördern, partielle Dienstleistungen zu verkaufen, ohne die Ganzheitlichkeit von Gesundheitsbedürfnissen zu berücksichtigen. Denn unter solchen Rahmenbedingungen würden primär Leistungen erbracht, für die mit geringstem Aufwand der größte Gewinn erzielt werden kann. Marktförmigkeit würde in der Psychiatrie die Ausgrenzung gerade derjenigen Personengruppen fördern, bei denen umfassende Hilfeleistungen wesentlich für den Behandlungserfolg sind, d. h. insbesondere chronisch und schwer Kranke. Das Argument, mit einer besonders schutzwürdigen Klientel zu arbeiten, wurde strategisch genutzt, um sich gegen das Bild vom *„mündigen Kunden", „der guckt, wo kriege ich das beste Preis-Leistungs-Verhältnis"*, zu verwehren und deutlich zu machen, dass der Stärkung der Entscheidungskompetenz als Bestandteil psychiatrischer Behandlungskonzepte ein anderes Menschenbild und entsprechend eine andere Vergütungssystemlogik zugrunde liegen muss.

Für die Psychiatrie wurde also erfolgreich auf eine politische Bereitschaft abgestellt, aus wettbewerbsorientierten Prinzipien herauszutreten und stattdessen auf ein Finanzierungssystem zu zielen, in dem Marktförmigkeit zumindest relativiert und versorgungsstrukturell stärker gerahmt ist.

b. In der historischen Entwicklung der Psychiatrie konnten sich, gegeben durch eine fachliche Reformbewegung, Personalvorgaben und Versorgungsprinzipien einer ‚sprechenden Medizin' etablieren.

Die Psychiatrie hat sich in besonderer Weise mit den Verbrechen des Nationalsozialismus auseinandersetzen müssen, da Menschen mit psychischen Erkrankungen

---

[7] *„Bei der Krankenbehandlung ist den besonderen Bedürfnissen psychisch Kranker Rechnung zu tragen, insbesondere bei der Versorgung mit Heilmitteln und bei der medizinischen Rehabilitation."* (§ 27 (1) Satz 4 SGB V).

zu den Opfern gehörten und systematisch durch Ärzt*innenschaft und Pflegende ermordet wurden. Eine der Konsequenzen war die Psychiatrie-Enquete (Deutscher Bundestag 1975), die Bestandteil und Impulsgeberin einer Reformbewegung der Psychiatrie war[8]. Insbesondere die auf die Enquete zurückgehende Psych-PV hat eine hohe Bedeutung für die Erklärung der PEPP-Bewegung. Diese verbindliche Festlegung von Strukturqualität stärkt bis heute die Positionen derjenigen, die für eine ausreichende Personalausstattung in den psychiatrischen Einrichtungen streiten – und damit für den Erhalt von Strukturkosten und gegen ein rein leistungs- bzw. fallbezogenes Vergütungssystem.

> Dieses Psych-PV-System, (...) das war ja das Produkt einer ganz vorbildlichen Reformbewegung. Die war ja sensationell, ja, also damals war es ja auch so, dass alle Akteure in den 70er-Jahren, die Politik und die Psychiater und die Gesellschaft gesagt haben, also diese Psychiatrien wie wir sie da letztendlich aus dem Dritten Reich geerbt haben, die können wir nicht so lassen, die müssen anders werden. Da war ein riesiger Impetus, daraus ist das Psych-PV-System entstanden, das hat zu einer regelrechten Blüte der Psychiatrien geführt. Also es gab mehr Personal, es wurden neue Behandlungskonzepte entwickelt, et cetera, et cetera, pp. Und dann kommt kaum fünfzehn bis zwanzig Jahre später die Politik daher und sagt, ja, wir haben da so ein neues DRG-System in der Somatik, das funktioniert doch ganz gut, das wollen wir jetzt auch bei euch machen. Ich meine, dass das massive Widerstände auslöst, das ist doch klar.

Es wäre wohl idealisierend, zu behaupten, dass sich in der Psychiatrie insgesamt fachliche Konzepte einer komplexen, sektorenübergreifenden, gemeindenahen, teilhabeorientierten, und personenzentrierten psychiatrischen Versorgung, wie sie seit der Psychiatrie-Enquete postuliert und vertreten werden, bereits übergreifend durchgesetzt hätten. Auch hier gibt es konflikthafte Trägerinteressen z. B. zwischen Krankenhäusern und Gemeindepsychiatrie, dysfunktionale Hierarchien zwischen Medizin und anderen Gesundheitsberufen oder teils widersprüchliche Krankheitskonzepte zwischen den Polen einer ‚biologisch-psychiatrisch' versus ‚sozialpsychiatrisch' ausgerichteten Versorgung. Dennoch sind der Konsens und zugehörige Reformbestrebungen in Bezug auf eine ‚sprechende' Medizin, die nur mithilfe ausreichend vorgehaltenem und qualifiziertem Personal und in einem entsprechendem ‚Milieu' geleistet werden kann, und in Bezug auf eine

---

[8]Für eine Reflexion der Errungenschaften der Psychiatrie-Enquete s. Armbruster et al (2015).

sozialräumliche Perspektive, die über die eigene Einrichtung hinausgeht, so stabil gewesen, dass diese Diskussionslinien in der PEPP-Kritik halfen, für den Erhalt verbindlicher Personalvorgaben zu kämpfen. Es wurde mit einem hohen Anteil an Arbeitsleistungen, die schlecht mess- bzw. quantifizierbar sind („Grundrauschen") argumentiert. Auch über die Psych-PV hinaus konnten solche weitgehend konsentierten Konzepte in fachpolitische Forderungen umgewandelt werden und dafür genutzt werden, das vorgeschlagene Vergütungssystem daran zu messen.[9]

> Außerdem haben wir natürlich das wirklich gute Argument, dass bei uns die Kernarbeit von Menschen erledigt wird, die mit den Betroffenen reden. Das ist schon ein Unterschied zur Somatik. Die können ja sagen, also der Kern ist ja dann doch, das was im OP passiert, und natürlich müssen wir die Leute drum rum auch noch irgendwie pflegen, das ist schon richtig, aber da kann man doch- das kann man doch so und das kann man auch anders und ob jetzt da eine Schwester für dreißig oder vierzig Patienten zuständig ist, das ist doch dann eigentlich am Ende des Tages egal, wenn es nur gut organisiert ist (…) (aber) es kann niemand bestreiten, dass die Menschen, die da arbeiten, das wichtigste sind, was wir als medizinisches Mittel, um den Patienten gesund zu machen, haben.

Die fachliche Kritik am PEPP-System wurde letztlich erst durch einen solchen konzeptionellen und normativen, auf Entwicklung ausgerichteten Zugang möglich, mit dem durchaus selbstbewusst umgegangen wird:

> Wir brauchen normative Vorgaben. Es ist einfach illusorisch, dass sich ein Bereich, der wird ja halt von Neoliberalen (…) als Bereich der Wirtschaft gesehen, ist ja in gewisser Weise natürlich auch ein wirtschaftlich bedeutsamer Bereich, aber ein Bereich, in dem halt die klassischen Marktgesetze schlicht und ergreifend nicht anwendbar sind, weil ein wesentlicher Partner, der Patient, eine extrem schwache Position hat. Der wird doch immer nur über den Tisch gezogen, wenn man da nicht normative Regeln einzieht.

---

[9]Aus der Stellungnahme der Bundesdirektorenkonferenz, Verband leitender Ärztinnen und Ärzte der Kliniken für Psychiatrie und Psychotherapie (BDK) e. V., 17.11.2016: *„Da ist einerseits der Wunsch der Mehrzahl von Fachgesellschaften und Verbänden nach einem Vergütungssystem, das sich nicht an Diagnosen, sondern primär am Bedarf des individuellen Patienten und seiner gemeindenahen bestmöglichen Behandlung orientiert und anderseits der politische Megatrend des wettbewerbsorientierten Gesundheitswesens, die medizinische Behandlung als mess- und objektivierbares Leistungsgeschehen zu verstehen, dem als ebenfalls quantitatives Korrelat die Vergütung folgt. Diese beiden Sichtweisen sind nicht wirklich kompatibel".*

c. **Die Psychiatrie hat eine besondere Aufgabenstellung – nicht nur für ihre Patient*innen, sondern auch für die Gesellschaft. Daraus entsteht ein Spannungsverhältnis, das die psychiatrisch Tätigen anders als in anderen Fächern prägt.** Bis zu zehn Prozent der stationären Patient*innen in der Psychiatrie sind per Richter, per Landesunterbringungsgesetz oder per Betreuungsgesetz untergebracht (Adorjan et al 2017). Die Psychiatrie hat als Spezifikum neben dem Behandlungsauftrag auch noch einen Sicherungsauftrag bei Selbst- und Fremdgefährdung, bei letzterem auch den Schutz der Öffentlichkeit.

> In der Psychiatrie gibt's auch sowas, also wenn man es psychologisch ausdrückt, so etwas wie ein Schuldgefühl, für Unterbringungen, für Dinge, die man machen muss oder auch ein Bewusstsein darum, dass man manchmal auch gesellschaftlich missbraucht wird. Ich glaube jeder, selbst der konservativste Psychiater, weiß irgendwo in einer Ecke seines Kopfes, dass Psychiatrie eventuell nicht nur patientenbezogene Dienstleistungen erbringt, sondern eben auch Dienstleistungen für die Gesamtgesellschaft und Ähnliches. Dadurch ist das- denken die Psychiater schon ein bisschen anders, die denken nicht nur ich muss eine Diagnose behandeln (…) auch eine Verantwortung für eine Community und nicht für einen einzelnen Patienten. Das sind ja Dinge, die in der Psychiatrie seit der Psychiatrie-Enquete immer drin sind und an der sich, auch der, der es nicht mag, halten muss.

Dieses Spannungsverhältnis bringt mit sich, dass es in der Psychiatrie eine lange Tradition kritischer Stimmen zur Rolle psychiatrischer Versorgung gibt – was tun wir mit unseren Einrichtungen? wem dienen wir? – die möglicherweise stärker verankert sind, als in anderen Fächern. Diese Stimmen argumentierten dann auch gegen Anreize zur Leistungsausweitung durch Pauschalen – auch wenn dieser Anreize in der Psychiatrie nicht so ausgeprägt wirksam zu sein drohten, wie etwa in operativen Fächern. Prinzipiell ist eine solche kritische Selbstreflexion auch in den somatischen Fächern durchaus denkbar und in Ansätzen vorhanden.

Womöglich gab es zusätzlich, im Sinne eines Schutzfaktors für das bestehende Vergütungssystem, auch Bedenken des Gesetzgebers, der die Interessen der Öffentlichkeit zu wahren hat, in das Handlungsfeld Psychiatrie gegen den Protest der dort Tätigen einzugreifen. Sowohl die kritische Haltung innerhalb des Faches gegenüber Leistungsausweitungen als auch die Scheu der Politik, an einem System zum Schutz der Öffentlichkeit zu rütteln, können so ebenfalls als ermöglichende Faktoren für den Erfolg der PEPP-Allianz gesehen werden.

d. **In der Psychiatrie sind wichtige ambulante Kooperationspartner außerhalb des SGB V angesiedelt und finanziert.** Relevante ambulante Kooperationspartner für die psychiatrischen Kliniken liegen im Bereich der Eingliederungshilfe (SGB XII), aber auch der Rehabilitation und Teilhabe von Menschen mit Behinderungen (SGB IX) und Kinder- und Jugendhilfe (SGB VIII), also in anderen Finanzierungsbereichen, während für den DRG-Bereich sowohl die stationäre als auch die ambulante Versorgung vornehmlich im SGB V geregelt sind. Hier sind wesentliche Verhandlungspartner für sektorenübergreifende Arrangements die Kassenärztlichen Vereinigungen, die für die ebenfalls im SGB V geregelte ambulante medizinische Versorgung zuständig sind. Im DRG-Bereich führen also konkurrierende Akteure Verteilungskämpfe um das gleiche übergeordnete Budget, Das könnte ein Grund dafür sein, dass hier Konflikte größer sind als in der Psychiatrie.[10]

Auch in der Psychiatrie gibt es Interessenkonflikte an den Sektorengrenzen. Dies wird beispielsweise deutlich in den Definitionskämpfen um die Ambulantisierung der Versorgung. Von Krankenhausseite wird darunter typischerweise die Ausweitung der eigenen Leistungssphäre in den ambulanten Sektor verstanden, also eine höhere Flexibilität in Bezug auf stationäre, teilstationäre oder ambulante Erbringung, innerhalb des SGB V-Rahmens. Die Beteiligung der Eingliederungshilfe, d. h. die Zusammenarbeit mit Leistungserbringern, die anderweitig finanziert werden, ist nicht automatisch mitgemeint.

Die spezifische Konstellation in der Psychiatrie ermöglichte in der PEPP-Kritik aber letztlich einen Schulterschluss über die Sektorengrenzen hinweg, der so im DRG-Bereich wegen der Budgetkonkurrenz schwerer zu erreichen sein könnte. In der Psychiatrie wurden aus den benachbarten Hilfefeldern, wie der Eingliederungshilfe, unmittelbare Effekte der vorgesehenen stationären Vergütungsreform auf die eigenen Einrichtungen, z. B. eine steigende Zahl kränkerer Klient*innen befürchtet und es wurde eine isolierte Reform für die stationäre klinische Psychiatrie problematisiert, die nicht die gesamte Hilfelandschaft ausreichend berücksichtigt.

---

[10]Skizziert werden hier relevante *Unterschiede* der sozialgesetzlichen Regelungsbereiche zwischen Psychiatrie und sonstigem Gesundheitssystem. Auch in der Psychiatrie existiert eine von den KVen organisierte ambulante medizinische Versorgung, auch im DRG-Bereich spielen Hilfsangebote, die durch andere Sozialgesetzbücher als das SGB V geregelt sind, z. B. die Pflege (SGB XI) eine Rolle. Ein ähnlich gewichtiger Kooperationspartner, wie die Eingliederungshilfe in der Psychiatrie ist jedoch im DRG-Bereich nicht existent.

e. **In der Psychiatrie existiert eine regionale Pflichtversorgung mit Einzugsgebieten.**

Für die Psychiatrie wird, konkretisiert in den jeweiligen Landeskrankenhausplanungen, das Strukturprinzip einer regionalisierten Pflichtversorgung angewendet, teils bereits gemeindepsychiatrisch erweitert und auf eine sektorenübergreifende integrierte Bedarfsplanung bezogen (Godemann et al 2015). Zur Vorbereitung der PsychPV hatte das damalige Bundesministerium für Arbeit und Sozialordnung eine „Expertengruppe für den Personalbedarf in der stationären Psychiatrie" berufen. Diese empfahl im Jahr 1988, diese „*Versorgungsverpflichtung*" zu definieren als „*Aufnahmepflicht für alle Patienten aus einem Einzugsbereich, die a) nach den Unterbringungsgesetzen der Länder sowie nach dem BGB (Vormundschaft/Pflegschaft) eingewiesen oder b) stationär behandlungsbedürftig sind (freiwillige Aufnahme)*" (Expertenkommission der Bundesregierung 1988). Die bis heute gültige PsychPV fußt auf dieser Festlegung.

Dieser Planungsgrundsatz, dem nicht alle, aber viele psychiatrische Kliniken unterliegen, bedeutet eine regionale Zuständigkeit und hier eben die Pflicht zur Versorgung – aber auch einen Bestandsschutz: Eine Konkurrenz um Patient*innen wird durch dieses Regulativ abgeschwächt. Auch deshalb war für die Psychiatrie das PEPP-System wenig attraktiv. Die regionale Pflichtversorgung hebelt eine ähnliche Agenda wie bei den DRGs (‚Gewinner und Verlierer') großenteils aus.

f. **Kommunale und freigemeinnützige Träger spielen in der Psychiatrie eine wichtigere Rolle.**

Möglicherweise spielt auch ein anders als im DRG-Bereich gelagertes Kräfteverhältnis von öffentlichen, freigemeinnützigen und privaten Trägern eine Rolle. Zu den Erfolgsfaktoren der PEPP-Allianz gehörte der gelungene Einbezug der Trägerseite. Einer der Trägerverbände, die BAG Psychiatrie, ist stark von den Interessen kommunal bzw. freigemeinnützig getragener Krankenhäuser geprägt. Zusammen mit o. g. Faktoren wie dem besonderen Schutzbedarf der Klientel, der regionalen Pflichtversorgung, etc. unterstützte auch diese Träger-Konstellation das Argument, dass psychiatrische Kliniken v. a. Orte der Daseinsvorsorge sein sollten und ein rein leistungsbezogenes Vergütungssystem entsprechend als systemfremd zu erachten sei.[11]

---

[11] Zusätzlich schränkt die neuere Gesetzgebung (Personalkostennachweise) die Attraktivität der Psychiatrie für private Träger ein. Es gibt Erwägungen, psychiatrische Standorte aufzugeben. Durch diese Defensive konnte die öffentliche und freigemeinnützige Trägerperspektive zusätzlich an Bedeutung gewinnen.

g. **Timing: Durch Lerneffekte aus der DRG-Einführung waren die psychiatrischen Akteure vorgewarnt.**
Nicht zuletzt war das Timing, der Lerneffekt aus der DRG-Einführung, ein hilfreicher Faktor. Es konnten fachliche und ökonomische Nachteile erahnt werden (*„es kann nur schlechter werden"*) und die ‚hidden agenda' der DRG-Einführung, Krankenhaus-Schließungen zu erreichen, war bereits bekannt:

> Die somatischen Fächer mit dem DRG-System, die kriegten etwas Neues und die waren eben zehn Jahre Vorreiter und wir konnten aus den Entwicklungen dort, den möglichen Fehlern, also Anreizsysteme zu schaffen für immer mehr Leistung, auf der anderen Seite eben dieses die Fallpauschalierung, dass dann auch sich das auf die Personalsituation auswirkte, also Pflegekräfte sind weggespart worden, Ärzte, die Leistung erbracht haben, sind erhöht worden, eben diese falschen Anreize der Leistungsausdehnung, das wäre all das, was wir natürlich schon vor Augen hatten und damit ist natürlich einfacher zu sagen, wie ist das für unsere Patienten und das ist für unsere Patienten nicht geeignet, das heißt wir hatten den Vorteil, schon einen Vorlauf aus dem anderen Bereich zu sehen.

Zwischenbilanz: Die Psychiatrie als Sonderfall

> Man kann nicht Psychiater sein ohne dass man irgendwas von gesellschaftspolitischen Debatten mitkriegt, aber man kann sehr gut Chirurg sein, ohne dass man sich mit gesellschaftspolitischen Debatten beschäftigt. Und das ist jetzt nicht negativ gemeint. Nein, nicht dass die Chirurgen irgendwie dumm sind oder so, aber sie brauchen es für ihren täglichen Alltag nicht, anders als die Psychiater, die jeden Tag darauf gestoßen werden

Zusammenfassend kommen in den genannten Faktoren Vorstellungen zum Ausdruck, dass in der Psychiatrie aufgrund der Besonderheiten der Klientel, der strukturellen Systemunterschiede, der spezifischen gesellschaftlichen Aufgabenstellung, dem historischen Gewordensein der Psychiatrie mit den daraus resultierenden Modernisierungsanforderungen, die zu bewältigen waren, eine spezifische Kultur vorhanden ist, die ‚anders' ist als im sonstigen Gesundheitswesen, z. B. im Hinblick auf interprofessionelle Zusammenarbeit, aber auch im Sinne eines stärker auf die fachliche Praxis bezogenen gesellschaftspolitischen Grundverständnisses. Auf dieser Basis konnten die psychiatrischen Akteure in einer für den sonstigen Krankenhausbereich unüblichen – sehr *„geschlossenen"* Weise – auftreten:

> In der Psychiatrie gibt es eine Geschlossenheit, die es in der Somatik überhaupt nicht gibt und auch eine andere Kultur der Zusammenarbeit der Ärzt*innen mit anderen Berufsgruppen. Es sind andere Leute, ich glaube, wer Medizin studiert hat und sich dann entscheidet in die Psychiatrie zu gehen, das sind schon mal auch andere Leute, sind andere Typen als die, die zum Beispiel sagen, ich mache Karriere.

Auch die irritierende Außenwirkung dieser Geschlossenheit wurde strategisch genutzt: Das konzertierte Auftreten der psychiatrisch Tätigen und die Wahrnehmung der Psychiatrie als schwer zu durchschauendes Fachgebiet, als Sonderbereich, der *„abgeschottet"* und *„verschlossen"* wirkt, halfen dabei, dass die Fachmeinungen der psychiatrisch Tätigen höheres Gewicht bekamen, als es sonst gegenwärtig im Kräfteverhältnis von Fachlichkeit und Gesundheitspolitik üblich ist. Nicht zuletzt könnte die Einschätzung der Psychiatrie als Sonderbereich ein Umdenken der Politik begünstigt zu haben, weil dies auf einer solchen *„isolierten Spielwiese"* als relativ umgrenztes Zugeständnis bewertet wurde. In der PEPP-Debatte konnte also der ‚Schutzgedanke' gegenüber Patient*innen in den Vordergrund gebracht werden, jedoch unter Umständen unter Inkaufnahme negativer Seiteneffekte:

Denn die exotisierende Denkfigur der Psychiatrie als ganz ‚Andere' hat möglicherweise auch Schattenseiten. Ein solcher Diskurs um die Andersartigkeit der Psychiatrie war in der PEPP-Debatte zwar gesundheitspolitisch strategisch reizvoll und auch erfolgreich. Es wurde vor allem abgrenzend zu den DRGs argumentiert: ein Fallpauschalensystem, diagnosen- und prozedurenbezogen, passe nicht zum umfassenderen Behandlungsansatz, der ‚ganz anderen' Arbeitsweise in der Psychiatrie. Nicht zuletzt kann diese Argumentation als erfolgreich schützende Gegenwehr angesehen werden, umfassende Behandlungskonzepte vor einer schädlichen Über-Standardisierung zu bewahren. Diese postulierte Unterschiedlichkeit birgt jedoch die Gefahr, dass gesellschaftlich verbreitete stigmatisierende Umgangsweisen mit der Psychiatrie reproduziert werden und Diskriminierung eher verstärkt als die Inklusion von Menschen mit psychischen Erkrankungen befördert wird. Das Argument, dass die Psychiatrie ‚anders' sei, droht auch im Hinblick auf die im Fach Tätigen einer Selbststigmatisierung Vorschub zu leisten.

Will man konstatieren, dass in der PEPP-Kritik einige lohnenswerte Argumente und fachlich verallgemeinerbare Konzepte enthalten sind, die über die Psychiatrie hinausweisen und allgemeingültig für die medizinische Versorgung insgesamt sind, könnte es sich für eine DRG-Kritik strategisch lohnen, eher die Ähnlichkeiten zwischen Psychiatrie und Somatik zu betonen als die Unterschiede.

3 Impulse für den DRG-Bereich: Unterschiede und Transfermöglichkeiten

Die Voraussetzungen der Einführung von DRG bzw. PEPP waren unterschiedlich. Durch das PEPP-System sah sich die gesamte Psychiatrie bedroht. Im DRG-Bereich dagegen wurden Auswirkungen von Fallpauschalen heterogener eingeschätzt. Bei der DRG-Einführung war die Entmischung in ‚Gewinner und

Verlierer' gesundheitspolitisch auf Ebene der Klinik-Standorte gewollt, sie zeigte sich aber auch zwischen verschiedenen Fächern und zwischen einzelnen Kliniken und Abteilungen. Viele Fachverbände versprachen sich Vorteile. Wirtschaftliche Faktoren, aber auch wissenschaftliches Renommee durch hohe Fallzahlen spielten eine Rolle. Ein übergreifendendes Bündnis wie bei PEPP war insofern nicht naheliegend. Die Spaltung unter den Fächern und auch ein vergleichsweise höherer ökonomischer Druck und die stärkere Wettbewerbslogik führen zu einer schwächeren Position der fachlichen Akteure aus Medizin, Pflege und Gesundheitsfachberufen gegenüber Gesundheitspolitik und -ökonomie. Weitergehend könnte man diskutieren, ob eine Public Health-orientierte Perspektive, d. h. der Ansatz, Versorgung populationsbezogen und sektorenübergreifend zu denken und zu gestalten, der in der PEPP Debatte argumentativ hilfreich war, im DRG-Bereich weniger vertreten war und ist.

Die skizzierten ermöglichenden Faktoren für die PEPP-Allianz weisen auf strukturelle, historische und kulturelle Besonderheiten der Psychiatrie hin, wodurch zunächst die Übertragbarkeit von Argumenten und Strategien begrenzt erscheint. Die kritische PEPP-Allianz lässt sich aber auch in ihrer Vorbildfunktion interpretieren, als *„empowerndes gesundheitspolitisches Ereignis"*, das auch außerhalb der Psychiatrie Mut machen kann.

> Einerseits ja, würde ich [...] zustimmen, dass die Psychiatrie anders ist, aber ich würde es nicht so unterstützen, dass es deshalb nicht übertragbar ist, sondern es gibt Faktoren, die dazu geführt haben, die sich auch übertragen lassen auf die Somatik. Also die Psychiatrie hatte natürlich neben dem, dass sie immer als das Besondere angesehen wird und in der Tradition der Psychiatrie-Enquete stand, hatte sie eben auch den Vorteil immer noch die Psych-PV zu haben, hat sie immer noch, die wir in der Somatik nicht haben und trotzdem würde ich sagen, dass allein aus dem Prozess heraus, der gezeigt hat, dass im Bündnis etwas erreicht werden kann und dass Gehör gefunden wurde in der Politik, gibt es Übertragbarkeiten. (...) deshalb würde ich schon sozusagen das auch als Pflänzchen betrachten, was in dem somatischen Bereich- also es war ja kein Pflänzchen, es ist ein riesen Erfolg.

Im Folgenden werden Ähnlichkeiten und Anschlussmöglichkeiten für den DRG-Bereich diskutiert.

3.1 Ansatzpunkt: Sprechende Medizin für Patient*innen mit besonderen Schutzbedarfen

In der Psychiatrie waren der Verweis auf die besondere Verletzlichkeit von Menschen mit psychischen Erkrankungen und deren Versorgung durch per Pauschalen schwer erfassbare Behandlungskonzepte, tragende Argumente der Kritik. Sie machten deutlich, dass eine solchermaßen gedachte Versorgung weniger mit einem Leistungsbezug, als vielmehr mit einem hohen Anteil von Vorhaltekosten verbunden ist. Die Vorstellung einer ähnlich ‚geschlossenen' Fachlichkeit wie in der Psychiatrie fällt für den DRG-Bereich ungleich schwerer, denn „*die Somatik gibt es nicht*". Unter dem Dach der DRG Vergütung sind sehr heterogene medizinische Fächer versammelt, „*sprechende*" versus, „*schneidende*", „*technisch-orientierte*", „*Ingenieurs-*", „*Reparatur*"-Fächer etc. Den DRG-Bereich übergreifende Konzepte umfassender Behandlungsansätze, in denen technische Interventionen als Teilaspekte eines breiteren, personenzentrierten Behandlungsansatzes verstanden werden und psychosozial begleitende Hilfen auch sektorenübergreifend immer mitgedacht werden, sind vorhanden, etwa in Konzepten einer biopsychosozialen Medizin (Egger 2017) oder einer sektorenübergreifenden Versorgung (z. B. Dieterich et al 2012; Kümpers et al 2013). Ihnen stehen angesichts der starken sektoralen Trennungen in Finanzierung und Vergütung aber ausgeprägte ökonomische und strukturelle Sachzwänge entgegen, durch die solche Visionsbildungen zur „*Kür*" werden. Integrierte Planungen sind nur pionierhaft erreichbar.

> Krankenhäuser stehen unter einem wahnsinnigen ökonomischen Druck, dass der Geschäftsführer (…) es schafft, schwarze Zahlen am Ende des Jahres hinzukriegen und dazu noch ein bisschen was auf die Seite zu bringen, dass er seinen Neubau konzipieren kann, dann stellt er diese Frage (nach bedarfsorientierter Planung, Erg. d. Autorin) zurück, wenn sie ihm nicht wirklich abgefordert wird.

Doch auch im DRG-Bereich gibt es besonders schutzwürdige Personengruppen mit höheren Bedarfen und schweren komplexen Verläufen, z. B. chronisch Kranke, Sterbende, alte multimorbide Menschen, Menschen mit Behinderungen, sozial benachteiligte Personengruppen. Auch für diese Personengruppen besteht, wenn auch nicht in gleicher Weise gesetzlich verankert, so doch ethisch ein ähnlicher Schutzbedarf, der stärker geltend gemacht werden könnte.

Eine Anschlussmöglichkeit könnte es sein, innerhalb des DRG-Bereichs einzelne medizinische Fächer in den Blick zu nehmen, hier nach inhaltliche Transfermöglichkeiten für die erfolgreichen Argumente aus der PEPP-Kritik vorzuschlagen und Verbündete zu suchen. Mit einer aussagekräftigen ‚Klammer' lassen sich vermutlich vor allem die ‚sprechenden' Fächer zusammenfassen, d. h. beispielsweise Palliativversorgung, Onkologie, Geriatrie, Pädiatrie, Teile der Inneren Medizin wie Diabetologie, Gastroenterologie und weitere. In diesen Fächern gibt es ähnliche Versorgungskonzepte wie in der Psychiatrie da chronische Erkrankungen, Multimorbidität, der demografische Wandel, psychosoziale

Unterstützung etc. eine ähnliche Rolle spielen. Auch hier gibt es komplexe Interventionen, auch hier ist eine Vergütung per Diagnosebezug unbefriedigend, da knapp gehaltene Verweildauern zum Problem und Streitpunkt mit Kostenträgern werden und Aufwände schwer standardisierbar sind.

Dieser reduzierte Transferansatz auf Fächer mit ähnlichen Ansätze enthebt jedoch nicht von der Notwendigkeit, den gesamten DRG-Bereich zu betrachten, zumindest, wenn es um Fragen von Versorgungsplanung, von wünschenswerter Finanzierung und Vergütung geht. Denn *„auch Menschen mit Behinderung brechen sich ein Bein und sind dann an hoch-standardisierten qualitativ über hohe Operationszahlen ausgewiesenen Krankenhaus-Leistungen interessiert"*. Solche Personengruppen brauchen mehr als die rein operative technische Intervention. Eine gute Versorgungsqualität erfordert zusätzlich mehr sprechende Medizin. Milieutherapie, ausreichend vorhandenes und qualifiziertes Personal, flankierende soziale Hilfen etc. tragen wie in der Psychiatrie entscheidend zum Behandlungserfolg, zur Gesundung bei.

> Der multimorbide kranke Mensch, der kommt mit Problemen ins Krankenhaus, die sich auch durch einfachen Blick in- einfache Blicke in einfache Leitlinien nicht lösen lassen. (…) man sieht immer wieder, dass bei komplex erkrankten, multimorbiden Patienten unser System deshalb versagt, weil wir zwar für alle Bereiche hoch spezialisierte Mediziner haben, die aber zunehmend nur noch in einem extrem engen Bereich selber überblicken und auch nicht mehr bereit sind, darüber hinaus sich Gedanken zu machen. Da kommen also bei einem Patienten unter Umständen fünf verschiedene Konsilien, über Urologen, über den Augenarzt bis zum weiß der Himmel wen und am Ende liegen da fünf Stellungnahmen, die aber leider gar nicht zueinander passen, ja? Also es muss Leute geben, und das kann man nicht in fünf Minuten machen und das kann man eben auch nicht ökonomisieren und nicht digitalisieren, es muss Leute geben, die sich tatsächlich Gedanken machen darüber, was dem Patienten fehlt, ja? (…) weil die DRGs stellen ganz klar immer nur darauf ab, messbare Leistung zu quantifizieren, die direkt beim Patienten ankommt.

3.2 Ansatzpunkt Strukturqualität: Die Psych-PV als Blaupause für die Somatik

> Da endet unsere Gemeinsamkeit, auch mit unseren eigenen Ökonomen zum Teil, weil die natürlich nichts mehr scheuen als feste Personalvorgaben, weil sie nämlich dann in eine echte Zwickmühle kommen und etwas nachzählbar wird, was einfach objektiv unumstößlich ist, ja? Und ich meine es ist doch unglaublich, dass ein Flugzeug würde nie abheben, wenn einer der beiden Piloten fehlt und bei uns wird gesagt, das ist nicht möglich in der Medizin, eindeutige Personalstandards zu machen.

Aus den Rahmenbedingungen der Psych-PV und dem Auftrag zur Pflichtversorgung heraus existiert in der Psychiatrie eine Debatte um Strukturqualität und ein selbstbewusster Umgang mit der Notwendigkeit von Vorhaltekosten, die wiederum bei der PEPP-Kritik hilfreich waren. Auch diese Erfahrungen aus der Psychiatrie können für den DRG-Bereich genutzt werden, z. B. aktuell in den Verhandlungen um Personalbemessung. Hier dominieren gegenwärtig, unter dem Stichwort ‚Untergrenzen‘, Bemühungen der Träger, möglichst wenig Strukturvorgaben zu bekommen, wegen der befürchteten noch restriktiveren Kostenübernahmepolitik der Kostenträger, die Personalzuwachs zum Problem werden lässt – und wegen des Fachkräftemangels.

In der Psychiatrie liegt das gesundheitspolitische Augenmerk gegenwärtig beim Thema Personalbemessung auf der Frage, welche Art von Personalvorgaben der G-BA für die Psychiatrie entwickeln wird (Details s. Kasten). Offen und von entscheidender Bedeutung ist dabei, ob die zukünftigen Personalvorgaben jeweils auf das gesamte Krankenhaus bezogen sein werden, also eine institutionenbezogene Personalbemessung erfolgen wird, mit der bspw. ein Haus aufgrund nachgewiesener Besonderheiten oder Fallkonstellationen auch mehr Personal finanziert bekäme, als es aufgrund seiner PEPP-Leistungen erhalten würde. Dann würde das Budget eines Krankenhauses auch über das Personal (die Strukturqualität) entstehen. Befürchtet wird hingegen, dass die G-BA Richtlinien die Personalvorgaben an den PEPPs oder an Diagnosen orientieren werden. Dann wäre der Leistungsbezug beibehalten, wie im Psych-Entgelt-Gesetz ursprünglich vorgesehen. Die Psychiatrie könnte vorbildhaft für den ersteren Ansatz sein, eine institutionenbezogene Personalbemessung auch in der Somatik zu fordern.

> Wir haben im somatischen Bereich keine- gar keine Diskussion zur Strukturqualität im Krankenhaus. Die müsste ja unabhängig von Untergrenzen laufen, weil die Untergrenzen sind eben keine Art Psych-PV, sondern die Untergrenzen sind bezogen auf ich will einen Fall abrechnen, eine DRG und dafür brauche ich für diesen Fall eine bestimmte Menge von Personal. Und sie sind eben nicht auf Institutionsebene und ich glaube da muss man einen großen Unterschied machen, ja, ob man Strukturqualität Personal, ob man es auf die Institution oder auf die Fälle legt. Und es gibt keinerlei Vorstellung, glaube ich, im Somatik-Bereich, dass es institutionelle Strukturqualität geben muss, das ist alles fallbezogen.

Womöglich könnte ein klares Bekenntnis zu einer auskömmlich finanzierten Strukturqualität mit verbindlichen Personalvorgaben in den somatischen Krankenhäusern eine Umkehr aus der Abwärtsspirale Personaleinsparungen – schlechtere Arbeitsbedingungen – Fachkräftemangel bewirken.

3.3 Ansatzpunkt Sozialraum-Perspektive als Matrix für Kritik: Das DRG-System ist betriebswirtschaftlich rational, aber nicht gemeinwesenorientiert

Das DRG-System ist für jemanden, der Krankenhäuser ökonomisch steuert, kalkulierbar, weil er weiß, mit einer bestimmten Anzahl an Einheiten, Operationen, Maßnahmen kann ich einen bestimmten Betrag erwirtschaften und kann mein Krankenhaus betreiben. Das ist ökonomisch betrachtet nachvollziehbar, wenn man aber in gesundheitspolitischen oder Public Health-Kategorien denkt, dann spielen andere Faktoren eine Rolle, nämlich wie kann ich ein Gesundheitssystem gestalten, dass Menschen maximal davon profitieren.

Im Zuge der PEPP-Kritik wurde klar formuliert, dass eigentlich eine Vergütung wünschenswert wäre, mit der Hilfestrukturen flexibel und selbstbestimmt stationär, teilstationär und ambulant aufsuchend aufgebaut werden können, und zwar ohne Begrenzung so lange, wie Bedarf besteht. Es wären Budgets sinnvoll, die über Sektorengrenzen hinweg auch Rehabilitation, Teilhabeleistungen etc. mit einbeziehen. Die Psychiatrie sieht sich hier selbst in einer Vorreiterrolle. Das DRG-System dagegen legt eine Rationale nahe, die auf den inner-stationären Bereich begrenzt bleibt, es gilt, ‚schwarze Zahlen' zu schreiben und zu den ‚Gewinner-Kliniken' zu gehören. Es legt weniger nahe, sich im Sozialraum zu engagieren, Versorgungspfade aufzubauen, flankierende Beratungsangebote und komplementäre Hilfsangebote heranzuziehen etc. Der sozialräumliche Blick, d. h. die Orientierung auf das Ziel einer populationsbezogenen, sektorenübergreifend integrierten und auf Basis einer regionalen Gesundheitsberichterstattung profilierten Versorgungslandschaft könnte helfen, eine an der Leistungsqualität des Gesundheitssystems orientierte Kritik auch am DRG-System zu entwickeln. So könnte die Dominanz ökonomischer Perspektiven, v. a. solcher, die vorrangig betriebswirtschaftlichen, weniger volkswirtschaftlichen Logiken folgen, überwunden werden.

In der PEPP-Kritik wurde eine solche sektorenübergreifende Perspektive außerdem strategisch politisch genutzt, um die Akteure von dem Verdacht, lediglich ‚ihre' Kliniken erhalten zu wollen, zu befreien.

3.4 Ansatzpunkt: Das Krankenhaus als Ort öffentlicher Daseinsvorsorge

Ein starkes Argument in der PEPP-Kritik war und ist der Verweis darauf, dass psychiatrische Krankenhäuser im Rahmen der regionalen Pflichtversorgung und ihrer zugehörigen Einzugsgebiete Organisationen der öffentlichen Daseinsvorsorge sind oder sein sollten, ähnlich wie Schulen oder Universitäten, und deshalb ihr Erhalt zu garantieren ist.[12]

Das könnte man, diesen Regionalbezug (...) und auch den Sozialraumbezug, das finde ich, könnte man wirklich unter ein Krankenhaus, unabhängig von DRG und Somatik und PEPP legen, und sagen, okay, das würde sogar den Psychiatern helfen, dass wir das nicht nur für die Psychiatrie da argumentieren müssen, sondern dafür bräuchte man so ein Einsehen, ein Krankenhaus insgesamt ist eine soziale Einrichtung, hat auch soziale Aufgaben, hat auch Regionalraumgestaltungsaufgaben und deswegen braucht es eine Finanzierung, die nicht die komplett aus dem Leistungsbezug und auch der Aus- dieser Sockelbetrag für Krankenhäuser.

Dieser Kerngedanke der Daseinsvorsorge kann auch im DRG-Bereich helfen, Forderungen nach einer Stärkung freigemeinnütziger und kommunaler Träger zu unterstützen, denn diese entsprechen, aufgrund ihres Selbstverständnisses als zivilgesellschaftliche bzw. öffentliche Akteure und fehlenden Renditeorientierung besser der zugehörigen Norm einer gemeinwohlorientierten bzw. sozialräumlichen Ausrichtung von Krankenhäusern.

Zum anderen kann ein solches Verständnis von Krankenhäusern als Institutionen sozialer Infrastruktur, die Versorgungsaufgaben haben, aber eben auch Arbeitgeber und Identifikationsobjekte von lokalem Gemeinwesens und Politik sind, also auch eine kulturelle Bedeutung in ihrer jeweiligen Region haben, dabei helfen, sich für Finanzierungs- bzw. Vergütungsprinzipien jenseits des reinen Leistungsbezugs einzusetzen:

---

[12]Nachzulesen z. B. in der Stellungnahme der DKG (Deutsche Krankenhausgesellschaft 2016) zum Referentenentwurf des PsychVVG: *„Auch sollte aus der Diskussion mittlerweile anerkannt sein, dass die Daseinsvorsorge für die stationäre Versorgung von psychisch Kranken von großer Bedeutung ist. So lässt sich insbesondere der Mehraufwand für die regionale Pflichtversorgung grundsätzlich nicht an der Art der Erkrankung oder dem Behandlungskonzept und somit „leistungsbezogen" festmachen. Vielmehr erklärt sich der Mehraufwand durch besondere Vorhaltungen, die durch die Verpflichtung zur uneingeschränkten Aufnahmebereitschaft oder die regionale Versorgungssituation entstehen. Zudem ist die Pflichtversorgung mit der Mitwirkung in gemeindenahen Versorgungskonzepten, der intensiven Abstimmung mit Behörden, Gerichten, gesetzlichen Betreuern und komplementären Versorgungsangeboten verknüpft. Da diese vielfältigen Aufgaben regional sehr unterschiedlich sind und der Mehraufwand selbst in den betroffenen Krankenhäusern sehr unterschiedlich ausgeprägt ist, können diese nur bei einer krankenhausindividuellen Finanzierung der erforderlichen Strukturen weiterhin wahrgenommen werden.".*

Das wäre eine sozial-politische Forderung, eine gewisse Sockelfinanzierung, die einfach Vorhaltekosten sind, damit kleine Krankenhäuser nicht vom Markt gehen, damit die Bevölkerung nahe Wege hat, also Gemeindenähe, ja, müsste man hieraus bezahlen. Gemeindenähe auch für die somatischen Fächer und Ähnliches.

4 Fazit: Lerneffekte aus der PEPP-Kritik

Zusammenfassend könnte das gesundheitspolitische Ereignis der PEPP-Kritik insofern vorbildhaft für Akteure im DRG-Bereich sein, als sich hier zeigte, welche Kraft inhaltliche und konzeptionelle Positionen der in der Versorgung Tätigen entwickeln können, und seien sie auch teils weniger inhaltlich überzeugt, sondern eher strategisch vertreten bzw. mitgetragen. Hiervon zu lernen, könnte für die therapeutischen, pflegerischen und medizinischen Fachkräfte im DRG-Bereich bedeuten, aus der gegenwärtigen defensiven Haltung eher schadensbegrenzender politischer Strategien herauszufinden[13], die eigene Fachlichkeit wieder stärker zu vertreten, noch systematischer fächer- und berufsgruppenübergreifende Bündnisse zu schließen und politisch eine am Soll-Stand orientierte Finanzierung der Krankenhäuser zu fordern, die genau jene Versorgung auskömmlich finanziert, die aus fachlicher Perspektive bedarfsgerecht ist.

Aus dem oben Gesagten (und aus den Interviews) scheinen verschiedene, teils auch widersprüchliche Vergütungs- und Versorgungsvisionen auf. Ein eher pragmatischer Ansatz ist die Idee, den Geltungsbereich der DRGs auf einfach standardisierbare Interventionen, auf *„nicht chronifizierende, einfach behandelbare Krankheiten"* zu begrenzen. Diese Idee folgt den Gegebenheiten in der Psychiatrie, in der leistungsbezogene Pauschalen zukünftig voraussichtlich nur einer von mehreren Vergütungsbestandteilen sein werden, neben anderen Säulen wie der Refinanzierung der Personalvorgaben und der zukünftigen Qualitätsauf- und -abschläge und der Berücksichtigung regionaler bzw. krankenhausindividueller Besonderheiten, auch wenn die weitere Psychiatrie-Gesetzgebung wird klären müssen, welcher Anteil der Budgetbildung welcher Säule zukommt. Im DRG-Bereich sind derzeit die weiteren Säulen neben dem Leistungsbezug (=DRG) sekundär. Die vorgesehene Herausnahme der Pflegepersonalkosten aus den DRGs

---

[13]Gegenwärtig werden z. B. teils Personalvorgaben im Krankenhaus abgelehnt, weil dies gegenüber den Kostenträgern zu neuen Rechtfertigungszwängen bei darüber hinaus gehendem Personalzuwachs führen könnte.

könnte ein vielversprechender Schritt in Richtung einer Mischfinanzierung sein, auch wenn die konkrete Ausgestaltung abzuwarten ist.

> Ich glaube, das können die Somatiker tatsächlich noch lernen, dass es vielleicht Mischdinge geben muss (...) Die Somatik hat ja einfach zwei radikale Sachen erlebt: das Selbstkostendeckungsprinzip, das absolute Leistungsprinzip. Ja, die haben ja eine Misch- die haben irgendwann mal radikal umgestellt und irgendwelche Formen dazwischen kommen ja jetzt erst langsam über die Geriatrie und so wieder da rein, ja? Und dafür bräuchten wir aber eine Diskussion, dass Medizin nicht nur darin besteht, Dinge zu reparieren und technische Leistungen zu erbringen, sondern dass Medizin auch sprechend ist.

Als ein konkreter Ansatz für Weiterentwicklungen im DRG-Bereich wurde diskutiert, ein Sockelbudget für Krankenhäuser festzulegen, mit dem Strukturqualität, z. B. Vorhaltekosten für Pflegepersonal, Sozialdienst, Beratung, Gemeinwohlorientierung, sozialräumliche Vernetzung etc. gesichert werden kann. Dies würde ermöglichen, psychosoziale Bedarfe, die gegenwärtig im DRG-System nicht ausreichend gedeckt werden, wieder stärker in den Krankenhäusern zu etablieren, d. h. adäquat zu finanzieren. Auch komplexe sektorenübergreifende Budgets, mit denen in der Psychiatrie experimentiert wird, könnten attraktive Innovationen für den DRG-Bereich sein (z. B. Deister und Wilms 2014).

Daneben werden auch grundsätzlichere, visionäre Ideen diskutiert. Es gibt Fundamentalkritik am Prinzip Anreizsteuerung und damit an den eben skizzierten pragmatischen Ansätzen einer Mischfinanzierung, die deswegen zu kurz greifen, weil sie ebendieses Paradigma der Anreizsteuerung nicht antasten.

> Also ich plädiere dafür, jeglichen Fallbezug, Fallpauschalen: vollkommen raus. Weil der entscheidende Punkt scheint mir zu sein, sich klarzumachen: Wofür bekommen Krankenhäuser eigentlich Geld? Und da ist das große Mantra, das seit Anfang an immer wieder vor dem DRG-System hergetragen wird: Das ist eine leistungsgerechte Vergütung. (...) Die Leistung wird belohnt, ‚Geld folgt der Leistung' (...). Aber da steckt eben eine ganz gefährliche Implikation drin: Leistung des Krankenhauses ist der Fall (...). Und das ist in unserem Krankenhausrecht gar nicht so drin (...), da steckt, wenn man sich das anschaut, drin (...): Ein Krankenhaus wird in den Plan aufgenommen und kriegt dann einen Versorgungsauftrag. Und dafür bekommt das Krankenhaus Geld, weil es den Auftrag übernimmt, den Versorgungsauftrag, nicht für viele Fälle (...) Wozu dann auch gehört, (...), dass eben eine Medizin auch beinhaltet: ein (...) Abwarten, Zuwarten oder so, also schauen wir mal oder beobachten wir jetzt mal ein, zwei Tage, muss man nicht gleich operieren, gehen Sie erst mal wieder nach Hause. Das wird doch bestraft im DRG-System (...). Und nicht zu sehen und anzuerkennen, dass Ärztinnen, Ärzte, auch Pflegepersonal, aber vor allem Ärzte, die sind ja sehr zentral im Krankenhausbereich, die dürfen sich nicht an ökonomischen Zielen orientieren. Die müssen sich an ihren (...) moralischen

Grundsätzen, an der Berufsethik, ärztlichen Ethik orientieren. Das verlangen wir als Gesellschaft von ihnen und auch die Politik. Aber gleichzeitig beschließt die Politik: Nee, ihr sollt auf euer Geld gucken.

Vor diesem Hintergrund ist zu reflektieren, in welchem Verhältnis die Einführung neuer Vergütungssysteme mit Fragen inhaltlicher Versorgungsgestaltung steht. Für PEPP war im KHRG 2009 festgelegt worden, dass das neu zu entwickelnde Entgeltsystem zur Weiterentwicklung der psychiatrischen Versorgung beitragen, also gestaltenden Einfluss haben sollte. Bei der Kritik an PEPP wurde bemängelt, dass diese auf die stationäre Versorgung begrenzte Vergütungsreform einen reformerischen Ansatz für die gesamte Hilfelandschaft, d. h. einen ausreichenden ‚Weitblick' vermissen lasse und das erklärte Ziel der Systementwicklung verfehlen würde. Von denjenigen, die für die Kalkulation des neuen Entgeltkatalogs verantwortlich waren, wurde eine solche Verantwortung für die Systemgestaltung aber gänzlich abgelehnt. Nach dem Motto ‚wir rechnen nur', wurde betont, dass ein Entgeltsystem nicht als Gestaltungsinstrument überfrachtet werden solle, dass eben Berechnungen nur aufgrund des Ist-Standes der Versorgung stattfinden könnten, wobei auch die Qualität der zugrunde liegenden Daten umstritten war. Auch im DRG-Bereich waren mit der Einführung der Fallpauschalen strategische, systemsteuernde Intentionen verbunden, deren Effekte auf das gesamte Gesundheitssystem bisher, nach anfänglicher Öffentlichkeit zum Thema ‚blutige Entlassungen' nicht ausreichend thematisiert werden.

Es bleibt festzuhalten, dass beide Vergütungs-Innovationen von der Vorstellung getragen sind, über Geld das professionelle Handeln im Gesundheitssystem steuern zu können. Ein weitergehender Kritikansatz als der Vorwurf einer unbefriedigenden Gestaltungswirkung der jeweiligen Vergütungssysteme, könnte es sein, prinzipieller zu fordern, dass es gesetzgeberisches Ziel sein sollte, die Finanzierung und Vergütung im Gesundheitssystem so zu gestalten, dass sie die in der Versorgung Tätigen bei der Umsetzung bedarfsgerechter Praxis möglichst wenig stört (Geld folgt der Fachlichkeit).[14]

Ein solches Wiedererstarken von im Zuge von Ökonomisierung verletzter Professions-Identitäten und ihrer fachlichen Positionen könnte auch durch eine

---

[14]Schimank und Volkmann (2017) beschreiben diesen Erhalt einer unverletzten Fachlichkeit als funktional erforderliche „Basis-Autonomie" der Leistungsproduktion einer gesellschaftlichen Sphäre wie hier dem Gesundheitswesen. Diese – durch Ökonomisierungsdruck von Erosion bedrohte – Basis-Autonomie muss in einer funktional differenzierten kapitalistischen Gesellschaft im Zweifel durch staatliche Regulierung geschützt werden, damit die Qualität der Leistungen nicht sinkt.

tiefer gehende kritische Reflexion des Umgangs mit professionellen Normen und Werten im PEPP versus DRG-Bereich unterstützt werden. In der PEPP-Kritik haben sich normative Ansätze der Fachakteure als hilfreich erwiesen. Es scheint dagegen, als ob insbesondere in den eher technisch orientierten medizinischen Fächern der Fokus auf Leitlinienmedizin, auf Evidenzbasierte Medizin (EBM), d. h. wissenschaftlich legitimierte Handlungsprinzipien eine Rücknahme einer normativ orientierten Fachlichkeit mit sich bringt. Leitlinienorientierte Medizin kann natürlich Bestandteil einer normativen professionellen Orientierung sein, aber eben nur der gegenwärtig ‚beweisbare' Anteil: Vermeintlich nicht EBM-fähige, weiche Faktoren umfassender Behandlungskonzepte, Werte und ethische Haltungen drohen vernachlässigt zu werden (‚wo ist denn da die Evidenz?') zugunsten besser messbarer und standardisierbarer Interventionen. Auch hier erscheint ein Lerneffekt aus dem selbstbewussten Umgang der psychiatrisch Tätigen mit ihren fachlichen Relevanzen und dem breiten, am Sozialraum -orientierten Versorgungsblick für den DRG-Bereich wünschenswert, um eine bessere Balance zwischen den Prinzipen Ökonomie, Evidenzbasierung und normativer Fachlichkeit zu erreichen.

Literatur

Adorjan, K., Steinert, T., Flammer, E., Deister, A., Koller, M., Zinkler, M., Herpertz, S. C., Häfner, F., Hohl-Radke, F., Beine, K. H., Falkai, P., Gerlinger, G., Pogarell, O., & Pollmächer, T. (2017). Zwangsmaßnahmen in deutschen Kliniken für Psychiatrie und Psychotherapie. Eine Pilotstudie der DGPPN zur Erprobung eines einheitlichen Erfassungsinstrumentes. *Der Nervenarzt, 88,* 802–810.

Albert, F. (2018). VKD-Jahrestagung - Düllings: Psych-Entgeltsystem könnte Vorbild fürDRG-Reformsein. https://www.bibliomedmanager.de/news-des-tages/detailansicht/35268-duellings-psych-entgeltsystem-koennte-vorbild-fuer-drg-reform-sein/. Zugegriffen: 8. Aug. 2018.

Armbruster, J., Dieterich, A., Hahn, D., & Katharina Ratzke, (Hrsg.). (2015). *40 Jahre Psychiatrie-Enquete – Blick zurück nach vorn*. Köln: Psychiatrie.

Deister, A., & Wilms, B. (Hrsg.). (2014). *Regionale Verantwortung übernehmen. Modellprojekte in Psychiatrie und Psychotherapie nach § 64b SGB V*. Köln: Psychiatrie.

Deutscher Bundestag. (1975). Bericht über die Lage der Psychiatrie in der Bundesrepublik Deutschland - Zur psychiatrischen und psychotherapeutisch/psychosomatischen Versorgung der Bevölkerung. Drucksache 7/4200. http://dipbt.bundestag.de/doc/btd/07/042/0704200.pdf. Zugergriffen: 15. Aug. 2018.

Deutsche Krankenhausgesellschaft. (2016). Stellungnahme der Deutschen Krankenhausgesellschaft zum Referentenentwurf des Bundesministeriums für Gesundheit zum Entwurf eines Gesetzes zur Weiterentwicklung der Versorgung und der Vergütung für psychiatrische und psychosomatische Leistungen (PsychVVG). https://www.dkgev.de/media/file/24075.DKG-Stellungnahme_zum_Referentenentwurf_-_PsychVVG_-_Stand_14.06.16.pdf. Zugegriffen: 15. Aug. 2018.

Deutsche Krankenhausgesellschaft. (2017). Patientenwohl und Daseinsvorsorge. Positionen der Deutschen Krankenhausgesellschaft (DKG) für die 19. Legislaturperiode des Deutschen Bundestags. https://www.dkgev.de/media/file/45581.DKG_Positionen_2017_DE_10_fu%CC%88r_www.pdf. Zugegriffen: 15. Aug. 2018.

Dieterich, A., Kümpers, S., Stiehr, K., & Weigl, B. (2012). Eine innovative Systematik zur Analyse und Weiterentwicklung der Langzeitpflege und -betreuung älterer Menschen – Ergebnisse des EU-Projekts INTERLINKS. *Das Gesundheitswesen, 74,* 1–2.

Egger, J. W. (2017). *Theorie und Praxis der biopsychosozialen Medizin. Körper-Seele-Einheit und sprechende Medizin.* Wien: Facultas.

Expertenkommission der Bundesregierung. (1988). Präambel der Expertengruppe für den Personalbedarf in der stationären Psychiatrie, Erwachsenenpsychiatrie. In H. Kunze, L. Kaltenbach, & K. Kupfer (Hrsg.), *Psychiatrie-Personalverordnung: Textausgabe mit Materialien und Erläuterungen für die Praxis* (S. 59–61). Stuttgart: Kohlhammer.

Godemann, F., Hauth, I., Richert, A., & Berton, R. (2015). Merkmale einer regionalen Pflichtversorgung in Deutschland. *Nervenarzt, 86,* 367–372.

Kümpers, S., Ruppe, G., Wagner, L., & Dieterich, A. (2013). Prevention and rehabilitation within long-term care: applying a comprehensive perspective. In H. Nies, J. Billings, & K. Leichsenring (Hrsg.), *Long-Term Care in Europe* (S. 41–66). Hampshire: Palgrave Macmillan.

Schepker, R. (2018). PEPP als „lernendes System" – inzwischen auf dem richtigen Weg? *Dr. med. Mabuse, 231*(2), 36–37.

Schimank, U., & Volkmann, U. (2017). *Das Regime der Konkurrenz: Gesellschaftliche Ökonomisierungsdynamiken heute.* Weinheim Basel: Beltz Juventa.

Verband der Krankenhausdirektoren Deutschlands e V. (2018). 61. VKD-Jahrestagung am 3. und 4. Mai in Lübeck. https://www.vkd-online.de/?mnd_article=pressrelease2494618. Zugegriffen: 8. Aug. 2018.

Glossar DRG-System

Basisfallwert Im DRG-System ergibt sich der Zahlbetrag einer Fallpauschale aus der Multiplikation der für die betreffende DRG im DRG-Katalog ausgewiesenen Bewertungsrelation mit dem jeweils geltenden Basisfallwert. Als Basisfallwert wird der Geldbetrag bezeichnet, mit dem die Bewertungsrelation 1,0 bewertet wird. Der Basisfallwert ist keine rein rechnerisch abgeleitete Größe, sondern Ergebnis von Verhandlungen.

In der Einführungsphase des DRG-System (2005–2009) wurde ein krankenhausindividueller Basisfallwert zwischen dem einzelnen Krankenhaus und den Krankenkassen vereinbart und schrittweise an den Landesdurchschnitt angeglichen. Seit 2010 ist von allen Krankenhäusern der jeweils geltende Landesbasisfallwert für die Abrechnung anzuwenden. Nach Abschluss einer gegenwärtig laufenden schrittweisen Angleichung der Landesbasisfallwerte soll ab 2021 ein einheitlicher Bundesbasisfallwert gelten.

Bewertungsrelation Als Bewertungsrelation wird die im DRG-Fallpauschalenkatalog ausgewiesene Verhältniszahl bezeichnet, die angibt, in welchem Verhältnis die ermittelten Kosten der betreffenden DRG über oder unter der Bewertungsrelation 1,0 liegen. Die Bezugsgröße 1,0 orientiert sich am arithmetischen Mittelwert der in den Kalkulationskrankenhäusern gemessenen Fallkosten aller DRGs. Statt des Begriffs Bewertungsrelation werden in der Fachliteratur gleichbedeutend teilweise auch die Begriffe ‚Relativgewicht' oder ‚Kostengewicht' verwendet.

Bezugsgröße Die Bezugsgröße ist eine Verrechnungsgröße, die dazu verwendet wird, die ermittelten Durchschnittskosten in Bewertungsrelationen umzurechnen. Die Bezugsgröße ist nicht identisch mit den verschiedenen Landesbasisfallwerten oder einem Bundesbasisfallwert.

© Springer Fachmedien Wiesbaden GmbH, ein Teil von Springer Nature 2019
A. Dieterich et al. (Hrsg.), *Geld im Krankenhaus*,
https://doi.org/10.1007/978-3-658-24807-9

Casemix (CM) Als Casemix wird in der Fachdiskussion die Gesamtsumme der Bewertungsrelation aller DRG-Fälle bezeichnet, jedoch nur der sogenannten ‚Inlier' oder ‚Normallieger' mit einer Verweildauer innerhalb der im DRG-Katalog ausgewiesenen Grenzen der unteren oder oberen Grenzverweildauer.

Im Unterschied zum einfachen Casemix erfasst der ‚effektive Casemix' auch die Zu- und Abschläge für Kurzlieger, Langlieger oder verlegten Fälle.

Der Casemix und der effektive Casemix sind zentrale Kennzahlen des DRG-Systems, wobei der effektive Casemix für Zwecke der Vergütung und Budgetvereinbarung der wichtigere von beiden ist. Casemix und effektiver Casemix werden sowohl für einzelne Fachabteilungen, als auch das gesamte Krankenhaus und ein Bundesland sowie für Deutschland insgesamt errechnet und als für verschiedene Zwecke verwendet.

Casemix-Index (CMI) Der Casemix-Index zeigt die mittlere Bewertungsrelation einer Fachabteilung oder eines Krankenhauses an. Er wird errechnet, indem die Summe der Bewertungsrelationen durch die Fallzahl dividiert wird. Entgegen einer weit verbreiteten Auffassung, zeigt der CMI nicht den durchschnittlichen medizinischen, sondern nur den ökonomischen Schweregrad an. Dies ist darin begründet, dass die DRG-Fallpauschalen nicht primär nach medizinischen, sondern nach ökonomischen Kriterien gebildet werden. Ausschlaggebend für die Fallgruppenbildung ist das Maß der sogenannten Kostenhomogenität. Damit ist gemeint, dass die gemessenen Fallkosten einer DRG möglichst gleich hoch (homogen) sein sollten, um Anreize zur ‚Risikoselektion' oder ‚Rosinenpickerei' zu vermeiden.

DRG Die Abkürzung DRG steht für ‚Diagnosis Related Groups'. Damit ist in der deutschen Diskussion ein Patientenklassifikationssystem gemeint, in dem Fallgruppen entlang von medizinischen Diagnosen auf Grundlage der deutschen Version des ICD und des deutschen Operationen- und Prozedurenschlüssels (OPS) gebildet werden. Somit handelt es sich beim deutschen DRG-System nicht um ein reines diagnosebezogenes, sondern um ein diagnose- und prozedurenbezogenes Fallgruppensystem.

FPV Die Abkürzung steht für ‚Fallpauschalenvereinbarung'. Im DRG-System haben der Spitzenverband der GKV, der PKV-Verband und die DKG jedes Jahr eine vertragliche Vereinbarung über die Weiterentwicklung des DRG-Systems zu treffen. Können sich die Spitzenverbände nicht einigen, regelt das BMG die Weiterentwicklung über eine ‚Fallpauschalenverordnung'.

Glossar DRG-System

G-DRG Die Abkürzung steht für ‚German-Diagnosis Related Groups'.

Grouper Die Zuordnung eines Patienten zu einer bestimmten DRG wird mittels zertifizierter Gruppierungsprogramme durchgeführt, die in der Fachdiskussion als ‚Grouper' bezeichnet werden.

InEK Das Institut für das Entgeltsystem im Krankenhaus (InEK) wurde gemeinsam von den Spitzenverbänden der GKV, dem PKV-Verband und der DKG gegründet, um anfallende Aufgaben im Zusammenhang mit dem DRG-System zu erfüllen, wie beispielsweise die Durchführung der jährlichen DRG-Kalkulationsrunden, Berechnung von Bewertungsrelationen, Überarbeitung des DRG-Kataloges etc.

Inlier Als ‚Inlier' oder ‚Normallieger' werden in der Fachdiskussion Fälle bezeichnet, deren Verweildauer zwischen der unteren und oberen Grenzverweildauer liegt.

KHEntgG Das Krankenhausentgeltgesetz (KHEntgG) ist die zentrale Rechtsgrundlage des DRG-Systems. Es regelt alle wichtigen Teilthemen und Aspekte.

Kurzlieger Als ‚Kurzlieger' werden Fälle bezeichnet, deren Verweildauer unterhalb der im DRG-Katalog ausgewiesenen unteren Grenzverweildauer liegt.

Langlieger Als ‚Langlieger' werden Fälle bezeichnet, deren Verweildauer oberhalb der im DRG-Katalog ausgewiesenen oberen Grenzverweildauer liegt.

Printed by Printforce, the Netherlands